DROIT DES SOCIÉTÉS

mémentosdalloz

série droit privé

DROIT DES SOCIÉTÉS

Alexis Constantin

Professeur à l'Université de Versailles

Saint-Quentin-en-Yvelines

5e édition – 2012

DALLOZ

31-35 rue Froidevaux, 75685 Paris cedex 14

ISBN 978-2-247-11369-9

SOMMAIRE

INTRODUCTION GÉNÉRALE

Chapitre 1 › DÉFINITION DE LA SOCIÉTÉ

› L'essentiel

Le mot « société » a deux sens courants :

– d'une part, il désigne le contrat par lequel des personnes conviennent de constituer une société ; c'est l'acte constitutif de celle-ci ;

– d'autre part, il peut désigner la personne juridique, dite personne morale, qui est investie de la capacité juridique d'agir au nom et dans l'intérêt de la collectivité des associés.

La loi donne une définition de la société. Toutefois cette définition ne rend qu'imparfaitement compte de l'exceptionnelle richesse de la notion de société, dont une analyse conceptuelle rend mieux compte.

Section 1 › DÉFINITION LÉGALE

Définition : donnée par l'art. 1832 C. civ. (mod. L. 11 juill. 1985) : « La société est instituée par deux ou plusieurs personnes qui conviennent par un contrat d'affecter à une entreprise commune des biens ou leur industrie en vue de partager le bénéfice ou de profiter de l'économie qui pourra en résulter.
Elle peut être instituée, dans les cas prévus par la loi, par l'acte de volonté d'une seule personne.
Les associés s'engagent à contribuer aux pertes ».

SECTION 2 › ANALYSE CONCEPTUELLE

§ 1 - Société et entreprise

A. Notion d'entreprise

Cette notion est d'abord économique : ensemble de moyens humains et matériels ayant pour objet une activité économique (production, commercialisation, services, etc.).

B. Appréhension de la notion d'entreprise par le droit

La notion apparaît fortement en droit du travail (institutions représentatives du personnel…), mais également en droit commercial (législation sur le redressement et la liquidation des entreprises ; droit de la concurrence…). Mais il ne s'agit pas, en l'état actuel de notre droit, d'une notion autonome à laquelle se trouverait attaché un régime unitaire et cohérent.

C. Lien entre les notions de société et d'entreprise

La société est l'une des techniques principales d'organisation juridique d'une entreprise, l'une des formes juridiques essentielles de celle-ci. C'est pourquoi certaines législations relatives à l'entreprise ne concernent *en fait* que des sociétés.

D. Limite aux liens entre les deux notions

Toute entreprise n'est pas constituée nécessairement en société (entreprise individuelle, « entreprise » associative, certaines entreprises publiques…), et toute société n'organise pas nécessairement une véritable entreprise (par ex. lorsque la société est utilisée comme seule technique d'affectation de fonds – par ex. sociétés de placement – ou comme technique d'interposition de personne – société holding, société écran…).

§ 2 - Société et contrat

A. Analyse contractualiste

La société est un des contrats spéciaux prévus par la loi, en l'occurrence le Code civil (art. 1832 et s.). Jusqu'à la fin du XIXe siècle, elle n'était qu'un contrat. Sur le fondement du dogme de l'autonomie de la volonté, on analysait la société à l'aune du droit civil des obligations. Les conditions de formation (consentement, capacité, cause, objet) et les règles de fonctionnement (pouvoir des dirigeants, processus décisionnel) se trouvaient fondées sur le droit des contrats, qu'elles devaient respecter.

B. Dépassement de l'analyse contractualiste

Depuis le début du XXe siècle, l'analyse contractualiste a été dépassée, notamment à partir de l'analyse institutionnelle (v. *infra*), sans être, pour autant, totalement rejetée.

C. Synthèse des analyses

Il est bien admis aujourd'hui que si une société peut donner naissance à autre chose qu'un contrat (une personne morale notamment, v. *infra,* p. 39 et s.), voire reposer sur un acte différent du contrat (l'acte unilatéral dans les sociétés unipersonnelles, telles que l'EURL et la SASU), elle continue de reposer, dans la plupart des cas, sur une convention, c'est-à-dire un accord de volontés en vue de produire des effets de droit. Par ailleurs, un puissant mouvement de « recontractualisation » se développe aujourd'hui, qui s'exprime, soit par la multiplication des conventions destinées à adapter les règles de fonctionnement du groupement ou à aménager la condition d'associé (v. *infra*, p. 88), soit par la volonté de favoriser la liberté contractuelle en droit des sociétés (qui a été celle du législateur avec la société par actions simplifiée – sur laquelle, v. *infra*, p. 276 et s.).

§ 3 - Société et institution

A. Limites de l'analyse contractualiste

Au début du xxe siècle, un courant doctrinal a montré les limites de l'analyse contractualiste, incompatible avec de nombreux aspects du fonctionnement des sociétés. De plus en plus, le législateur encadre de façon impérative la vie de celles-ci, faisant ainsi reculer le rôle des volontés individuelles. C'est ainsi, par ex., que la désignation et les pouvoirs des dirigeants sont fortement réglementés (de sorte que les termes, utilisés couramment, de « mandataires sociaux », ne reflètent guère la réalité juridique). De même les statuts peuvent être modifiés à la majorité, alors que pour modifier un contrat, l'unanimité des parties est requise (mais sur ce point la critique n'est pas totalement convaincante, puisqu'un processus particulier de modification du contrat, accepté *ab initio* par l'ensemble des parties, ne cesse pas d'être conventionnel).

B. Développement de l'analyse institutionnelle

Pour expliquer ces règles étrangères au concept de contrat, fut transposée l'analyse institutionnelle, développée notamment par le publiciste Hauriou. L'institution est un organisme créé et fonctionnant selon une constitution légale, impérative et durable, autonome par rapport à ses fondateurs (quant aux moyens dont il dispose et aux intérêts qu'il promeut), dont les droits et intérêts privés sont subordonnés au but social recherché, et géré par des « fonctionnaires » élus (et non des mandataires des membres).

C. Influence de l'analyse institutionnelle

Cette théorie a incontestablement influencé le législateur (consécration législative par la loi du 11 juill. 1985 modifiant l'art. 1832 C. civ., qui se réfère expressément à l'institution) et une partie de la doctrine commercialiste (admission d'un intérêt social distinct de l'intérêt, même commun, des membres du groupement ; sur l'intérêt social, v. *infra*, p. 100). Mais l'on peut se demander si, actuellement, ces règles incompatibles avec l'analyse contractualiste ne peuvent pas être mieux – et même exclusivement – expliquées par la notion de personnalité morale.

§ 4 - Société et personne morale

A. Notion de personnalité juridique morale

La personnalité juridique est l'aptitude à être titulaire de droits, assujetti à des obligations et doté des attributs de la personnalité (nom, domicile, état, patrimoine…). La personnalité morale est la personnalité juridique susceptible d'être attribuée à l'entité que constitue un groupement de personnes (société, GIE, syndicat, association) ou un patrimoine d'affectation (fondation, société unipersonnelle).

B. Théories sur la personnalité morale

1. Théorie de la réalité

La personnalité morale est une réalité indépendante de la loi, dès lors que certaines conditions sont réunies (groupement pourvu d'une possibilité d'expression collective pour la défense d'intérêts licites ; théorie qui serait adoptée en droit français à titre de principe général – Civ., 28 janv. 1954 – ce qui mérite d'être nuancé).

2. Théorie de la fiction

La personnalité morale, qui résulte de l'immatriculation de la société au registre du commerce et des sociétés (C. civ., art. 1842 ; C. com., art. L. 210-6), est exclusivement attribuée par la loi. C'est la solution du droit positif français, pour les sociétés tant civiles que commerciales.

C. Situation de la société au regard de la personnalité morale

1. Avant l'immatriculation ou en l'absence d'immatriculation

Avant l'immatriculation (sociétés en formation, v. *infra*), ou en l'absence d'immatriculation (sociétés en participation et sociétés créées de fait, v. *infra*), la société est un pur contrat qui n'a en principe d'effets qu'entre les parties. L'analyse contractualiste de la société a ici vocation à s'appliquer.

2. Après l'immatriculation

Le groupement devient opposable aux tiers, et dispose, en tant que personne juridique, d'un intérêt (l'intérêt social, v. *infra*, p. 100) et d'un patrimoine autonome par rapport à ses membres, ce qui correspond davantage à l'analyse institutionnelle. Ce rapprochement est d'autant plus vrai que l'essentiel des règles légales incompatibles avec l'analyse contractualiste (processus décisionnel, pouvoir des dirigeants sociaux…) concerne les sociétés ayant la personnalité morale.

D. Puissance des effets de la personnalité morale

Les effets de la personnalité morale – et not. le degré d'opacité du « voile » qu'elle constitue – sont plus ou moins forts suivant les sociétés (plus forts dans les sociétés de capitaux que dans les sociétés de personnes) et suivant les circonstances (certaines techniques permettent de lever le voile de la personnalité, pour not. poursuivre les membres de celle-ci : par ex. fictivité, confusion des patrimoines, etc.).

§ 5 - Société et autres groupements

A. Société et indivision

1. Distinction traditionnelle

La société est un état voulu, organisé, d'une certaine durée, qui peut être dotée de la personnalité morale ; l'indivision est un état subi, inorganisé et temporaire, sans personnalité morale.

2. Lois des 31 déc. 1976 et 10 juin 1978

Elles permettent de constituer volontairement et d'organiser (avec un gérant par ex.) une indivision, la rapprochant ainsi de la société.

3. Indivisions légalement organisées

Ces indivisions légalement organisées (par ex. les fonds communs de placement) accentuent encore le rapprochement, sans entraîner cependant de confusion (absence de personnalité morale de l'indivision).

B. Société et association

1. Lois applicables différentes

• Pour les associations : art. 1er et s. de la loi du 1er juill. 1901.

• Pour les sociétés : not. C. civ., art. 1832 à 1873 et C. com., art. L. 210-1 à L. 248-1.

2. Définition différente

L'association est la convention par laquelle deux ou plusieurs personnes mettent en commun, de façon permanente, leurs connaissances ou leur activité dans un but autre que de partager des bénéfices (pour la société, v. C. civ., art. 1832 ; *supra*).

3. Éléments de distinction

• Groupement ayant un but lucratif consistant à réaliser et partager les bénéfices : obligatoirement société.

• Groupement visant un but totalement désintéressé (association culturelle ou philanthropique…) : obligatoirement association.

• Groupement ayant un but lucratif visant à permettre à ses membres la réalisation d'une économie (service à meilleur prix…) : association ou société.

C. Société et groupement d'intérêt économique

1. Lois applicables différentes

Ordonnance du 23 sept. 1967 codifiée au Code de commerce, art. L. 251-1 à L. 251-23 (sur le GIE, v. *infra*, p. 360 et s.).

2. Définition différente

Le GIE est un groupement constitué entre deux ou plusieurs personnes, physiques ou morales, afin de faciliter ou de développer l'activité économique de ses membres, d'améliorer ou d'accroître les résultats de cette activité. Il n'a pas vocation à réaliser des bénéfices (C. com., art. L. 251-1 ; si des bénéfices sont réalisés, ils sont répartis entre les participants suivant les modalités prévues au contrat).

3. Éléments de distinction

• Rapprochement : la société, comme le GIE, peut être constituée dans le seul but de faire profiter ses membres des économies résultant de son action.

• Différences :
– facultative : absence d'apports et de capital dans le GIE ;
– organique : le GIE ne peut être que le prolongement de l'activité de ses membres.

§ 6 - Autres éléments de définition de la société

D'autres approches de la société peuvent apporter de précieux renseignements sur ce qu'elle est en droit.

A. Approche comptable

La comptabilité est un instrument indispensable de la vie de l'entreprise qui comporte notamment deux types de documents : bilan (reflétant sa situation patrimoniale) et compte de résultat (décrivant sont activité sur une période). Les règles légales relatives aux sociétés contiennent de nombreuses dispositions qui intègrent la comptabilité dans le fonctionnement de la société, notamment dans un but fiscal et d'information des tiers et des associés.

B. Approche fiscale

Les sociétés sont très largement considérées comme des contribuables, c'est-à-dire qu'elles sont obligées au paiement d'impôts, droits ou taxes à raison des bénéfices, du chiffre d'affaires qu'elles réalisent ou des biens qu'elles possèdent ou acquièrent. Elles participent pour une part importante aux ressources fiscales de l'État (v. Mémento *Droit fiscal des entreprises commerciales*).

Chapitre 2 › LE CHOIX DE LA FORME SOCIÉTAIRE POUR L'EXERCICE D'UNE ACTIVITÉ ÉCONOMIQUE

› L'essentiel

Le recours au mécanisme de la société présente de nombreux intérêts, financiers, juridiques, fiscaux ou sociaux. Pour répondre aux objectifs variés des créateurs d'entreprises et aux contraintes qui peuvent peser sur eux, le législateur offre une très grande diversité de formes sociétaires.

Section 1 › LES INTÉRÊTS DU RECOURS À LA FORME SOCIÉTAIRE

Ces intérêts sont multiples et varient suivant les buts poursuivis par les associés

§ 1 - Intérêts financiers

• La société personne morale permet, sur ce plan, d'assurer la répartition des droits des personnes ayant accepté de courir un risque en devenant associées et en apportant des biens ou des fonds, et d'organiser leurs rapports, bien mieux que dans le cadre d'une entreprise individuelle ou d'une indivision.

• La société permet de réunir des capitaux en vue de la création et de l'exploitation d'une activité économique.

• Une entreprise individuelle en plein essor souhaitant obtenir des capitaux pour son développement sans recourir aux emprunts bancaires devra être « mise en société ». Les plus grandes (généralement les SA), peuvent même solliciter l'épargne publique en plaçant, par ex., leurs titres sur les marchés boursiers réglementés.

• Grâce à la technique de la société, et notamment de la SA, qualifiée de « merveilleux instrument du capitalisme moderne » (G. Ripert, 1946), ont pu être créées et développées des entreprises de taille considérable, réunissant un volume de capitaux et un nombre d'associés ou d'actionnaires importants.

§ 2 - Intérêts juridiques

Ils sont innombrables. On citera, sans exhaustivité :

• Permettre à l'entrepreneur d'éviter d'engager dans son affaire – toujours aléatoire – la totalité de ses biens personnels en constituant l'une des sociétés à responsabilité limitée prévues par la loi (SARL, EURL, SA, SAS, SASU). Cette séparation des patrimoines est cependant souvent rendue illusoire par la nécessité, pour l'associé principal, de garantir personnellement les dettes contractées par la société, notamment à l'égard des banques (v. *infra,* p. 71).

NB : La loi du 15 juin 2010, entrée en vigueur le 1er janv. 2011, a instauré l'entreprise individuelle à responsabilité limitée (EIRL). Le texte permet aux artisans, commerçants et professionnels libéraux, par simple déclaration au greffe (et acte notarié pour les immeubles), de distinguer leur patrimoine professionnel et leur patrimoine personnel et de protéger ce dernier en cas de faillite, sans création d'une personne morale (mécanisme du patrimoine d'affectation). Le régime fiscal de l'EIRL sera celui de l'EURL (IR sauf option pour l'IS).

• Permettre à l'entreprise de se développer par croissance externe (ou concentration) en faisant l'acquisition d'autres sociétés, qui deviennent des filiales dans le cadre d'un groupe, ou en fusionnant avec d'autres sociétés.

• Permettre d'assurer la pérennité de l'exploitation, même en cas de décès de l'entrepreneur (principalement vrai pour les sociétés de capitaux qui se poursuivent avec les héritiers).

• Faciliter la transmission de l'entreprise en cas de décès ou de départ du maître de l'affaire. Elle s'opérera par le biais de la cession des droits sociaux (à titre gratuit ou onéreux), à des conditions fiscales souvent avantageuses. Elle permet notamment la répartition des titres entre plusieurs héritiers, en évitant le recours à une indivision, à un démembrement de la propriété des actifs de l'exploitation, voire à une réalisation de ceux-ci avec disparition de l'entreprise.

§ 3 - Intérêts fiscaux

• La transformation de l'entreprise individuelle en société est souvent motivée par des raisons fiscales ; ces intérêts fiscaux expliquent notamment certaines mises en société inutiles, sur le plan économique, compte tenu de la faible dimension de l'entreprise.

• Le choix entre d'un type de société peut être influencé par la politique fiscale de l'État en faveur de telle ou telle forme sociétaire. Sur ces points, v. Mémento *Droit fiscal des entreprises commerciales*.

§ 4 - Intérêts sociaux

• Longtemps, le chef d'entreprise individuelle a bénéficié d'une couverture sociale moins avantageuse que celle des salariés L'on comprend dès lors la volonté qu'ont eu certains entrepreneurs de mettre leur entreprise en société (notamment en SA) afin de pouvoir bénéficier alors (sous certaines conditions), en leur qualité de dirigeant de la société, du régime social des salariés (mais pas du droit du travail, sauf à disposer en sus du mandat social d'un contrat de travail).

• Aujourd'hui, les entrepreneurs individuels sont mieux couverts socialement, alors que la protection des salariés n'est plus aussi avantageuse. La question sociale devrait donc moins peser sur le choix de la mise en société. Sur le statut social des dirigeants, v. *infra*, p. 62.

SECTION 2 › LES DIFFÉRENTS TYPES DE SOCIÉTÉS

§ 1 - Types généraux

A. Sociétés avec ou sans personnalité morale

N'ont pas la personnalité morale les sociétés en participation et les sociétés créées de fait (v. *infra*, p. 121 et s.). Les autres groupements jouissent de la personnalité morale à compter de leur immatriculation (déclaration en préfecture pour les associations, reconnaissance d'intérêt public pour les fondations) (C. civ., art. 1842 ; C. com., art. L. 210-6).

B. Sociétés civiles ou sociétés commerciales

1. Sociétés civiles (v. *infra*, p. 128 et s.)

• Régies par les art. 1845 et s. C. civ.

• Ont le caractère civil toutes les sociétés auxquelles la loi n'attribue pas un autre caractère à raison de leur forme (l'adoption de la forme de SNC, de SCS, de SARL ou de société par actions rend la société automatiquement commerciale) ou de leur objet (elles ne peuvent en principe effectuer que des opérations de caractère civil : activités agricoles, libérales, immobilières, d'enseignement…).

• Leurs associés sont personnellement et indéfiniment responsables des dettes sociales, à proportion de leurs apports (C. civ., art. 1857).

• Prolifération des sociétés civiles à statut spécial (sociétés civiles : de copropriété, de moyens, professionnelles, de placement immobilier, de construction-vente…).

2. Sociétés commerciales

Régies par le livre II C. com. (art. L. 210-1 à L. 252-13), les sociétés commerciales ayant la personnalité morale sont :
– la SNC (C. com., art. L. 221 et s.) : les associés ont tous la qualité de commerçant et répondent indéfiniment et solidairement des dettes sociales ;
– la SCS (C. com., art. L. 222-1 et s.) : comprend un ou plusieurs associés commandités ayant le statut des associés en nom collectif et un ou plusieurs associés commanditaires, non commerçants et répondant des dettes sociales à concurrence de leurs apports ;
– la SARL (C. com., art. L. 223-1 et s.) : créée par plusieurs associés (un seul dans l'EURL) qui n'ont pas la qualité de commerçant et qui ne supportent les pertes qu'à concurrence de leurs apports ; capital divisé en parts sociales ;
– la SA (C. com., art. L. 225-1 et s.) : constituée entre plusieurs actionnaires, non commerçants, qui ne supportent les pertes qu'à concurrence de leurs apports ; capital divisé en actions ;
– la SCA (C. com., art. L. 226-1 et s.) : constituée entre un ou plusieurs commandités, ayant le statut des associés en nom collectif, et des commanditaires, ayant le statut des actionnaires de SA ; capital divisé en actions ;
– la SAS (C. com., art. L. 227-1 et s.) : créée par plusieurs associés personnes physiques ou morales (un seul dans la SASU) qui n'ont pas la qualité de commerçant et ne supportent les pertes qu'à concurrence de leurs apports ; capital divisé en actions ; se caractérise par sa très grande souplesse et la liberté contractuelle qui y est permise.

3. Réflexions sur la distinction des sociétés civiles et commerciales

Si cette distinction a longtemps constitué la *summa divisio*, la réglementation des sociétés civiles les a beaucoup rapprochées des sociétés commerciales. Possibilité de procédure collective (C. com., art. L. 620-2) ; nombreuses dispositions similaires (personnalité morale à compter de l'immatriculation, formalités de publicité, sort des actes accomplis pendant la période constitutive, situation des associés, causes de nullité et de dissolution, pouvoir du gérant…). Les principales différences sont la compétence judiciaire (T. com. pour les sociétés commerciales ; TGI pour les sociétés civiles) et les obligations comptables.

C. Sociétés de capitaux et sociétés de personnes

Il existe plusieurs critères de distinctions, parfois combinés. L'opposition entre sociétés de personnes et sociétés de capitaux présente des conséquences fiscales importantes.

1. Identification des critères de distinction

a) La responsabilité des associés

Dans les sociétés de personnes, chaque associé est personnellement obligé aux dettes sociales (avec solidarité si la société est commerciale, sans solidarité si la société est civile) ; dans les sociétés de capitaux les engagements des associés sont limités au montant de leurs apports. La distinction des sociétés de capitaux et des sociétés de personnes recoupe donc celle entre les sociétés à risque illimité (sociétés civiles, SNC, GIE ou GEIE, sociétés en participation, commandités des SCS ou SCA) et les sociétés à risque limité (SA, SARL et EURL, SAS et SASU, commanditaires des SCS ou SCA) sans se confondre avec elle, la distinction entre sociétés de capitaux et sociétés de personnes étant plus étendue.

b) L'*intuitus personae*

Conséquence, notamment, du point précédent, dans les sociétés de personnes, le contrat est formé *intuitu personae*. La personne des associés, entre lesquels existent des liens étroits, est fondamentale. La transmission des droits sociaux, entre vifs et même à cause de mort, fait, pour cette raison, l'objet de restrictions importantes. Les sociétés de capitaux reposent essentiellement sur les apports réalisés par les associés, en théorie sans considération de la personne. Pour cette raison, les droits sociaux se transmettent en principe librement entre vifs et à cause de mort.

c) Le régime de cession des droits sociaux

Dans les sociétés de personnes, les droits sociaux sont cédés par la voie civile (signification de l'art. 1690 C. civ. ou dépôt d'un original de l'acte de cession au siège social ; publicité au *RCS*). Dans les sociétés de capitaux, les droits sociaux sont cédés par la voie commerciale (négociabilité), sans signification à la société ni publicité.

2. Combinaison des critères

• SNC : responsabilité indéfinie, *intuitus personae* et cessibilité.

• SA : responsabilité limitée, absence d'*intuitus personae* et négociation.

• SARL, SAS et SCS (commanditaires) : *intuitus personae* et responsabilité limitée aux apports.

• SARL : cessibilité et responsabilité limitée aux apports.

Les sociétés en commandite et les SARL sont donc des sociétés de personnes ou de capitaux selon le point de vue. La SAS est bien une société de capitaux, mais la liberté contractuelle dont jouissent ses associés permet, par différents aménagements statutaires, d'y faire régner un très fort *intuitus personae*, la rapprochant sur ce plan des sociétés de personnes.

3. Aspects fiscaux de la distinction

a) Les sociétés de capitaux (SA, SCA, SAS)

Elles sont fiscalement « opaques » : elles sont soumises à l'impôt sur les sociétés ; les éventuelles pertes d'exploitation ne sont pas imputables sur le revenu de l'associé ou de l'actionnaire.

b) Les sociétés de personnes (sociétés civiles, SNC, égal. les sociétés sans personnalités morales et les GIE et GEIE)

Elles sont fiscalement « transparentes » : elles relèvent de l'impôt sur le revenu, dont leurs associés sont personnellement redevables (les pertes d'exploitation sont alors en principe déductibles du revenu global des associés), à moins qu'elles n'optent pour l'impôt sur les sociétés.

c) Les SARL

Elles ont fiscalement assimilées aux sociétés de capitaux. Cependant, les SARL « de famille », constituées exclusivement entre conjoints, frères ou sœurs, ascendants ou descendants, peuvent opter pour l'impôt sur le revenu.

d) L'EURL ayant pour associé unique une personne physique

Elle est soumise à l'impôt sur le revenu, sauf option pour l'impôt sur les sociétés.

D. Sociétés offrant ou non leurs titres financiers au public ; sociétés cotées ou non cotées

1. Les sociétés offrant leurs titres financiers au public

• L'ordonnance du 22 janv. 2009 remplace la notion d'appel public à l'épargne par celle d'offre au public de titres financiers (v. *infra*, p. 207 et s.).

• Sauf dérogations, constitue une offre au public de titres financiers l'une des opérations suivantes (C. mon. fin., art. L. 411-1) :
– une communication adressée sous quelque forme et par quelque moyen que ce soit à des personnes et présentant une information suffisante pour un investisseur potentiel sur les conditions de l'offre et sur les titres à offrir ;
– un placement de titres financiers par des intermédiaires financiers.

• Seules les SA, les SCA et quelques sociétés très particulières (SCPI par ex.) sont autorisées à offrir leurs titres financiers au public.

• Les conditions nécessaires pour offrir ses titres financiers au public sont rigoureuses, en termes de capital minimum (250 000 €) et de formalités de constitution.

• La spécificité de ces sociétés se prolonge sur le terrain de leur organisation et de leur fonctionnement, étroitement réglementés et souvent pénalement sanctionnés. Elles sont notamment soumises, dans le but de protéger les épargnants et le marché, à des mesures de publicité très complètes et à un contrôle très étroit de l'Autorité des marchés financiers (AMF), anciennement Commission des opérations de bourse (COB), avant la loi du 1er août 2003 de sécurité financière.

2. Les sociétés cotées sur un marché réglementé

• Au sein des sociétés offrant leurs titres financiers au public, il est fondamental de distinguer les sociétés cotées sur un marché réglementé (v. 374 et s.) de celles qui ne le sont pas. L'admission aux négociations sur un marché réglementé entraîne en effet l'application de dispositions spéciales, qui se veulent encore plus protectrices des actionnaires et des épargnants.

• La distinction entre sociétés cotées et non cotées est incontestablement vouée à prendre de plus en plus d'importance dans notre droit des sociétés, jusqu'à devenir un jour peut-être la *summa divisio* de celui-ci. L'idée se fait jour depuis quelques années que les actionnaires ne sont pas tous des associés, certains n'étant que des bailleurs de fonds ou des épargnants, davantage intéressés par le rendement d'un produit financier que par le fonctionnement de la société, tout particulièrement lorsque la société est cotée.

§ 2 - Types spéciaux

A. Sociétés particulières en raison de leur statut juridique

1. Les sociétés coopératives

Les associés sont soit des travailleurs au service de la société (par ex. les SCOP, sociétés coopératives ouvrières de production), soit des fournisseurs (coopérative de vente), soit des clients (coopérative de consommation). Leur capital est variable. Chaque coopérateur n'a qu'une voix, quelle que soit la part de capital qu'il détient.

2. Les sociétés à participation ouvrière

Forme de SA dans laquelle les salariés ont le droit de participer de manière étendue aux bénéfices et à la gestion. Cette forme n'a pas rencontré de succès.

3. Les sociétés à capital variable (C. com., art. L. 231-1 à L. 231-8)

Leur capital varie constamment, à la hausse (lorsde l'entrée de nouveaux associés dans la société) ou à la baisse (reprise des apports consécutifs au retrait de certains associés). Les clauses de variabilité sont interdites dans les SA de droit commun autres que les coopératives et les sociétés d'investissement à capital variable (Sicav).

4. Les sociétés d'économie mixte

Associent une collectivité publique (État, collectivité locale) à des capitaux privés pour le développement de certains projets d'intérêt général (routes, bâtiments, exploitation de services publics…).

5. Les sociétés nationalisées et/ou privatisées

Leur situation se trouve étroitement réglementée.

• La nationalisation est le transfert à la nation, en toute propriété, d'une exploitation privée pour des motifs d'intérêt général. Elle repose sur un mécanisme d'expropriation des associés moyennant une indemnisation. La France a connu deux vagues de nationalisation, en 1945 (renforcement de l'économie nationale) puis en 1982 (politique socialiste), qui ont concerné divers secteurs économiques (banques, énergie, assurances, industrie…).

• La privatisation est la cession à des personnes privées des actions d'une société d'État. L'opération peut s'opérer sur le marché financier (cas le plus fréquent ; les privatisations ont ainsi permis de développer en France l'actionnariat populaire et celui de salariés), ou bien hors marché (de gré à gré). L'État peut garder la majorité (privatisation partielle) ou céder la totalité du contrôle, en conservant ou non une minorité. L'État se réserve souvent une action privilégiée (*golden share*) lui permettant notamment d'agréer ou de refuser l'entrée de nouveaux actionnaires dans la société, pour des raisons dites d'intérêt national. La CJCE a condamné ces actions spécifiques, lorsqu'elles relèvent du pouvoir discrétionnaire de l'État (CJCE, 4 juin 2002, *Commission c/Rép. Française, Rev. sociétés* 2002, p. 519, G. Parléani).

B. Sociétés particulières en raison de leur objet

Ces sociétés sont soumises sur tel ou tel point à une réglementation spéciale et ont des obligations spécifiques. On ne citera que certains des secteurs économiques dans lesquels on les rencontre, dans la mesure où, ponctuellement mais fréquemment, l'État crée des sociétés spéciales, apporte des dérogations pour tel secteur aux règles générales ou octroie des faveurs fiscales (par ex. L. 11 juill. 1985 sur les sociétés de financement de l'industrie cinématographique et audiovisuelle, SOFICA).

1. Immobilier

Par ex. : sociétés civiles de construction-vente (CCH, art. L. 211-1 à L. 211-4) ; sociétés civiles d'attribution (CCH, art. L. 212-1 à L. 212-13) ; société d'attribution d'immeubles en jouissance à temps partagé (L. 6 janv. 1986) ; sociétés civiles de placement immobilier (SCPI, C. mon. fin., art. L. 214-50 et s.).

2. Agriculture

Par ex. : coopératives agricoles ; groupes agricoles d'exploitation en commun (GAEC) ; groupements fonciers agricoles (GFA) ; entreprise unipersonnelle agricole à responsabilité limitée (EARL).

3. Professions libérales

Par ex. : sociétés civiles professionnelles (L. 29 nov. 1969) ; sociétés civiles de moyens (SCM, organisation de services communs aux membres) ; sociétés d'exercice libéral (SEL, L. 31 déc. 1990), qui sont des sociétés professionnelles à forme commerciale (par ex. sous forme de SARL : SELARL ; sous forme de SA : SELAFA ; sous forme de SAS : SELAS…).

4. Banque et assurance

Par ex. : Sicav ; sociétés de développement régional ; sociétés d'assurance mutuelle…

Chapitre 3 › VUES GÉNÉRALES SUR LE DROIT DES SOCIÉTÉS

› L'essentiel

La société est un mécanisme juridique très ancien, ancré dans une histoire qu'il convient de retracer brièvement.
Pour autant, le Code civil de 1804 et le Code de commerce de 1807 étaient très succincts et lacunaires dans leur réglementation des sociétés.
Par la suite, le législateur français n'a jamais cessé de compléter ou réformer cette réglementation, qui est aujourd'hui d'une densité et d'une complexité importantes.
De surcroît, le droit communautaire des sociétés modifie directement ou influence indirectement, de plus en plus le droit français des sociétés.
Il convient donc de faire le point sur l'état actuel du droit positif français, au regard de ses sources.

Section 1 › ÉLÉMENTS D'HISTOIRE DU DROIT DES SOCIÉTÉS

§ 1 - Antiquité

• **À Babylone et en Grèce :** associations ayant les caractères essentiels des sociétés (apports et partage des risques).

• **À Rome :** groupements (« consortium ») s'apparentant à des indivisions successorales et groupements destinés à la réalisation d'affaires financières ou commerciales proches de nos sociétés.

§ 2 - Moyen Âge

À la fin du XVe siècle, sont connues toutes les formes de sociétés utilisées par le droit français jusqu'en 1925 :
– société en nom collectif : issue de la « compania », société à responsabilité solidaire et illimitée se consacrant à des activités économiques très diverses : industrie, commerce, banque… ;
– société en commandite : issue de la « commenda » ou de la « société de mer », utilisée essentiellement dans le commerce maritime, afin de partager les risques entre les marchands exportant ou important des marchandises ;
– sociétés de capitaux : apparaissent notamment sous la forme de sociétés de « quirataires » : division en parts (quirats) d'un navire ; permettent de partager les risques de l'exploitation d'un navire entre plusieurs armateurs. Étendues à l'industrie extractive.

§ 3 - Ancien Régime

• **1673 :** un effort de classification et donc de conceptualisation est opéré par l'effet de l'ordonnance de Louis XV sur le commerce de terre. Cette ordonnance distingue et réglemente trois types de sociétés (les sociétés générales, les commandites simples et les sociétés anonymes, qui correspondent en réalité aux sociétés en participation actuelles).

- **Les compagnies coloniales** apparaissent parallèlement : compagnie par actions bénéficiant de chartes ou privilèges concédés par le pouvoir royal (compagnie des Indes occidentales ou orientales).

- **Des manufactures royales** se constituent : par ex. Saint-Gobain, qui existe toujours. Il s'agit de sociétés par actions qui s'apparentent aux SA ou aux SCA actuelles.

§ 4 - Révolution française et Empire

- **Le Code civil** (1804) : pose les principes généraux communs aux sociétés civiles et commerciales (art. 1832 à 1873 anc.).

- **Le Code de commerce** (1807) : contient une première réglementation des sociétés commerciales actuelles (sociétés en commandite, SNC, sociétés en participation).

§ 5 - XIXe et XXe siècles

A. Développement des sociétés commerciales au cours du XIXe siècle

- **Loi du 24 juill. 1867 :** cadre législatif plus moderne pour les sociétés commerciales.

- **Place croissante pour les sociétés anonymes :** surtout à partir de 1867 (suppression de l'autorisation gouvernementale de constitution) ; jusqu'alors, la préférence était donnée aux commandites par actions.

- **1870 à 1890 :** création de l'économie industrielle moderne, dont la société anonyme constitue l'instrument juridique idéal du développement.

B. Période de l'entre-deux-guerres

- **Intervention croissante de l'État :** surtout dans la réglementation des sociétés anonymes, principalement dans un but de protection de l'épargne publique ; ce mouvement fait suite à plusieurs scandales financiers retentissants.
- **La loi du 7 mars 1925 :** crée une société d'inspiration allemande, la SARL, forme intermédiaire entre les sociétés de personnes et de capitaux.

C. Depuis la Seconde Guerre mondiale

1. Loi du 24 juill. 1966 (et décret d'application du 23 mars 1967)

Réglementation de base des sociétés commerciales. Cette loi poursuit 5 objectifs essentiels :
– protection de l'épargne (information des actionnaires) ;
– sécurité des tiers (réduction des causes de nullité, inopposabilité aux tiers des clauses de limitation des pouvoirs) ;
– répression pénale accrue ;

– création d'instruments juridiques et financiers nouveaux (obligations convertibles) ou d'organes nouveaux (conseil de surveillance et directoire) ;
– prise en compte des dispositions du droit communautaire, et notamment de la 1re directive en matière de sociétés (v. *infra*).

2. Loi du 4 janv. 1978 (et décret d'application du 3 juill. 1978)

Ces textes aboutissent à un certain alignement des sociétés civiles sur les sociétés commerciales :
– règles de publicité ;
– personnalité morale liée à l'enregistrement au *RCS* ;
– protection des tiers (réduction des causes de nullité, assimilation de la nullité à une dissolution, sans rétroactivité) ;
– protection des associés : responsabilité proportionnelle aux droits sociaux.

3. Très nombreux textes postérieurs

Parmi lesquels les principaux sont (sans exhaustivité) :
• L'ordonnance du 23 sept. 1967 instaurant le GIE.

• L'ordonnance du 28 sept. 1967 instituant la COB.

• Loi du 30 déc. 1981 et décret du 2 mai 1983 organisant la dématérialisation des valeurs mobilières.

• Loi du 11 juill. 1985 sur l'entreprise unipersonnelle à responsabilité limitée (EURL).

• Loi du 2 août 1989 visant à améliorer la sécurité et la transparence du marché financier. Réglementation accrue notamment en matière de prises de participation et d'OPA.

• Loi du 3 janv. 1994 créant la société par actions simplifiée (SAS).

• Loi du 2 juill. 1996 de modernisation des activités financières (intégrée dans le Code monétaire et financier).

• Loi du 12 juill. 1999 sur l'innovation et la recherche, qui élargit les possibilités d'utilisation des SAS, en créant la SAS unipersonnelle (SASU).

• Loi du 15 mai 2001 sur les Nouvelles régulations économiques (dit NRE), qui tend essentiellement à assurer une plus grande transparence et une meilleure répartition des pouvoirs au sein des SA avec conseil d'administration.

• Loi du 1er août 2003 sur la sécurité financière, qui fusionne la Commission des opérations de bourse (COB) avec le Conseil des marchés financiers (CMF), en créant l'Autorité des marchés financiers (AMF) ; améliore encore la transparence et modernise le contrôle légal des comptes.

• Loi du 1er août 2003 sur l'Initiative économique, qui contient diverses dispositions d'ordre juridique, financier, social et fiscal, destinées à favoriser la création d'entreprise et à faciliter sa transmission.

• Ordonnance du 24 juin 2004 portant réforme du régime des valeurs mobilières, qui modifie le régime des augmentations de capital, et crée la catégorie des actions de préférence (et son décret d'application du 10 févr. 2005).

• Loi « Breton » du 26 juill. 2005 en faveur de la confiance et de la modernisation de l'économie, qui adopte diverses mesures intéressant le droit des sociétés directement (information des actionnaires, rachat d'actions, conventions réglementées…), ou indirectement (dispositions de droit boursier et de droit du travail).

• Décret du 25 mars 2007 relatif à la partie réglementaire du Code de commerce, qui procède à la codification de l'ancien décret du 23 mars 1967.

• Loi du 3 juill. 2008 portant diverses adaptations du droit des sociétés au droit communautaire, qui transpose notamment en droit français la Directive 2005/56/CE du 26 oct. 2005 sur les fusions transfrontalières des sociétés de capitaux. Elle apporte également quelques aménagements aux règles applicables aux fusions de droit interne (not. en matière d'intervention des commissaires à la fusion et aux apports).

• Loi de modernisation de l'économie (LME) du 4 août 2008, qui tend à favoriser et simplifier les PME, en particulier lorsqu'elles exercent leur activité sous forme de SARL ou de SAS. Dans les SAS : possibilité de réaliser des apports en industrie et suppression du capital minimum et, dans certains cas, suppression de l'obligation de désigner des commissaires aux comptes. Le décret du 25 févr. 2009 fixe les dispositions d'application de la loi LME.

• Ordonnance du 8 janv. 2009, relative aux instruments financiers, qui vise à les rendre plus lisibles en les regroupant en totalité dans le Code monétaire et financier, en en remaniant la liste et en précisant les conditions de preuve de leur titularité.

• Ordonnance du 22 janv. 2009, portant réforme de l'appel public à l'épargne. Elle tend à faciliter le financement des entreprises sur les marchés, notamment en rapprochant le droit français applicable en matière d'offre au public de titres financiers des standards européens connus des investisseurs internationaux. L'ordonnance substitue ainsi à la notion française d'appel public à l'épargne les notions européennes d'offre au public de titres financiers, d'une part, et d'admission aux négociations sur un marché réglementé, d'autre part.

• Ordonnance du 30 janv. 2009, réformant la réglementation relative aux rachats d'actions par les sociétés cotées et aux franchissements de seuils.

• Loi du 22 oct. 2010 de régulation bancaire et financière, qui renforce les pouvoirs de l'AMF, et modernise certaines opérations de marché.

• Loi « Warsmann » du 17 mai 2011, dont l'ambition a été de simplifier et d'améliorer le droit. Elle apporte de nombreuses modifications au droit des sociétés (conventions réglementées, augmentations de capital, fusion, scissions et apports partiels d'actifs).

Section 2 › RÉGLEMENTATION CONTEMPORAINE ET PERSPECTIVES D'ÉVOLUTION DU DROIT DES SOCIÉTÉS

La réglementation contemporaine du droit des sociétés paraît s'orienter vers plusieurs directions majeures, d'ailleurs pas toujours parfaitement compatibles, et parmi lesquelles on retiendra notamment :

§ 1 - Première orientation : simplification des règles juridiques

Cet objectif se traduit, notamment, par le souci du législateur de :
– simplifier et améliorer les démarches administratives, les formalités et les règles qui encadrent la création et le fonctionnement des entreprises (V. par ex. les lois de simplification du droit, et not. Loi « Warsmann » du 17 mai 2011 qui apporte de nombreuses modifications au droit des sociétés) ;
– codifier le droit français du commerce et des sociétés.

A. Méthode

• Une loi du 16 déc. 1999 a habilité le gouvernement à procéder, par ordonnance, à l'adoption de la partie législative de certains codes.

• Une ordonnance du 18 sept. 2000 a été adoptée et a permis l'entrée en vigueur de la partie législative du nouveau Code de commerce.

• La codification a été opérée « à droit constant », c'est-à-dire que les dispositions en vigueur ont été codifiées sans y apporter d'autres modifications que celles imposées par « le respect de la hiérarchie des normes », « la cohérence rédactionnelle des textes » ou « l'harmonisation de l'état du droit ».

B. Résultat

• Si de nombreux textes du droit des sociétés figurent désormais dans ce Code (et principalement la loi du 24 juill. 1966 et, depuis sa codification par le décret du 25 mars 2007, l'ancien décret du 23 mars 1967), il ne s'agit pas d'une codification du droit des sociétés, mais d'une codification des règles du commerce, ce qui est beaucoup plus large.

• Par ailleurs, de nombreuses dispositions intéressant les sociétés sont restées hors du Code de commerce : les règles relatives aux valeurs mobilières et, plus généralement, aux instruments financiers ainsi qu'aux marchés financiers, figurent dans le Code monétaire et financier, instauré le 14 déc. 2000 ; les art. 1832 et s. C. civ. restent dans ce Code, bien qu'ils posent les règles générales applicables aux sociétés.

• Il n'existe donc pas légalement de Code des sociétés. En revanche, de nombreux éditeurs juridiques proposent de tels codes, extrêmement pratiques en ce qu'ils s'efforcent de réunir l'ensemble des dispositions applicables, plus ou moins directement, aux sociétés, ainsi que la jurisprudence (v. par ex. *Code des sociétés et des marchés financiers*, Dalloz).

§ 2 - Deuxième orientation : alléger la réglementation et accorder davantage de liberté contractuelle

A. Les SAS

Cette volonté a trouvé sa manifestation exemplaire dans la création, par la loi du 3 janv. 1994, des sociétés par actions simplifiée (SAS) et leur banalisation par la loi du 12 juill. 1999 (permettant notamment la SASU). La place de la liberté dans ces sociétés est considérable (v. *infra*, p. 276 et s.).

B. La dépénalisation

Les efforts actuels du législateur, tendant à une certaine dépénalisation du droit des sociétés et à un renouvellement des sanctions de la violation des règles d'ordre public, participent de ce mouvement. Dans le prolongement de la loi NRE du 15 mai 2001, les lois « sécurité financière » et « initiative économique » du 1er août 2003, ainsi que les ordonnances des 25 mars et 24 juin 2004 ont supprimé plusieurs délits de droit des sociétés. Les associés ou les tiers trouveront, à la place, une protection soit dans une injonction judiciaire, soit dans une nullité de la décision collective.

C. Au-delà, orientation plus incertaine

Si l'on peut croire que la jurisprudence n'est pas défavorable, par principe, aux aménagements conventionnels du fonctionnement des sociétés et plus généralement aux montages sociétaires (v. *infra*, p. 88 et s.), il est difficile de dire si le législateur entend poursuivre cet objectif en assouplissant, par ex., les règles de fonctionnement des SA et des SARL. La tentation réglementaire reste forte chez les législateurs.

§ 3 - Troisième orientation : transparence accrue et meilleure gouvernance

A. Loi dite NRE du 15 mai 2001

La loi sur les nouvelles régulations économiques du 15 mai 2001 traduit de manière exemplaire cet objectif.

S'inscrivant dans le contexte de la mondialisation de l'économie, cette loi vise à mettre notre législation des sociétés et des marchés financiers au niveau des exigences posées par les investisseurs internationaux, notamment anglo-saxons (les fameux principes de « *corporate governance* » ou « gouvernement des entreprises »). Certaines dispositions du droit des sociétés ont ainsi été modifiées afin notamment d'accroître la transparence dans le fonctionnement des sociétés anonymes (par ex. information des actionnaires sur les rémunérations des dirigeants), de prévenir les conflits d'intérêts (extension du champ des conventions réglementées), de mieux équilibrer les pouvoirs des dirigeants (distinction des fonctions de président de celles de directeur général) et de renforcer les pouvoirs de contrôle des actionnaires minoritaires.

B. Loi du 29 oct. 2002 (dite « loi Houillon »)

Poursuivant dans la ligne de la loi NRE, cette loi renforce la réglementation du cumul des mandats sociaux des dirigeants (avec le but d'éviter non seulement que les dirigeants exercent mal des fonctions trop nombreuses, mais également des conflits d'intérêts).

C. Loi du 1er août 2003 relative à la sécurité financière

Elle accroît de manière importante l'information et les contrôles (notamment par les commissaires aux comptes), au sein des sociétés anonymes, dans le but d'augmenter l'efficacité de la surveillance de la gestiondans le souci d'un meilleur fonctionnement interne mais également de la restauration de la sécurité et de la confiance sur les marchés financiers.

§ 4 - Quatrième orientation : poursuite de l'amélioration de la protection des épargnants et du fonctionnement des marchés financiers

A. Contexte national et mondial

Certaines affaires, très médiatisées (par ex. Enron, Worldcom aux États-Unis ; Vivendi en France…), ont montré qu'en dépit de réglementations développées, des carences existaient relativement à la délivrance par les sociétés – essentiellement les sociétés cotées – d'une information financière transparente et sécurisée.

B. Objectif du législateur

- Renforcer les autorités de surveillance des marchés financiers.
- Distinguer plus nettement les missions d'audit et celles de conseil, assumées par les professionnels des comptes.
- Renforcer encore davantage les contre-pouvoirs dans les sociétés, et notamment les prérogatives des assemblées générales des actionnaires.

C. Intervention de la loi du 1er août 2003 relative à la sécurité financière

- Elle modernise les autorités de régulation et de contrôle du secteur financier en organisant la fusion de la COB et du CMF au sein d'un nouvel organisme : l'AMF.
- Elle accroît la sécurité des épargnants, en réformant le régime juridique du démarchage financier.
- Elle modernise le contrôle légal des comptes, en modifiant l'organisation collective et les conditions d'exercice de la profession de commissaire aux comptes dans le but de renforcer son indépendance.

Section 3 › RÉGLEMENTATION COMMUNAUTAIRE DES SOCIÉTÉS

Il faut également compter avec les orientations que le législateur communautaire entend donner aux droits internes des sociétés des États membres. Cette influence, incontestable, s'est déjà très fortement manifestée par l'adoption de nombreuses directives européennes intéressant le droit des sociétés.

§ 1 - Directives adoptées et, pour l'essentiel, transposées en droit français

- 1re directive du 9 mars 1968 sur la publicité, la validité des engagements sociaux, les cas de nullité.
- 2e directive du 13 déc. 1976, sur la constitution des SA, le maintien de l'intégrité de leur capital et ses modifications.
- 3e directive du 9 oct. 1978 sur la protection des actionnaires et des tiers à l'occasion des fusions de SA.
- 4e directive du 25 juill. 1978, sur la structure et le contenu des comptes annuels.

• 6e directive du 17 déc. 1982 sur les scissions de SA.

• 7e directive du 13 juin 1983 sur les conditions dans lesquelles les sociétés doivent établir des comptes consolidés.

• 8e directive du 10 avr. 1984, sur les conditions que doivent remplir les personnes exerçant les fonctions de commissaires aux comptes.

• 12e directive du 21 déc. 1989 sur les EURL.

• 13e directive du 21 avr. 2004 relative aux offres publiques d'acquisition ou d'échange.

• 10e directive du 26 oct. 2005 sur les fusions transfrontalières des sociétés de capitaux.
Une douzaine de directives ont également été adoptées en matière de droits financier et boursier.

• Directive du 11 juill. 2007 concernant l'exercice de certains droits des actionnaires de sociétés cotées.

§ 2 - Directives en projet, mais non encore adoptées

• 5e directive sur la structure des SA, les pouvoirs et obligations des organes.

• 9e directive sur les groupes de sociétés.

• 14e directive relative au transfert de siège des sociétés de capitaux d'un État membre à un autre.

§ 3 - Précisions sur la force normative des directives communautaires

Les directives s'imposent aux États membres qui doivent prendre les dispositions législatives, réglementaires ou administratives nécessaires à la réalisation des objectifs qu'elles définissent. À la différence du règlement, la directive n'a pas d'effet direct *stricto sensu* dans l'ordre juridique interne. Cependant, dans le cas où un État membre aurait omis de prendre les mesures d'exécution requises ou aurait adopté des mesures non conformes aux buts fixés par la directive, un ressortissant de cet État pourrait se prévaloir de celle-ci pour demander en justice que soit écartée une disposition nationale incompatible avec elle. Par ailleurs, la CJCE a dit pour droit que les juridictions internes avaient l'obligation d'interpréter leur droit à la lumière des principes de la directive (not. CJCE, 13 nov. 1990, *Marleasing*).

§ 4 - Cas particulier de la société européenne

Après plusieurs décennies de débats, la société européenne (SE) a enfin vu le jour durant l'année 2001 (Règl. CE 2157/2001 du 8 oct. 2001 relatif au statut de la SE et directive CE 2001/86 du 8 oct. 2001 relative à l'implication des travailleurs dans les organes sociaux de la SE). Ces textes prévoient des règles précises de constitution et de fonctionnement de cette société. Les dispositions nécessaires à l'application de cette réforme ont été introduites en droit français par la loi « Breton » du 26 juill. 2005 (C. com., art. L. 229-1 à L. 229-15) et par les décrets du 14 avr. 2006 (C. com., art. R. 229-1 à R. 229-26) pour la partie relative au droit des sociétés et du 9 nov. 2006 pour la partie relative à l'implication des salariés dans la SE (sur la SE, v. *infra*, p. 300). Comparer : création de la société coopérative européenne par règlement CE du 22 juill. 2003.

§ 5 - Projet de société privée européenne (SPE)

• Cette société n'existe pas encore en droit positif mais fait l'objet d'un projet sérieux de règlement du Conseil présenté par la Commission européenne en 2008 et approuvé par le parlement européen le 10 mars 2009.

• Ce projet vise à renforcer la compétitivité des petites et moyennes entreprises (PME) en facilitant leur établissement et leur fonctionnement dans le marché unique.

• La SPE sera une société de capitaux par actions à responsabilité limitée, dotée de la personnalité juridique. Ses actions ne pourront être offertes au public ni admises à la négociation sur un marché réglementé. Elle pourra avoir plusieurs fondateurs, personnes physiques et/ou sociétés, et être créée soit *ex nihilo*, soit par transformation ou scission d'une société existante ou par fusion de sociétés existantes.

• Elle sera régie par les dispositions impératives du nouveau règlement, par ses statuts (notamment pour son organisation interne) et par le droit national des sociétés dans les cas indiqués par le règlement. La loi applicable sera celle du siège statutaire de la SPE. La SPE pourra transférer son siège statutaire dans un autre État membre en conservant sa personnalité juridique et sans être dissoute.

• Les actionnaires disposeront d'une grande liberté en ce qui concerne les mutations des actions et l'organisation interne de la SPE (d'une manière comparable à la SAS, sur laquelle v. *infra*, p. 276). Cependant, des droits particuliers devraient être reconnus aux actionnaires minoritaires.

• Le projet de règlement fixe le capital minimum requis à 1 €, à condition que la société délivre un certificat de solvabilité attestant que la SPE est en mesure de payer ses dettes. Si elle n'est pas en mesure de fournir ce certificat, le capital minimal exigé pourrait être fixé à 8 000 €.

• Des divergences demeurent entre les États membres sur différentes questions (participation des salariés, montant du capital social…), qui font pour l'instant obstacle à sa consécration.

Section 4 › ÉTAT ACTUEL DU DROIT POSITIF DES SOCIÉTÉS AU REGARD DE SES SOURCES

§ 1 - Lois et décrets

Ce sont les sources habituelles et principales du droit des sociétés ; sources largement influencées, comme on l'a vu, par le droit communautaire. À ce titre on rappellera que :

– les art. 1832 à 1844-17 C. civ. constituent le droit commun des sociétés (civiles ou commerciales) ;

– les art. 1845 à 1870-1 C. civ. régissent les seules sociétés civiles ;
– les art. 1871 à 1873 C. civ. régissent les sociétés en participation ;
– que figurent dans le Code de commerce les dispositions communes aux sociétés commerciales et les dispositions particulières à chacune des sociétés commerciales (C. com., art. L. 210-1 à L. 248-1, pour la partie législative et R. 210-1 à R. 228-26, pour la partie réglementaire, issu de la codification des dispositions du décret du 23 mars 1967) ;
– que de nombreuses dispositions intéressant le droit des sociétés se trouvent éparpillées dans différentes lois ou règlements.

§ 2 - Sources d'origine administrative

Ces sources sont de plus en plus nombreuses : réponses ministérielles, qui n'ont aucune valeur juridique mais auxquelles les praticiens attachent une certaine valeur ; circulaires et instructions ministérielles ; règlements et actes divers des autorités administratives, telle que l'Autorité des marchés financiers (AMF ; v. *infra*, p. 372).

§ 3 - Doctrine et jurisprudence

La doctrine et la jurisprudence jouent par ailleurs, comme dans la plupart des domaines juridiques, un rôle important. D'autant que les textes législatifs et réglementaires apparaissent assez souvent incomplets ou imprécis et appellent donc une interprétation des magistrats, éclairés par les travaux de la doctrine. Les juges ont un rôle de premier plan en droit des sociétés (v. *infra*, p. 94 et s.).

POUR ALLER PLUS LOIN

BIBLIOGRAPHIE :

Traités et manuels

- M. Cozian, A. Viandier et Fl. Deboissy, *Droit des sociétés*, Litec., 24e éd., 2011.
- B. Dondero, Hypercours, *Droit des sociétés*, Dalloz, 2e éd. 2011.
- P. Le Cannu et B. Dondero, *Droit des sociétés*, Domat Montchrestien, 3e éd., 2009.
- A. Couret, A. Charvériat, B. Zabala, avec le concours de B. Mercadal, Mémento Francis Lefebvre, *Sociétés commerciales*, 2012.
- J. Mestre et D. Velardocchio, Lamy, *Sociétés commerciales*, éd. 2012.
- Ph. Merle, *Sociétés commerciales*, Précis Dalloz, 15e éd., 2012, avec le concours d'A. Fauchon.
- J.-M. Moulin, *Droit des sociétés*, Gualino, 2e éd. 2011.
- B. Petit, Droit des sociétés, Litec, Objectif droit, 5e éd. 2010.
- G. Ripert, et R. Roblot, *Traité de droit commercial*, LGDJ, tome 1, vol. 2, 19e éd., 2009, par M. Germain, avec le concours de V. Magnier.
- D. Vidal, *Droit des sociétés*, LGDJ, 7e éd., 2010.

Encyclopédies juridiques

- *Répertoire Sociétés* Dalloz (dir. V. Magnier).
- *Juris-classeur sociétés Traité* (dir. F. Terré et M. Germain).
- *Dictionnaires Joly sociétés*

Revues spécialisées

- *Bulletin Joly Sociétés* (*Bull. Joly*).
- *Droit des sociétés*, éd. Juris-classeur (*Dr. soc.*).
- *Revue des sociétés* (*Rev. sociétés*).

Rubriques de droit des sociétés des revues juridiques générales :

- *Bulletin rapide de droit des affaires* (*BRDA*), éd. Francis Lefebvre.
- *Recueil Dalloz* avec les notes de A. Lienhard.
- *Revue de jurisprudence de droit des affaires* (*RJDA*), éd. Francis Lefebvre.
- *Revue Lamy de droit des affaires*, éd. Lamy.

Chroniques spécialisées

- *Recueil Dalloz* (*D.*) : sommaires commentés par J.-Cl. Hallouin et E. Lamazerolle.
- *JCP édition Entreprise* (*JCP E*), Chron. Fl. Deboissy et G. Wicker.
- *Revue trimestrielle de droit commercial* (*RTD com.*), Chron. Cl. Champaud et D. Danet, P. Le Cannu et B. Dondero.

Codes spécialisés

- Code des sociétés et des marchés financiers, Dalloz 2012 (par A. Lienhard et J.-P. Valuet), 2010.
- Code des sociétés et autres groupements, Litec 2012 (par F. Deboissy et G. Wicker).

Livre premier
LE DROIT COMMUN DES SOCIÉTÉS

Il convient d'examiner successivement comment naît une société, du contrat fondateur jusqu'à l'acquisition de la personnalité morale (première partie), comment elle vit et fonctionne, et notamment quels en sont les acteurs principaux et comment s'organisent les rapports sociaux (deuxième partie), et enfin comment elle se transforme ou disparaît (troisième partie).

Première partie

LA NAISSANCE DE LA SOCIÉTÉ

Il résulte de l'art. 1832 C. civ. que l'on peut créer des sociétés unipersonnelles, telles que l'EURL ou la SASU. Ces sociétés ne sont pas constituées par un contrat mais par un acte unilatéral de volonté. Toutefois, toutes les conditions, générales ou spécifiques, de constitution des sociétés leur sont applicables, dès lors qu'elles sont compatibles avec l'absence d'une pluralité d'associés (ainsi de la capacité de l'associé, de son consentement, de son apport, de l'objet social, de la cause de la société, etc.). Le contrat de société se présente donc comme l'acte fondamental, fondateur, de la société (chapitre 1).

Bien que l'acquisition de la personnalité morale ne soit pas une obligation, et qu'il existe des sociétés sans personnalité morale, qui reposent donc exclusivement sur le contrat constitutif, la plupart des sociétés deviennent par la suite des personnes morales, afin de faciliter leur activité dans le commerce juridique (chapitre 2).

Chapitre 1 › LE CONTRAT DE SOCIÉTÉ

> **› L'essentiel**
>
> *Le contrat de société a été conçu par le Code civil comme l'un des contrats spéciaux.*
>
> *Dès lors, il se trouve soumis tout à la fois aux règles du droit commun des contrats (capacité, consentement, cause et objet, C. civ. art. 1108) et aux règles spécifiquement applicables à ce contrat spécial (pluralité d'associés, apports, participation aux résultats, affectio societatis).*
>
> *Certaines conditions de forme doivent par ailleurs être respectées, avant comme après la signature des statuts.*
>
> *Enfin, des nullités peuvent venir sanctionner les éventuelles irrégularités de constitution du contrat de société, dont il faut examiner les causes, le régime et les effets.*

Section 1 › LES CONDITIONS GÉNÉRALES DE CONSTITUTION

§ 1 - Le consentement

A. Existence

Le consentement des associés doit exister (à distinguer du simple projet de société).

B. Pureté

Il doit être exempt de vices, lesquels peuvent être l'erreur (sur la substance, par ex. sur la nature ou la forme du contrat conclu ; sur la personne, dans les sociétés conclues *intuitus personae*), le dol ou la violence (respectivement des manœuvres ou une contrainte illégitime poussant une personne à s'associer).

C. Sincérité

Le consentement ne doit pas être simulé. L'hypothèse principale est celle où le contrat de société – l'acte ostensible – masque la volonté réelle des parties, laquelle est exprimée dans une convention secrète (par ex. un contrat de prêt, pour échapper à la prohibition de l'usure ; un contrat de travail, pour se soustraire aux lois sociales…). La société est alors fictive. On applique les règles de droit commun de la simulation :

1. Entre les parties

C'est en principe l'acte secret qui prévaut (C. civ., art. 1321), sous réserve qu'il soit prouvé (action en déclaration de simulation), qu'il constate une convention licite et que celle-ci remplisse les conditions qui lui sont propres.

2. À l'égard des tiers

Les parties ne peuvent pas se prévaloir de l'acte secret. Mais les tiers peuvent invoquer, selon leur intérêt, soit l'acte apparent, soit l'acte secret, s'ils le prouvent. Le conflit entre les tiers doit être tranché en faveur de celui qui, de bonne foi, s'est fié à l'apparence.

§ 2 - La capacité

Pour participer à une société, les associés doivent avoir la capacité de contracter, conformément aux règles de droit commun (C. civ., art. 1123 et s.). Mais certaines situations particulières doivent être examinées.

A. Le mineur

• Un mineur, même émancipé, ne peut pas être commerçant (C. civ., art. 413-8 et C. com., art. L. 121-2). Il ne peut donc pas être associé d'une société de personnes à objet commercial (associé en nom collectif ou associé commandité d'une SCS ou d'une SCA).

• Il peut être associé dans tous les autres cas (SARL, SA, SAS, Société civile, commanditaire de SCS ou de SCA), mais ne pourra agir, s'il est non émancipé, que par l'intermédiaire de son représentant légal, et plus généralement conformément aux règles qui régissent son statut et ses biens.

B. Le majeur incapable

Il convient sur ce point de se reporter aux dispositions régissant la situation des majeurs protégés (C. civ., art. 414-1 et s.).

C. Les époux

Depuis la loi du 23 déc. 1985 portant réforme des régimes matrimoniaux, deux époux peuvent être, seuls ou avec d'autres personnes, associés dans une même société, quelle qu'en soit la forme (civile ou commerciale, à responsabilité limitée ou illimitée) et participer ensemble ou non, à la gestion sociale (C. civ., art. 1832-1, al. 1).

D. Les incapacités professionnelles

Il existe de nombreuses interdictions, spécifiques à certaines professions. Par ex., les avocats, notaires, experts-comptables, fonctionnaires, … ne peuvent pas être associés d'une SNC ou commandités d'une SCA ou d'une SCS. En outre, certaines interdictions peuvent être appliquées à titre de sanction pénale ou fiscale, ou résulter d'une situation de faillite personnelle.

E. Les personnes morales

1. Sociétés de droit privé ayant la personnalité morale

Peuvent être associées d'autres sociétés. Un GIE ne peut prendre que des participations ayant un lien avec l'activité de ses membres. Les associations déclarées et les syndicats, ayant la personnalité morale, peuvent participer à la constitution d'une société ayant un lien avec leur objet ou leur finalité.

2. Personnes morales de droit public

L'État peut souscrire des parts ou des actions mais une participation majoritaire (par ex. une nationalisation) suppose une loi. Les établissements publics peuvent participer à la constitution d'une société dont l'activité est compatible avec leur objet. Les collectivités locales ne peuvent participer qu'à des sociétés d'économie mixte locales ou à des sociétés commerciales exploitant des services publics locaux.

F. Les étrangers

La capacité des personnes – physiques ou morales – étrangères est régie par leur loi nationale. Mais l'exercice par ceux-ci de certains droits en France peut être soumis à certaines conditions. Ainsi les étrangers souhaitant devenir associés d'une SNC ou commandités d'une SCS ou d'une SCA, ou désirant exercer des fonctions de direction d'une société étrangère implantée en France, doivent effectuer diverses formalités ou obtenir certains documents auprès des autorités étatiques (C. com., art. L. 122-1 et L. 122-2 et R. 122-1 et s. ; décrets du 9 et du 15 mai 2007). Ces formalités ou documents ne sont pas nécessaires s'ils sont ressortissants d'un pays membre de l'Union européenne ou s'ils sont titulaires de la carte de résident.

§ 3 - L'objet

Définition : l'objet social (qui ne doit pas être confondu avec l'intérêt social, v. *infra*) est le type d'activité que la société exerce concrètement (transport, vente d'appareils électroménagers…), en vue de poursuivre la finalité qui lui est assignée par la loi (C. civ., art. 1832 énonçant la spécialité légale des sociétés : partager des bénéfices ou réaliser des économies).

A. Rôle

1. Sur la condition juridique de la société

• Il détermine le caractère civil ou commercial de celle-ci (sous réserve de la commercialité formelle, v. *supra,* p. 9).

• Sa réalisation ou son extinction peut entraîner la dissolution de la société (v. *infra,* p. 110).

• Il peut entraîner l'application d'une législation spéciale si l'activité est réglementée.

• Tout changement d'activité implique une modification des statuts.

2. Sur l'étendue des pouvoirs des dirigeants sociaux

• Dans les rapports internes : les actes du dirigeant dépassant l'objet social peuvent être annulés et entraîner sa responsabilité civile.

• À l'égard des tiers : les SARL, SA, SAS, et SCA sont engagées même par les actes du dirigeant qui ne relèvent pas de l'objet social, à moins qu'elles ne prouvent que le tiers savait que l'acte dépassait cet objet ou qu'il ne pouvait l'ignorer compte tenu des circonstances, étant exclu que la seule publication des statuts suffise à constituer cette preuve. Ce dépassement est inopposable aux sociétés civiles, aux SNC et aux SCS.

B. Validité

• L'objet, possible, doit être déterminé dans les statuts, de manière ni trop générale, ni trop détaillée.

• Sous peine de nullité absolue de la société, l'objet doit être licite (conforme à l'ordre public et aux bonnes mœurs, C. civ., art. 6). Cette condition s'apprécie à partir de l'activité réellement exercée (v. cep. *infra*, p. 37).

§ 4 - La cause

Définition : la cause du contrat de société est la raison pour laquelle des associés ont constitué entre eux une société. Hors l'illicéité, cette cause se confond avec la spécialité légale (C. civ., art. 1832).

Intérêt : la notion permet l'annulation d'une société pour cause illicite (société constituée par ex. pour réaliser une fraude, à la loi ou aux droits des tiers), alors même que son objet social est licite.

Sanction : la cause illicite entraîne la nullité de la société (v. cep. *infra*, p. 37).

Section 2 › LES CONDITIONS SPÉCIFIQUES DE CONSTITUTION

§ 1 - La pluralité d'associés

Condition :

• Cette condition n'est pas exigée pour la constitution de sociétés unipersonnelles (EURL, SASU).

• Deux personnes minimum sont exigées pour la constitution des sociétés de personnes (société en participation, société civile, SNC, SCS), des SARL et des SAS.

• Quatre personnes sont requises pour les SCA (dont trois commanditaires), et sept pour les SA.

• Seule la SARL connaît légalement un nombre maximum d'associés : cent.

Sanction : la pluralité d'associés, nécessaire à la constitution de la société, doit perdurer tout au long de la vie de celle-ci, sous peine, à l'expiration d'une durée d'un an, de pouvoir être dissoute à la demande de tout intéressé. Le tribunal peut cependant accorder un délai maximal de six mois pour régulariser la situation. Cette règle n'est pas applicable en cas de réunion en une seule main de toutes les parts d'une SARL ou d'une SAS, qui deviennent respectivement une EURL ou une SASU.

§ 2 - Les apports

Principe général : Les apports sont en principe nécessaires dans toutes les sociétés (mais la suppression de l'exigence d'un capital minimum pour certaines sociétés – not. SARL, v. p. 149 et SAS, p. 280 – conduit à permettre la création d'une société sans apports).

Définition : faire un apport en société consiste, pour un associé, à transférer à celle-ci une valeur, en contrepartie de laquelle il reçoit des parts ou des actions.

• Lorsque la société possède la personnalité morale, les apports entrent pour la plupart dans son patrimoine social (sauf apport en jouissance et apport en industrie).

• Dans le cas contraire, la société n'a pas de patrimoine propre et, soit il n'y a pas transfert mais mise à disposition (droit de jouissance), soit le transfert s'opère au profit de tous les associés (mise en indivision), ou du gérant seul.

A. Règles communes aux apports

1. L'apport doit être effectif

Sous peine en principe de nullité de la société (C. civ., art. 1844-10) :

• Il ne doit pas être fictif (apporteur non-propriétaire, bien sans valeur ou non transférable). Sanction : en principe la nullité de la société (v. cep. *infra*, p. 37).

• Ni surévalué (au préjudice des créanciers et des autres associés).

• Il doit être « réalisé » ou « libéré », c'est-à-dire remis à la société, sous réserve de l'existence d'un terme légal ou statutaire, suivant les sociétés. Sanction : soit l'exécution forcée, soit, en cas d'impossibilité définitive, la nullité de la société (v. cep. *infra*, p. 37).

2. L'apport ne doit pas être frauduleux

Il ne doit ne pas avoir été fait par l'apporteur dans le dessein de le soustraire aux poursuites de ses créanciers ou aux droits de ses ayants cause. Sanctions : essentiellement l'inopposabilité de l'apport frauduleux aux tiers qui, agissant par la voie de l'action paulienne ou sur le fondement du principe *fraus omnia corrumpit*, parviennent à prouver la fraude.

B. Règles particulières aux différents apports

1. Apports en numéraire

Définition : consiste à mettre une somme d'argent à la disposition de la société. Ces apports sont les plus fréquents. Ils doivent être distingués des « apports » en compte courant, qui sont de simples prêts effectués par les associés à la société (droit de l'associé au remboursement, à tout moment, de son compte courant, sauf disposition statutaire ou convention contraires).

Régime : le processus de libération est organisé en principe librement par les statuts dans les SNC, les SCS, les sociétés civiles et les sociétés en participation. Réglementé dans les SARL et les sociétés par actions (une quote-part doit être obligatoirement versée lors de la souscription). La libération peut intervenir ultérieurement. Dans tous les cas, la libération de l'apport peut s'opérer en espèce ou par compensation avec une créance de l'apporteur sur la société.

Sanction : l'associé défaillant est débiteur de plein droit des intérêts de la somme due à compter du jour de son échéance. La société peut obtenir également des dommages-intérêts si elle a subi un préjudice (C. civ., art. 1843-3, al. 5 et 6).

2. Apports en nature

Définition : ce sont les apports de biens autres que de l'argent. Biens meubles (corporels – un véhicule – ou incorporels – une créance, un fonds de commerce ou une marque) ou immeubles. Ils doivent être susceptibles d'une évaluation pécuniaire et d'une exploitation commerciale.

Catégories : on distingue trois types d'apport en nature (C. civ., art. 1843-3) :

• L'apport en propriété : le transfert de la propriété du bien s'opère au jour de l'immatriculation (date à laquelle la société est une personne juridique dotée d'un patrimoine propre). Le bien échappe alors aux créanciers de l'apporteur, mais pas aux créanciers sociaux. Le régime est celui de la vente au regard des garanties et des formalités (mais pas d'action en rescision pour lésion).

• L'apport en jouissance : mise à la disposition de la société d'un bien par l'apporteur, qui en conserve la propriété, sauf s'il s'agit d'une chose fongible. Le bien, non compris dans le patrimoine social, échappe aux créanciers sociaux, mais pas à ceux de l'apporteur, qui conserve également les risques de la chose. Le régime est celui de la location, au regard des garanties et des formalités (mais certains y voient davantage l'apport d'un droit réel ; un usufruit).

• L'apport en usufruit : la société acquiert un droit réel, celui d'user et de jouir de la chose. Mais elle n'a pas le droit de disposer du bien, ce droit appartenant à l'apporteur, appelé nu-propriétaire. Cet apport est soumis aux mêmes règles que l'apport en propriété en ce qui concerne la transmission du droit, la garantie et les risques.

3. Apports en industrie

Définition : mise à disposition de la société du travail, de l'activité, des connaissances ou des relations de l'apporteur.

Régime : parce que cet apport est insaisissable, et ne pourrait donc servir de gage aux créanciers sociaux, il ne concourt pas à la formation du capital social. Cela est contestable au regard notamment du rôle du capital social à l'égard des tiers (v. *infra*). Cet apport donne lieu à l'attribution de parts sociales pour une valeur fixée dans les statuts ou, à défaut, égale à la valeur du plus petit des autres apports. Cette valeur définit le pourcentage de participation de l'associé aux bénéfices, aux pertes et au partage de l'actif net (C. civ., art. 1843-2).

Conditions : un tel apport est :

– impossible dans les SA et les SAS (et dans une SCS ou une SCA, pour les commanditaires) ;

– permis dans toutes les autres sociétés, y compris les SARL depuis la loi NRE du 15 mai 2001.

C. La représentation des apports : le capital social

Définition : le capital social est la somme des valeurs apportées à la société. N'y figurent ni les apports en industrie, ni les apports en jouissance, ni les quasi-fonds propres.

Nécessité : si toutes les sociétés peuvent comporter un capital social, il n'est pas exigé dans toutes :

– il est indispensable dans les SA, les SCA et les SAS ;
– il n'est pas exigé dans les sociétés en participation, les SNC, les GIE, les SCS et dans le droit commun des sociétés civiles. Depuis la loi du 1er août 2003 pour l'initiative économique, l'exigence légale d'un capital social minimum de 7 500 € pour les SARL, n'existe plus.

Rôle :

• Il serait le gage des créanciers : cela n'est pas exact, car le capital social figure au passif du bilan et exprime une dette (de dernier rang) de la société à l'égard des associés. Seuls les actifs sociaux, saisissables, constituent ce gage.

• Il assurerait aux créanciers une sécurité : cela est moins faux qu'illusoire.

• Ce qui est certain : sur le plan interne, une insuffisance de fonds propres peut être nuisible à l'entreprise. Créer une société destinée à structurer une entreprise, avec un capital insignifiant, peut s'avérer dangereux et conduire les fondateurs et les dirigeants à engager leur responsabilité pour faute de gestion et à combler l'insuffisance d'actif.

• Il constitue une sorte de « grille de lecture » : le capital social, en ce qu'il représente les apports, forme une clef de répartition des droits patrimoniaux et extrapatrimoniaux des associés.

Régime :

• Expression en euros : depuis le 1er janv. 2002, toutes les sociétés ont un capital social exprimé en euros.

• Principe de fixité (ou d'intangibilité) du capital : signifie que les associés n'ont pas le droit de demander le remboursement de leur créance tant que la société n'est pas dissoute, et ne peuvent l'entamer en le mettant en distribution sous forme de dividendes. Mais le législateur autorise certaines dérogations à ce principe : possibilité (limitée) de constituer une société à capital variable, possibilité d'augmenter le capital et même de le réduire (sous certaines conditions, notamment destinées à protéger les créanciers sociaux).

§ 3 - La participation aux résultats sociaux

A. Nécessité

La participation aux bénéfices et aux pertes constitue l'un des éléments les plus caractéristiques du contrat de société. Elle permet notamment de distinguer la société de l'association.

B. Objet

1. Partage des bénéfices

Finalité : le but « historique » de la société est lucratif. A longtemps permis de distinguer nettement la société de l'association.

Définition : un bénéfice est tout gain pécuniaire ou gain matériel qui ajouterait à la fortune des associés (Ch. réunies, 14 mars 1914, *Caisse rurale de la commune de Manigod*).

2. Réalisation d'économies

But susceptible d'être assigné à une société depuis la loi du 4 janv. 1978.

Définition : l'économie s'entend soit comme l'évitement d'une dépense, soit comme l'atténuation d'une perte.

Conséquence : l'élargissement de la finalité des sociétés entraîne une certaine confusion dans la distinction des sociétés et d'autres groupements, notamment associations et GIE (v. *supra*, p. 5).

3. Contribution aux pertes (distinction avec l'obligation aux dettes)

a) La contribution aux pertes ne concerne que les rapports entre associés : c'est en principe à la liquidation de la société que se déterminera la contribution de chaque associé aux pertes éventuelles. L'associé qui aura payé plus que sa part prévue dans les statuts aura un recours contre ses coassociés.

b) Les pertes ne doivent pas être confondues avec les dettes : si, après que toutes les dettes ont été payées, les capitaux propres ne représentent plus que la moitié du capital social, les pertes sont de 50 % alors même que les dettes envers les créanciers sociaux sont éteintes.

c) L'obligation aux dettes concerne les rapports des associés avec les créanciers sociaux : elle est fonction de la nature de la société et ne peut être modifiée statutairement. Ainsi, par ex., les associés de SNC sont-ils tenus indéfiniment et solidairement des dettes sociales (obligation aux dettes) ; mais celui qui est poursuivi pour le tout a un recours contre ses coassociés (contribution aux pertes).

C. Modalités de la participation

La répartition des bénéfices et des pertes est en principe proportionnelle au montant des apports, c'est-à-dire à la part de chaque associé dans le capital social. Mais cette règle est supplétive de volonté, les statuts pouvant prévoir une répartition différente, dans la limite de la prohibition des clauses léonines. V. égal. *infra,* p. 53 et s., le droit des associés aux bénéfices.

D. Prohibition des clauses léonines

1. Énoncé légal de la prohibition

Aux termes de l'art. 1844-1 C. civ., est nulle la stipulation (et non toute la société) attribuant à un associé la totalité du profit procuré par la société ou l'exonérant de la totalité des pertes, ainsi que celle excluant un associé totalement du profit ou mettant à sa charge la totalité des pertes.

2. Appréciation judiciaire de la prohibition

L'appréciation du seuil critique, incertain, est du pouvoir souverain des juges du fond.

3. Portée de la prohibition

Elle n'est applicable ni à la renonciation des associés aux dividendes auxquels ils ont droit au titre d'un exercice clos, ni aux promesses d'achat de droits sociaux, même conclues entre associés, par lesquelles l'acheteur peut garantir un prix fixe au vendeur et ainsi, d'une certaine manière, le faire échapper aux aléas sociaux (not. dans le cadre d'un « portage », v. *infra*, p. 90).

§ 4 - *L'affectio societatis*

Nécessité : bien que non exigée formellement par la loi, il s'agit d'une condition essentielle du contrat de société, qui doit exister non seulement au moment de sa création, mais aussi se prolonger pendant toute la vie sociale.

Définition : volonté des associés de collaborer de façon effective à l'entreprise commune, sur un pied d'égalité et dans leur intérêt commun.

Fonction : cette notion permet notamment :
– de stigmatiser les sociétés fictives dans lesquelles les associés ne sont que des prête-noms, parce que leur consentement est simulé et non sincère (ce qui n'est le cas ni des épargnants en titres de sociétés cotées, ni des sociétés membres d'un groupe) ;
– de caractériser l'existence d'une société créée de fait (v. *infra*, p. 126) ;
– plus généralement, de distinguer le contrat de société d'autres situations contractuelles (contrat de travail, contrat de prêt, etc.).

Sanction : son absence est en principe une cause de nullité de la société (v. cep. *infra*, p. 37).

Section 3 › LES CONDITIONS DE FORME

§ 1 - Avant la signature des statuts

A. Pourparlers

Les fondateurs peuvent entrer en négociation, en vue de la constitution de la société. Une rupture abusive des pourparlers peut engager la responsabilité civile de son auteur.

B. Promesse de société

Le projet peut déboucher sur la conclusion d'une promesse de société, laquelle ne constitue pas le contrat de société (c'est un avant-contrat), mais doit en contenir les éléments principaux (forme, durée et objet de la future société, qualité des associés, montant des apports et répartition des résultats sociaux). La promesse de société ne crée qu'une obligation de faire, dont l'inexécution se résout en dommages-intérêts.

C. Forme et contenu des statuts

- Les statuts doivent être établis par écrit (C. civ., art. 1835), sous seing privé ou authentique (obligatoire en cas d'apport d'un immeuble). À défaut, la société ne pourra obtenir la personnalité morale.

- Les statuts doivent contenir certaines mentions obligatoires (C. com., art. L. 210-2 ; apports, forme sociale, objet, dénomination, siège social, capital, durée, modalités de fonctionnement). Tout intéressé peut, à défaut, agir en régularisation (C. com., art. L. 210-7, al. 2).

D. Signature des statuts

Cette formalité, obligatoire uniquement pour les sociétés souhaitant acquérir la personnalité morale, manifeste l'engagement des associés de créer la société. Dès la signature et jusqu'à l'immatriculation, les rapports entre les associés seront régis par les termes de ce contrat et par les principes généraux applicables aux contrats et obligations (C. civ., art. 1842, al. 2). À l'égard des tiers, la société est en formation (v. *infra,* p. 39).

§ 2 - Après la signature des statuts

A. Formalités de publicité et d'immatriculation

Il convient de procéder aux formalités suivantes (uniquement pour les sociétés destinées à acquérir la personnalité morale).

1. Enregistrement des statuts

Dans un délai d'un mois à compter de la signature, auprès de l'administration fiscale.

2. Publicité

Publication dans un journal d'annonces légales du département du siège social d'un avis de constitution résumant les principales énonciations des statuts.

3. Dépôt de documents au greffe du tribunal de commerce compétent

Not. : deux exemplaires des statuts et deux copies des actes de nomination des organes de gestion, direction, administration, surveillance et contrôle, lorsque ces personnes n'ont pas été désignées dans les statuts.

4. Immatriculation au registre du commerce et des sociétés (RCS)

Elle s'effectue pour les sociétés commerciales par l'intermédiaire d'un centre de formalité des entreprises (CFE) dans le ressort duquel est situé le siège social. Pas de délai imposé pour cela, mais pas de personnalité morale avant cette formalité. Le CFE transmet le dossier au greffe du tribunal de commerce compétent et aux administrations concernées (impôts, Urssaf, etc.). Le greffier, après vérification de la régularité de la constitution, procède à l'immatriculation dans le délai d'un jour franc ouvrable après réception de la demande.

B. Effets principaux de l'immatriculation

- La société est dotée de la personnalité morale (C. civ., art. 1842 et C. com., art. L. 210-6).
- Elle se voit attribuer un numéro d'immatriculation au *RCS*, qui doit figurer sur tous ses documents sociaux et commerciaux.
- Les fonds déposés en banque peuvent être retirés.

• Les actes passés au nom de la société en formation peuvent être repris (v. *infra*, p. 39).

Section 4 › LES SANCTIONS DES IRRÉGULARITÉS DE CONSTITUTION : LES NULLITÉS DE SOCIÉTÉS

Attention :

• Il s'agit des nullités des sociétés elles-mêmes ; pour la nullité des actes et délibérations sociaux, v. *infra*, p. 101 et s.

• Volonté des législateurs communautaire et français de limiter les cas de nullité des sociétés et leurs conséquences, afin notamment de préserver la sécurité juridique des tiers de bonne foi : peu de nullités de sociétés en pratique.

§ 1 - Les causes de nullité

La nullité d'une société commerciale (pour les sociétés civiles, v. C. civ., art. 1844-10) ne peut résulter que des cas suivants :

A. Violation d'une disposition du livre II du Code de commerce expressément sanctionnée par la nullité

• Il n'y en a qu'une : C. com., art. L. 235-2 : « dans les SNC et les SCS, l'accomplissement des formalités de publicité est requis à peine de nullité », sauf régularisation, v. *infra*.

• Le non-respect d'un texte extérieur au livre II C. com. ne peut entraîner la nullité.

B. Violation des lois qui régissent la nullité des contrats (C. com., art. L. 231-1)

1. Règles générales de validité des contrats

C. civ., art. 1108 : consentement et capacité (mais l'incapacité doit atteindre tous les fondateurs dans les SARL et les sociétés par actions et la nullité pour vice du consentement y est impossible, C. com., art. L. 235-1, al. 1er), cause (absence ou illicéité, fraude), objet (défaut ou illicéité). Cependant, le droit communautaire n'autorise la nullité des SARL et des sociétés par actions que pour illicéité de l'objet social statutaire (et non de l'objet réel) et la question de savoir s'il admet la nullité pour fraude est discutée.

2. Règles spéciales de validité du contrat de société

Ce sont notamment celles énoncées précédemment : absence d'au moins deux associés, lorsque la pluralité est exigée ; absence ou fictivité d'un apport ; défaut d'*affectio societatis*. Mais le droit communautaire n'autorise pas la nullité des SARL et des sociétés par actions dans ces deux dernières hypothèses.

§ 2 - Le régime des nullités

A. Titulaires de l'action en nullité

Si la nullité (relative) vise à protéger un intérêt particulier, seule la personne protégée peut intenter l'action en nullité (par ex. vice du consentement). Si la nullité (absolue) vise à protéger l'intérêt général, tout intéressé ayant un intérêt légitime peut agir en nullité (par ex. illicéité de l'objet ou de la cause). Le défendeur est la société.

B. Prescription de l'action en nullité

Toutes les actions en nullité se prescrivent par trois ans à compter du jour où la nullité est encourue (C. com., art. L. 235-9), sauf interruption ou suspension de la prescription.

C. Possibilités de régularisation

La régularisation permet de supprimer la cause de nullité et ainsi de faire obstacle ou d'éteindre l'action en nullité. Le législateur a grandement favorisé les régularisations. Toutes les nullités peuvent être couvertes, à l'exception de celle résultant de l'illicéité de l'objet social, et cela jusqu'à ce que le tribunal ait statué sur le fond de l'action en nullité, en première instance (C. com., art. 235-3). Le tribunal peut accorder, même d'office, un délai pour régulariser. Tout intéressé peut, par une demande en justice, forcer celui qui peut régulariser à le faire, y compris lorsque le vice n'est pas une cause de nullité (formalité omise).

§ 3 - Les effets de la nullité

A. Absence d'effet rétroactif de la nullité

Par exception au droit commun, la nullité d'une société n'a pas d'effet rétroactif et ne vaut que pour l'avenir (sauf nullité pour vice du consentement ou incapacité, où la rétroactivité ne joue qu'à l'égard de l'associé concerné, lui permettant de reprendre l'intégralité de son apport). La règle consacre légalement la théorie des sociétés de fait (à distinguer des sociétés créées de fait, v. *infra*, p. 126).

B. Liquidation de la société

Entre associés, comme à l'égard des tiers, la société est liquidée conformément aux dispositions de ses statuts et aux règles légales sur la liquidation des sociétés dissoutes.

C. Invocation de la nullité

Ni les associés ni la société ne peuvent se prévaloir d'une nullité à l'égard des tiers de bonne foi (et inversement). Les engagements conclus par la société avec eux sont maintenus. L'annulation de la société peut entraîner la responsabilité civile de ceux à qui elle est imputable.

Chapitre 2 › LA PERSONNALITÉ MORALE DE LA SOCIÉTÉ

› L'essentiel

• *La personnalité juridique, qui est l'aptitude à être titulaire de droits et assujetti à des obligations, peut être attribuée à certains groupements de personnes (société, GIE, syndicat, association) ou de biens (fondation). Pour les sociétés, cette attribution résulte de l'immatriculation au registre du commerce et des sociétés (C. civ., art. 1842 ; C. com., art. L. 210-6).*

• *Avant son immatriculation (sociétés en formation), ou en l'absence d'immatriculation (sociétés en participation et sociétés créées de fait, v. infra, p. 121 et s.), la société est un pur contrat qui n'a en principe d'effets qu'entre les parties. Après cette formalité, le groupement devient opposable aux tiers et dispose, en tant que personne juridique, d'un intérêt (v. l'intérêt social, infra, p. 100) et d'un patrimoine autonomes par rapport à ses membres.*

Section 1 › LA CRÉATION DE LA PERSONNE MORALE SOCIÉTAIRE : LES SOCIÉTÉS EN FORMATION

§ 1 - Notion de société en formation

Du moment où les intentions de créer une société sont affirmées avec netteté, jusqu'à l'immatriculation de cette société, celle-ci est dite « en formation ». À cette qualification s'attache un régime particulier, réglant le sort des actes accomplis durant cette période pour la future société (location d'un local, emprunt bancaire, recrutement de salariés, achat de matériel…).

§ 2 - Régime de la société en formation (C. civ., art. 1843 ; C. com., art. 210-6)

A. Actes accomplis par les fondateurs

Les personnes qui ont agi au nom de la société pendant la période de formation (elles seules et non tous les fondateurs) et celles qui leur ont donné mandat à cet effet sont tenues solidairement et indéfiniment des actes ainsi accomplis.

B. Possibilité de reprise des actes

La société a la possibilité de reprendre à son compte les engagements souscrits. Ces engagements sont alors réputés avoir été souscrits dès l'origine par la société immatriculée. Celui qui a passé l'acte est déchargé, sous réserve que cet acte ait bien été conclu au nom et pour le compte de la société en formation (comparer avec le droit positif actuel de la cession de contrat).

C. Modalités de la reprise des actes

En principe la liste est limitative et il n'y a pas de reprise tacite.

1. Procédés antérieurs à l'immatriculation

• Un état des actes accomplis pour la société en formation est annexé aux statuts.

• Un mandat spécial est donné par les associés à l'un d'entre eux d'accomplir des actes pour la société en formation.

Dans ces deux hypothèses, l'immatriculation de la société provoquera reprise automatique des actes par celle-ci.

2. Procédé postérieur à l'immatriculation

Après l'immatriculation, la reprise peut résulter d'une décision collective prise à la majorité (sauf clause contraire des statuts) des associés.

D. Conséquence de l'absence de reprise des actes par la société

Si la société n'est pas immatriculée, ou ne reprend pas les actes, ce sont les fondateurs qui les ont passés qui restent tenus (v. *supra*) et la société ne peut être engagée, sauf à éventuellement devoir indemniser l'associé sur le fondement d'un quasi-contrat (not. enrichissement sans cause).

Section 2 › LES CARACTÉRISTIQUES DE LA SOCIÉTÉ, PERSONNE MORALE

§ 1 - L'identification de la société, personne morale

A. La dénomination sociale

1. Nécessité

Toutes les sociétés ayant la personnalité morale doivent avoir une appellation figurant dans leurs statuts (C. com., art. L. 210-2).

2. Choix

Cette dénomination peut correspondre à l'objet de l'activité, comprendre le nom d'un ou plusieurs associés (la société peut en principe conserver le nom de l'associé dans sa dénomination, même s'il se retire) ou être de pure fantaisie.

3. Limite au choix

Le choix ne doit pas porter atteinte aux droits que des tiers pourraient avoir sur cette appellation, notamment pour l'avoir déjà adoptée comme dénomination sociale, marque ou nom commercial.

B. Le siège social

1. Nécessité

Il s'agit du domicile de la société. Il est nécessaire pour les sociétés ayant la personnalité morale et doit être mentionné dans les statuts.

2. Localisation

a) Lieu du siège réel : le siège social correspond en principe au siège réel de la société, là où se trouve son principal établissement ou sa direction effective (qui peut être différent du lieu d'exploitation de l'activité). En cas de discordance entre siège statutaire et siège réel, les tiers peuvent se prévaloir de l'un ou l'autre.

b) Domiciliation :

• Une société peut partager ses locaux avec d'autres (cas d'un groupe de sociétés ou d'un contrat de domiciliation).

• Elle peut également avoir, lors de son immatriculation ou en cours de vie sociale, son siège au domicile de son représentant légal, sans limitation de durée depuis la loi du 1er août 2003 pour l'initiative économique, sauf disposition légale ou stipulation contraires, auquel cas cette possibilité ne peut excéder cinq ans (C. com., art. L. 123-10 et 123-11).

3. Intérêts de l'identification du siège social. Il permet de déterminer :

• La loi applicable à la société : *lex societatis* (v. *infra*). La loi française si le siège est situé sur le territoire français.

• La compétence territoriale des tribunaux en cas de litiges : la société est assignée, soit devant le tribunal du lieu de son siège ou de l'une de ses succursales ayant un lien avec le litige (théorie des « gares principales »).

• Le lieu d'accomplissement des formalités : not. formalités de publicité et déclarations fiscales et sociales.

4. Transfert du siège social

La décision de transfert du siège social doit être prise dans les conditions prévues pour les modifications statuaires et faire l'objet de mesures de publicité pour être opposable aux tiers. Si le transfert s'effectue à l'étranger et entraîne un changement de nationalité, l'accord unanime des associés est en principe exigé (v. *infra*).

C. La nationalité

1. Notion de nationalité des sociétés

C'est le lien qui permet de rattacher une personne à un État. La notion est ambiguë s'agissant des sociétés. Le critère principal de la nationalité est, en droit français, celui du siège social réel. Mais il peut parfois (pour des raisons de protection des intérêts nationaux, en temps de guerre par ex.) être complété, voire remplacé, par le critère du contrôle qui tient compte de la nationalité des dirigeants ou de l'origine des capitaux.

2. Fonctions de la nationalité des sociétés

La nationalité a deux fonctions :

– une, incontestable : déterminer les droits et les obligations d'une société sur un territoire donné, ainsi que les traités qu'elle peut invoquer ;

– l'autre, contestée : déterminer la loi qui lui est applicable dans le cadre d'un conflit de lois (*lex societatis*, régissant sa création, son fonctionnement – not. les pouvoirs des organes sociaux à l'égard des tiers et les droits des associés – et sa dissolution). Certains prônent avec raison l'exclusion du critère de la nationalité, au profit d'une prise en compte directe du seul siège social. Car si la considération de la nationalité pour la détermination de la loi applicable aboutit au même résultat, elle nuit à la cohérence des notions et à la clarté des solutions.

3. Changement de nationalité

En l'état actuel des droits français, européen et international, le changement de nationalité d'une société est difficile, juridiquement (sauf exception, décision à l'unanimité des associés) et fiscalement (il s'agit d'une cessation d'entreprise).

4. Société supranationales

Il existe des sociétés supranationales, régies principalement par des textes internationaux ou communautaires. Au niveau communautaire il existe le Groupement européen d'intérêt économique (GEIE, Règl. CE du 25 juill. 1985 ; v. *infra*, p. 366) et la Société européenne (SE, Règl. et directive CE du 8 oct. 2001 ; v. *infra*, p. 300). Ces structures favorisent certaines opérations internationales (regroupement, fusion, transfert de siège social). V. égal. Société coopérative européenne (Règl. CE, 22 juill. 2003). La société privée européenne (SPE) est en projet (v. *supra*, p. 22).

D. Caractère civil ou commercial (v. égal. *supra*, p. 9)

1. Détermination

Le caractère commercial d'une société est déterminé par sa forme ou son objet (C. com., art. L. 210-1).

2. Sociétés commerciales par la forme

Les SNC, SCS, SCA, SARL, SA et SAS (même si leur objet est civil). Elles ont les mêmes obligations et droits que les commerçants personnes physiques (publicité au *RCS*, tenue d'une comptabilité, bénéfice des baux commerciaux, compétence des tribunaux de commerce, mise en procédure collective). Leurs actes, mêmes civils, deviennent commerciaux par accessoire.

3. Situation des autres sociétés

Not. les SEP, société créée de fait et GIE, peuvent, suivant leur objet ou leur activité réelle, être soit commerciales (sur les activités commerciales, v. C. com., art. L. 110-1 et L. 110-2) soit civiles (activité libérale, agricole, etc.).

4. Sociétés civiles (par la forme)

Sur ces sociétés, v. *infra*, p. 128. – Si elles exercent une activité commerciale à titre principal, elles peuvent dégénérer en société commerciale créée de fait (sur la responsabilité des associés qui en résulte, v. *infra*, p. 126).

E. Durée (C. com., art. L. 210-2)

La durée de la société doit être déterminée dans les statuts et ne saurait excéder 99 ans à compter de son immatriculation. La prorogation de la société est possible, par une décision collective des associés et n'entraîne pas la création d'une personne morale nouvelle.

§ 2 - Le patrimoine de la société, personne morale

A. Existence

Toute société ayant la personnalité morale dispose d'un patrimoine propre, comprenant l'ensemble de ses droits et biens (l'actif) et de ses obligations (le passif). Le patrimoine varie dans le temps. Il doit être distingué du capital social (v. *supra*, p. 32).

B. Autonomie

1. Par rapport aux associés

Ils ne sont pas copropriétaires des actifs sociaux, mais titulaires de droits sociaux.

2. Par rapport aux créanciers

Les créanciers sociaux ont un droit sur le seul patrimoine social (sauf dans les sociétés à responsabilité illimitée). Les créanciers personnels des associés n'ont aucun droit sur le patrimoine social (sauf fraude).

3. Conséquences de l'autonomie

Le non-respect de l'autonomie patrimoniale des personnes morales fonde certaines règles civiles (par ex. déclaration de fictivité ; extension de la « faillite » pour confusion de patrimoine) ou pénales (abus de confiance ou abus de biens sociaux).

§ 3 - La capacité de la société, personne morale

A. Capacité de jouissance

C'est l'aptitude à être titulaire de droits et d'obligations. Capacité étendue, mais tout de même limitée (de manière très relative) par le principe de spécialité légale et statutaire.

B. Capacité d'exercice

C'est l'aptitude à exercer soi-même ses droits et obligations. Elle implique l'intervention de personnes physiques pour représenter les sociétés et les engager à l'égard des tiers (sur les dirigeants sociaux, v. *infra*, p. 61 et s.). Ces représentants doivent agir en principe dans les limites de l'objet social et des dispositions statutaires limitant leurs pouvoirs.

§ 4 - La responsabilité de la société, personne morale

A. Responsabilité civile

Elle peut résulter des actes fautifs commis, soit par ses représentants légaux dans l'exercice de leurs fonctions (sur la responsabilité des dirigeants sociaux, v. *infra*, p. 66), soit par ses préposés (C. civ., art. 1384, al. 5).

B. Responsabilité pénale

Depuis le 1er mars 1994, les personnes morales sont responsables pénalement des infractions commises, pour leur compte, par leurs organes ou représentants (C. pén., art. 121-2).

1. Champ d'application de la responsabilité pénale

Cette responsabilité suppose que l'infraction ait été commise par une personne morale (exclusion des SEP, sociétés créées de fait, et sociétés en formation). Depuis le 31 déc. 2005, toutes les infractions peuvent engager la responsabilité pénale des personnes morales. Il n'est plus nécessaire que la loi ou le règlement prévoient spécialement l'application de l'infraction aux personnes morales (C. pén., art. 121-2 modifié par la loi « Perben II » du 9 mars 2004). Cette modification intéresse tout particulièrement le droit des sociétés, dont la plupart des sanctions pénales qu'il édicte n'étaient pas, jusque-là, applicables aux personnes morales, faute de mention expresse en ce sens (toutefois les peines complémentaires des art. 131-39 et 131-43 – dissolution, fermeture d'établissements, exclusion des marchés publics, etc. – ne sont applicables aux personnes morales que si le texte d'incrimination le prévoit expressément).

2. Imputation des infractions

La société est pénalement responsable à deux conditions cumulatives :
– que l'infraction ait été commise par les organes légaux de la société ou par les représentants de celle-ci (dans le cas d'une infraction intentionnelle, l'élément intentionnel doit être recherché chez ces personnes) ;
– que l'infraction ait été commise pour le compte de la personne morale. Pas de responsabilité pénale de celle-ci si l'agent a agi dans son intérêt personnel.

3. Maintien de la responsabilité pénale personnelle des personnes physiques organes ou représentants

• Art. L. 121-2, al. 3 C. pén. : pose que la responsabilité pénale des personnes morales n'exclut pas celle des personnes physiques, mais seulement s'ils ont, au regard des mêmes faits, la qualité d'auteurs ou de complices.

• Possibilité de délégation de pouvoir : les représentants légaux peuvent s'exonérer de leur responsabilité pénale personnelle par la constitution de délégations de pouvoirs valables.

• Représentation de la société : si un représentant fait l'objet lui-même de poursuites pénales, le président du TGI peut désigner un mandataire de justice pour représenter la personne morale dans l'action pénale ouverte contre elle.

4. Sanctions possibles des infractions

• L'amende : taux maximal fixé au quintuple de celui prévu pour les personnes physiques pour la même infraction.

• La dissolution.

• La fin, provisoire ou définitive, d'activité ou d'établissement.

• Le placement sous surveillance judiciaire.

• L'exclusion des marchés publics ou du bénéfice de l'offre au public de titres financiers.

• L'inscription sur le casier judiciaire des personnes morales.

Deuxième partie

LA VIE DE LA SOCIÉTÉ

Une fois constituée, la société va vivre et fonctionner.

Différents acteurs entrent alors en scène (associés, dirigeants, salariés, commissaires aux comptes), dont il faut examiner les droits, les pouvoirs et les devoirs (titre 1).

Des rapports sociaux complexes vont se nouer entre eux, que les associés peuvent souhaiter aménager conventionnellement, mais qui peuvent dégénérer et entraîner de véritables crises sociétaires, que les tribunaux devront régler dans le sens de l'intérêt social (titre 2).

Titre 1

LES ACTEURS

Parmi les acteurs principaux de la vie et du fonctionnement des sociétés, figurent bien évidemment en premier lieu les associés et les dirigeants qu'ils ont désignés (chapitre 1). Mais il faut également compter avec les salariés, auxquels la loi accorde certaines prérogatives au sein même de la structure sociétaire (chapitre 2). Enfin on ne peut oublier l'intervention possible du commissaire aux comptes, personnage important chargé d'une mission légale de contrôle des comptes de beaucoup de sociétés (chapitre 3).

Chapitre 1 > LES ASSOCIÉS

> **> L'essentiel**
>
> *Les associés figurent bien évidemment au cœur de la vie sociale puisque, sans eux, la société même n'existerait pas.*
>
> *Ils disposent de différentes prérogatives :*
>
> *– politiques (droit d'être informé et de voter) ;*
>
> *– financières (droit aux bénéfices et aux réserves notamment) ;*
>
> *– et patrimoniales (les titres dont ils disposent sont des biens qui ont une valeur et qu'ils peuvent mobiliser en les cédant, en les louant ou en les nantissant. Ils peuvent même être saisis).*
>
> *Par ailleurs la qualité d'associé peut se révéler fragile dans certaines circonstances, raison pour laquelle il existe des mesures visant à la protéger.*

Section 1 > LES ATTRIBUTS DE LA QUALITÉ D'ASSOCIÉ

§ 1 - Les droits politiques

A. Le droit d'être informé sur les affaires sociales

Le législateur français, au travers d'un très grand nombre de dispositions légales (complexes et parfois enchevêtrées), a entendu assurer aux associés une information sociale étendue, dont la qualité peut être contrôlée par les commissaires aux comptes (s'il y en a ; cf. *infra*, p. 79). Pourtant, l'information des associés n'est pas toujours jugée suffisante ou satisfaisante.

1. L'information indirecte des associés : les mesures de publicité relatives aux comptes sociaux

a) Destinataires : bien qu'elles s'adressent au public en général (et surtout aux créanciers) et non pas aux seuls associés, les mesures de publicité qui s'imposent aux sociétés (notamment publicité des comptes sociaux) peuvent, bien entendu, contribuer à l'information de ces derniers.

b) Sociétés concernées :

– les sociétés par actions (SA, SAS, SCA) ;

– les SARL et EURL ;

– les SNC ou les SCS dont tous les associés sont des SARL ou des sociétés par actions.

c) Documents à déposer : comptes annuels (bilan, compte de résultat, annexe), rapport de gestion, rapport des commissaires aux comptes (s'il existe), proposition d'affectation du résultat soumise à l'assemblée et résolution votée et, le cas échéant, comptes consolidés et rapport de gestion du groupe.

d) Délai, lieu et forme du dépôt : dépôt des documents par le représentant légal de la société auprès du greffe du tribunal de commerce dont elle relève dans le mois qui suit l'approbation des comptes par l'assemblée générale ordinaire annuelle. Le dépôt fait l'objet d'une mention au *Bodacc*, par le greffier du tribunal. Les comptes peuvent ainsi être consultés par les tiers.

e) Sanctions : toute infraction à cette obligation de dépôt est passible d'une amende de 1 500 € (C. com., art. R. 246-1 ; C. pén., art. 131-13). Tout intéressé peut demander au président du tribunal de commerce, statuant en référé, d'enjoindre sous astreinte les dirigeants sociaux de procéder au dépôt de ces documents ou de désigner un mandataire chargé d'effectuer cette formalité (C. com., art. R. 210-18).

f) Publications propres aux sociétés cotées sur un marché réglementé et à leurs filiales : elles sont tenues de publier de manière périodique (trimestrielle, semestrielle, annuelle) certains renseignements comptables et financiers énumérés dans les art. R. 232-10 et s. C. com.

2. L'information directe des associés

Dans la plupart des sociétés (sauf notamment dans les sociétés sans personnalité morale et dans les SAS, où les associés peuvent traiter cette question comme ils l'entendent), des droits d'information sont directement accordés aux associés. Examinés plus en détail à l'occasion de l'examen des règles spéciales à chacune des sociétés (v. *infra*), ils ne feront ici l'objet que d'un exposé synthétique et comparatif. Ces droits sont de trois ordres principaux : droit d'information occasionnel, droit d'information permanent, droit de poser des questions écrites aux dirigeants.

a) Droit d'information préalable aux assemblées (information occasionnelle) : de manière occasionnelle, avant la tenue des assemblées des associés, tout associé peut obtenir communication des documents sociaux. Ce droit est organisé de manière différente suivant les sociétés. Ainsi par ex. :

• Dans les sociétés civiles : les comptes sociaux doivent être communiqués à tout associé, quelle que soit sa participation dans le capital social, avant la réunion de l'assemblée annuelle (C. civ., art. 1856).

• Dans les SNC et les SARL : dans les quinze jours qui précèdent l'assemblée annuelle, les comptes annuels, le rapport de gestion, le rapport du commissaire aux comptes s'il existe et le texte des résolutions proposées doivent être adressés aux associés (seulement aux non gérants dans les SNC). La violation de ce droit peut entraîner la nullité de la délibération (C. com., art. L. 221-7 pour les SNC et L. 223-26 pour les SARL).

• Dans les SA : l'objet de l'information dépend de la nature de l'assemblée devant se réunir (AGO annuelle, AGE ou AGO spéciale). Mais pour l'essentiel le régime de l'information est le même : Certains documents doivent être envoyés d'office avant l'assemblée (ordre du jour de l'assemblée, projets de résolution… C. com., art. R. 225-81). D'autres documents peuvent être envoyés à l'actionnaire sur sa demande (comptes annuels, comptes consolidés, rapports des commissaires aux comptes… C. com., art. R. 225-81, 225-83 et 225-88). Enfin, l'actionnaire a la faculté de consulter, dans les quinze jours qui précèdent l'assemblée, au siège social ou administratif, ces mêmes documents, ainsi que d'autres (liste des actionnaires, inventaire…), que la société doit tenir à sa disposition. L'associé peut se faire assister d'un expert (C. com., art. R. 225-94) et peut prendre copie de la plupart d'entre eux. Les sociétés dont les actions sont admises sur un marché réglementé sont tenues de disposer d'un site Internet afin de satisfaire à leurs obligations d'informations de leurs actionnaires (C. com. art. R. 210-20).

b) Droit d'information permanent : de manière permanente, le droit est reconnu à tout associé d'obtenir communication des documents sociaux. Ce droit est néanmoins organisé de manière différente suivant les sociétés. Ainsi par ex. :

• Dans les sociétés civiles : au moins une fois par an, les associés ont le droit d'obtenir communication des livres et documents sociaux (C. civ., art. 1855).

• Dans les SNC : deux fois par an, les associés non gérants, éventuellement assistés d'un expert, ont le droit de prendre connaissance et copie au siège social des livres et documents sociaux (C. com., art. L. 221-8 et R. 221-8).

• Dans les SARL et les SA : à toute époque de l'année, tout associé (éventuellement assisté d'un expert) peut prendre connaissance, par lui-même ou par mandataire, au siège social, des principaux documents sociaux concernant les trois derniers exercices : comptes annuels, inventaires, rapports soumis aux assemblées et procès-verbaux... Le droit de prendre connaissance emporte celui de prendre copie (sauf pour l'inventaire) (C. com., art. L. 223-26 et R. 223-15 pour les SARL ; C. com., art. L. 225-117 et R. 225-92 pour les SA).

c) Droit de poser des questions écrites : tout associé a le droit de poser des questions écrites sur la gestion de la société. Ce droit n'est soumis à aucune condition de participation dans le capital social. Les dirigeants sont tenus de répondre aux questions qui leur sont adressées. Ce droit connaît néanmoins des modalités distinctes suivant les types de société. Ainsi par ex. :

• Dans les sociétés civiles : au moins une fois par an, les associés ont le droit de poser des questions écrites au gérant (C. civ., art. 1856).

• Dans les SNC : deux fois par an, les associés peuvent poser des questions écrites aux gérants, lesquels doivent répondre par écrit (C. com., art. L. 221-8).

• Dans les SARL : à compter de l'envoi des documents préalablement à la tenue d'une assemblée, tout associé a la faculté de poser par écrit des questions auxquelles le gérant sera tenu de répondre au cours de l'assemblée (C. com., art. L. 223-26, al. 3).

• Dans les SA : tout actionnaire, quel que soit le nombre de titres qu'il détient, peut, à compter de la convocation de l'assemblée, poser par écrit des questions auxquelles le conseil d'administration ou le directoire sera tenu de répondre au cours de l'assemblée (art. L. 225-108, al. 3). Depuis la loi NRE du 15 mai 2001, un ou plusieurs actionnaires représentant au moins 5 % du capital et les associations d'actionnaires régulières peuvent poser par écrit au président du conseil d'administration ou au directoire des questions sur une ou plusieurs opérations de gestion de la société, ainsi que, le cas échéant, des sociétés qu'elle contrôle. À défaut de réponse dans le délai d'un mois ou en cas de réponse insatisfaisante, ils peuvent demander en référé la désignation d'un expert de gestion (v. *infra*, p. 95).

Attention : des possibilités de questions écrites existent également dans le cadre de la procédure d'alerte (v. *infra*, p. 93).

d) Précisions complémentaires sur les droits d'information des associés :

• Place des aménagements conventionnels du droit d'information : dans certaines sociétés laissant une place importante à la liberté contractuelle (principalement SNC et sociétés civiles), les associés peuvent aménager la plupart de ces droits, mais uniquement pour en accroître la quantité, la qualité ou la périodicité.

• Sanctions de la violation des droits directs d'information des associés : ces sanctions sont variées. La sanction essentielle est la nullité de la délibération, voire, dans certains cas, celle de l'assemblée générale (not. pour les SA, C. com., art. L. 225-121, al. 2). Une condamnation à verser des dommages et intérêts à la victime peut être prononcée. Certaines violations étaient sanctionnées pénalement, mais les lois récentes ont eu tendance à dépénaliser ces règles, au profit notamment de procédures d'injonction de faire.

• Situation des sociétés cotées : dans ces sociétés, les actionnaires bénéficient d'une information renforcée. L'Autorité des marchés financiers (AMF), à laquelle d'ailleurs tous les documents faisant l'objet des communications préalable ou permanente précitées doivent être adressés, joue un grand rôle dans le contrôle de la qualité de cette information.

§ 2 - Le droit de vote

A. L'attribution du droit de vote

Principe : C. civ., art. 1844, al. 1er : « tout associé a le droit de participer aux décisions collectives ». Ce droit recouvre le droit d'accéder aux assemblées des associés mais également le droit d'y voter. Le droit de vote est un droit fondamental, d'ordre public, et les statuts ne peuvent y déroger (not. Com., 9 févr. 1999, *Château d'Yquem, Rev. sociétés* 1999, p. 81, P. Le Cannu), sauf lorsque la loi le permet (par ex. dans le cas du démembrement, v. ci-après).

1. Autonomie et disponibilité du droit de vote

Le droit de vote ne peut en principe être détaché du titre. Il n'est pas disponible. Cependant, il n'en résulte pas nécessairement l'invalidité des conventions de vote (v. *infra,* p. 90 et s.). Le législateur avait créé un produit financier résultant du fractionnement de l'action en deux titres différents : certificat d'investissement, qui représentait les droits pécuniaires, et certificat de droit de vote. Ces titres ont été remplacés par les actions de préférence, qui peuvent être créées dans les sociétés par actions, et qui, sous certaines conditions, peuvent être privées du droit de vote ou de droits financiers ou bien bénéficier d'un droit de vote double (v. *infra*, p. 181). Dans les SAS, des actions à droits de vote multiples peuvent être créées (v. *infra,* p. 285).

2. Situation du droit de vote en cas de démembrement du droit d'associé

Si le droit d'associé est démembré, le droit de vote appartient en principe au nu-propriétaire, sauf pour les décisions concernant l'affectation des bénéfices, où il est exercé par l'usufruitier (C. civ., art. 1844, al. 3). Il peut cependant en être convenu autrement par les statuts. Toutefois, si le nu-propriétaire, dont la qualité d'associé n'est pas discutée, semble pouvoir être privé totalement du droit de vote (encore que cela soit contestable), il ne saurait être privé du droit de participer aux décisions collectives (C. civ., art. 1844, al. 1 ; Com. 4 janv. 1994, *De Gaste, Bull. Joly* 1994, § 62 et 68, p. 249 et 279, J.-J. Daigre), lequel serait alors seulement le droit d'être convoqué aux assemblées générales, d'y accéder et de s'y exprimer. À la question de savoir si l'usufruitier a la qualité d'associé (Civ. 3e 29 nov. 2006, *Rev. sociétés* 2007, p. 319, note B. Dondero), comme à celle de savoir s'il peut être privé du droit de vote sur les bénéfices (Com. 31 mars 2004, *Rev. sociétés* 2004, p. 317, P. Le Cannu ; décision rendue sur le fondement de l'art. 578 C. civ.), la jurisprudence répond actuellement par la négative.

B. La suppression ou la suspension du droit de vote

Elles restent circonscrites à des cas particuliers, autorisés par la loi, notamment dans les SA (v. *infra*, p. 213), dans les SARL (v. *infra*, p. 161) et dans les SAS (v. *infra*, p. 285). Ainsi, la loi prévoit-elle, par ex., cette suppression pour éviter les conflits d'intérêts entre l'actionnaire et la société. De même, l'associé peut être privé de son droit de vote à titre de sanction, notamment s'il n'a pas libéré son apport à l'échéance.

C. L'exercice du droit de vote

1. Aspect individuel

• Le droit de vote est exercé par l'associé présent en assemblée ou représenté ; le régime de la SARL autorise toutefois la consultation écrite et celui de la société anonyme le vote par correspondance.

• L'expression du vote ne peut être tacite ou implicite et doit emprunter l'une des voies expressément prévues par les textes.

• Le vote peut être exercé librement par l'associé (ou ne pas l'être du tout) dans la limite des abus qu'il pourrait commettre lorsqu'il détient la majorité ou une minorité de blocage (v. *infra*, p. 97 et s.).

2. Aspect collectif. Modalités d'adoption des décisions sociales

a) **Unanimité ou majorité :** dans les sociétés de personnes, la loi de l'unanimité prévaut, sauf dispositions contraires des statuts, très fréquentes. Dans les sociétés par actions et les SARL, la loi de la majorité prévaut, sauf pour certaines décisions qui doivent être prises à l'unanimité des associés (par ex. dans toutes les sociétés, l'augmentation des engagements des associés, v. *infra*, p. 60).

b) **Calcul de la majorité :** la majorité peut être calculée sur la base des présents ou représentés ou sur la base de tous les associés composant la société. Elle se calcule par tête dans les sociétés de personnes (un homme, une voix, sauf dispositions statutaires différentes), en capital dans les sociétés par actions et les SARL (un associé a autant de voix que de titres) et parfois en tenant compte à la fois du capital et du nombre de voix exprimées (par ex. dans les SARL art. L. 223-14, pour l'agrément des cessions de parts sociales à des tiers à la société).

c) **Niveau de majorité requis :** selon le type de société, la nature de la décision à prendre et éventuellement les dispositions statutaires, la majorité requise peut être relative ou simple (total des voix supérieur à celui de chacun des concurrents), absolue (total des voix supérieur à la moitié des voix exprimées) ou qualifiée (proportion des voix supérieure à la majorité absolue, exigée par ex. pour la plupart des décisions extraordinaires).

d) Caractères du principe majoritaire : la loi de la majorité est exclusive (la majorité seule a qualité pour exprimer la volonté collective) et inégalitaire (l'influence de chaque votant n'est pas proportionnelle à sa participation dans le groupement).

§ 3 - Les droits financiers

A. Le droit aux bénéfices et aux réserves

1. Règle générale

Hormis le cas où les associés n'ont eu en vue que de profiter de l'économie qui pourrait résulter de leur groupement, la cause de la mise en commun de leurs biens ou de leur activité sera le partage des bénéfices réalisés par la société (C. civ., art. 1832), lequel se traduit par la distribution de dividendes.

2. Bénéfice distribuable

Principe : il n'y a de possibilité de partage des bénéfices que s'il y a des bénéfices distribuables, ce qui n'est jamais acquis d'avance (aspect aléatoire du contrat de société).

Notion : le bénéfice distribuable est constitué par le bénéfice de l'exercice (produits de l'exercice moins charges de l'exercice) diminué des pertes antérieures (report déficitaire) ainsi que des sommes à porter en réserve légale ou statutaire et augmenté du report bénéficiaire.

Réserves : dans les SA, SCA, SAS et SARL, les associés doivent affecter à la réserve légale 1/20 du bénéfice de chaque exercice jusqu'à ce que la réserve atteigne 1/10 du capital social. Ensuite, ils doivent affecter une partie au moins du surplus à la réserve statutaire, s'il en existe une. Enfin le reste peut être soit mis en distribution, soit reporté à nouveau pour être éventuellement distribué ultérieurement. Lorsque la décision de distribuer des bénéfices a été prise par l'assemblée annuelle, les dirigeants doivent exécuter la mise en paiement au plus tard neuf mois après la décision de distribution.

B. Périodicité de la distribution

Le plus souvent, les bénéfices sont partagés à la suite d'un exercice, dont la durée est généralement d'un an. Toutefois, aucune règle du droit des sociétés n'impose cette solution, et les statuts peuvent convenir d'un autre rythme de partage des résultats.

C. Situations particulières

1. Mise en réserve systématique des bénéfices par la majorité

Cette pratique peut parfois être attaquée pour abus de majorité (v. *infra*, p. 97), lorsque cela n'est d'aucune utilité pour la société et favorise les majoritaires au détriment des minoritaires.

2. Distribution excessive ou indue des bénéfices

La distribution de dividendes fictifs est sanctionnée civilement (restitution) et pénalement (dans les sociétés de capitaux, les peines sont sévères : par ex. dans les SA 5 ans de prison et/ou amende de 375 000 €, C. com., art. L. 242-6, 1).

3. Pacte léonin

Consiste ici en l'exclusion d'un associé – ou au contraire en l'attribution à un associé – de la totalité du bénéfice (v. *supra,* p. 34).

5. Attribution d'un revenu régulier à un associé

Les clauses d'intérêt fixe sont réputées non écrites (C. com., art. L. 232-15). Mais clause statutaire de « premier dividende » possible (C. com., art. L. 232-16).

D. Le droit à une quote-part du capital

Ce droit ne s'exerce normalement qu'à la dissolution de la société. Après liquidation, s'il reste des actifs, les associés peuvent obtenir remboursement de leurs apports, ainsi qu'une part du *boni* de liquidation, calculée en fonction des dispositions statutaires ou, à défaut, en proportion de leur participation au capital social (C. com., art. L. 237-29 ; comp. C. civ., art. 1844-1, al. 1er), v. *infra,* p. 116.

§ 4 - Les droits patrimoniaux : la mobilisation des droits sociaux

A. La cession des droits sociaux

Indépendamment des règles spéciales applicables aux cessions de droits sociaux en fonction de la nature du titre ou de la société émettrice, ces cessions obéissent aux règles générales du droit commun de la vente et du droit commun des sociétés.

1. Conclusion de la cession

a) Nature civile ou commerciale de la cession

Principe : la cession de parts ou d'actions est en principe un acte civil soumis pour sa forme, sa preuve et le règlement d'un litige, aux règles de fond, de forme et de procédure du droit civil.

Exception : la cession peut parfois revêtir un caractère commercial, notamment si elle a pour objet ou pour effet d'assurer aux acquéreurs le contrôle de la société commerciale (sur la notion de contrôle, v. *infra,* p. 55). Il s'ensuit la compétence du tribunal de commerce en cas de litige, la validité des clauses compromissoires, la solidarité des parties, l'application des règles de preuve et de forme du droit commercial.

b) Conditions du droit commun de la vente

Outre la capacité des parties et une cause licite, il faut :

– absence de vices du consentement : dol, erreur et violence. De tels vices (not. la réticence dolosive) sont fréquemment invoqués par des cessionnaires déçus, qui ne peuvent mettre en œuvre ni les garanties légales ni des garanties conventionnelles. L'erreur sur les qualités substantielles des droits sociaux cédés n'est admise que si le fait ignoré prive la société de la possibilité de remplir son objet et de poursuivre son activité ;

– prix (objet) déterminé ou déterminable : les règles de droit commun de la vente sont applicables (exigence d'une fixation du prix indépendante d'un nouvel accord des parties ou du pouvoir potestatif de l'une d'elles, possibilité de fixation par un tiers déterminé ou déterminable…), mais avec souplesse. Ainsi, sont en principe

valables les clauses d'« *earn out* », qui prévoient qu'une partie du prix des titres cédés sera déterminée en fonction des résultats futurs de la société ;
– le recours à un expert pour évaluer le prix de cession des droits sociaux est dans certains cas imposé par le législateur (par ex. en cas de refus d'agrément) qui renvoie alors vers l'art. 1843-4 C. civ., texte d'ordre public qui dispose que « Dans tous les cas où sont prévus la cession des droits sociaux d'un associé, ou le rachat de ceux-ci par la société, la valeur de ces droits est déterminée, en cas de contestation, par un expert désigné, soit par les parties, soit à défaut d'accord entre elles, par ordonnance du président du tribunal statuant en la forme des référés et sans recours possible ». Ce texte pose des difficultés. La première est celle de son champ d'application : on s'interroge sur le point de savoir s'il s'applique aux cessions voulues ou forcées, aux cessions organisées par la loi, les statuts, ou les conventions extrastatutaires. On se demande également si la contestation suppose que les parties n'aient pas stipulé de clauses permettant de déterminer le prix ou bien qu'elles ne s'accordent pas sur leur mise en œuvre. La seconde difficulté tient à la liberté de l'expert dans la détermination du prix, qui ne serait pas tenu par les clauses d'évaluation du prix. Le sens, la portée et l'évolution de la jurisprudence sur ce point sont incertains (v. Com., 4 déc. 2007, *D.* 2008, p. 16, A. Lienhard ; Com. 5 mai 2009, *D.* 2009, p. 1349, A. Lienhard).

2. Effets de la cession

a) Transfert de propriété des droits sociaux

Principe : le transfert de propriété et des risques des droits sociaux s'opère en principe dès l'échange des consentements ou à la date convenue par les parties.

Exception : en cas de cession de valeurs mobilières, le transfert de propriété résulte, depuis l'ordonnance du 24 juin 2004, de leur inscription au compte de l'acheteur (C. com., art. L. 228-1, al. 9 et C. mon. fin., art. L. 431-2 ; v. *infra*, p. 177).

Situation des dividendes : l'acquéreur a droit aux dividendes en fonction de la date de leur mise en paiement. Sauf dispositions contraires de l'acte de cession, si cette date est antérieure à la cession, les dividendes reviennent au cédant ; dans le cas contraire ils reviennent entièrement au cessionnaire, sans qu'il y ait lieu de calculer un prorata.

Situation des dettes sociales :
– dans les sociétés à risque illimité, l'associé cédant reste tenu des dettes sociales nées antérieurement à la cession. En revanche, le cessionnaire est en principe tenu de toutes les dettes sociales, antérieures et postérieures à la cession ;
– dans les sociétés à risque limité le problème de l'obligation aux dettes des associés ne se pose pas

b) Opposabilité de la cession

• Respect des formalités d'opposabilité :
– droits sociaux non négociables : la cession des parts de SARL, de SNC, de SCS, ou de société civile n'est opposable à la société qu'à compter de l'accomplissement d'une formalité de signification de la cession (C. civ., art. 1690 ou ses substituts légaux, par ex. dépôt de l'acte de cession au siège social) ;
– droits sociaux négociables : les actions de SA, de SCA ou de SAS sont négociables ; les cessions sont réalisées par simple virement de compte à compte (après ordre de virement).

• Respect des procédures d'agrément

Principe : la cession ou la transmission des droits sociaux peut être soumise à l'agrément des autres associés ou de la société.

Domaine : l'agrément peut être légal ou statutaire. Son exigence et la possibilité de l'exclure statutairement sont proportionnelles au degré d'*intuitus personae* qui anime la société :
– SNC : cessions toujours soumises à l'agrément unanime des associés.
– Sociétés civiles : cessions aux tiers, aux associés et au conjoint soumises à l'agrément légal des associés ; cessions libres aux ascendants et descendants. Possibilité d'aménagements statutaires différents.
– SARL : cessions aux tiers soumises à l'agrément légal des associés. Règle d'ordre public. Possibilité d'agrément statutaire des cessions aux associés, conjoint, ascendants ou descendants.
– SAS : possibilité d'agrément statutaire de toutes les cessions.
– SA : possibilité d'agrément statutaire des cessions aux tiers et aux associés (depuis l'Ord. 24 juin 2004). Impossibilité d'agrément dans les sociétés cotées et lors des transmissions aux conjoints, ascendants ou descendants.

Régime : (agrément légal ou statutaire) :
– lorsqu'une cession est soumise à l'agrément, le projet de cession fait l'objet d'une ou plusieurs notifications. À l'issue d'un délai d'examen, l'agrément peut être soit expressément refusé, soit expressément accepté, soit tacitement accepté (absence de réponse) ;
– le refus d'agrément entraîne dans les sociétés de capitaux (si détention des parts depuis au moins deux ans dans les SARL) et dans les sociétés civiles (mais pas dans les SNC) l'obligation d'offrir au cédant l'achat des titres par un autre associé, par un tiers ou par la société en vue de les annuler. Le cédant peut renoncer à vendre ses titres ou accepter leur rachat. Leur prix, à défaut d'accord entre les parties, est fixé par un expert (C. civ., art. 1843-4). Il semble, depuis les ordonnances des 25 mars et 24 juin 2004, que le cédant puisse renoncer à la cession même après dépôt du rapport d'expertise (v. C. com., art. L. 223-14, al. 3 et L. 228-24, al. 2).

3. Cession de contrôle

a) Définition : la prise de contrôle d'une société est l'acquisition d'une quantité de droits sociaux (avec droit de vote) suffisante pour détenir le pouvoir structurel d'imposer sa volonté au sein des organes sociaux et, ainsi, gouverner quasi souverainement la société, orienter ses destinées et gérer son patrimoine (il existe des définitions particulières du contrôle, dans le domaine des groupes de sociétés, v. *infra*, p. 333 et s.).

b) Nature :

Principe : la cession de contrôle ne change pas la nature de l'opération, qui reste une cession de droits sociaux, soumise aux règles du droit commun des contrats et des sociétés. Elle ne constitue pas une cession d'entreprise, de sorte que la législation sur les cessions de fonds de commerce n'est pas applicable.

Limites : dans la mesure où elle entraîne un changement du titulaire du pouvoir dans la société, elle acquiert une certaine spécificité :

– elle devient une opération commerciale (sur ce point et les conséquences de cette qualification, v. *supra*, p. 53) ;
– le problème des garanties dues par le vendeur au cessionnaire y est plus aigu (v. ci-après), de même que celui de la détermination du prix de cession ;
– certains contrats conclus par la société dont le contrôle est cédé peuvent se trouver résiliés du fait de cette opération (not. ceux conclus en considération de la personne des « contrôlaires »).

Particularités : la cession de contrôle obéit, en fonction des circonstances, aux règles spéciales suivantes :
– droit de la concurrence : prohibition des ententes et abus de domination, contrôle des concentrations (nécessité d'obtenir l'accord de la DGCCRF dans certains cas) ;
– autorisations administratives dans certains secteurs d'activités (secteur public, investissements étrangers en France, banque, assurance…) ;
– droit des marchés financiers, lorsque la cession entraîne un changement dans le contrôle d'une société cotée ou d'une société détenant une participation dans une société cotée (déclarations de franchissement de seuils, dépôt d'une offre publique d'acquisition…) ;
– droit du travail : not. le comité d'entreprise de chacune des sociétés concernées par la cession (société cédée, mais aussi éventuellement cédante ou cessionnaire), doit être informé ou consulté lors d'une telle opération (C. trav., art. L. 2323-19).

4. Garanties dues par le cédant (essentiellement dans les cessions de contrôle)

Compte tenu de la faible portée des garanties légales (ainsi que des vices du consentement, not. l'erreur, v. *supra*, p. 53), les parties rédigent fréquemment des garanties conventionnelles.

a) Garanties légales : ce sont les garanties du vendeur (C. civ., art. 1625 et s.) :
• Garantie d'éviction : c'est surtout la garantie d'éviction du fait personnel qui pose problème, lorsque le cédant se rétablit dans une activité similaire à celle de la société. Selon la jurisprudence, cette garantie n'entraîne pour le vendeur, s'agissant de la cession de droits sociaux, l'interdiction de se rétablir que si ce rétablissement est de nature à empêcher l'acquéreur de poursuivre l'activité économique de la société et de réaliser l'objet social.

• Garantie des vices cachés : le vice doit affecter l'usage de la chose vendue. La jurisprudence estime que la découverte d'un passif ayant son origine antérieurement à la cession ne peut constituer un vice caché des droits sociaux que s'il est de nature à empêcher la société de poursuivre son activité économique et de réaliser son objet social.

b) Garanties conventionnelles : elles comprennent ou peuvent comprendre notamment :
• Des déclarations du cédant : portant sur les postes du bilan de la société cédée ainsi que sur sa situation contractuelle, sociale, fiscale ou judiciaire.

• Des clauses de non-concurrence : à condition qu'elles soient limitées dans le temps et/ou dans l'espace et surtout légitimes et proportionnées au regard des intérêts du cédant, du cessionnaire et de la société cédée.

• Des clauses de garantie de bilan : elles obéissent aux règles suivantes :
– elles doivent prévoir expressément le champ d'application de la garantie (actif, passif, actif + passif) ;
– elles doivent prévoir le bénéficiaire de la garantie. En l'absence de stipulation particulière, la garantie ne lie que le cédant et le cessionnaire et ne profite qu'à ce dernier (garantie de valeur ou clause de révision de prix). Mais, par divers mécanismes juridiques exprès (stipulation pour autrui, clause de substitution, etc.), la garantie peut bénéficier à la société elle-même, voire à ses créanciers sociaux (clause de reconstitution) ;
– la jurisprudence estime que le jeu de la garantie peut entraîner une restitution supérieure au prix de cession dans la clause de reconstitution et ne le peut pas dans la garantie de valeur (ou révision de prix), ce qui est contestable ;
– en pratique, les garanties contractuelles sont souvent limitées dans le temps et en montant.

B. La location des droits sociaux

1. Présentation du dispositif – intérêts du mécanisme

En vue de faciliter la transmission des petites entreprises à des personnes physiques disposant de moyens financiers limités, la loi PME du 2 août 2005 a instauré le contrat de location de droits sociaux (C. com., art. L. 239-1 à L. 239-5).
Ce nouveau mécanisme (les transmissions en jouissance d'entreprises étaient complexes à réaliser jusqu'alors) permet d'offrir au repreneur/locataire :
– un « levier financier » *a priori*, pour le paiement du prix de cession de l'entreprise, à travers la perception des dividendes pendant la location ;
– une forme de période d'essai pendant laquelle, en grande partie, il pourra se comporter comme un véritable actionnaire et mieux connaître l'entreprise, en testant à la fois ses capacités et son intérêt pour celle-ci. Si, à l'issue de cette période, il ne veut pas donner suite, il lui suffit de restituer les actions.
Du côté du bailleur, qui souhaite transmettre sa société, le mécanisme permet :
– d'assurer au bailleur un revenu certain et fixe tout en conservant la propriété de sa société ;
– de vérifier l'adéquation du profil de son éventuel successeur à l'entreprise.

2. Régime juridique

a) Principe – personnes concernées : Lorsque les statuts l'autorisent, les actions des sociétés par actions ou les parts des SARL soumises à l'impôt sur les sociétés peuvent être données en location, au sens des dispositions de l'art. 1709 C. civ., à une personne physique. L'associé ou l'actionnaire qui consent la location peut, quant à lui, être une personne physique ou morale.

b) Droits sociaux concernés : La location d'actions ne pourra porter que sur des titres nominatifs non cotés ; d'autres limitations ou interdictions existent (C. com., art. L. 239-1, al. 3 ; par ex. ne peuvent pas faire l'objet d'une location les droits sociaux inscrits à l'actif d'une société de capital risque).

c) Évaluation des droits sociaux : Les titres loués doivent être évalués en début et en fin de contrat, ainsi qu'à la fin de chaque exercice comptable lorsque le bailleur est une personne morale. L'évaluation est certifiée par un commissaire aux comptes (C. com., art. L. 239-2, al. 4).

d) Formalisme : Le contrat de location doit être constaté par écrit (acte sous seing privé soumis à enregistrement ou acte authentique) et doit, sous peine de nullité, comporter les mentions qui fixées par décret. Ce contrat sera opposable à la société selon les formes prévues pour la cession de créance (C. civ., art. 1690 ; C. com., art. L. 239-2, al. 1 et 2).

e) Agrément du locataire : Les dispositions légales ou statutaires prévoyant l'agrément en cas de cession de parts ou d'actions sont applicables dans les mêmes conditions (C. com., art. L. 239-3, al. 1).

f) Délivrances des droits sociaux loués : La délivrance des actions ou des parts est réalisée à la date de la mention de la location et du nom du locataire à côté du nom de l'actionnaire ou de l'associé dans le registre des titres nominatifs de la société par actions ou dans les statuts de la SARL (C. com., art. L. 239-2, al. 3 et L. 223-18, al. 9).

g) Information et participation du locataire : À compter de la date de délivrance, la société doit adresser au locataire les informations dues aux actionnaires ou associés et prévoir sa participation et son vote aux assemblées (C. com., art. L. 239-2, al. 3).

h) Répartition de l'exercice du droit vote – assimilation à l'usufruit : Le droit de vote attaché à l'action ou à la part sociale louée appartient au bailleur dans les assemblées statuant sur les modifications statutaires ou le changement de nationalité de la société et au locataire dans les autres assemblées. Pour l'exercice des autres droits attachés aux titres loués, le bailleur est considéré comme le nu-propriétaire et le locataire comme l'usufruitier (C. com., art. L. 239-3, al. 2).

i) Droit aux dividendes : Il résulte de cette assimilation au démembrement de propriété que le locataire a droit aux dividendes sur les parts ou les actions.

j) Durée et fin de la location : la durée de la location est déterminée par les parties, dans le contrat. À l'échéance, le bail peut être renouvelé dans les mêmes (C. com., art. L. 239-4, al. 1). En cas de non-renouvellement ou de résiliation, la partie la plus diligente fera procéder à la radiation de la mention portée dans le registre des titres nominatifs de la société par actions ou dans les statuts de la SARL.

k) Interdiction de la sous-location ou du prêt des titres loués, à peine de nullité (C. com., art. L. 239-1, al. 4).

l) Décret d'application du 11 déc. 2006 : a précisé les mentions devant figurer dans le contrat de location (nature, nombre et identification des actions ou parts sociales louées, durée du contrat et du préavis de résiliation, montant, périodicité et, le cas échéant, modalités de révision du loyer, modalités de cession des actions ou parts sociales louées en cours de contrat, condition de répartition du boni de liquidation).

3. Appréciation du dispositif

Bien que séduisante, la location d'actions ou de parts sociales présente certains inconvénients, parmi lesquels :

a) Attractivité très relative : Les conditions juridiques et fiscales de la mise en œuvre de ce mécanisme sont contraignantes et finalement assez peu attractives.

b) Risques pour le bailleur : Le loueur laisse au locataire un accès total à l'entreprise, à ses clients, ses fournisseurs, ses salariés, ses prix… Ainsi si la location ne débouche pas sur une vente, des informations sensibles peuvent être divulguées à un éventuel concurrent. D'où l'utilité de prévoir un engagement de non-concurrence et de confidentialité. En outre, le loueur court le risque, qu'à l'issue de la période de location, le locataire lui rende des titres dépréciés. Il ne pourra se prémunir contre ce risque qu'en demandant au loueur, dès l'entrée en vigueur du contrat de location, une garantie de passif ; ce qui ne va pas dans le sens de la simplification souhaitée par le législateur…

c) Risques pour le locataire : à l'issue de la location le loueur peut refuser de lui vendre ses actions. Le locataire, futur repreneur potentiel, qui par hypothèse aura travaillé pendant la période de location à développer l'entreprise, pourra ainsi se voir privé du résultat de ses efforts. Il est donc recommandé d'assortir la location d'une option d'achat au profit du locataire (v. *infra* le crédit-bail).

C. Le nantissement et la saisie des droits sociaux

1. Nantissement conventionnel

Principe : tous les droits sociaux peuvent faire l'objet d'un nantissement conventionnel. Cette opération est régie par le droit commun du gage (C. civ., nouveaux art. 2333 et s. issus de l'Ordonnance n° 2006-346 du 23 mars 2006 réformant le droit des sûretés) et les règles propres à chacune des sociétés (par ex. C. civ., art. 1866 pour la société civile). Depuis l'entrée en vigueur du décret du 23 déc. 2006, le nantissement de parts sociales n'est plus signifié à la société et ne donne plus lieu à une formalité équivalente à la mise en possession du constituant. Il est désormais « opposable aux tiers par la publicité qui en est faite » (C. civ., art. 2337), à savoir une inscription du gage à la requête du créancier sur un registre spécial tenu par le greffier du tribunal de commerce du lieu d'immatriculation de la société dont les parts sont nanties.
Lorsque ces droits sociaux sont des valeurs mobilières (v. *infra*, p. 175), cette opération est régie par la loi du 3 janv. 1983 (art. 29 ; mod. L. n° 96-597 du 2 juill. 1996 et Décr. n° 97-509 du 21 mai 1997 ; dispositions codifiées sous les art. L. 431-4 et L. 431-5 du Code monétaire et financier), qui prévoit notamment que le nantissement porte sur un compte de valeurs et non sur les valeurs individualisées.

2. Saisie-vente et nantissement judiciaire conservatoire de droits sociaux et de valeurs mobilières

La loi n° 91-650 du 9 juill. 1991 (complétée par Décr. n° 92-755 du 31 juill. 1992) portant réforme des procédures civiles d'exécution a organisé :
– la saisie et la vente des droits d'associés et des valeurs mobilières : au profit de tout créancier muni d'un titre exécutoire constatant une créance liquide et exigible ;
– les mesures conservatoires : saisie conservatoire et nantissement judiciaire sur les droits d'associés et les valeurs mobilières, autorisées par le juge au profit de toute personne qui ne dispose pas d'un titre exécutoire, mais dont la créance paraît fondée en son principe et menacée en son recouvrement.

Section 2 › LA PROTECTION DE LA QUALITÉ D'ASSOCIÉ

• Protection assurée par une multitude de règles et de principes : égalité des associés, droit d'agir en justice, prohibition des abus – de biens sociaux, de majorité ou de minorité – obligation de loyauté des dirigeants à l'égard des associés et des associés entre eux, droit de participer aux assemblées et d'y voter, vocation aux bénéfices, etc.

• Focalisation particulière sur deux points : le droit pour l'associé de ne pas être évincé contre son gré et le droit de ne pas voir ses engagements augmentés contre sa volonté.

§ 1 - L'exclusion de l'associé

Principe : la jurisprudence a posé le principe de l'interdiction de l'exclusion d'un associé (Com., 12 mars 1996, *Rev. sociétés* 1996, p. 554, D. Bureau).

Exceptions :

• Disposition légale autorisant l'exclusion : par ex. dans les sociétés à capital variable ou à l'encontre des minoritaires d'une société cotée qui ne possèdent pas plus de 5 % du capital ou des droits de vote, procédure dite de « *squeeze out* » ou de « retrait obligatoire » (sur ces procédures, v. *infra*, p. 404).

• Clause statutaire explicite en ce sens : expressément possible dans les SAS ; possible dans les autres sociétés, même sans texte, mais parfois contestée par ex. dans les SA. Doivent être prévus avec précision : les événements autorisant le rachat forcé, l'organe compétent pour prononcer l'exclusion, et les modalités de remboursement des droits sociaux. La mise en œuvre de ces clauses peut toujours faire l'objet d'un contrôle judiciaire.

• Jeu d'une promesse unilatérale de vente extrastatutaire : la mise en œuvre d'une telle promesse peut aboutir à l'exclusion de l'associé promettant.

§ 2 - L'augmentation des engagements de l'associé

Principe : le contrat de société faisant la loi des parties, les engagements d'un associé, ne peuvent en aucun cas être augmentés sans son consentement (C. civ., art. 1836).

Portée : des modifications statutaires peuvent intervenir, mais à condition de ne pas aggraver la situation de l'associé. Cela induit des conséquences importantes, parmi lesquelles : l'impossibilité pour l'assemblée, même extraordinaire, de bloquer le compte courant d'un associé, de lui imposer de souscrire à une augmentation de capital, de transformer une SA ou une SARL en SNC ou d'adopter une clause statutaire d'exclusion, sans son consentement.

Chapitre 2 › LES DIRIGEANTS SOCIAUX

› L'essentiel

Définition : *personnes qui ont le pouvoir de gérer, administrer, diriger ou représenter un groupement, doté ou non de la personnalité morale.*

Nature des pouvoirs :

*• **Dans les sociétés sans personnalité morale :** (SEP not.), le pouvoir des dirigeants (qualifiés de « gérants ») est essentiellement de nature contractuelle, même si la loi joue un certain rôle (par ex. en l'absence de limites contractuelles précises, le gérant reste tenu d'agir dans l'intérêt commun, C. civ., art. 1833 et 1848 ; C. com., art. L. 221-4).*

*• **Dans les sociétés dotées de la personnalité morale :** le pouvoir des dirigeants (gérants dans les sociétés civiles, les SNC, les SARL, les SCA et les SCS, président et dirigeants statutaires dans les SAS, membres du CA, du CS ou du directoire, directeurs généraux et président dans les SA) est en partie contractuel et en partie institutionnel, même si la qualification de « mandataires sociaux » leur est toujours donnée. Le caractère contractuel est fort dans les SNC et les SAS alors que le caractère institutionnel est fort dans les SA du groupement. Les intérêts à protéger jouent également un rôle : l'analyse contractualiste, fondée sur le mandat, cède notamment lorsque la protection des tiers est en jeu.*

Dirigeants de fait : *personnes physiques ou morales qui, dépourvues de mandat social, se sont immiscées dans le fonctionnement d'une société pour y exercer, en toute souveraineté et indépendance, une activité positive de gestion, d'administration et de direction. Cette qualification permet d'appliquer à la situation de fait la situation de droit correspondante (sanctions civiles et pénales encourues par les mandataires sociaux, etc.) (v. par ex. Com. 27 juin 2006, Banque Worms,* Rev. sociétés *2006, p. 900, D. Porrachia).*

Plan : *les modes de désignation des dirigeants, leur statut, les pouvoirs dont ils disposent, leurs responsabilités ainsi que la cessation de leurs fonctions, doivent être successivement étudiés.*

Section 1 › LA DÉSIGNATION DES DIRIGEANTS SOCIAUX

§ 1 - Limites à la liberté du choix des dirigeants

A. Fonctions incompatibles avec celles de dirigeant social

• Fonctions politiques : parlementaire, membre du gouvernement…

• Fonctions administratives.

• Fonctions professionnelles : avocats, commissaires aux comptes, notaires… sauf direction d'une société professionnelle correspondante.

B. Interdiction de diriger une société

Divers textes prévoient, à titre de sanction, sous des conditions et selon des modalités qui leur sont propres, l'interdiction de diriger, administrer, gérer à un titre quelconque une société (décret-loi du 8 août 1935 ; C. pén., art. 131-11 ; loi du 30 août 1947 ; loi du 25 janv. 1985 sur le redressement et la liquidation judiciaires des entreprises, codifiée C. com.).

§ 2 - Dirigeants personnes physiques et dirigeants personnes morales

A. Dirigeants exclusivement personnes physiques

Dans certaines sociétés, certains dirigeants doivent obligatoirement être des personnes physiques (par ex. gérant de SARL, président ou directeur général ou directeur général délégué ou membre du directoire de SA).

B. Dirigeants personnes morales

Principe : dans d'autres sociétés, certains dirigeants peuvent être des personnes morales (par ex. administrateur ou membre du conseil de surveillance de SA ; président de SAS ; gérant de SCA, de SCS, de SNC ou de société civile ; administrateur de GIE).

Régime : dans cette hypothèse, la loi prévoit systématiquement que la personne morale dirigeante doive désigner un représentant permanent dans la société qu'elle dirige. Ce représentant permanent est soumis aux mêmes conditions et obligations et encourt les mêmes responsabilités civiles et pénales que s'il était dirigeant en son nom propre, sans préjudice de la responsabilité solidaire de la personne morale qu'il représente (solidarité légale).

§ 3 - Publicité de la désignation

Objectif : information des tiers : nomination, révocation ou démission des dirigeants.

Moyens : selon les modes habituels (journal d'annonces légales, dépôt au greffe du tribunal de commerce compétent, inscription au *RCS*, insertion au *Bodacc*).

Portée : ni la société, ni les tiers ne peuvent se prévaloir d'une irrégularité dans la désignation ou la révocation des dirigeants lorsqu'elles ont été régulièrement publiées (C. com., art. L. 210-9).

Section 2 › LE STATUT DES DIRIGEANTS SOCIAUX

En tant qu'organes de la société, les dirigeants ne sont pas subordonnés à celle-ci et ils n'en sont donc pas, en cette seule qualité, salariés. Il est possible pour un dirigeant de cumuler, dans certaines conditions, son mandat social avec des fonctions de salarié dans le cadre d'un contrat de travail le liant à la société.

§ 1 - Statut du dirigeant non lié à la société par un contrat de travail

A. Conséquences fondamentales du fait que le dirigeant ne soit pas salarié

1. Rémunérations

L'éventuelle rémunération du dirigeant n'est pas soumise aux règles relatives aux salaires. Ces rémunérations :
– peuvent être fixes ou proportionnées (au chiffre d'affaire ou au bénéfice par ex.) ;
– doivent être fixées et accordées par l'organe compétent (par ex. le CA pour le président et les directeurs généraux de SA) et supprimées par le même organe (parallélisme des formes) ;
– peuvent revêtir différentes formes, suivant les fonctions exercées : jetons de présence et rémunérations exceptionnelles pour les administrateurs de SA (C. com., art. L. 225-44 et 225-46), avantages en nature, remboursement de frais, retraite complémentaire, indemnités de départ (qui ne doivent pas faire obstacle au principe de libre révocabilité des dirigeants), prise en charge par la société d'une assurance chômage…

2. Éviction des dispositions du Code du travail

Les dirigeants ne bénéficient pas des dispositions du Code du travail réservées aux salariés (préavis, indemnités de licenciement…).

3. Éviction de l'art. 1384, al. 5 du Code civil

Leurs fautes n'entraînent pas, en principe, application à la société des dispositions de l'art. 1384, al. 5 C. civ. (responsabilité des commettants du fait de leurs préposés).

B. Statut fiscal et social des dirigeants sociaux (sans contrat de travail)

1. Évolution

Pendant longtemps, le droit des sociétés a été, sur le plan du régime fiscal et social des dirigeants, le théâtre d'une fracture entre ceux bénéficiant du régime des salariés (très avantagés) et ceux soumis au régime des non-salariés (lésés). Cette opposition a eu des conséquences importantes, notamment sur le choix par les entrepreneurs de leur structure sociale, avec une prolifération artificielle des SA et des SARL à gérance minoritaire avec intervention de prête-noms. Les différences se sont amoindries, le régime général n'étant plus aussi intéressant qu'auparavant et le régime des non salariés ayant été amélioré et revalorisé (par ex. déductibilité des cotisations complémentaires versées par ceux qui ont le statut de travailleur indépendant dans les mêmes limites que pour les salariés). Les distinctions qui demeurent sont, dans leurs grandes lignes, les suivantes :

2. Statut fiscal

• Sont imposées dans la catégorie des traitements et salaires les rémunérations versées au président du conseil d'administration, au directeur général, aux directeurs généraux délégués et aux membres du directoire des SA, ainsi qu'au président de la SAS.

• Les gérants de SARL ou d'EURL, qu'ils soient majoritaires ou minoritaires rélèvent désormais du même régime fiscal que les salariés.

• Les gérants de sociétés de personnes qui ne sont pas associés relèvent également du régime fiscal des salariés. Ceux qui sont associés voient leurs rémunérations suivre le même traitement fiscal que la part de bénéfices leur revenant : sauf option de la société pour l'impôt sur les sociétés, les sommes sont soumises à l'impôt sur le revenu selon les règles des bénéfices industriels et commerciaux lorsque la société exerce une activité commerciale.

• Les rémunérations versées aux membres du conseil d'administration ou du conseil de surveillance de SA sont imposées en tant que revenus mobiliers.

3. Statut social

• Le président du conseil d'administration, le directeur général, les directeurs généraux délégués et les membres du directoire des SA, ainsi que le président de la SAS, sont soumis au régime général des salariés (en terme de sécurité sociale et de retraite not. mais la protection ne s'étend pas au risque de chômage).

• Les gérants minoritaires de SARL ainsi que les gérants non associés de SARL ou d'EURL bénéficient du régime des salariés.

• Les gérants majoritaires de SARL et les gérants associés uniques d'EURL sont soumis au régime des travailleurs indépendants (non-salariés, C. sécurité sociale, art. L. 622-9).

• Le gérant associé des sociétés de personnes relève du régime des travailleurs indépendants. Le gérant non associé relève du régime général des salariés.

§ 2 - Statut du dirigeant lié à la société par un contrat de travail (cumul mandat social/contrat de travail)

A. Conditions de validité du cumul mandat social/ contrat de travail

1. Conditions communes à l'ensemble des sociétés

• L'intéressé doit exercer des fonctions salariées distinctes de celles exercées dans le cadre du mandat social ; il est préférable que les rémunérations soient distinctes.

• L'intéressé doit être dans un état de subordination à l'égard de la société. Condition difficile à prouver ; donne lieu à un contentieux important, notamment dans le cas du gérant associé majoritaire d'une SARL, auquel le cumul est généralement refusé.

• Le cumul peut impliquer de respecter la procédure des conventions réglementées (dans les SA, les SCA, les SAS et les SARL), toutes les fois que le mandat est antérieur au contrat de travail.

2. Conditions spécifiques à certaines sociétés

Elles seront étudiées avec l'examen des règles spécifiques à chacune des sociétés. Mais on peut relever que :
– lorsque le dirigeant à la qualité de commerçant (gérant associé d'une SNC ou d'une SCA), il ne peut être lié à la société par un contrat de travail ;
– dans les SA de type moniste, un administrateur ne peut devenir salarié. Mais un salarié peut devenir administrateur. En revanche, dans les SA de type dualiste, un membre du directoire comme un membre du conseil de surveillance peuvent bénéficier d'un contrat de travail. Le nombre des membres des conseils (CA ou CS) liés par un contrat de travail ne peut dépasser le tiers ;
– certaines règles du cumul sont écartées, lorsque le contrat de travail et le mandat social sont exercés dans deux sociétés différentes d'un groupe de sociétés (notamment l'interdiction qui pèse sur un administrateur, v *infra*, p. 355).

B. Effets du cumul mandat social/contrat de travail

1. Cumul régulier

Au titre de son contrat de travail le mandataire bénéficie de tous les droits reconnus aux salariés, y compris en cas de rupture. Indépendance des deux statuts, la fin de l'un n'entraînant pas la fin de l'autre. Il arrive cependant que l'administration refuse le bénéfice de l'assurance chômage.

2. Cumul irrégulier

Trois situations possibles :
a) Suspension du contrat de travail : lorsqu'un salarié devient mandataire social, si les conditions du cumul ne sont pas remplies, le contrat de travail est automatiquement suspendu pendant la durée du mandat social, sauf convention contraire.

b) Nullité du contrat de travail, dans trois cas :
– violation du principe d'antériorité du contrat de travail par rapport au mandat d'administrateur dans les SA ; nullité absolue : le contrat litigieux ne peut être rétroactivement confirmé et la nullité peut être invoquée par tout intéressé, y compris l'administrateur et la société parties au contrat de travail ;
– contrat de travail fictif (absence d'activité distincte réelle ou de lien de subordination) ;
– contrat de travail conclu pour faire obstacle à la libre révocabilité de certains mandataires sociaux.

c) Nullité du mandat social : salarié nommé administrateur en violation de la limitation légale du nombre des membres du CA ou du CS pouvant être titulaires d'un contrat de travail.

Section 3 › LES POUVOIRS DES DIRIGEANTS SOCIAUX

§ 1 - Sur le plan interne

Principe : les dirigeants ont en principe tous pouvoirs pour diriger la société.

Limites : cette plénipotence est limitée par le respect :

– de l'intérêt social (v. *infra*, p. 100) ;
– de l'objet social (v. *supra*, p. 29) ;
– des pouvoirs expressément attribués par la loi aux autres organes ;
– des dispositions légales et statutaires (interdiction ou limitation de certains actes, autorisation préalable d'un autre organe...) restreignant leurs pouvoirs.

Sanctions : en cas de dépassement de pouvoir, outre le risque d'être révoqués, les dirigeants engagent leur responsabilité civile à l'égard des associés et de la société.

§ 2 - Sur le plan externe

La loi réalise un équilibre entre deux intérêts : celui des associés et celui des tiers. Il en résulte les règles suivantes :

A. Dans les sociétés à risque limité il faut davantage protéger les tiers

La société est engagée même par les actes du dirigeant qui dépasse ses pouvoirs. Il n'en va autrement qu'en cas d'un acte n'entrant pas dans l'objet social, et à condition que le cocontractant soit de mauvaise foi (la seule publication des statuts ne valant pas présomption de connaissance).

B. Dans les sociétés à risque illimité il faut davantage protéger les associés

La société est engagée même par les actes du dirigeant qui dépassent ses pouvoirs, sauf en cas d'un acte n'entrant pas dans l'objet social, qui n'est donc pas opposable à une société civile, une SNC ou une SCS. Le cocontractant doit se renseigner.

C. Clauses statutaires limitant les pouvoirs d'un dirigeant

Ces clauses sont inopposables aux tiers, même s'ils en ont eu connaissance.

D. La jurisprudence tempère parfois ces solutions

En admettant, par ex., la validité d'un cautionnement donné par une société à risque illimité en dehors de son objet social, sur le constat d'un accord unanime des associés, ou d'une communauté d'intérêts entre la société caution et le débiteur cautionné (par ex. liens entre une SCI et une société d'exploitation).

Section 4 › LES RESPONSABILITÉS DES DIRIGEANTS SOCIAUX

§ 1 - La responsabilité civile des dirigeants sociaux

A. Responsabilité des dirigeants envers la société et les associés

Conformément aux règles de droit commun, il faut prouver une faute, un préjudice et un lien de causalité.

1. Les fautes

Les dirigeants doivent répondre des manquements :
– aux dispositions légales et réglementaires applicables aux sociétés ;
– aux dispositions des statuts (par ex. clause limitative des pouvoirs) ;
– à l'obligation de loyauté qui leur incombe (obligation issue de la jurisprudence et qui connaît une importance croissante actuellement).

Ils doivent répondre également des fautes qu'ils ont pu commettre dans la gestion (actes contraires à l'intérêt social et qu'un dirigeant normalement compétent n'aurait pas pu commettre).

2. Les préjudices

Le préjudice peut être subi par la société-personne morale (préjudice social) ou par un ou plusieurs associés à titre personnel (préjudice individuel). Il existe un lien direct entre la nature du préjudice et la nature de l'action en responsabilité qui peut être intentée contre les dirigeants. À un préjudice social correspond une action sociale. À un préjudice individuel, une action individuelle.

a) La réparation du préjudice social

Principe : lorsque la société subit un préjudice, l'action en réparation est en principe intentée par son dirigeant en son nom et pour son compte. Il devrait en aller de même lorsque l'auteur du dommage est le dirigeant lui-même (action sociale *ut universi*).

Exception : hors l'hypothèse où le dirigeant fautif a été remplacé, il est à craindre qu'il n'exerce jamais d'action contre lui-même. Pour éviter cette situation, la doctrine, la jurisprudence, puis la loi, ont admis la possibilité que les associés exercent eux-mêmes individuellement l'action sociale (C. civ., art. 1843-5). Cette action est dite, pour cette raison, action sociale *ut singuli*.

Domaine : l'action *ut singuli* concerne les SA (C. com., art. L. 225-252), les SARL (C. com., art. L. 223-22), les SAS (renvoi de C. com., art. L. 227-8 aux règles relatives à la SA) les SNC et les sociétés civiles (C. civ., art. 1843-5 ; Décr. 3 juill. 1978, art. 38). En revanche, aucun texte ne l'envisage pour les GIE ou les associations.

Conditions :
– l'action *ut singuli* est subsidiaire et suppose une carence des dirigeants légaux ;
– la société doit être mise en cause (le tribunal peut désigner un mandataire *ad hoc* pour représenter la société en cas de conflit d'intérêt entre celle-ci et ses représentants légaux) ;
– aucune clause statutaire ou délibération ne peut faire obstacle à cette action ;
– tout associé peut exercer l'action *ut singuli*, quelle que soit sa participation, pour peu qu'il ait la qualité d'associé à la date de l'assignation et qu'il la conserve pendant le déroulement de l'instance.

Effet : l'action *ut singuli* a pour but de reconstituer le patrimoine social. Les dommages et intérêts auxquels est éventuellement condamné le dirigeant fautif sont versés à la société.

b) La réparation du préjudice individuel de l'associé

Principe : le préjudice réparable doit être distinct de celui subi par la société.

Exemples :

• **Préjudice individuel :** on cite traditionnellement le détournement par un dirigeant des dividendes revenant à un associé. Mais on pourrait également songer (même si la jurisprudence ne l'a pas consacrée explicitement) à l'hypothèse d'une décision majoritaire entraînant une rupture d'égalité entre les associés, sans violation de l'intérêt social (donc sans recours sur le fondement strict de l'abus de majorité).

• **Préjudice jugé non individuel :** selon une jurisprudence constante, l'associé qui invoque une dépréciation de la valeur de ses titres due à une mauvaise gestion des dirigeants ne caractérise pas un préjudice individuel distinct du préjudice social. Le premier dérive du second. La demande en réparation doit dès lors prendre la voie de l'action sociale.

B. La responsabilité des dirigeants sociaux envers les tiers

Principe : le dirigeant n'est personnellement responsable à l'égard des tiers qu'en cas de faute personnelle détachable de ses fonctions. Dans les autres cas, les tiers n'ont d'action que contre la société.

Notion : la faute personnelle détachable est délicate à cerner en droit positif ; les applications jurisprudentielles sont diverses. Pour la Cour de cassation, le dépassement de pouvoirs ne suffit pas à caractériser une telle faute, ce qui est contestable. En revanche, une infraction pénale commise par un dirigeant, même dans l'exercice de ses fonctions, semble devoir être considérée comme une faute détachable, quoi que la solution ne soit pas toujours constante. La Cour de cassation a défini la notion de faute détachable : il s'agit d'une faute d'une particulière gravité incompatible avec l'exercice normal des fonctions sociales, que le dirigeant commet intentionnellement (Com., 20 mai 2003, *Sati*, *D.* 2004, p. 2623, B. Dondero ; *Rev. sociétés* 2003, p. 479, note J.-F. Barbièri).

C. Les obstacles à l'action en responsabilité civile

1. Prescription

• **Dans les SARL et les sociétés par actions** : l'action se trouve prescrite au terme d'une durée de trois ans à compter du fait dommageable ou de sa révélation (ou de dix ans si le fait est qualifié de crime : C. com., art. L. 223-23 et L. 225-254).

• **Dans les autres sociétés** : la question reste discutée, car il n'y a pas de texte. Le délai de 5 ans paraît s'imposer (C. civ., art. 2224).

2. Clauses statutaires et décisions collectives

L'existence du droit d'agir ne peut être affectée par une décision collective des associés ou une clause statutaire :

– est réputée non écrite toute clause statutaire subordonnant l'exercice de l'action sociale à l'avis ou à l'autorisation préalable de l'assemblée ou comportant par avance renonciation à l'exercice de cette action (C. civ., art. 1843-5, al. 2 ; C. com., art. L. 223-22, al. 4 et L. 225-253, al. 1er) ;

– aucune décision de l'assemblée ne peut avoir pour effet d'éteindre l'action fondée sur une faute commise dans l'accomplissement des fonctions de direction (C. civ., art. 1843-5, al. 3 ; C. com., art. L. 223-22, al. 5 et L. 225-253, al. 2).

§ 2 - La responsabilité pénale des dirigeants sociaux

A. Principes généraux

Les dirigeants peuvent engager leur responsabilité pénale sur deux fronts :

1. Infractions commises en qualité de chef d'entreprise

Il s'agit des infractions dont ils doivent répondre en qualité de chef d'entreprise dans les domaines économique et social (réglementation du travail, des transports, des prix, de la concurrence ou de la consommation, de l'hygiène et de la sécurité…). Les dirigeants peuvent s'exonérer de leur éventuelle responsabilité pénale en accordant des délégations de pouvoirs à une personne ayant les compétences, l'autorité et les moyens nécessaires pour exercer effectivement les pouvoirs qui lui auraient été délégués.

2. Infractions commises en qualité de mandataire social

Il s'agit des infractions qu'ils commettraient personnellement dans le cadre de l'activité sociétaire. Il peut s'agir, selon le cas, d'infractions de droit commun visant des atteintes aux biens (escroquerie, abus de confiance, faux et usage de faux…) ou d'infractions spécifiques, définies par le droit des sociétés (par ex. bilan inexact, C. com., art. L. 425-3 et L. 437-2 ; entrave à la mission des commissaires aux comptes, C. com., art. L. 820-4). L'une des infractions les plus importantes est certainement le délit d'abus de biens sociaux.

3. Articulation avec la responsabilité pénale de la personne morale

La responsabilité pénale des sociétés personnes morales n'exclut pas celle des dirigeants personnes physique auteurs ou complices des mêmes faits (C. pén., art. 121-2, al. 3 ; v. *supra,* p. 43).

B. Cas particulier du délit d'abus de biens sociaux

Principe : ce délit ne concerne que les dirigeants de sociétés à risque limité (C. com., art. L. 241-3 et L. 242-6). Mais les dirigeants des sociétés à risque illimité pourront être poursuivis d'une manière similaire sur le fondement du délit d'abus de confiance (C. pén., art. 314-1).

1. Éléments de l'infraction

Le délit consiste, pour les dirigeants concernés, à avoir fait, de mauvaise foi, des biens ou du crédit de la société, un usage qu'ils savaient contraire à l'intérêt de celle-ci, à des fins personnelles ou pour favoriser une autre société ou entreprise dans laquelle ils sont intéressés directement ou indirectement. Quel que soit l'avantage à court terme qu'elle peut procurer, l'utilisation des fonds sociaux en vue de commettre un délit (tel que la corruption), est contraire à l'intérêt social en ce qu'elle expose la personne morale au risque anormal de sanctions pénales ou fiscales et porte atteinte à son crédit et à sa réputation (jurisp. constante depuis Crim., 27 oct. 1997, *Carignon, Bull. Joly* 1998, § 2, p. 11, J.-F. Barbièri).

2. Prescription du délit

Le délit se prescrit par trois ans à compter du jour où il est apparu et a pu être constaté, soit le plus souvent, en matière de sociétés, et sauf dissimulation, à compter de la présentation des comptes annuels dans lesquels figurent les dépenses mises indûment à la charge de la société.

3. Constitution de partie civile

Les salariés ou les créanciers ne sont pas recevables à se constituer partie civile. Depuis un revirement de jurisprudence (Crim., 13 déc. 2000, *Bull. Joly* 2001, § 124 et s., p. 497 et s., J.-F. Barbièri) ce droit est également refusé aux associés, au motif que l'abus de biens sociaux ne causerait qu'un préjudice social ; seule une action *ut singuli* pourrait donc éventuellement être mise en œuvre par les associés (v. *supra*, p. 67).

§ 3 - La responsabilité fiscale des dirigeants sociaux

Principe : tous les dirigeants, de droit ou de fait, de tous les groupements personnalisés, peuvent engager leur responsabilité fiscale lorsqu'ils se sont rendus coupables de manœuvres frauduleuses ou d'inobservations graves et répétées des obligations fiscales. Cette responsabilité est subsidiaire et ne joue que si les fautes des dirigeants rendent le recouvrement des impôts impossible du fait de l'insolvabilité de la société (art. L. 267 du Livre des procédures fiscales).

Effets : les dirigeants responsables peuvent être condamnés à payer sur leur patrimoine les dettes fiscales dont ils ont négligé le règlement.

§ 4 - La responsabilité du dirigeant d'une société en procédure collective

A. Action en comblement de passif

Lorsque la procédure de redressement ou de liquidation judiciaire révèle une insuffisance d'actif et donc l'impossibilité de désintéresser les créanciers sociaux, le tribunal peut décider que les dettes de la personne morale seront supportées, en tout ou en partie, avec ou sans solidarité, par tous les dirigeants de droit ou de fait, rémunérés ou non, ou par certains d'entre eux, dont les fautes de gestion auront causé l'insuffisance d'actif (C. com., art. L. 651-2).

B. Autres sanctions

Sous certaines conditions, les dirigeants peuvent voir mises à leur charge les dettes sociales en cas de faute grave de leur part (détournements, abus des biens, etc. – cf. C. com., art. L. 652-1), faire l'objet de sanctions pénales (délit de banqueroute, C. com., art. L. 654-1 et s.) ou professionnelles (faillite personnelle, C. com., art. L. 653-1 et s.) ; se voir interdits de diriger ou contrôler une entreprise, C. com., art. L. 653-8.

§ 5 - L'engagement du dirigeant-caution

A. Problématique

Définition : le cautionnement est le contrat par lequel une personne, la caution, s'engage à l'égard d'un créancier à payer la dette d'un débiteur, appelé débiteur principal, en cas de défaillance de celui-ci.

Précision : il ne s'agit pas ici de l'hypothèse où la société se porte caution, par l'intermédiaire de son dirigeant agissant en son nom et pour son compte, mais de celle où les dettes de la société sont cautionnées par l'un de ses dirigeants (ou associés, les règles applicables étant similaires), à la demande d'un créancier (généralement une banque).

Conséquences : cette situation est extrêmement fréquente, notamment dans les petites ou moyennes entreprises structurées en sociétés à responsabilité limitée. Cela conduit évidemment à relativiser la limitation de responsabilité attachée non seulement à la qualité d'associé d'une telle société, mais également à la qualité de dirigeant (le dirigeant n'est en principe responsable sur ses biens qu'à condition de prouver une faute personnelle détachable de ses fonctions, v. *supra,* p. 68).

B. Règles applicables

Le cautionnement doit respecter les règles générales de validité des conventions ainsi que les règles spéciales relatives au contrat de cautionnement (C. civ., art. 2288 à 2316). V. égal. l'application de certaines règles du droit de la consommation (mention manuscrite précise ; proportionnalité entre la garantie et les biens et revenus de la caution ; information de la caution, Cf. C. consom., art. L. 341-2 et s.). Mais la qualité de dirigeant de celui qui s'engage comme caution n'est pas sans exercer une influence importante sur les règles qui gouvernent la formation, la vie et la fin de cet engagement (en raison de la qualité de dirigeant de la société cautionnée, la caution peut connaître la situation du débiteur et déterminer directement son comportement).

Section 5 › LA CESSATION DES FONCTIONS DES DIRIGEANTS SOCIAUX

§ 1 - La cessation des fonctions pour d'autres causes que la révocation

Dans toutes les sociétés, les fonctions de dirigeant peuvent prendre fin pour des causes très variées :
– application des dispositions statutaires ;
– application des règles légales relatives à la limite d'âge (v. par ex. C. com., art. L. 225-19 pour les administrateurs de SA) ;
– décès ;
– transformation oudissolution de la société (v. *infra*) ;
– arrivée du terme du mandat (v. par ex. C. com., art. L. 225-18, al. 1er pour les administrateurs de SA) ;

– démission (volontaire ou forcée, lorsque le dirigeant se trouve frappé d'une incapacité, d'une interdiction ou d'une déchéance ou tombe sous le coup d'une incompatibilité, v. *supra*).

§ 2 - La révocation des dirigeants sociaux

a) Révocation judiciaire : normalement, tout membre d'un groupement devrait pouvoir solliciter en justice, pour cause légitime, la révocation des dirigeants (cep. cette faculté n'existe formellement que dans certaines sociétés : sociétés civiles, C. civ., art. 1851 ; SARL, C. com., art. L. 223-25, al. 2 ; SCA, C. com., art. L. 226-2, al. 4).

b) Révocation extrajudiciaire : le plus souvent, la révocation sera extrajudiciaire, sauf si le dirigeant conteste sa révocation en justice. Au-delà des règles de forme, de compétence des organes, de quorum ou de majorité propres à chacune des sociétés, on peut dire que le régime de la révocation des dirigeants sociaux se trouve, sur le fond, partagé entre diversité et uniformité.

A. La diversité des modes de révocation

Les raisons profondes de cette diversité, et des différences entre les régimes applicables, n'apparaissent pas toujours de manière lumineuse. Certains dirigeants ne peuvent être révoqués que pour juste motif ; d'autres sont révocables *ad nutum* (« sur un signe de tête ») illustrant la liberté de révocation et l'absence de responsabilité de celui qui la met en œuvre.

1. Révocation pour juste motif

a) Dirigeants concernés :
– gérant de société civile (C. civ., art. 1851) ;
– gérant de société en nom collectif (C. com., art. L. 221-12) ;
– gérant de SARL (C. com., art. L. 223-25) ;
– directeur général délégué et directeur général non-président dans une SA (C. com., art. L. 225-55) ;
– membre du directoire d'une SA (C. com., art. L. 225-61).

b) Appréciation souple de la notion de juste motif de révocation : faute commise par le dirigeant, perte de confiance, divergence de vue sur la politique de l'entreprise avec les associés majoritaires.

c) Effet de l'absence de juste motif de révocation : la révocation n'est pas impossible, mais elle peut alors donner lieu à dommage et intérêts, encore que dans la plupart des sociétés il semble que les statuts puissent exclure toute indemnisation de ce chef.

2. Révocabilité *ad nutum*

a) Dirigeants concernés :
– administrateurs de SA (C. com., art. L. 225-18, al. 2) ;
– président du conseil d'administration de SA (C. com., art. L. 225-47) ;
– membres du conseil de surveillance d'une SA (C. com., 225-75, al. 2) ;
– tous les autres dirigeants dont la révocation n'est pas réglée par la loi, et en l'absence de dispositions statutaires contraires (application des règles du mandat, C. civ.,

art. 2004, par ex. : dans les SEP ; les SCA, C. com., art. L. 226-2 ; les GIE, C. com., art. L. 251-11 ; les SAS).

b) Nature de la règle : hormis le cas où elle est supplétive, il s'agit d'une règle d'ordre public, toute disposition statutaire ou extrastatutaire qui porterait atteinte directement ou indirectement à ce droit de révocation serait frappée de nullité.

c) Effet de la règle

Principe : la révocation peut être librement mise en œuvre, sans préavis, sans motif et sans indemnités.

Exception : la révocation votée dans des conditions de forme irrégulières peut être annulée en application du droit commun des nullités des décisions sociales ; la révocation constitutive d'un abus de droit (révocation entourée de circonstances injurieuses, vexatoires ou portant une atteinte injustifiée à la réputation du dirigeant) peut donner lieu à indemnisation.

B. La tendance à l'uniformité du régime de la révocation des dirigeants sociaux

Objectifs : les raisons du rapprochement des régimes sont doubles :
– la révocation *ad nutum* : en raison de sa brutalité, elle demeure sous le contrôle très vigilant des juges, qui imposent le respect de règles contraignantes (pour éviter la qualification d'abus de droit ou la violation des principes fondamentaux que sont les droits de la défense et la contradiction) ;
– la révocation pour juste motif : elle est facilitée par les juges, qui apprécient de manière compréhensive la notion de juste motif.

Effets : certaines règles importantes deviennent communes aux deux modes de révocation :
– prohibition des révocations brutales ou entourées de circonstances injurieuses, vexatoires ou portant une atteinte injustifiée à la réputation du dirigeant ;
– obligation de respecter les principes directeurs du procès (droits de la défense, respect du principe du contradictoire permettant au dirigeant de présenter ses observations) ;
– obligation de motivation de la révocation (certes, cette obligation n'existe formellement que dans le cadre de la révocation pour juste motif ; mais l'obligation de respecter le principe du contradictoire n'impose-t-elle pas de motiver la révocation pour que le dirigeant puisse réellement et efficacement présenter ses observations ?) ;
– droit à des dommages et intérêts en cas de violation des règles qui précèdent, mais en principe à condition de prouver un préjudice et dans la mesure de celui-ci ;
– impossibilité de réintégrer le dirigeant révoqué, en toute hypothèse.

Chapitre 3 › LES SALARIÉS

› L'essentiel

Les relations entre salariés et employeur sont essentiellement régies par les règles du droit du travail. Pour autant, lorsque cet employeur est une société, les règles du droit du travail, comme celles du droit des sociétés, ont tendance à en faire de véritables acteurs du fonctionnement du groupement, susceptibles de participer, de manière plus ou moins prononcée, au jeu politique sociétaire.

Section 1 › LA PARTICIPATION DES SALARIÉS AU FONCTIONNEMENT DE LA SOCIÉTÉ

Le législateur a progressivement doté les salariés de moyens d'information et d'action importants, assez similaires à ceux offerts aux associés.
Des règles spécifiques existent pour les sociétés cotées (not. en cas de dépôt d'une OPA-OPE, C. trav., art. L. 2323-21 et s., v. *infra*, p. 393), ainsi que pour les groupes de sociétés (v. *infra*, p. 357).

§ 1 - L'information des salariés

Principes :

• Le droit à l'information des salariés repose, soit sur des règles générales (dispositions valant pour toutes les entreprises, quelle que soit leur forme), soit sur des règles spéciales (dispositions valant pour les seules sociétés commerciales, C. trav., art. L. 2323-8).

• La méconnaissance d'une procédure d'information ou de consultation du comité d'entreprise (CE) peut constituer le délit pénal d'entrave au fonctionnement de celui-ci, défini et réprimé par l'art. L. 2328-1 C. trav.

Règles générales :

• Le CE (obligatoire dans les sociétés employant au moins 50 salariés) doit être informé et consulté sur les questions intéressant l'organisation, la gestion et la marche de l'entreprise ; à cette fin, il doit recevoir régulièrement des informations et des rapports sur sa situation et ses résultats (C. trav., art. L. 2323-6).

• Le CE doit être également informé et consulté sur les modifications de l'organisation économique ou juridique de l'entreprise (fusion, cession de contrôle, modification des structures de production, acquisition ou cession de filiales… C. trav., art. L. 2323-19 et s.).

Règles spéciales :

• Le CE doit recevoir, lorsque l'entreprise est exploitée sous forme de société commerciale, tous les documents obligatoirement transmis annuellement aux assemblées générales des associés (C. trav., art. L. 2323-8 ; C. com., art. L. 232-3 pour les SA).

• Le CE peut convoquer les commissaires aux comptes pour obtenir des explications sur les différents documents communiqués ainsi que sur la situation financière de l'entreprise (C. trav., art. L. 2323-8).

• Le CE peut formuler toutes observations qu'il juge utiles sur la situation économique et sociale de l'entreprise ; ces observations sont obligatoirement transmises à l'assemblée générale des associés en même temps que le rapport des dirigeants sociaux (C. trav., art. L. 2323-8).

• Le CE peut demander d'autres informations en se faisant assister d'un expert-comptable, aux frais de la société (C. trav., art. L. 2325-35).

§ 2 - Les prérogatives des salariés

• Demander en justice la récusation ou le relevé des fonctions d'un commissaire aux comptes (C. com., art. L. 823-7).

• Demander la désignation d'un expert de gestion (C. com., art. L. 223-37 et L. 225-231, v. *infra,* p. 95).

• Mettre en œuvre la procédure d'alerte : lorsqu'il a connaissance de faits de nature à affecter de manière préoccupante la situation économique de l'entreprise, le CE peut demander à l'employeur de lui fournir des explications (C. trav., art. L. 2323-78 et s. ; v. *infra,* p. 93).

• Demander en justice la désignation d'un mandataire chargé de convoquer l'assemblée générale en cas d'urgence (C. trav., art. L. 2323-67, I, al. 1).

• Requérir l'inscription de projets de résolutions à l'ordre du jour des assemblées générales (C. trav., art. L. 2323-67, I, al. 2).

• Envoyer deux de ses membres à l'assemblée, qui pourront être entendus lors des délibérations requérant l'unanimité des actionnaires (C. trav., art. L. 2323-67, II).

Section 2 › LA PARTICIPATION DES SALARIÉS À LA GESTION

Cette participation reste timide en droit français et est loin du système allemand de cogestion. Elle concerne exclusivement les sociétés anonymes. Il existe un régime obligatoire, imposé par la loi, et un régime facultatif.

§ 1 - Régime obligatoire

A. Présence de deux délégués du comité d'entreprise au conseil d'administration (ou au conseil de surveillance)

Ils participent aux discussions, s'expriment sur toutes les questions inscrites à l'ordre du jour et soumettent au conseil les vœux du comité d'entreprise ; mais ils ne participent pas aux votes (C. trav., art. L. 2323-62).

B. Nomination d'un ou plusieurs représentants des salariés actionnaires au conseil d'administration (ou au conseil de surveillance)

Obligatoire, depuis la loi de modernisation sociale du 17 janv. 2002, lorsque les salariés détiennent plus de 3 % du capital social (C. com., art. L. 225-23 et L. 225-71). Mais la loi du 30 déc. 2006 est finalement venue réserver cette obligation aux seules sociétés cotées, selon des conditions fixées par les statuts.

§ 2 - Régime facultatif

Dans les SA, l'AGE peut décider de modifier les statuts afin que siègent au conseil d'administration (ou au conseil de surveillance) des représentants des salariés (C. com., art. L. 225-27, al. 1 et L. 225-79). Le nombre des administrateurs élus par le personnel ne peut être supérieur à quatre, ni excéder le tiers du nombre des autres administrateurs. Ce sont de véritables administrateurs, qui ont voix délibérative, supportent les mêmes responsabilités et reçoivent une rémunération identique. Cependant, ils ne sont pas révocables *ad nutum*, mais pour faute constatée dans l'exercice de leurs fonctions.

Section 3 › LA PARTICIPATION DES SALARIÉS AUX RÉSULTATS SOCIAUX

Cette participation est assurée par la mise en place d'un accord de participation ou d'intéressement. Ces deux régimes peuvent s'appliquer quelle que soit la forme de l'entreprise. Par ailleurs, peut également être mis en place un plan d'épargne d'entreprise.

NB : La loi du 28 juill. 2011 de financement de la sécurité sociale a instauré une « prime dividende », qui devra être versée par toutes les sociétés de plus de cinquante salariés dont les dividendes ont été en progression en 2011 par rapport à la moyenne des deux années antérieures. Mise en œuvre de l'idée du partage des profits.

§ 1 - L'intéressement

Mise en place facultative et subordonnée à la conclusion d'un accord d'entreprise. Il donne droit au versement de primes liées aux résultats et fait l'objet d'un traitement fiscal particulier.

§ 2 - La participation

Le régime de la participation est obligatoire dans toutes les entreprises de plus de 50 salariés ; il est facultatif dans les autres (C. trav., art. L. 3321-1 à 3326-2). Il consiste à attribuer aux salariés, selon des règles précises, une fraction du bénéfice réalisé par l'entreprise. Les sommes revenant aux salariés sont obligatoirement bloquées pendant cinq ans (sauf exceptions : mariage, divorce, perte d'emploi, achat de sa résidence principale, naissance d'un enfant…).

§ 3 - Le plan d'épargne d'entreprise (PEE)

Définition : système d'épargne collectif permettant aux salariés de participer, avec l'aide de la société, à la constitution d'un portefeuille de valeurs mobilières (C. trav., art. L. 3332-1 à L. 3332-28). Il existe des régimes dérivés du PEE (le PPESV et le PE Interentreprises ; le Plan d'épargne pour la retraite collectif « PERCO » est également soumis, pour l'essentiel, aux mêmes règles que le PEE).

A. Alimentation du PEE

Le plan peut être alimenté par les fonds provenant de la participation ou de l'intéressement ou par des versements volontaires des salariés, ainsi que par des sommes versées par la société (abondement). Les fonds recueillis sont en principe bloqués pendant cinq ans.

B. Utilisation des fonds du PEE

Les fonds du PEE peuvent être investis en valeurs mobilières diverses, ou en actions émises par la société elle-même, auquel cas cela permet aux salariés de renforcer leur participation au capital social.

Section 4 › LA PARTICIPATION DES SALARIÉS AU CAPITAL SOCIAL

Principe : le législateur a tendance à multiplier les dispositions légales visant à permettre aux salariés de participer au capital de leur société. Les privatisations ont à cet égard joué un rôle déterminant dans le développement de l'actionnariat des salariés. Mais force est de constater que ce développement ne concerne pas toutes les sociétés.

Moyens : les moyens juridiques de la participation des salariés au capital social sont :

§ 1 - Les options de souscription ou d'achat d'actions

Il s'agit des *stock options* (C. com., art. L. 225-177 à L. 225-186 ; art. R. 225-137 à R. 225-145) : droits permettant, dans les SA et SCA (même non cotées en bourse) et les SAS, aux salariés (en théorie tous ; en pratique essentiellement les cadres et les dirigeants) de se voir attribuer des actions de leur société, à un prix déterminé. Ils ne deviennent propriétaires des actions que lors de la levée de l'option, ce qu'ils ont intérêt à faire lorsque le cours de l'action est haut, dans le but de réaliser une plus-value. L'attribution de ces options fait l'objet d'une information à destination de l'assemblée générale ordinaire (C. com., art. L. 225-184 mod. L. NRE).

§ 2 - Les augmentations de capital réservées aux salariés

Cela ne concerne que les SA ; lors de certaines décisions d'augmentation de capital, ainsi que tous les trois ans, une assemblée générale extraordinaire doit impérativement se prononcer sur l'éventualité de réaliser une augmentation de capital réservée aux salariés. L'opération est donc facultative (C. com., art. L. 225-129-6 ; C. trav., art. L. 3332-18 à 3332-24).

La loi du 30 déc. 2006 pour le développement de la participation et de l'actionnariat salarié a mis en place un certain nombre de mesures destinées à améliorer encore la participation des salariés aux résultats sociaux ainsi qu'au capital social avec, notamment, la création d'un « dividende du travail », reposant en particulier sur :

– la possibilité donnée aux entreprises qui le souhaitent de verser un supplément d'intéressement ou de participation ;

– l'institution d'un dispositif d'attribution d'actions gratuites ;

– l'incitation au transfert des fonds inscrits à un compte épargne temps vers un PERCO ou un PEE.

La loi prévoit également la création d'un mécanisme de reprise d'entreprise par les salariés (RES), accompagné de mesures fiscales en faveur de la société holding qui rachète.

§ 3 - Les attributions gratuites d'actions

Il est possible, depuis la loi de finance de 2005, d'attribuer aux salariés et aux dirigeants des actions gratuites de sociétés cotées ou non. Ce dispositif bénéficie d'un régime fiscal et social avantageux, qui explique son succès auprès des entreprises (C. com., art. L. 225-197-1 et s.).

Chapitre 4 › LES COMMISSAIRES AUX COMPTES

› L'essentiel

Définition : *les commissaires aux comptes (CAC) sont des professionnels indépendants investis d'une mission générale et permanente de vérification comptable et de contrôle du fonctionnement régulier de nombreuses personnes morales de droit privé et de certaines personnes morales de droit public.*

Évolution :

- *Réforme décisive de l'organisation et du statut professionnel des CAC par la loi du 24 juill. 1966 et le décret du 12 août 1969.*
- *Plusieurs textes postérieurs améliorent le système de contrôle par les CAC : not. loi du 1er mars 1984 sur la prévention des difficultés des entreprises et loi NRE du 15 mai 2001, qui insère dans le livre VIII du Code de commerce (relatif à quelques professions réglementées) un titre II qui regroupe les dispositions concernant les CAC (C. com., art. L. 820-1 et s.).*
- *Réforme décisive par la loi de sécurité financière du 1er août 2003, qui modifie de manière importante l'organisation du contrôle de la profession (C. com., art. L. 821-1 et s.), et le statut professionnel des CAC (C. com., art. L. 822-1 et s.).*
- *Ordonnance du 8 sept. 2005 qui regroupe toutes les règles relatives au contrôle légal des comptes dans le livre VIII du Code de commerce ; celles-ci s'appliquent sous leur nouvelle numérotation à tous les CAC quelle que soit leur mission, et quelle que soit l'entité dans laquelle ils exercent leur contrôle.*
- *Décret du 16 nov. 2005 qui approuve un nouveau Code de déontologie professionnelle visant à permettre aux CAC de mieux apprécier les contours de leur mission ainsi que les comportements interdits et autorisés.*
- *Ordonnance du 8 déc. 2008 qui transpose la directive communautaire du 17 mai 2006 concernant le contrôle légal des comptes annuels.*

Section 1 › LE STATUT DES COMMISSAIRES AUX COMPTES

§ 1 - Organisation de la profession

A. Profession libérale réglementée, d'intérêt général

La profession de CAC est une profession libérale, soumise à une importante réglementation (not. C. com., art. L. 225-218 à L. 225-242 relatifs au contrôle des SA – dont certaines dispositions sont maintenant abrogées et titre II du livre VIII, art. L. 820-1 à L. 823-18 et R. 821-1 à R. 823-21) et titulaire d'une mission d'intérêt général.

B. Organisée au sein d'un ordre

La Compagnie nationale des CAC (CNCC) possède un pouvoir d'édiction des règles professionnelles et un pouvoir disciplinaire (C. com., art. L. 821-6). La loi de sécurité financière du 1er août 2003 a institué par ailleurs un Haut Conseil du commissariat aux comptes, dont la mission est, avec la CNCC, d'assurer la surveillance de la profession et de veiller au respect de la déontologie (C. com., art. L. 821-1).

C. Fonctions monopolistiques et protégées

Les fonctions de CAC sont exercées par des personnes physiques ou par des sociétés. Elles sont protégées par un monopole dont la violation est pénalement sanctionnée. Le titre de CAC bénéficie d'une protection spéciale (C. com., art. L. 820-2 et L. 820-5).

§ 2 - Accès à la profession

A. Inscription préalable

L'exercice des fonctions nécessite l'inscription préalable sur une liste établie par une commission régionale d'inscription (C. com., art. L. 822-1 et s.).

B. Interdictions, déchéances, incompatibilités générales

Un certain nombre d'interdictions, de déchéances et d'incompatibilités empêchent l'exercice de la profession, sous peine de sanctions pénales. Notamment, les fonctions sont incompatibles avec toutes activités ou tout acte de nature à porter atteinte à son indépendance et avec tout emploi salarié étranger aux fonctions ou toute activité commerciale (C. com., art. L. 822-10).

§ 3 - Nomination des commissaires aux comptes

A. Personnes morales soumises au contrôle des CAC

1. Contrôle toujours obligatoire dans les :

- SA (C. com., art. L. 225-218).
- SE (C. com., art. L. 229-1).
- SCA (C. com., art. L. 226-1).
- Sociétés civiles de placement immobilier (C. mon. fin., art. L. 214-79).
- Fonds communs de placement (C. mon. fin., art. 214-29).
- Associations émettant des valeurs mobilières (C. mon. fin., art. 213-15).

2. Contrôle obligatoire au-dessus de certains seuils

a) Sociétés concernées :

- SARL (C. com., art. L. 221-9 et L. 223-35 et R. 221-5 et 223-27).
- SNC (C. com., art. L. 221-9 et L. 221-10).
- SCS (C. com., art. L. 222-2).
- Personnes morales de droit privé non commerçantes (C. com., art. L. 612-1, al. 2 ; Décr. n° 85-295, 1er mars 1985, art. 22, not. les sociétés civiles).
- Entreprises publiques et tous les établissements publics qui ne sont pas soumis aux règles de la comptabilité publique (L. n° 84-148, 1er mars 1984, art. 30, mod. par L. 1er août 2003 sur la sécurité financière).

b) Seuils dont le dépassement (de 2 sur 3) rend le contrôle obligatoire

• 1 550 000 € pour le total du bilan.

• 3 100 000 € de chiffre d'affaires hors taxe.

• Plus de 50 salariés.

c) Situation des SAS (C. com., art. L. 227-9-1 et D. 227-1) : contrôle obligatoire si la SAS dépasse deux des trois seuils suivants :

• 2 000 000 € de chiffre d'affaire hors taxe.

• 1 000 000 € de total de bilan.

• Plus de 20 salariés.

ou lorsque la SAS contrôle ou est contrôlée par une ou plusieurs sociétés.

d) Autres situations :

• Les associations sont également obligées d'avoir un CAC dès lors qu'elles perçoivent une ou plusieurs subventions pour un total supérieur à un montant fixé par décret (150 000 €, Décr. 30 avr. 2001)

• Pour le GIE, la désignation est obligatoire lorsqu'il émet des obligations ou comprend au moins 100 salariés (C. com., art. L. 251-12 ; L. 252-7 pour le GEIE).

3. Contrôle facultatif

En deçà de ces seuils, le contrôle devient facultatif.

4. Contrôle imposé judiciairement

Tout associé (avec un seuil minimum de capital dans certaines sociétés, not. SA, SAS et SARL) qui constate que la société a omis de désigner un CAC, ou qui souhaiterait qu'elle en désigne un, si c'est facultatif, peut demander sa nomination judiciaire (C. com., art. L. 225-229, al. 3).

5. Règle commune

Les dispositions légales régissant le statut et la mission des CAC (C. com., art. L. 225-218 à L. 225-242 relatifs au contrôle des SA et titre II du livre VIII, art. L. 820-1 et s.) sont en principe applicables pour toutes les sociétés – sous réserve des règles propres à chaque personne morale concernée.

B. Incompatibilités spéciales

Principe : l'art. L. 822-11 pose un principe général applicable dans toutes les sociétés : le CAC ne peut prendre, recevoir ou conserver, directement ou indirectement, un intérêt auprès de la personne dont il est chargé de certifier les comptes ou auprès d'une personne qui la contrôle ou qui est contrôlée par elle (au sens des I et II de l'art. L. 233-3). Le Code de déontologie définit « les liens personnels, financiers et professionnels, concomitants ou antérieurs à la mission du CAC, incompatibles avec l'exercice de celle-ci ».

Complément : séparation de l'audit et du conseil :

– il est interdit au CAC de fournir à la personne qui l'a chargé de certifier ses comptes, ou aux personnes qui la contrôlent ou qui sont contrôlées par celle-ci [...], tout conseil ou toute autre prestation de services n'entrant pas dans les diligences

directement liées à la mission de commissaire aux comptes (C. com., art. L. 822-11, II) ;
– il est fait défense aux CAC, affiliés à un réseau national ou international, dont les membres ont un intérêt économique commun et qui n'a pas pour activité exclusive le contrôle légal des comptes, de certifier les comptes d'une personne qui, en vertu d'un contrat conclu avec ce réseau ou un membre de ce réseau, bénéficie d'une prestation de services, qui n'est pas directement liée à la mission du CAC (C. com., art. L. 822-11, II) ;
– le législateur a veillé à ce que la société contrôlée soit informée sur ces points, en édictant des obligations de renseignement à la charge des CAC (C. com., art. L. 820-3).

C. Nombre de commissaires aux comptes

En principe un seul CAC. Mais les sociétés qui publient des comptes consolidés sont tenues d'en désigner au moins deux (C. com., art. L. 823-2 et L. 823-15). Dans toutes les sociétés un CAC suppléant doit être désigné.

D. Modalités de nomination

1. Modalités variables

Les modes de nomination varient en fonction des personnes morales concernées, du type de nomination (obligatoire, judiciaire, volontaire) et du moment de celle-ci (lors de la constitution ou en cours de vie sociale).

2. Publicité

La nomination des CAC (titulaires et suppléants), comme la cessation de leurs fonctions, doit être publiée au *RCS*.

E. Sanctions des conditions de nomination

Sont déclarées nulles les délibérations prises à défaut de désignation régulière de CAC ou sur le rapport de CAC nommés ou restés en fonction contrairement aux dispositions légales. Toutefois, l'action est éteinte si ces délibérations sont expressément confirmées par une assemblée générale sur le rapport de CAC régulièrement désignés (C. com., art. L. 820-3-1).
En outre, des sanctions pénales frappent les dirigeants qui n'auraient pas provoqué la désignation des CAC ou ne les auraient pas convoqués aux assemblées générales (C. com., art. L. 820-4).

§ 4 - Cessation des fonctions

A. Durée des fonctions

En principe, nomination pour 6 exercices (C. com., art. L. 823-3) ; renouvellement possible, dont le refus ouvre le droit au CAC d'être entendu par l'assemblée (C. com., art. L. 823-8). Dans les sociétés qui offrent leurs titres financiers au public, pas de renouvellement possible (C. com., art. L. 822-14, créé par L. 1er août 2003 de sécurité financière). Un CAC peut démissionner avant l'expiration de son mandat.

B. Récusation

Le CAC peut être récusé par le tribunal compétent, à la demande d'un ou de plusieurs associés représentant au moins 5 % du capital, du comité d'entreprise, du ministère public ou par l'AMF dans les sociétés qui offrent leurs titres financiers au public (C. com., art. L. 823-6 ; R. 823-5). L'action doit être présentée dans les 30 jours à compter de sa désignation et est subordonnée à la preuve d'un juste motif (not. suspicion d'incompétence, de partialité, de conflit d'intérêt ou de dépendance).

C. Relèvement

Le CAC peut être relevé de ses fonctions en cas de faute ou d'empêchement (incompatibilité, maladie, etc.). La demande peut être présentée en justice par ceux qui ont qualité pour agir en récusation (C. com., art. L. 823-7).

SECTION 2 › LES MISSIONS DES COMMISSAIRES AUX COMPTES

§ 1 - Contenu des missions

On peut distinguer plusieurs types de missions (sans exhaustivité) :

A. Missions permanentes (not. C. com., art. L. 823-9 et s.)

- Vérification des valeurs et documents comptables de la société.
- Contrôle de la conformité de la comptabilité sociale aux règles en vigueur.
- Vérification de la sincérité et de la concordance avec les comptes annuels des informations données dans le rapport de gestion des dirigeants et dans les documents adressés aux associés sur la situation financière et les comptes annuels.
- Contrôle du respect de l'égalité entre les actionnaires, les associés ou les membres de l'organe compétent (C. com., art. L. 823-11).
- Information des dirigeants et des associés.
- Certification des comptes annuels et éventuellement des comptes consolidés : certification avec ou sans réserves ou refus de certification. Les CAC doivent justifier leurs appréciations et présenter, dans un rapport joint à leur rapport général aux assemblées générales, leurs observations sur les procédures de contrôle interne. Ce rapport n'est exigé depuis 2005 que dans les sociétés qui offrent leurs titres financiers au public (C. com., art. L. 225-235).

B. Missions liées à la prévention des difficultés des entreprises (C. com., art. L. 234-1 et L. 234-2)

Les CAC doivent déclencher une procédure d'alerte lorsqu'ils relèvent, à l'occasion de l'exercice de leur mission, des faits de nature à compromettre la continuité de l'exploitation (v. *infra,* p. 93).

C. Missions occasionnelles

- Rapport spécial sur les conventions réglementées passées par les dirigeants avec la société.
- Rapport spécial sur les modifications du capital ou les créations de titres.
- Rapport spécial sur les opérations de fusions, scissions ou transformations des sociétés.

§ 2 - Conditions d'exercice des missions

A. Pouvoirs d'information des CAC

- Droit de recevoir communication des informations préalables aux assemblées (dans les mêmes conditions que les associés) (v. *supra,* p. 48).
- Droit de recevoir les informations demandées par des tiers (réponses aux demandes d'explications du comité d'entreprise ou des associés dans le cadre de la procédure d'alerte, v. *infra,* p. 93).
- Droit d'assister aux assemblées des associés ou des actionnaires.
- Droit d'assister à certaines réunions des organes collégiaux de direction.
- Pouvoir exceptionnel de convoquer les assemblées, en cas de carence des dirigeants.

B. Pouvoirs d'investigation des CAC

À tout moment, les CAC peuvent exercer toutes vérifications et tous contrôles dans la société contrôlée (ou une des sociétés d'un groupe contrôle) et peuvent se faire communiquer à cette occasion tous les documents nécessaires à leurs missions. Pouvoir d'investigation chez les tiers plus limité (C. com., art. L. 823-13 et s.).

C. Sanction des entraves aux fonctions des CAC

Est puni d'un emprisonnement de 5 ans et d'une amende de 75 000 € le fait, pour les dirigeants d'une personne morale ou toute personne au service d'une personne morale tenue d'avoir un CAC, de faire obstacle aux vérifications ou contrôles des CAC ou de leur refuser la communication sur place de toutes les pièces utiles à l'exercice de leur mission (C. com., art. L. 820-4).

D. Devoirs des CAC

Ils doivent exécuter personnellement leur mission ; ils sont tenus au secret professionnel ; ils doivent respecter le principe de non immixtion dans la gestion (C. com., art. L. 823-10).

E. Rémunération des fonctions

1. Fixation

Les honoraires des CAC sont à la charge des personnes morales contrôlées, mais ils sont, pour garantir leur indépendance, fixés selon des modalités déterminées par décret (C. com., art. L. 823-18 ; R. 823-11 et s.).

2. Information

L'art. L. 820-3, C. com. oblige désormais à tenir l'information sur le montant des honoraires versés à chacun des CAC à la disposition des associés et actionnaires au siège de la société.

Section 3 › LES RESPONSABILITÉS DES COMMISSAIRES AUX COMPTES

§ 1 - Responsabilité civile des CAC

Principe : la loi prévoit expressément que les CAC sont responsables, tant à l'égard de la société que des tiers, des conséquences dommageables des fautes et négligences commises dans l'exercice de leurs fonctions tant par eux-mêmes que par les experts ou collaborateurs par lesquels ils se font assister ou représenter (C. com., art. L. 822-17 al. 1 et L. 823-13 al. 2).

Régime :

• Bien que leurs missions soient définies très largement par la loi, on admet qu'ils encourent une responsabilité contractuelle, qui est en principe de moyens (comme toute prestation intellectuelle ; il faut prouver une faute), mais qui peut, suivant la nature des fonctions, être de résultat (not. lorsque la mission est précise et ne laisse place à aucune interprétation).

• La victime (la société, un associé ou un tiers) doit prouver son dommage et le lien de causalité entre celui-ci et le fait générateur imputable au professionnel.

• L'action en responsabilité civile contre le CAC personne physique est de la compétence du tribunal de grande instance. La prescription est de trois ans à compter du fait dommageable ou de sa révélation, s'il a été dissimulé (C. com., art. L. 822-18 ; L. 225-254).

§ 2 - Responsabilité pénale des CAC

Elle repose sur un grand nombre de textes et peut résulter not. :

• Des infractions de droit commun (escroquerie, faux, etc.).

• Des infractions relatives au statut des CAC (not. violation des règles relatives aux incompatibilités générales ou spéciales, C. com., art. L. 820-6).

• Du délit d'informations mensongères sur la situation de la société (C. com., art. L. 820-7).

• Du délit de violation du secret professionnel (C. com., art. L. 820-5).

• Du délit de non-révélation de faits délictueux (C. com., art. L. 823-12).

• De leur éventuelle complicité dans des infractions commises principalement par les dirigeants (not. présentation de bilan inexact, C. com., art. L. 242-6 ou banqueroute, C. com., art. L. 626-2).

§ 3 - Responsabilité disciplinaire des CAC (Décr. 12 août 1969, art. 88 ; C. com., art. L. 822-6 et s.)

Toute infraction aux lois, règlements et règles professionnelles, toute négligence grave, tout fait contraire à la probité ou à l'honneur commis par un commissaire aux comptes, personne physique ou société, même ne se rattachant pas à l'exercice de la profession, constitue une faute disciplinaire passible d'une peine disciplinaire (avertissement, réprimande, suspension, radiation), prononcée par la chambre régionale de discipline.

Titre 2

LES RAPPORTS SOCIAUX

Des rapports sociaux complexes vont se nouer entre les acteurs du fonctionnement de la société, tout particulièrement entre les associés.
Certains de ces rapports vont pouvoir être aménagés conventionnellement, plus ou moins librement, soit dans les statuts eux-mêmes, soit dans des actes *infra*-statutaires (règlement intérieur par ex.), soit encore dans des pactes d'associés extrastatutaires (chapitre 1).
Mais les rapports entre ces acteurs peuvent également dégénérer, et entraîner ou traduire de véritables crises, tantôt financières (procédure d'alerte destinée à prévenir les difficultés des entreprises) (chapitre 2), tantôt sociétaires (par ex. abus commis dans le fonctionnement de la société), qui vont imposer l'ingérence de différents intervenants (administrateur provisoire, expert de gestion, voire juge judiciaire, etc), sur le fondement et en vue de la préservation de l'intérêt social, notion centrale du droit des sociétés (chapitre 3).

Chapitre 1 › LES AMÉNAGEMENTS CONVENTIONNELS DES RAPPORTS SOCIAUX

› L'essentiel

Lorsque la société existe et possède la personnalité morale, elle se trouve soumise, plus ou moins, suivant son type, à un certain nombre de contraintes légales et réglementaires. Il arrive que ces contraintes ne correspondent pas, ou pas toutes, aux aspirations des associés, de telle sorte que ces derniers peuvent être conduits à utiliser pleinement leur liberté contractuelle pour organiser conventionnellement leurs rapports sociaux et régler, généralement pour une longue période, le contrôle de la conduite des affaires et de la composition du capital de leur société.

Ces aménagements conventionnels peuvent prendre place dans les statuts eux-mêmes. Ils peuvent également prendre la forme d'actes dits « infra-statutaires », parce qu'ils ne sont ni tout à fait statutaires, ni tout à fait extra-statutaires (par ex. un règlement intérieur de société).

Fréquemment, les associés d'une société ou, plus couramment, certains d'entre eux concluent, en dehors des statuts, des conventions, appelées pactes d'actionnaires ou pactes de famille.

Section 1 › LES AMÉNAGEMENTS STATUTAIRES

Il existe quatre sortes de dispositions statutaires.

§ 1 - Dispositions statutaires obligatoires

La société ne devrait pas pouvoir s'immatriculer si elles font défaut. Si cette immatriculation est cependant opérée, cette lacune sera comblée par une action en régularisation ouverte à tout intéressé (mentions relatives not. aux apports, à l'objet social, à la dénomination, au siège, à la durée, au montant du capital et aux modalités de fonctionnement ; C. civ., art. 1835 ; C. com., art. L. 210-2).

§ 2 - Dispositions statutaires nulles ou réputées non écrites

Ex. : clause d'intérêt fixe, C. com., art. L. 232-15 ; clause léonine, C. civ., art. 1844-1, al. 2 ; clause prévoyant l'émission de valeurs mobilières par une SARL, C. com., art. L. 223-11.

§ 3 - Liberté statutaire

Il est possible d'aménager les statuts par d'autres dispositions, dès lors que ces clauses ne dérogent pas à l'ordre public sociétaire, plus ou moins contraignant selon les types de sociétés. Ainsi, la liberté d'aménager les statuts est-elle plus faible dans les SA et très grande dans les SAS.

La liberté statutaire peut se manifester de trois manières :
– les associés ont une faculté de choix : forme sociale ; mode de gouvernement – moniste ou dualiste, par ex. dans les SA ; financement et titres émis ; causes de dissolution ; modalités de paiement du dividende ou de participation aux assemblées… ;
– les associés peuvent compléter le statut légal : renforcer les obligations, les droits ou les causes d'exclusion des associés ; créer de nouveaux organes, tels que des comités d'audit ou de rémunération… ;
– les associés peuvent infléchir le statut légal : augmenter ou diminuer les pouvoirs de certains organes, aménager les rapports entre organes…

§ 4 - Clause compromissoire statutaire

La loi NRE du 15 mai 2001 a confirmé la validité des clauses compromissoires en droit des sociétés, tout en élargissant leur domaine. C. com., art. L. 721-3 : les parties peuvent convenir de soumettre à l'arbitrage les contestations « relatives aux sociétés commerciales », ce que la jurisprudence paraît apprécier aujourd'hui assez largement – C. civ., art. 2061 : « Sous réserve des dispositions législatives particulières, la clause compromissoire est valable dans les contrats conclus à raison d'une activité professionnelle ». Tel est le cas d'un contrat de société à finalité professionnelle, que la société soit commerciale ou non.

Section 2 › LES AMÉNAGEMENTS *INFRA*-STATUTAIRES (LE RÈGLEMENT INTÉRIEUR)

§ 1 - Fonction

Certaines sociétés (not. professionnelles) se dotent d'un règlement intérieur, destiné à préciser, plus que ne le font les statuts, les modalités de fonctionnement du groupement et les rapports sociaux.

§ 2 - Conditions de validité

Le règlement, pour être valable, ne doit contenir aucune disposition contraire à l'ordre public (général ou spécial aux sociétés) et aux statuts.

§ 3 - Portée

Le règlement est opposable à tous les associés dès lors qu'il a été adopté par l'assemblée générale ordinaire ou par les dirigeants dans la limite de leurs pouvoirs. Il ne doit pas aboutir à augmenter les engagements des associés (v. *supra*, p. 60). Le règlement est inopposable aux tiers, sauf à prouver qu'ils en ont eu connaissance.

Section 3 › LES AMÉNAGEMENTS EXTRASTATUTAIRES (LES PACTES D'ACTIONNAIRES)

Problématique : il arrive fréquemment que certains associés d'une société concluent entre eux, voire avec des tiers, hors des statuts, des conventions appelées pactes d'actionnaires, destinées à organiser, pour un temps plus ou moins long, les rapports de pouvoir entre les associés ainsi que les évolutions dans la répartition du capital. Dans les SAS, ces clauses peuvent être incluses dans les statuts du fait de la liberté contractuelle qu'elle autorise dans la rédaction de ces derniers, avec certaines garanties supérieures de validité et d'efficacité, mais moins de discrétion puisque les statuts sont publiés (sur la SAS, v. *infra*, p. 276 et s.).

§ 1 - Typologie des conventions extrastatutaires

Il existe en pratique de très nombreux aménagements contractuels dont il est impossible de dresser ici une liste exhaustive. Dans la majorité des cas, ces aménagements reposent sur des techniques appartenant au droit des contrats (promesses unilatérales, d'achat ou de vente, promesses synallagmatiques, promesses croisées, promesses de porte-fort, pactes de préférence, obligations de faire ou de ne pas faire, renonciation à un droit...). Parmi les aménagements les plus répandus, on peut retenir :

A. Les clauses relatives à la gestion de la société

Engagement de vote d'un associé, ou d'un dirigeant ; répartition des postes et des pouvoirs de direction ; obligations d'information renforcée sur les affaires sociales...

B. Les clauses relatives à la répartition du capital

Agrément, préemption, inaliénabilité, non-acquisition ou non agression, plafonnement des participations, conditions de sortie ou d'exclusion d'un associé, droit de souscription à une augmentation de capital...

C. Les clauses relatives aux droits financiers des associés

Répartition des bénéfices (dividende « prioritaire » ou dividende « préciputaire », cumulatifs ou non) ; non distribution de dividendes ; garantie de dividende...

D. Les clauses de conflit

Conciliation, médiation, attribution de juridiction ; clauses compromissoires, sur lesquelles v. *supra*, p. 89.

E. Les conventions de portage

Dans lesquelles un porteur accepte, sur demande d'un donneur d'ordre (service gratuit ou rémunéré) de se rendre associé d'une société, étant convenu qu'après un certain délai, les droits sociaux seront transférés par le porteur à une personne désignée et pour un prix fixé dès l'origine.

F. Les conventions de croupier

Dans lesquelles un associé convient avec un tiers (le croupier, qui n'est pas associé) de partager les bénéfices et les pertes résultant de sa participation dans la société.

§ 2 - Régime des conventions extrastatutaires

A. Conditions de validité

• Respect des règles du droit général des contrats : capacité, consentement, cause, objet, durée… Du point de vue de la cause, on peut considérer que les pactes extrastatutaires sont conclus « *societatis causa* », en ce sens que leur cause réside dans l'existence et le fonctionnement de la société, avec laquelle ils présentent une certaine indivisibilité. Par ailleurs la question de la détermination du prix y est particulièrement importante.

• Respect des règles du droit spécial des contrats : par ex. conditions de validité des promesses, des pactes de préférence, des renonciations à un droit ou des clauses d'inaliénabilité…

• Absence de fraude à la loi ou aux droits des tiers (*fraus omnia corrumpit*).

• Respect des règles d'ordre public extrasociétaire : par ex. prohibition des ententes ou autorisation des concentrations en droit de la concurrence interne ou communautaire, prohibition des pactes sur succession future…

• Respect des règles d'ordre public sociétaire : détermination très délicate ; égal. incertitudes sur le champ d'application matériel de ces règles d'ordre public : par ex. les clauses entravant la libre révocabilité des dirigeants sont nulles, y compris dans un acte extrastatutaire ; en revanche, des clauses pouvant être qualifiées de léonines dans les statuts, sont valables dans des conventions extrastatutaires assurant la transmission des droits sociaux (v. *supra*, p. 34). Encore que la raison de cette validité tienne sans doute davantage à l'objet de la clause.

• Non-contrariété à l'intérêt social : not. les conventions de vote ne doivent pas aboutir à la réalisation d'un abus de majorité ou de minorité (sur l'intérêt social, v. *infra*, p. 100).

• Non-contrariété aux statuts : les pactes extrastatutaires sont considérés comme hiérarchiquement inférieurs aux statuts, qu'ils ne peuvent en principe contrarier.

B. Efficacité

1. Durée du pacte

Règles applicables à la durée des contrats (not. prohibition des conventions perpétuelles). La jurisprudence considère, de manière très contestable, qu'un pacte conclu pour le temps où les contractants seront associés de la société, ou pour la durée de la société, constitue une convention à durée indéterminée, résiliable à tout moment (Com., 6 nov. 2007, *Bull. Joly* 2008, § 31, p. 125, X. Vamparys ; *JCP E*, juin 2008, 1829, A. Constantin).

2. Sanction de la violation du pacte

• **Responsabilité civile** : conformément au droit commun, la violation fautive du pacte peut entraîner la condamnation du responsable à des dommages-intérêts et la résolution judiciaire de la convention.

• **Exécution forcée du pacte** : elle fait difficulté ; si une condamnation sous astreinte à exécuter la convention n'est pas inconcevable, une vente forcée au profit du bénéficiaire d'une promesse de vente est actuellement impossible (sauf à l'avoir prévue expressément dans la promesse, Cass. 3e civ. 27 mars 2008, Sté Ogic c/SCI Foncière Costa, *JCP G* 2008, I, 218, A. Constantin ; et encore cela ne résout pas le problème d'une vente à un tiers) et très difficile en cas de violation d'un pacte de préférence, dans la mesure où la Cour de cassation exige la double preuve de la connaissance par le tiers, non seulement du pacte lui-même, mais également de l'intention de son bénéficiaire de s'en prévaloir (Cass. ch. mixte 26 mai 2006, *Rev. sociétés* 2006, p. 808, J.-F. Barbièri).

• **Sanctions contractuelles** : les parties peuvent prévoir des sanctions contractuelles (clause pénale, dont le problème est qu'elle est réductible par le juge, C. civ. art. 1152 et 1231 ; clause résolutoire expresse…).

C. Règles particulières aux sociétés cotées

Certains pactes d'actionnaires (relatifs à la répartition du capital) doivent être transmis à l'Autorité des marchés financiers (AMF) qui en assure la publicité. À défaut de transmission, les effets de cette clause sont suspendus et les parties déliées de leurs engagements en période d'offre publique (C. com., art. L. 233-11). Par ailleurs, sous peine de sanctions pécuniaires, tous les pactes qui peuvent avoir une incidence sur une offre publique en cours doivent être notifiés aux sociétés concernées et à l'AMF et doivent être publiés dans un quotidien financier. Enfin, l'existence entre actionnaires d'une société cotée d'un pacte peut justifier la qualification d'action de concert, sources de diverses obligations (informations sur les franchissements de seuils, mise en œuvre de procédures boursières) (sur ces points, v. *infra,* p. 339 et 388).

Chapitre 2 › LES CRISES FINANCIÈRES : LA PRÉVENTION DES DIFFICULTÉS DES ENTREPRISES (ALERTE)

Section 1 › CONTEXTE LÉGISLATIF

Afin d'éviter les conséquences économiques et sociales résultant des défaillances des entreprises et de permettre le redressement de celles-ci, le législateur a mis en place une réglementation tendant :
– à organiser la prévention des difficultés des entreprises ;
– à permettre le règlement amiable de ces difficultés ;
– à organiser le redressement et la liquidation judiciaires des entreprises.
Ces dispositions sont codifiées au livre VI du nouveau Code de commerce, à l'exception de celles relatives à la procédure d'alerte qui figurent dans le livre II du même Code (sur les sociétés commerciales et le GIE), et que seules nous exposerons ici.

Section 2 › RÉGIME DE LA PROCÉDURE D'ALERTE

§ 1 - Dispositif légal

La loi du 1er mars 1984 et le décret du 1er mars 1985 ont prévu un dispositif d'alerte tendant à appeler l'attention des dirigeants sociaux, en cas d'évolution préoccupante de la situation de l'entreprise, sur la nécessité de prendre des mesures en vue de redresser cette situation.

§ 2 - Titulaires du droit d'alerte

• La mise en œuvre de cette procédure d'alerte incombe principalement aux commissaires aux comptes (dans toutes les sociétés commerciales, les sociétés civiles et les GIE dotées d'un commissaire aux comptes, celui-ci doit informer les dirigeants sociaux et, éventuellement, les associés, le comité d'entreprise et le président du tribunal compétent des « faits de nature à compromettre la continuité de l'exploitation »).

• Mais la procédure peut aussi être initiée par le comité d'entreprise, les associés minoritaires (dans les SA, C. com., art. L. 225-232, il faut réunir au moins 5 % du capital ; et les SARL, C. com., art. 223-36, sans minimum de capital mais à condition d'être associé non gérant) et le président du tribunal de commerce (TGI pour les sociétés civiles).

Chapitre 3 › LES CRISES SOCIÉTAIRES

> **› L'essentiel**
> *Les rapports entre les acteurs de la société peuvent dégénérer, et entraîner ou traduire de véritables crises internes, notamment entre les dirigeants et les associés, ou entre ces derniers eux-mêmes, tout spécialement lorsque certains abus sont commis dans le fonctionnement de la société.*
> *Ces crises peuvent imposer l'ingérence de différents intervenants (administrateur provisoire, expert de gestion, etc.), voire du juge judiciaire.*
> *À chaque fois, l'intérêt social, notion centrale du droit des sociétés, se trouve sollicité, car c'est à l'aune de celui-ci qu'est appréciée tant la légitimité des actes effectués au sein de la société, que l'opportunité de la plupart des mesures judiciaires.*

Section 1 › LE RÔLE DU JUGE

Nécessité : Rôle fondamental en droit des sociétés.

Difficulté : trouver un juste équilibre entre sa nécessaire intervention et l'ampleur de son immixtion dans le fonctionnement et la gestion de la société.

§ 1 - Fondement de l'intervention

Principalement l'intérêt social (v. *infra*, p. 100), mais également l'intérêt commun des associés, voire l'intérêt personnel d'un membre du groupement, dirigeant ou associé.

§ 2 - Possibilités d'intervention

Il est impossible de recenser toutes les possibilités d'intervention du juge en droit des sociétés, qui peuvent se présenter tout au long de la vie du groupement, de sa naissance (il peut interdire une immatriculation) à sa fin (il peut en prononcer la dissolution judiciaire). On retiendra seulement :

• Que la loi NRE (15 mai 2001) a institué, au profit du président du tribunal compétent statuant en référé, des procédures d'injonction de faire relativement au droit d'information des associés, aux formalités de publicité et à la libération du capital.

• Qu'il peut :
– condamner des associés ou des dirigeants responsables à des dommages et intérêts ou à une exécution forcée sous astreinte ;
– sanctionner des infractions pénales commises par eux ;
– annuler des délibérations et actes sociaux, en reporter l'adoption (par ex. ajournement d'Assemblée) ou ordonner l'adoption forcée – mais indirecte, par le biais d'un mandataire *ad hoc* (v. l'abus de minorité, *infra*, p. 98 et s.).

• Qu'il peut désigner certains auxiliaires et leur confier une mission particulière dans une société (v. *infra*).

Section 2 › L'INTERVENTION DES AUXILIAIRES JUDICIAIRES DU JUGE

§ 1 - L'administrateur provisoire

Principe : dans toutes les sociétés, y compris les GIE et même les sociétés dénuées de la personnalité morale, les associés (voire dans certains cas les dirigeants, les commissaires aux comptes, le comité d'entreprise ou un créancier), peuvent demander au juge, le plus souvent par la voie du référé en raison de l'urgence, de désigner un administrateur provisoire lorsque la gestion de la société est entravée, soit du fait des dirigeants, soit du fait des associés ou des deux à la fois.

Conditions :

• L'entrave doit être de nature telle qu'elle empêche réellement le fonctionnement régulier de la société (par la paralysie de ses organes sociaux) et compromet de manière certaine et imminente les intérêts sociaux ainsi que l'existence de cette société.

• Il faut aussi qu'un redressement des affaires sociales puisse être escompté, faute de quoi la seule issue serait la dissolution judiciaire de la société.

Effets : l'administrateur provisoire, généralement choisi sur la liste des mandataires judiciaires, va se substituer temporairement aux dirigeants en place et agir dans le cadre de la mission dont le juge a défini l'étendue. Sa nomination fait l'objet d'une publication au *RCS*.

§ 2 - L'expert de gestion

Principe : à la différence de l'administrateur provisoire, création de la jurisprudence, l'expert de gestion est une création de la loi. Sa désignation n'est possible que dans les SA (C. com., art. L. 225-231), les SAS (C. com., art. L. 225-231 sur renvoi de l'art. L. 227-1, al. 3) et les SARL (C. com., art. L. 223-37).

Conditions :

A. Demandeurs

• Un ou plusieurs associés représentant un pourcentage minimum du capital social (10 % dans les SARL, 5 % dans les SA et les SAS). Les demandeurs peuvent agir individuellement ou se grouper sous quelque forme que ce soit.

• Action également ouverte, notamment depuis la loi du 1er mars 1984 :
– au comité d'entreprise ;
– au ministère public ;
– à l'AMF dans les sociétés qui offrent leurs titres financiers au public ;
– aux associations d'actionnaires dans les sociétés cotées.

B. Procédure

La demande est portée devant le président du tribunal de commerce qui statue en la forme des référés, après convocation du président du CA ou du directoire à l'audience.

C. Recevabilité et bien fondé de l'action

a) Formalité préalable à l'action : la recevabilité d'une demande émanant des associés est subordonnée, dans les SA et les SAS (pas dans les SARL), au respect d'une procédure préalable : la consultation du président ou du directoire, par écrit, sur la ou les opérations pour lesquelles les actionnaires souhaitent des éclaircissements. La réponse est écrite et communiquée au commissaire aux comptes. À défaut de réponse satisfaisante dans un délai d'un mois, les actionnaires peuvent demander en justice la désignation d'un expert de gestion.

b) Appréciation du bien fondé de l'action

• La demande d'expertise doit porter sur une ou plusieurs opérations de gestion déterminées ; pour cette raison, elle ne peut porter :

– sur la gestion de la société dans son ensemble, ni sur la régularité des comptes sociaux ;

– sur des opérations relevant de la compétence d'un organe social autre qu'un organe de gestion (assemblée par ex.).

• La demande peut concerner une opération de gestion accomplie dans une société filiale (au sens de l'art. L. 233-3, C. com.) de la SA ou de la SAS dont le demandeur est associé, seulement si l'intérêt du groupe le justifie. Une telle demande reste impossible dans une SARL.

• Le tribunal apprécie les conditions de la demande, pas les opérations critiquées. Il doit vérifier le sérieux de la demande (présomptions ou indices d'irrégularités par ex. ; la preuve formelle de telles irrégularités n'est pas exigée, puisqu'il appartient précisément à l'expertise de rapporter cette preuve).

Effets :

• S'il considère la demande justifiée, le président du tribunal désigne un ou plusieurs experts et détermine leur mission et leurs pouvoirs. L'expertise se déroule comme une expertise judiciaire (not. respect du contradictoire).

• L'entrave à la mission de l'expert par toute personne de la société concernée constitue une infraction pénale passible d'un emprisonnement de cinq ans et d'une amende de 75 000 € (C. com., art. L. 820-4, 2°).

• Le rapport de l'expert doit être déposé au greffe du tribunal de commerce et adressé par le greffier au demandeur, au gérant, au ministère public, au comité d'entreprise et aux commissaires aux comptes s'il en existe, ainsi qu'à l'AMF si la société offre ses titres financiers au public. Il est annexé à celui établi par le commissaire aux comptes en vue de l'assemblée générale suivante et doit recevoir la même publicité.

• Le tribunal fixe les honoraires des experts et peut mettre ceux-ci à la charge de la société.

§ 3 - Les autres intervenants

A. Le mandataire *ad hoc*

Sa nomination ne réalise pas, à la différence de celle d'un administrateur provisoire (v. *supra*), un dessaisissement des organes sociaux. Il s'agit d'un mandataire de justice auquel le juge confère une mission précise (convoquer une assemblée générale, procéder au séquestre de titres litigieux, procéder à une mesure de publicité, arbitrer un conflit entre associés, agir comme « observateur de gestion » ou voter à la place d'un associé ayant précédemment commis un abus de minorité, v. *infra*).

B. Le séquestre

Mesure conservatoire, fondée sur l'art. 1961 C. civ., visant à placer entre les mains d'un tiers (le séquestre) des actions ou parts faisant l'objet d'un litige, ce qui les rend indisponibles pendant le temps de celui-ci. Si l'associé peut, en principe, voter, le juge peut décider exceptionnellement de priver ce dernier de son droit de vote.

C. L'expert *in futurum*

Mesure (également appelée expertise préventive ou référé probatoire) de droit commun de la procédure civile, prévue par l'art. 145 du C. pr. civ. : « s'il existe un motif légitime de conserver ou d'établir avant tout procès la preuve des faits dont pourrait dépendre la solution d'un litige, les mesures d'instruction légalement admissibles peuvent être ordonnées à la demande de tout intéressé, par requête ou en référé ». La recevabilité de cette action en droit des sociétés est controversée car elle permet d'atteindre un résultat similaire à l'expertise de gestion (v. *supra*) sans avoir à en respecter les conditions restrictives (l'expertise *in futurum* est ouverte à « tout intéressé », dans n'importe quelle société, voire une filiale ou la société mère de celle-ci, sans procédure préalable, et peut concerner toute opération sociétaire quel que soit l'organe dont elle émane). Si la Cour de cassation autorise actuellement le recours à cette expertise, une partie de la doctrine et certains juges du fond sont plus restrictifs.

Section 3 › LES ABUS COMMIS DANS LE FONCTIONNEMENT SOCIAL

Précision : deux types principaux d'abus peuvent être commis au sein d'une société.

• **Un abus de droit :** faute commise en exerçant un droit subjectif dans l'intention de nuire ou dans un but différent que celui pour lequel le droit objectif en a prévu l'usage. Par ex. abus par des associés des moyens d'actions, spécifiques ou généraux (plainte pénale, demande d'expertise préventive ou d'expertise de gestion, action en ajournement d'assemblée ou en désignation d'un administrateur provisoire…) mis à leur disposition par le droit objectif des sociétés. Forme de harcèlement.

• **Un détournement de pouvoir :** usage, par le titulaire d'un pouvoir, de celui-ci dans un intérêt distinct de celui pour lequel il lui a été confié. Certains détournements de pouvoir sont pénalement sanctionnés en droit des sociétés (abus de biens sociaux par ex. v. *supra*, p. 69). D'autres ne le sont que civilement : ce sont notamment les abus de majorité et de minorité ou d'égalité.

§ 1 - L'abus de majorité

Définition : selon la jurisprudence constante (en l'absence de texte légal) : décision d'un organe délibérant (généralement assemblée, parfois conseil d'administration) prise contrairement à l'intérêt social et dans l'unique dessein de favoriser les membres de la majorité au détriment des membres de la minorité (depuis Com., 18 avr. 1961, *JCP* 1961, II, 12164, D. Bastian).

A. Éléments constitutifs

Sont exigés cumulativement un élément matériel (décision contraire à l'intérêt social ; sur la notion d'intérêt social, v. *infra*) et un élément intentionnel (décision prise consciemment par la majorité non dans l'intérêt social mais dans son intérêt personnel ; autrement dit, rupture intentionnelle d'égalité entre les associés). L'exigence d'un élément intentionnel permet d'éviter que l'abus de majorité ne serve à sanctionner une gestion mauvaise ou malheureuse de la société et ne conduise les juges à apprécier l'opportunité des décisions de gestion.

B. Hypothèses

La jurisprudence s'est beaucoup développée à propos de la mise en réserve des bénéfices par les majoritaires. L'abus, rarement retenu en raison du fait que la constitution de réserves est une saine mesure de gestion, pourrait être constitué s'il y avait mise en réserve systématique des bénéfices, sans aucune utilité pour la société, pour favoriser les majoritaires (par ex. par des rémunérations) au détriment des minoritaires. Mais bien d'autres opérations ou montages peuvent donner lieu à abus de majorité (transformation de la société, fusion, conventions entre sociétés, filialisation des activités…).

C. Sanctions

1. Nullité de la résolution abusive

L'action en nullité, exercée contre la société, peut être intentée par les minoritaires. Elle peut être également opposée par voie d'action ou d'exception à l'encontre des tiers (par ex. société dans laquelle le majoritaire a des intérêts et avec laquelle la société victime a été contrainte de contracter à ses dépens).

2. Responsabilité civile

L'action en responsabilité civile peut être exercée par les minoritaires et/ou la société contre les majoritaires auteurs de l'abus, qui peuvent être condamnés à réparer par des dommages et intérêts le préjudice individuel, ou social, qu'ont pu subir les demandeurs.

3. Dissolution de la société

Cette mesure, exceptionnelle, pourrait être prononcée pour mésintelligence entre associés (v. *infra*, p. 110).

§ 2 - L'abus de minorité ou d'égalité

Définition : selon la jurisprudence (en l'absence de texte légal) : décision d'un organe délibérant (généralement assemblée) prise contrairement à l'intérêt de la société en ce qu'elle interdit la réalisation d'une opération essentielle pour celle-ci dans l'unique dessein de favoriser les membres de la minorité au détriment des membres de la majorité.

A. Spécificités

1. La minorité dispose d'un pouvoir

S'il est exact, qu'en principe, le pouvoir structurel d'imposer sa volonté au sein de la société appartient à la majorité, il existe des cas dans lesquels cette faculté est bien accordée aux minoritaires, par les règles structurelles régissant le fonctionnement de la société. Cette hypothèse se présente précisément lorsque, pour des raisons de quorum ou de majorité (essentiellement pour les décisions extraordinaires qui supposent généralement une majorité qualifiée), les décisions sociales ne peuvent pas être prises par le ou les majoritaires et leurs alliés sans le concours d'actionnaires minoritaires, lesquels peuvent donc s'opposer à l'adoption de celles-ci.

2. L'abus de minorité réalise un détournement de pouvoir

La minorité bloque une opération essentielle pour la société, en vue de favoriser exclusivement ses propres intérêts (par ex. opposition à une augmentation de capital vitale pour la société afin d'éviter d'avoir à y souscrire ou d'être dilué). La contrariété à l'intérêt social, qui suppose le blocage d'une « opération essentielle pour la société », et qui n'apparaît pas aussi restrictive en matière d'abus de majorité, s'explique : la minorité dispose légalement du pouvoir de s'opposer à une décision sociale (minorité de blocage) ; ce pouvoir cesserait d'exister s'il devait céder devant une opération simplement conforme ou utile à l'intérêt social. Il faut donc une condition plus discriminante, celle d'un intérêt essentiel.

B. Sanctions

1. Spécificités de la sanction de l'abus de minorité

À la différence de l'abus de majorité, il résulte de l'abus de minorité le rejet de l'opération proposée, donc le maintien du *statu quo ante*. De ce fait, la nullité de la délibération abusive est une sanction possible (une décision sociale – de rejet – a bien été prise et actée), mais inadéquate, puisqu'elle n'aboutit pas à l'adoption de l'opération rejetée.

2. Solutions du droit positif

Après des hésitations, la Cour de cassation a refusé la possibilité pour le juge de prononcer un jugement valant acte social, c'est-à-dire l'adoption forcée de l'opération rejetée. Le juge ne peut pas se substituer aux organes sociaux compétents mais il lui est possible de parvenir à un résultat similaire en désignant un mandataire *ad hoc* aux fins de représenter les associés minoritaires qui ont commis l'abus et de voter en leur nom dans le sens des décisions conformes à l'intérêt social (Com., 9 mars 1993, *Flandin, Rev. sociétés* 1993, p. 403 ; *D.* 1993, p. 363, Y. Guyon). Cette sanction reste cependant controversée en doctrine et pas toujours appliquée par les juges du fond, qui lui préfèrent parfois la technique du « jugement valant acte ».

3. Responsabilité civile

Les minoritaires peuvent également être condamnés à des dommages-intérêts en réparation du préjudice personnel subi éventuellement par les majoritaires et du préjudice social subi par la société.

Section 4 › NOTION CENTRALE DU DROIT DES SOCIÉTÉS : L'INTÉRÊT SOCIAL

L'intérêt social est un concept majeur du droit moderne des sociétés, appelé quotidiennement à jouer un rôle fondamental dans le fonctionnement de celles-ci. Le contrôle du respect de l'intérêt social est sans conteste devenu le rôle principal du juge en droit des sociétés.

§ 1 - Les fonctions de l'intérêt social

En dépit de la diversité des utilisations de ce concept, on peut articuler celles-ci autour de deux propositions.

A. L'intérêt social constitue la finalité de l'exercice d'un pouvoir dans une société

Le juge est à cet égard chargé de vérifier que le titulaire du pouvoir d'imposer sa volonté au sein de l'organisation sociale l'a effectivement exercé en vue d'exprimer, de représenter ou de satisfaire l'intérêt social (recherche d'abus de majorité, d'infraction pénale d'abus des biens et des pouvoirs sociaux, d'abus de minorité ; mais également de fautes de gestion). De ces hypothèses peuvent être rapprochées plusieurs situations, qui toutes sollicitent la notion d'intérêt social (not. théorie fiscale de l'acte anormal de gestion ; révocation d'un dirigeant social ; régularité de mesures anti-OPA adoptées par la direction d'une société-cible ; etc.).

B. L'intérêt social constitue aussi la finalité de l'exercice de certaines prérogatives sociales

Il s'agit principalement des prérogatives offertes aux associés, et notamment aux minoritaires (désignation d'un mandataire chargé de convoquer une assemblée générale ; désignation d'un expert de gestion ou d'un administrateur provisoire ; dissolution pour juste motif ; action sociale *ut singuli* ; ajournement d'une assemblée générale ; etc.).

§ 2 - La notion d'intérêt social

Il ressort de l'analyse de la jurisprudence que l'intérêt social est ambivalent :

• Il recouvre exclusivement l'intérêt commun des associés dans les sociétés dénuées de la personnalité morale.

• Dans les sociétés personnalisées, il va au-delà de l'intérêt commun des associés pour se définir comme l'intérêt de la personne morale elle-même, entendue essentiellement comme un patrimoine autonome affecté à une activité économique. Il y a ainsi un intérêt social dans une société unipersonnelle, qui doit être protégé.

• Mais l'intérêt commun, s'il est intégré dans l'intérêt social, demeure un concept qui dispose sans doute d'une certaine autonomie et qui est riche de sens et de conséquences juridiques potentielles, notamment sur le plan de l'égalité entre les associés et du traitement équitable qui devrait leur être administré.

Chapitre 4 › LES NULLITÉS DES ACTES ET DÉLIBÉRATIONS

> **› L'essentiel**
>
> *La loi de 1966 et le droit communautaire des sociétés ont témoigné d'une assez grande défiance à l'encontre des nullités (v. égal. supra, p. 37, les nullités de sociétés). C'est pourquoi le domaine d'application des nullités, et leur régime, se sont trouvés étroitement délimités.*
>
> *Mais, par une singulière évolution des choses, présentée comme la contrepartie de la dépénalisation (relative) du droit des sociétés, les nullités se développent à nouveau, sans que l'ampleur des conséquences du recours à un tel instrument n'ait été toujours mesurée. C'est ainsi que la loi du 1er août 2003 de sécurité financière prévoit la nullité obligatoire des actes et délibérations pris en violation, notamment, des dispositions suivantes :*
>
> *– celles régissant les droits de vote attachés aux actions (C. com., art. L. 235-2-1) ;*
> *– celles relatives aux augmentations de capital (C. com., art. L. 225-149-1) ;*
> *– celles relatives aux valeurs mobilières composées et bons de souscription (C. com., art. L. 228-91 et s.).*
>
> *Pour autant, le droit des nullités des actes et délibérations sociaux reste assez restrictif. Cela se confirme à l'examen, tant des causes de ces nullités, que de leur régime ou de leurs effets.*

Section 1 › LES CAUSES DE NULLITÉ

Deux textes sont applicables :
– l'art. L. 235-1 C. com., qui s'applique aux sociétés commerciales et aux GIE ;
– l'art. 1844-10, al. 3 C. civ. qui s'applique essentiellement aux sociétés civiles.
Ces textes amènent à distinguer la nullité de deux catégories d'actes.

§ 1 - Les actes modifiant les statuts des sociétés commerciales (C. com., art. L. 235-1, al. 1er)

L'art. L. 235-1, al. 1er, C. com. prévoit que la nullité d'un acte modifiant les statuts ne peut résulter que d'une disposition expresse du présent livre (C. com., livre II) ou des lois qui régissent la nullité des contrats.

A. Cas de nullité résultant des dispositions expresses du Code de commerce

Certaines nullités sont obligatoires pour le juge, d'autres facultatives. Mais elles sont toutes textuelles, en ce sens qu'il ne peut pas y avoir de nullité dans des cas autres que ceux expressément prévus par les textes.

1. Nullités obligatoires (lient le juge)

On peut citer notamment :

a) Dans les SARL

• Violation des règles relatives à la transformation de la société en une autre forme sociale (C. com., art. L. 223-43, al. 4).

• Délibération prise à défaut de désignation régulière d'un commissaire aux comptes, sauf confirmation ultérieure d'une assemblée (C. com., art. L. 223-38, al. 4).

b) Dans les sociétés par actions

• Violation des règles concernant la compétence et les conditions de quorum et de majorité des assemblées extraordinaires (C. com., art. L. 225-96 et L. 225-121).

• Méconnaissance des règles concernant l'ordre du jour (C. com., art. L. 225-105 et L. 225-121).

• Non-établissement ou irrégularité de la feuille de présence (C. com., art. L. 225-114 et L. 225-121).

• Défaut de rapport du CA, du directoire ou des commissaires aux comptes devant l'assemblée devant statuer sur la suppression du droit préférentiel de souscription lors d'une augmentation de capital (C. com., art. L. 225-132, al. 3).

• Délibération prise à défaut de désignation régulière d'un commissaire aux comptes, sauf confirmation ultérieure d'une assemblée (C. com., art. L. 820-3-1).

• Délibérations prises en violation des dispositions régissant les droits de vote attachés aux actions (C. com., art. L. 235-2-1).

2. Nullités facultatives (ne lient pas le juge)

On peut citer notamment :

• Violation des règles concernant la forme et les délais de convocation des SARL et SA (C. com., art. L. 223-27, al. 5 et L. 225-104, al. 2).

• Violation des dispositions relatives au droit d'information des associés (C. com., art. L. 225-115, L. 225-116 et L. 225-121, al. 2).

• Défaut d'accomplissement des formalités de publicité d'une modification des statuts d'une SNC ou d'une SCS (C. com., art. L. 235-2).

B. Cas de nullité résultant des dispositions expresses qui régissent la nullité des contrats

Cela vise les dispositions expresses qui régissent la nullité des contrats en droit commun (C. civ., art. 1108 ; vices du consentement ; incapacités ; fraude…) ainsi que celles qui régissent la nullité du contrat de société (not. abus de majorité ou de minorité ; fraude…).

§ 2 - Les autres actes ou délibérations

La nullité des actes ou délibérations (tous dans les sociétés civiles, seulement ceux ne modifiant pas les statuts dans les sociétés commerciales) ne peut résulter, selon la société en cause, que de la violation d'une disposition impérative du Code de commerce (livre II) ou du Code civil (titre IX du livre III) ou de l'une des causes de nullité des contrats en général (C. civ., art. 1844-10, al. 3 ; C. com., art. L. 235-1, al. 1er).

A. Cas de nullité résultant de la violation d'une disposition impérative du Code de commerce ou du Code civil

1. Notion de « dispositions du Code de commerce »

Il s'agit non seulement des dispositions expressément codifiées au Code de commerce (Livre II) mais, également, selon la majorité de la doctrine et de la jurisprudence, des dispositions du décret du 23 mars 1967 (aujourd'hui codifiées, art. R. 210-1 à 228-26), à condition que les secondes constituent le complément indétachable des premières. Les incertitudes de la jurisprudence démontrent les difficultés d'application du critère.

2. Notion de « dispositions impératives »

Détermination très délicate. Ce sont *a priori* toutes celles qui sont sanctionnées par une nullité ou par une infraction pénale, ou dont la tournure littérale est impérative, ou encore, de manière téléologique, qui procèdent d'un but d'intérêt général.

B. Causes de nullité des contrats en général

Cela vise, comme précédemment, les dispositions qui régissent la nullité des contrats en droit commun (C. civ., art. 1108 ; vices du consentement ; incapacités ; fraude…) ainsi que celles qui régissent la nullité du contrat de société (not. abus de majorité ou de minorité ; égal. violation d'une disposition impérative des statuts, lesquels forment la loi des parties, C. civ., art. 1134).

Section 3 › LE RÉGIME DES NULLITÉS

§ 1 - Titulaires de l'action en nullité

A. Nullité relative

Si la nullité vise à protéger un intérêt particulier, seule la personne protégée peut intenter l'action en nullité (par ex. vices du consentement ou règle protectrice des titulaires d'un droit préférentiel de souscription).

B. Nullité absolue

Si la nullité vise à protéger l'intérêt général, tout intéressé ayant un intérêt légitime peut agir en nullité (par ex. règle pénalement sanctionnée).

C. Critère de distinction délicat

Par ex. la nullité pour abus de majorité est-elle relative ou absolue ? La première solution paraît plus logique.

D. Le défendeur

Il s'agit de la société.

§ 2 - Prescription de l'action en nullité

Toutes les actions en nullité se prescrivent par trois ans à compter du jour où la nullité est encourue (C. com., art. L. 235-9 ; C. civ., art. L. 1844-14), sauf interruption ou suspension de la prescription.

§ 3 - Possibilités de régularisation

V. *supra*, p. 38.

Section 4 › LES EFFETS DES NULLITÉS

§ 1 - Rétroactivité de la nullité

Les actes et les délibérations ayant fait l'objet d'une décision d'annulation sont censés n'avoir jamais été pris et ne peuvent produire aucun effet juridique. Retour au *statu quo ante*. Par application du droit commun des nullités, sont également remis en cause tous les actes indivisiblement liés à l'acte annulé. À la différence des nullités de sociétés, les nullités d'actes et délibérations sont rétroactives.

§ 2 - Portée de la nullité

Ni les associés, ni la société ne peuvent se prévaloir d'une nullité à l'égard des tiers de bonne foi (et inversement). Les engagements conclus par la société avec eux sont maintenus.

§ 3 - Responsabilité civile

L'annulation d'un acte ou d'une délibération peut engager la responsabilité civile de ceux à qui elle est imputable.

Troisième partie

TRANSFORMATION ET DISPARITION DE LA SOCIÉTÉ

Au cours de la vie de la société, les associés peuvent éprouver le désir de transformer celle-ci, c'est-à-dire de changer sa forme juridique (chapitre 1). Cela peut être motivé par différentes raisons, par ex. le souhait de limiter la responsabilité des associés (transformation d'une société de personnes en société de capitaux), ou bien d'accéder à une société plus souple et plus facile à organiser conventionnellement (transformation en SAS), ou encore de permettre à la société d'offrir ses titres au public, en ayant recours aux marchés financiers réglementés (transformation en SA). Mais la société peut également disparaître, soit par la volonté des associés, qui vont décider de dissoudre et de liquider leur groupement, soit en raison de circonstances indépendantes de leur volonté (chapitre 2).

Chapitre 1 > LA TRANSFORMATION DE LA SOCIÉTÉ

> **> L'essentiel**
>
> **Définition :** *la transformation d'une société est l'opération juridique au terme de laquelle celle-ci change de forme sociale, tout en conservant sa personnalité morale.*
>
> • *La transformation peut être volontaire*
> *Elle permet au groupement d'adapter sa structure sociale à l'évolution de ses besoins et de ses stratégies de développement. Par ex. :*
> *– transformation d'une société civile en société commerciale : en raison du changement de nature de l'activité ;*
> *– transformation d'une SARL en SA : en raison de l'accroissement ou de l'internationalisation de l'activité ;*
> *– transformation d'une SARL ou d'une SA en SAS : afin de profiter de plus de liberté contractuelle ;*
> *– transformation d'une SARL ou d'une SAS en SA : afin de pouvoir offrir ses titres financiers au public ou de permettre la cotation des titres de la société.*
>
> • *La transformation peut être forcée*
> *Il est en effet des cas où le législateur impose la transformation d'une société, en particulier lorsqu'elle ne remplit plus les conditions imposées pour le maintien de sa forme sociale. Ainsi :*
> *– dans les SNC : lorsqu'au décès de l'un des associés, les parts sont transmises à son héritier mineur non émancipé, l'art. L. 221-15, C. com. prévoit que la société doit, sous peine de dissolution, être transformée, dans le délai d'un an à compter du décès, en société en commandite dont le mineur devient commanditaire ;*
> *– dans les SA : lorsque le nombre d'actionnaires est inférieur à sept et que la société ne retrouve pas le nombre d'actionnaires requis, elle doit se transformer dans le délai d'un an sous peine d'être dissoute à la demande de tout intéressé (C. com., art. L. 225-1 et L. 225-247) ;*
> *– dans les SARL : lorsque le nombre d'associés dépasse cent et qu'aucune régularisation n'a eu lieu dans les deux ans, la société doit se transformer en SA (C. com., art. L. 223-3) ;*
> *– dans les SA : lorsque le capital social est inférieur au minimum légal.*

Section 1 > CONDITIONS DE LA TRANSFORMATION

§ 1 - Modification des statuts

La transformation volontaire résulte d'une modification des statuts. Il convient donc de respecter les conditions de fond et de forme exigées par la loi (ou éventuellement les statuts) pour les modifications statutaires, lesquelles sont propres à chaque type de société.

§ 2 - Respect des conditions imposées à la nouvelle forme sociale

La transformation suppose que la société remplisse toutes les conditions exigées pour l'adoption de la nouvelle forme sociale (nombre d'associés, montant minimum du capital social, nomination d'un commissaire aux comptes…).

§ 3 - Transformation augmentant les engagements des associés

Conformément au principe d'interdiction de l'augmentation des engagements des associés (v. *supra*, p. 60), toute transformation d'une société à responsabilité limitée en société à responsabilité illimitée suppose l'unanimité des associés.

§ 4 - Transformation en SAS

La transformation de toute société en SAS suppose l'unanimité des associés, en raison du très fort *intuitus personae* et de la grande liberté contractuelle qui y règnent (C. com., art. L. 227-3).

§ 5 - Formalisme et publicité de la transformation

Cette opération est soumise à différentes conditions de forme et de publicité, permettant notamment d'informer les tiers et de leur rendre opposable l'opération : insertion dans un JAL, dépôt au greffe du tribunal de commerce du procès-verbal de l'assemblée ayant décidé la transformation et des nouveaux statuts, inscription au *RCS*, insertion au *Bodacc*.

§ 6 - Intervention d'un commissaire à la transformation

Lorsqu'une société, de quelque forme que ce soit, qui n'a pas de commissaire aux comptes se transforme en société par actions, un ou plusieurs commissaires à la transformation doivent être désignés (C. com., art. L. 224-3, mod. par L. sécurité financière du 1er août 2003).

Section 2 › EFFETS DE LA TRANSFORMATION

§ 1 - Maintien de la personnalité morale

La transformation régulière d'une société en une société d'une autre forme n'entraîne pas la création d'une personne morale nouvelle (C. civ., art. 1844-3 ; C. com., art. L. 210-6). Il en résulte le maintien de tous les droits et obligations dont la société bénéficiait ou était redevable.

§ 2 - Situation des créanciers sociaux

Les créanciers conservent tous leurs droits à l'égard des associés. Par ex. les associés d'une SNC transformée en société à responsabilité limitée restent tenus indéfiniment et solidairement des dettes contractées par la SNC. Mais, inversement, la transformation d'une SARL en SNC rend les associés personnellement et solidairement responsables du passif social, y compris des dettes nées antérieurement à la transformation.

§ 3 - Autres effets

La transformation de la société met fin aux fonctions des dirigeants en place. Elle emporte également création de nouveaux droits sociaux qui viennent se subroger aux anciens dans le patrimoine des associés.

§ 4 - Situation fiscale

Fiscalement, l'administration s'est finalement rangée à la position du droit des sociétés et n'assimile plus la transformation à une dissolution. Reste que l'opération implique le paiement de droits d'enregistrement et n'est pas neutre sur le plan de l'imposition des bénéfices, suivant le régime fiscal adopté par la nouvelle structure par rapport à l'ancienne.

Chapitre 2 › LA DISPARITION DE LA SOCIÉTÉ

› L'essentiel

• *Possibilité de perpétuation des sociétés*

Les sociétés personnes morales peuvent potentiellement se perpétuer (si les conditions nécessaires à cette perpétuation sont réunies), ce qui les distingue des personnes physiques mais peut contribuer à ce que les œuvres de ces dernières durent et se transmettent au-delà d'elles. Il existe dans l'économie française de très anciennes sociétés, plus que centenaires.

• *Possibilité de disparition des sociétés*

Les sociétés peuvent également disparaître. Cette disparition passe toujours, en principe, par leur dissolution et leur liquidation.

• *Portée de la dissolution et de la liquidation*

– si la société ne possède pas la personnalité morale : la dissolution et la liquidation portent seulement sur la situation contractuelle que représente la société (cas des SEP par ex.) ;

– si la société possède la personnalité morale : la dissolution et la liquidation portent non seulement sur la situation contractuelle que représente la société, mais également sur la personne morale qu'elle représente, ce qui implique la liquidation de son patrimoine, autrement dit le règlement de son passif avec son actif.

Il faut envisager successivement la dissolution, puis la liquidation des sociétés, étant entendu que la seconde situation est la conséquence nécessaire de la première.

Section 1 › LA DISSOLUTION

§ 1 - Les causes de dissolution

A. Causes communes à toutes les sociétés

L'art. 1844-7 C. civ. énumère les huit causes de disparition communes à toutes les sociétés, auxquelles il faut ajouter une neuvième (dissolution à titre de sanction pénale).

1. Arrivée du terme

Principe : l'art. 1844-7,1° C. civ. prévoit que la société prend fin à l'expiration de la période pour laquelle elle a été constituée.

a) Durée des sociétés : 99 ans maximum, mais possibilité de prorogation, une ou plusieurs fois (C. com., art. L. 210-2).

b) Prorogation :

• Consultation des associés : un an au moins avant la date d'expiration, les associés doivent être consultés sur une éventuelle prorogation. À défaut, tout associé peut demander en justice la désignation d'un mandataire chargé de provoquer cette consultation (C. civ., art. 1844-6, al. 1 et 2).

• Décision : respect des conditions nécessaires aux modifications statutaires.

c) Effets :

• De la prorogation : n'entraîne pas la création d'une personne morale nouvelle (C. com., art. L. 210-6).

• De l'absence de prorogation : si la société continue sans avoir été prorogée, elle devient une société de fait et l'on applique à ses associés, pour les dettes postérieures à l'arrivée du terme, le régime des sociétés créées de fait (v. *infra*, p. 126).

2. Réalisation ou extinction de l'objet social

Principe : la société prend fin par la réalisation (activité terminée totalement et définitivement) ou l'extinction (activité devenue impossible) de son objet (C. civ., art. 1844-7, 2°). En pratique, cette cause de dissolution est rare car les statuts prennent généralement soin de définir l'objet social de manière suffisamment large pour considérer que l'objet ne se réalise, ni ne s'éteint jamais.

Limites : la simple cessation d'activité n'est pas, en principe, une cause de dissolution de plein droit de la société dès lors qu'elle ne correspond ni à la réalisation ni à l'extinction de l'objet. C'est la situation des sociétés en sommeil : l'activité exploitée par la société cesse, mais la structure sociale (l'enveloppe que constitue la personne morale) ne disparaît pas. Ces sociétés peuvent être utilisées dans un but licite (utilisation fréquente dans un groupe de sociétés, afin de disposer très rapidement d'une structure sociétaire *ad hoc* lors d'une opération de rachat d'entreprise, de portage, ou tout autre montage), mais également dans un but moins licite (commerce de « coquilles vides » utilisées pour l'évasion fiscale, le blanchiment d'argent provenant d'activités criminelles, l'immatriculation de complaisance de navires…). Les sociétés en sommeil peuvent parfois être qualifiées de sociétés fictives. La cessation d'activité doit faire l'objet d'une inscription modificative au *RCS*. En toute hypothèse, la persistance connue d'une cessation totale d'activité pendant deux ans peut emporter radiation de la société du *RCS*.

3. Annulation du contrat de société

Cette annulation entraîne la dissolution de la société (C. civ., art. 1844-7, 3° ; C. com., art. L. 235-10 ; sur la nullité de la société, v. *supra*, p. 37).

4. Dissolution anticipée décidée par les associés

Les associés peuvent à tout moment mettre fin à la société de manière anticipée (C. civ., art. 1844-7, 4°). Cette décision de dissolution doit respecter les règles applicables aux modifications statutaires propres à chaque type de société.

5. Dissolution judiciaire sur demande d'un associé, pour justes motifs

Principe : l'art. 1844-7, 5° prévoit la dissolution anticipée prononcée par le tribunal compétent à la demande d'un associé, pour justes motifs. Le texte cite (à titre d'exemple et non limitativement) l'inexécution de ses obligations par un associé et la mésentente entre associés paralysant le fonctionnement de la société.

Applications : le premier motif (l'inexécution de ses obligations par un associé), qui est une application de l'art. 1184 C. civ. sur la résolution des contrats pour inexécution, est d'application rare. Le second motif (la mésentente entre associés paralysant

le fonctionnement de la société) est d'usage beaucoup plus fréquent. Les tribunaux ne font droit à la demande de dissolution qu'à condition :
– que le demandeur ait un intérêt légitime (mais le droit d'agir est d'ordre public et ne peut être entravé par aucune clause) ;
– que la société soit mise en cause ;
– que la mésentente paralyse le fonctionnement de la société ;
– que le demandeur ne soit pas lui-même à l'origine du trouble social ;
– que la dissolution soit la seule solution possible (les juges disposent d'un pouvoir souverain d'appréciation) ; en présence d'une société prospère, les juges s'efforceront de recourir d'abord à d'autres mesures d'apaisement des conflits, par ex. désignation d'un administrateur provisoire (sur lequel, v. *supra*, p. 95). Mais, en l'absence de clauses statutaires le prévoyant, ils ne peuvent pas exclure un associé contre son gré (Com., 12 mars 1996, *D.* 1997, p. 133, Th. Langles).

6. Réunion de toutes les parts ou actions en une seule main

Principe : la société n'est pas dissoute de plein droit. Elle survit pendant un délai d'un an afin de permettre à l'associé de régulariser la situation (C. civ., art. 1844-5).

Exception : cette règle ne concerne pas la SARL et la SAS qui, lorsqu'elles n'ont plus qu'un associé, deviennent automatiquement une société unipersonnelle (respectivement EURL ou SASU) (C. com., art. L. 223-4 et L. 227-4).

Attention : la réunion de toutes les parts « entre les mains » d'un associé personne morale peut déboucher sur une « dissolution-confusion », c'est-à-dire une dissolution suivie, non d'une liquidation, mais d'un transfert universel du patrimoine de la société dissoute à la personne morale associée unique (C. civ., art. 1844-5). Ce mécanisme, qui constitue une forme de fusion ultra simplifiée (pas de traité de fusion, décision unique de la société associée…), peut permettre de réaliser des transmissions d'entreprise, d'autant que la loi NRE du 15 mai 2001 et la loi de finances pour 2002 en ont levé les obstacles juridiques et fiscaux (bénéfice du régime fiscal de faveur des fusions, sur lequel v. *infra*, p. 317). Ce régime n'est plus applicable, depuis la loi NRE, à la réunion de toutes les parts entre les mains d'un associé personne physique, qui doit donc procéder à la liquidation de sa société.

7. Jugement de liquidation judiciaire ou de cession totale des actifs sociaux

• Dans le cadre du droit des procédures collectives, le jugement ordonnant la liquidation judiciaire de la société ou la cession totale de ses actifs sociaux entraîne automatiquement sa dissolution (C. civ., art. 1844-7).

• En revanche, le jugement de redressement judiciaire n'entraîne pas la dissolution de la société, dont la représentation en justice pour la défense de ses intérêts doit être assurée par un liquidateur amiable ou un mandataire *ad hoc*.

8. Causes statutaires de dissolution

L'art. 1844-7, 8° C. civ. permet aux associés de prévoir dans les statuts d'autres causes de dissolution que celles énumérées par cet article. Ils peuvent alors adopter toutes causes de dissolution qui leur paraîtraient appropriées à la situation spécifique de leur société.

9. Dissolution à titre de sanction pénale

La dissolution de la société peut être prononcée lorsqu'elle a été créée ou détournée de son objet pour commettre une infraction (par ex. en cas de trafic de stupéfiants, proxénétisme, escroquerie…) (C. pén., art. 131-39). La décision prononçant la dissolution de la personne morale emporte saisine du tribunal compétent pour prononcer sa liquidation (C. pén., art. 131-45). Sur la responsabilité pénale des sociétés personnes morales, v. *supra,* p. 43.

B. Causes particulières à certaines formes de sociétés

Ces causes sont examinées dans les châpitres traitant de chaque type de sociétés. On peut noter sommairement que ces causes diffèrent selon qu'il s'agisse d'une société de personne ou d'une société de capitaux.

1. Sociétés de personnes

Peuvent être dissoutes lors de la survenance d'événements concernant l'un des associés (décès, interdiction d'exercer une profession, mesure d'incapacité ou révocation d'un gérant statutaire associé).

2. Sociétés de capitaux

En l'absence de régularisation, les SA peuvent être dissoutes lorsque le nombre d'associés est inférieur à sept ; les SARL, lorsqu'il y a plus de cent associés ; les SA, SARL, SCA et SAS lorsque leur actif net est inférieur à la moitié de leur capital social ou lorsque leur capital social est inférieur au minimum imposé par la loi.

§ 2 - Les effets de la dissolution

A. La publicité de la dissolution

Principe : la dissolution de la société ne peut avoir d'effets à l'égard des tiers qu'à compter de sa publication au *RCS* (C. com., art. L. 237-2, al. 3).

Formalités : insertion dans un JAL (avec mention de la nomination des liquidateurs), dépôt de la décision au greffe du tribunal de commerce du siège social, inscription modificative au *RCS* et insertion au *Bodacc*.

Condition : dès dissolution, la dénomination de la société doit contenir, sur tous les documents sociaux, la mention « société en liquidation ».

B. L'ouverture de la liquidation

Principe : sauf cas de réunion de toutes les parts ou actions « entre les mains » d'une personne morale (v. *supra,* p. 111), la dissolution a pour principal effet d'entraîner la liquidation de la société et, éventuellement, le partage des actifs restants (C. com., art. L. 237-2, al. 1er).

Dérogation : impossible. Il n'est pas du pouvoir des associés, seraient-ils unanimes, de décider qu'il n'y a pas lieu de procéder à la liquidation et au partage d'une société dissoute non plus qu'à la désignation d'un liquidateur, seul habilité à représenter la société jusqu'à la clôture de la liquidation (Com., 24 oct. 1989).

Section 2 › LA LIQUIDATION ET LE PARTAGE

§ 1 - La liquidation

Définition : la liquidation est l'ensemble des opérations qui, après dissolution d'une société, ont pour objet la réalisation des éléments d'actif, le paiement des créanciers sociaux et, s'il y a lieu, le remboursement des apports effectués par les associés ainsi que le partage de l'actif net social résiduel

A. Situation juridique de la société en liquidation

1. Maintien de la personnalité morale pour les besoins de la liquidation

Quelle que soit la cause de dissolution, la personnalité morale de la société dissoute subsiste pour les besoins de la liquidation jusqu'à la clôture de celle-ci (C. civ., art. 1844-8 ; C. com., art. L. 237-2, al. 2) ; en réalité, survie de la personnalité morale tant que tous les droits et obligations à caractère social ne sont pas liquidés.

2. Conséquences de la règle

Conservation du siège social ; du patrimoine social ; de la dénomination de la société – avec mention de la liquidation, v. *supra* ; possibilité d'être déclarée en redressement ou en liquidation judiciaire, C. com., art. L. 621-15.

3. Capacité restreinte de la société en liquidation

Tous les actes et décisions sociaux doivent avoir pour but de permettre la liquidation. La société ne peut se transformer ou entreprendre de nouvelles activités. Le maintien de l'activité peut être décidé par les associés, mais seulement dans le cadre de la liquidation (par ex. pour ne pas perdre la clientèle d'un fonds de commerce, le temps de trouver un acquéreur ; C. com., art. L. 237-24, al. 3).

B. Régime de la liquidation

Deux régimes peuvent être appliqués : un régime conventionnel, que les associés choisissent dans les statuts ou par accord particulier ; un régime légal, qui s'applique à défaut de clauses statutaires ou de convention expresse entre les parties, ou à la demande d'un associé ou d'un créancier.

1. Domaine du régime légal (C. com., art. L. 237-2 à L. 237-13)

Il joue soit :

– de manière supplétive : à défaut de clause statutaire ou de convention expresse entre les parties (C. com., art. L. 237-14, al. 1) ;

– de manière obligatoire : sur décision de justice (C. com., art. L. 237-14, II et L. 228-54, al. 1) prononcée à la demande d'associés (représentant la majorité dans les SNC ; 5 % du capital dans les autres sociétés), de créanciers sociaux, du représentant de la masse des obligataires (liquidation judiciaire, à ne pas confondre avec celle pouvant résulter d'une faillite).

2. Modalités de la liquidation dans le cadre du régime légal

a) Choix du ou des liquidateurs : un ou plusieurs liquidateurs peuvent être nommés ; ils peuvent être choisis parmi les associés ou les tiers ; ils doivent avoir la capacité de diriger et représenter la société (art. L. 237-4 : interdiction de désigner comme liquidateur les personnes qui ne peuvent exercer des fonctions de direction et de gestion de sociétés, sur ces impossibilités, v. *supra,* p. 61).

b) Désignation formelle du liquidateur :
– dans la décision de justice en cas de liquidation judiciaire (C. com., art. L. 237-20) ;
– pour les autres cas, dans des conditions spéciales de majorité, propres à chacune des sociétés (C. com., art. L. 237-18) ;
– par le juge des référés si les associés n'ont pas pu nommer un liquidateur (C. com., art. L. 237-19).

c) Publicité de la nomination des liquidateurs (C. com., art. L. 237-3).

d) Durée des fonctions du liquidateur : limitée à trois ans à compter de sa désignation (C. com., art. L. 237-21). Renouvellement possible sous certaines conditions (C. com., art. L. 237-21). Démission et révocation possibles (selon les formes prévues pour sa nomination, C. com., art. L. 237-22).

e) Rôle du liquidateur :

• Représenter la société (C. com., art. L. 237-24, al. 1). Dès sa nomination les pouvoirs des anciens organes de gestion prennent fin (C. com., art. L. 237-15).

• Dresser l'inventaire de l'actif et du passif.

• Recouvrer les créances sociales.

• Réaliser l'actif (C. com., art. L. 237-6 à L. 237-8) ; le liquidateur est investi des pouvoirs les plus étendus pour réaliser l'actif social. Aucune restriction de ces pouvoirs, quelle qu'elle soit, n'est opposable aux tiers (C. com., art. L. 237-24). Mais les dispositions suivantes doivent toujours être respectées :
– interdiction, pénalement sanctionnée, de toute cession directe ou indirecte des actifs sociaux au liquidateur, ses employés, ou sa famille ;
– la cession à une personne ayant dirigé ou contrôlé la société avant sa liquidation suppose, soit un consentement unanime des associés, soit une autorisation du tribunal ;
– la cession globale de l'actif ou son apport (not. fusion) doit être autorisée dans des conditions qui sont à peu près celles requises pour la modification des statuts.
– Payer les créanciers sociaux.

f) Contrôle du liquidateur : par les associés, régulièrement réunis et informés (C. com., art. L. 237-23 et L. 237-25) ; par les commissaires aux comptes et le conseil de surveillance (le cas échéant) ; leurs fonctions ne prennent pas fin avec la liquidation. À défaut désignation d'un ou plusieurs contrôleurs (C. com., art. L. 237-17).

g) Responsabilité civile et pénale du liquidateur : C. com., art. L. 237-12, L. 247-6 et L. 247-8 ; responsabilité civile du liquidateur du fait des fautes qu'il aurait commises à l'égard des associés, mais surtout à l'égard des créanciers dont la créance, connue du liquidateur, a été omise dans les comptes. L'action en responsabilité se prescrit par trois ans à compter du fait dommageable ou de sa révélation ; responsabilité pénale pour abus de biens sociaux (v. *supra,* p. 69).

3. Clôture de la liquidation dans le cadre du régime légal

a) Comptes définitifs, prononcé de la clôture, quitus et décharge des fonctions du gérant (C. com., art. L. 237-9 et L. 237-10) : réunion de tous les associés pour statuer sur ces points ; à défaut, intervention du tribunal pour procéder à cette réunion, voire pour statuer lui-même sur ces points, si l'assemblée ne veut ou ne peut pas le faire (C. com., art. L. 237-9 et s.).

b) Publicité de la clôture (C. com., art. L. 237-11) : dépôt au greffe et insertion au *RCS* des comptes définitifs de liquidation et de la décision de clôture ; insertion dans un JAL ; demande de radiation du *RCS* par le liquidateur ; insertion au *Bodacc* d'un avis de radiation.

c) Effets de la clôture : dès la clôture de la liquidation, la personne morale disparaît (C. com., art. L. 237-2, al. 2). Les fonctions du liquidateur cessent.

d) Réouverture de la liquidation : possible, même après clôture, en cas de réclamation émanant d'un créancier impayé ; principe jurisprudentiel de la survie de la personnalité morale tant que tous les droits et obligations à caractère social ne sont pas liquidés (jurisp. constante). Nécessité de faire désigner en justice un mandataire *ad hoc*, chargé de rouvrir la liquidation.

4. Régime conventionnel

Principe : dans l'ensemble, les règles précitées sont généralement mises en œuvre mais certaines d'entre elles pourraient être écartées ou aménagées dans les statuts, sauf lorsqu'elles sont impératives.

Dispositions impératives : principalement (C. com., art. L. 237-2 à L. 237-13) :
– les interdictions d'exercice des fonctions de liquidateur ;
– la publicité de la nomination du liquidateur ;
– les règles relatives à la réalisation de l'actif ;
– la réunion de tous les associés pour statuer sur les comptes définitifs et la clôture de la liquidation ;
– les formalités de publicité de la clôture de la liquidation ;
– la responsabilité civile et pénale des liquidateurs ;
– les actions contre les associés non liquidateurs et la prescription quinquennale applicable (C. com., art. L. 237-13 ; v. *infra*).

§ 2 - Le partage

Partage possible en cours de liquidation : le liquidateur peut procéder à une distribution sur les fonds disponibles, sous réserve des droits des créanciers (C. com., art. L. 237-31, al. 1). Mais pour l'essentiel le partage s'opère après la clôture de la liquidation.

A. Règles applicables

1. Règles du partage des successions

De ce fait, le partage peut être amiable ou judiciaire ; chaque associé peut réclamer sa part en nature dans les biens sociaux ; l'attribution préférentielle est possible ; l'effet du partage est déclaratif (C. civ., 1844-9, al. 2).

2. Maintien d'une indivision

Les associés peuvent choisir de demeurer en indivision pour tout ou partie des biens sociaux. Leurs rapports sont alors régis par les dispositions relatives à l'indivision (C. civ., art. 1844-9, al. 4 et 815, al. 1).

B. Modalités de répartition

Le partage porte sur l'actif résiduel après extinction du passif. Mais il peut porter aussi sur le passif restant après réalisation de l'actif.

1. Répartition de l'actif restant

a) Partage en espèce ou en nature : le partage se fait généralement en espèces, tous les biens sociaux ayant au préalable été vendus. Mais il est possible de procéder à un partage en nature, si les éléments à partager s'y prêtent.

b) Reprise d'un bien par l'apporteur : sauf décision différente des associés, tout bien qui se retrouve en nature dans la masse partagée est attribué, sur sa demande, et à charge de soulte s'il y a lieu, à l'associé qui en avait fait l'apport. Cette reprise d'apport s'effectue avant toute attribution préférentielle qui pourrait être demandée (C. civ., art. 1844-9, al. 3).

c) Remboursement du nominal : s'il reste une somme d'argent à partager après que l'actif ait été réalisé, chaque associé commence par recevoir le montant nominal des parts ou actions dont il est titulaire.

d) Boni de liquidation : si après remboursement des apports, il reste un boni de liquidation, celui-ci est réparti entre les associés selon les dispositions statutaires ou, à défaut, en proportion de leur part dans le capital social (C. com., art. L. 237-29).

2. Répartition du passif restant

Principe : si le passif n'a pu être intégralement réglé, les associés dont la responsabilité est limitée à leurs apports perdent tout ou partie de ceux-ci. En revanche, les associés tenus indéfiniment et solidairement des dettes sociales devront désintéresser les créanciers non payés.

Application : En pratique, et cela est surtout vrai pour les sociétés à responsabilité limitée, une procédure de règlement ou de liquidation judiciaire sera ouverte contre la société. Cela peut permettre aux créanciers, notamment, de faire sanctionner le comportement des dirigeants ou des associés qui, par leurs fautes, auraient été responsables de la situation financière de la société (v. not. *supra*, p. 70).

C. Actions des créanciers

Principe : lorsque la liquidation est terminée, les créanciers « oubliés » peuvent faire rouvrir la procédure (v. *supra*). Mais ils disposent également d'une action directe contre les associés si tout ou partie de l'actif a été partagé alors qu'ils n'ont pas été désintéressés.

Portée : si l'action concerne les associés d'une société à responsabilité limitée, elle est limitée à leur apport et à ce qu'ils ont reçu dans le partage. Elle est possible pour le tout s'il s'agit d'associés d'une société à responsabilité illimitée. En toute hypothèse, là encore, une procédure collective pourrait être ouverte contre la société.

Prescription : les actions contre les associés non liquidateurs ou leur conjoint survivant, leurs héritiers ou ayants cause se prescrivent par cinq ans à compter de la publication de la dissolution de la société au *RCS*.

Livre deuxième

LE DROIT SPÉCIAL DES SOCIÉTÉS

Maintenant qu'ont été présentées les règles du droit commun des sociétés, il convient d'exposer les règles propres à chacune des sociétés selon son type.

La *summa divisio* conduit à distinguer :

- les sociétés à responsabilité illimitée (première partie)
- les sociétés à responsabilité limitée (deuxième partie)
- les sociétés par actions (troisième partie)

Première partie

LES SOCIÉTÉS À RESPONSABILITÉ ILLIMITÉE

Parmi les sociétés à responsabilité illimitée, il convient de distinguer :

- les sociétés sans personnalité morale (titre 1) ;
- les sociétés ayant la personnalité morale (titre 2).

Titre 1

LES SOCIÉTÉS SANS PERSONNALITÉ MORALE

Les sociétés à responsabilité illimitée dénuées de la personnalité morale sont :
– la société en participation (SEP) (chapitre 1)
– la société créée de fait (chapitre 2)

Chapitre 1 › LES SOCIÉTÉS EN PARTICIPATION (SEP)

› L'essentiel

Définition : *société dont les associés sont convenus de ne pas l'immatriculer. Elle n'a pas la personnalité morale et n'est pas soumise à publicité.*

Réglementation : *C. civ., art. 1871 à 1872-2.*

Caractéristiques :

a) *Absence de personnalité morale, dont il résulte que la société n'a pas de patrimoine social propre, ne peut être ni débitrice, ni créancière, n'a pas de siège social, ne peut pas agir en justice ni être assignée, ne peut pas être déclarée en redressement ou en liquidation judiciaire.*

b) *Véritable société, qui doit réunir tous les éléments fondamentaux du contrat de société (v. supra, p. 27 et s.).*

c) *Occulte ou ostensible :*

• La SEP peut être occulte : les associés ont conclu un contrat de société et le dissimulent aux tiers.

• La SEP peut être révélée aux tiers : les participants agissent au vu et au su des tiers comme associés mais sans avoir fait immatriculer leur société. La révélation peut être effectuée lors de sa formation ou en cours de vie sociale.

d) *Utilité*

Sa souplesse contractuelle et sa discrétion (aucune publicité n'est requise) permettent la réalisation d'opérations économiques ponctuelles (placements financiers en commun, coproduction cinématographique…) ou plus durables (exécution de marchés de travaux, pool bancaire…).

Section 1 › CONSTITUTION DE LA SEP

§ 1 - Conditions de fond

A. Quant aux associés

Nombre : deux associés au minimum.

Capacité : pour les sociétés à objet commercial, le ou les gérants d'une société occulte ou les associés d'une société ostensible doivent avoir la capacité requise pour faire des actes de commerce. Sont donc exclus les mineurs, même émancipés, les personnes dont le commerce est interdit (ex. : faillis non réhabilités) ou incompatible avec leur activité (ex. : fonctionnaire).

B. Quant à l'objet

• L'objet doit être licite : not. certaines activités réglementées ne peuvent pas être exercées sous forme de SEP (ex. : officine de pharmacie).

• L'objet peut être civil ou commercial : en conséquence, la société est civile ou commerciale selon la nature de son objet.

C. Quant aux apports

Principe : obligation pour chaque associé de faire un apport (art. 1832 C. civ.).

Nature :

a) Apports en nature

• Principe : les biens mis à la disposition de la société restent la propriété de l'associé qui les a apportés (ex. : apport en jouissance d'un fonds de commerce).

• Autres aménagements possibles :
– les biens apportés et ceux acquis en remploi sont mis en indivision entre les associés ;
– à l'égard des tiers, l'un des associés (généralement le gérant) apparaît comme seul propriétaire des biens acquis en vue de la réalisation de l'objet social. Ils sont en réalité indivis, mais cela permet de préserver le caractère occulte de la société.

b) Apports en numéraire : les espèces apportées sont mises à la disposition du gérant pour les besoins de la société.

c) Apports en industrie : le participant s'engage à réserver telle ou telle prestation de service à la société.

D. Quant aux droits sociaux

Les droits de chaque associé peuvent être constatés par des titres (très rare). Interdiction pour une SEP d'offrir des titres financiers au public ou d'émettre des titres négociables (C. civ., art. 1841).

E. Quant à la participation aux résultats de l'exploitation

Les participants doivent avoir vocation aux bénéfices ou aux économies et aux pertes de la SEP. Les statuts fixent librement cette répartition sous réserve du respect de l'art. 1844-1, al. 2 C. civ. (interdiction des clauses léonines).

§ 2 - Conditions de forme

Principe : absence de formalités ; aucun écrit (statuts), aucune immatriculation, ni aucune publicité ne sont imposés.

Conséquences :

• Organisation de la SEP : à défaut d'organisation contractuelle des rapports entre associés, le fonctionnement de la société est régi selon les dispositions applicables aux sociétés civiles lorsque son objet est civil et par celles applicables aux sociétés en nom collectif lorsque son objet est commercial (C. civ., art. 1871-1).

• Preuve de la SEP : elle peut être prouvée par les associés et les tiers par tous moyens (ex. : écrits, témoignages) (C. civ., art. 1871, al. 1).

Section 2 › LA GÉRANCE DE LA SEP

§ 1 - Principe

Les associés conviennent librement des conditions de fonctionnement de la société, de la nomination d'un gérant ou pas et de ses pouvoirs, sous réserve de respecter les dispositions impératives du droit des sociétés (C. civ., art. 1871, al. 2).

§ 2 - Nombre

Les statuts désignent un ou plusieurs gérants parmi les participants ou non. À défaut tous les participants sont gérants.

§ 3 - Pouvoirs

A. À l'égard des associés

Pouvoirs définis par les statuts. À défaut, tous les actes de gestion peuvent être faits dans l'intérêt de la société (C. civ., art. 1848 ; C. com., art. L. 221-4).

B. À l'égard des tiers

Le gérant agit en son nom personnel. À défaut : chaque participant agit en son nom mais dans l'intérêt de tous. Il en résulte de larges pouvoirs. Les limitations statutaires sont inopposables aux tiers.

§ 4 - Responsabilité

Principe : le gérant agit en son nom personnel et engage sa responsabilité. En l'absence de gérance, chaque associé est seul engagé à l'égard des tiers.

Conséquence : les créanciers ne peuvent pas agir contre les autres participants.

Limites : l'effacement des associés reçoit exception dans trois cas (C. civ., art. 1872-1) :

• Tous les participants agissent en qualité d'associés au vu et au su des tiers. Conséquence : la société devient ostensible. Chacun des associés est tenu à l'égard des tiers (avec solidarité si la société a un objet commercial) des engagements pris en cette qualité par l'un des autres.

• L'un ou plusieurs des participants qui, par leur immixtion (gestion externe), ont laissé croire au cocontractant qu'ils entendaient s'engager à son égard, sont tenus par l'engagement en cause.

• Il est prouvé que l'engagement a tourné au profit de l'un des associés. Ce dernier est tenu par l'engagement en cause.

Section 3 › DISSOLUTION DE LA SEP

§ 1 - Causes

Celles de la société en nom collectif lorsque la SEP est commerciale et celles de la société civile lorsque la SEP est civile. Si la SEP est à durée indéterminée, la dissolution peut intervenir à tout moment par simple notification d'un associé aux autres.

§ 2 - Conséquences

A. Pas de liquidation

La SEP n'ayant pas de patrimoine social, les comptes sont réglés entre associés.

B. Reprise des apports

Par les associés restés propriétaires.

C. Partage des biens indivis

Selon les règles du droit des successions.

D. Partage des bénéfices ou des pertes

Selon la convention des parties. À défaut de convention, proportionnel aux apports.

Chapitre 2 › LA SOCIÉTÉ CRÉÉE DE FAIT

Définition : deux ou plusieurs personnes se comportent (sans en avoir toujours conscience) comme des associés mais n'ont pas effectué les formalités nécessaires à la constitution d'une société.

Distinction : la société de fait est une société vraiment constituée et immatriculée, mais qui est entachée d'un vice de constitution entraînant sa nullité.

Réglementation : les dispositions relatives à la SEP sont applicables aux sociétés créées de fait (C. civ., art. 1873).

Utilité : permet de régler les conséquences de la rupture de relations, souvent familiales ou quasi-familiales (concubins, conjoints…), parfois extra-familiales (collaboration, entraide…). Permet également à un créancier de poursuivre le règlement de sa créance sur le patrimoine social.

Preuve :

- **Par les associés :** nécessité d'apporter la preuve de l'existence des éléments fondamentaux du contrat de société. Ainsi, par ex., l'existence d'une société créée de fait entre des concubins ne peut-elle pas être déduite du partage des frais d'acquisition de leur logement et de la participation aux dépenses de la vie commune. Il faut que soit poursuivie en commun la réalisation d'une véritable entreprise.

- **Par les tiers :** ils peuvent invoquer l'apparence d'une telle société sans avoir à démontrer l'existence des éléments du contrat de société.

Titre 2

LES SOCIÉTÉS AYANT LA PERSONNALITÉ MORALE

Les sociétés à responsabilité illimitée dotées de la personnalité morale sont :
– la société civile (chapitre 1) ;
– la société en nom collectif (SNC) (chapitre 2) ;
– la société en commandite simple (SCS) (chapitre 3).

Chapitre 1 › LA SOCIÉTÉ CIVILE

> **› L'essentiel**
>
> ***Définition :*** *les sociétés civiles sont celles auxquelles la loi n'attribue pas un autre caractère à raison de leur forme, de leur nature ou de leur objet (C. civ., art. 1845, al. 2). Leur régime juridique est assez souple et repose sur bien des points sur la liberté statutaire.*
>
> ***Réglementation :***
>
> - *Le droit commun des sociétés s'applique à toutes les sociétés civiles (sous réserve de l'existence d'un statut légal dérogatoire).*
> - *Il existe par ailleurs un régime commun des sociétés civiles, qui figure aux art. 1845 à 1870 C. civ. (issus L. 4 janv. 1978).*

Section préliminaire › LA DIVERSITÉ DES SOCIÉTÉS CIVILES

Il existe de multiples sociétés civiles particulières, régies par des textes spéciaux (outre les règles précitées). Ainsi peut-on trouver, selon les secteurs d'activités :

§ 1 - Secteur libéral

A. Sociétés civiles de moyens (SCM)

Art. 36, L. 29 nov. 1966 : elles ont pour objet exclusif de faciliter, par une mise en commun des moyens nécessaires (salariés, locaux, matériels…), l'activité de plusieurs professionnels libéraux. Elles permettent des économies de fonctionnement.

B. Sociétés civiles professionnelles (SCP)

Art. 1er et s., L. 29 nov. 1966 : elles peuvent être constituées entre personnes physiques exerçant une même profession libérale soumise à un statut législatif ou réglementaire ou dont le titre est protégé ; elles ont pour objet l'exercice en commun de la profession de leurs membres (notaires, avocats, médecins, commissaires aux comptes…). Elles sont librement créées, dans les conditions prévues par un décret en Conseil d'État, particulier à chaque profession, lequel détermine la procédure d'agrément et le rôle des organismes professionnels. Les associés répondent indéfiniment et solidairement (en dépit de la nature civile de la société) des dettes sociales à l'égard des tiers, après que la société ait été vainement mise en demeure par le créancier (art. 15). Chaque associé répond par ailleurs sur l'ensemble de son patrimoine des actes professionnels qu'il a accomplis. La société est solidairement responsable avec lui des conséquences dommageables de ses actes. Cela implique la nécessité de contracter une assurance de responsabilité civile professionnelle (art. 16).

§ 2 - Secteur immobilier

C'est le secteur de prédilection des sociétés civiles :

A. Sociétés civiles de construction-vente

Elles sont créées par les promoteurs lorsqu'ils veulent démarrer un programme immobilier.

B. Sociétés civiles d'attribution

Sociétés de copropriété dans lesquelles l'acquisition de droits sociaux donne droit à la jouissance d'un bien immobilier.

C. Sociétés d'attribution d'immeubles en jouissance à temps partagé

Elles confèrent à leurs associés la jouissance d'un lot immobilier donné pendant une période de temps déterminée (multipropriété).

D. Sociétés civiles de placement immobilier (SCPI)

Sociétés chargées de la gestion de biens immobiliers, dont les revenus sont constitués par des loyers, et qui offrent leurs titres financiers au public.

§ 3 - Secteur agricole

A. Groupements agricoles d'exploitation en commun (GAEC)

Société civile qui réunit un petit nombre d'agriculteurs qui s'engagent à travailler personnellement, sur un pied d'égalité, dans des exploitations de dimension familiale.

B. Groupements fonciers agricoles (GFA)

Regroupe des propriétaires fonciers, appartenant généralement à une même famille.

C. EARL

Il s'agit d'une société civile, soit unipersonnelle soit pluripersonnelle, dans laquelle les associés ne sont pas tenus d'être exploitants et n'engagent leur responsabilité qu'à concurrence de leur apport (comme la SARL).

Attention : l'on étudiera ici la société civile de droit commun. C'est de loin la forme sociale la plus répandue (avec la SARL). Cette structure peut être, en pratique, utilisée très diversement, même si sa figure la plus connue est sans doute celle de la société civile immobilière (SCI), qui peut être propriétaire d'un local professionnel qu'elle loue à une société d'exploitation, ou d'un immeuble de famille dont elle assure la gestion et facilite la transmission.

Section 1 › LA CONSTITUTION DE LA SOCIÉTÉ CIVILE

§ 1 - Conditions de fond

A. Les associés

Au moins deux associés, personnes physiques ou personnes morales. Aucune condition de capacité particulière n'est exigée ; les associés doivent seulement être capables de s'engager civilement.

B. Les apports et le capital social

Les trois types d'apports sont possibles : en numéraire, en nature et en industrie. Il n'y a pas de capital minimum (sauf dispositions particulières à certaines sociétés civiles, par ex. l'EARL, dont l'exigence légale d'un capital minimum de 7 500 € – C. rur., art. L. 324-3, al. 1 – n'a pas été abrogée par la loi du 1er août 2003, à la différence des SARL, v. *infra*, p. 149), ni aucune disposition régissant sa libération. Le Code civil prévoit seulement que le capital est divisé en parts égales (C. civ., art. 1845-1).

C. L'objet social

Il est nécessaire que l'objet social présente un caractère civil et qu'il ne comporte pas, même à titre accessoire, des éléments de commercialité, sous peine d'une sanction fiscale (application d'office de l'impôt sur les sociétés, CGI, art. 206-2) et d'une sanction juridique (requalification en société créée de fait).

§ 2 - Conditions de forme

Depuis la réforme opérée par la loi du 4 janv. 1978, les sociétés civiles doivent être immatriculées au registre du commerce et des sociétés. Comme les autres sociétés, elles ont la personnalité morale à compter de cette date. Les sociétés créées avant 1978 et qui n'étaient pas immatriculées, avaient jusqu'au 1er nov. 2002 pour régulariser (loi NRE du 15 mai 2001) sous peine de perdre leur personnalité morale et d'être transformées en sociétés en participation.

Section 2 › L'ORGANISATION DE LA SOCIÉTÉ CIVILE

§ 1 - Les associés de la société civile

A. Fort Intuitus personae

Les qualités personnelles des associés sont importantes tant lors de la constitution de la société que durant la vie sociale.

B. Obligations des associés

1. Obligation aux dettes sociales

La société civile est une société à responsabilité illimitée : chaque associé est tenu personnellement (sur son patrimoine propre) et indéfiniment (au-delà de son apport) des dettes pesant sur la société (C. civ., art. 1857).

2. Obligation conjoint et non solidaire

Chaque associé n'est tenu que proportionnellement à sa part dans le capital, et non pour le tout (il existe des exceptions dans certaines sociétés civiles particulières, par ex. les SCP).

3. Obligation subsidiaire

Les créanciers ne peuvent poursuivre le paiement des dettes sociales contre un associé qu'après avoir préalablement et vainement poursuivi (mesure d'exécution effectuée en vain) la personne morale (C. civ., art. 1858).

4. Durée de l'obligation

Un associé qui a quitté la société reste tenu du passif existant à la date de son départ (mais pas des dettes nées postérieurement à son départ). L'obligation aux dettes sociales se prescrit en toute hypothèse par cinq ans à compter de la publication de la dissolution de la société (C. civ., art. 1859).

B. Droits des associés

1. Droits patrimoniaux

a) Cession des parts sociales entre vifs

• Agrément de la cession

Principe : la cession de parts ne peut intervenir qu'avec l'agrément de tous les associés (C. civ., art. 1861). Mais les statuts peuvent n'exiger qu'une majorité, voire supprimer tout agrément pour les cessions entre associés. Les cessions sont libres aux ascendants, descendants et au conjoint, sauf clause contraire *(ibid.)*. Le pouvoir d'agrément peut être confié aux associés ou au gérant.

Refus d'agrément : un système comparable à celui existant pour les SARL s'applique dans les sociétés civiles (offre d'achat faite au cédant par les associés, un tiers agréé par les associés ou la société en vue de l'annulation des parts ; fixation du prix par expert de l'art. 1843-4 en cas de désaccord ; C. civ., art. 1862 et 1863).

• Forme et opposabilité de la cession

Si elle est permise, la cession est constatée par écrit ; il s'agit d'une condition de preuve de la cession et non d'une condition de validité imposée à peine de nullité. La cession est rendue opposable à la société par une notification (dépôt de l'original de l'acte au siège de la société ou signification par huissier). Si les statuts le prévoient, cette notification peut être remplacée par un transfert sur les registres de la société (C. civ., art. 1865). Pour être opposable aux tiers, la cession doit être publiée au *RCS*.

b) Transmission des parts sociales en cas de décès

Principe : les parts sont librement transmissibles à cause de mort. Ainsi, au décès d'un associé, la société n'est pas dissoute et continue avec les héritiers ou légataires de l'associé décédé (C. civ., art. 1870, al. 1er).

Exceptions statutaires : les statuts peuvent prévoir que la société sera dissoute, ou que les héritiers devront être agréés par les associés, ou encore que la société continuera avec les seuls associés survivants (clause « tontinière ») ou enfin qu'elle continuera avec le conjoint survivant ou toute autre personne (C. civ., art. 1870, al. 2 et 3).

Contrepartie à l'éviction d'un successeur : la personne successible qui ne devient pas associée recueille néanmoins la valeur des parts sociales de son auteur. Cette valeur lui sera payée par les nouveaux titulaires des parts ou la société elle-même selon les cas. En cas de contestation dans la fixation du prix, la valeur des parts sera fixée par l'expert de l'art. 1843-4 C. civ. (C. civ., art. L. 1870-1).

c) Droit de retrait : un associé peut se retirer totalement ou partiellement de la société, dans les conditions prévues par les statuts ou, à défaut, après autorisation unanime des associés. Le retrait peut également être autorisé pour justes motifs par une décision de justice (C. civ., art. 1869, al. 1). Dans tous les cas, l'associé a droit au remboursement de la valeur de ses parts fixée soit par accord entre les intéressés, soit part un expert désigné par le tribunal (al. 2). Le retrait entraîne une réduction du capital social.

d) Droit de nantir les parts sociales : un associé peut offrir ses parts en garantie à un créancier, en procédant à leur nantissement. Le nantissement est établi par écrit, fait l'objet d'une publicité au *RCS* et est signifié à la société (C. civ., art. 2075). Le créancier nanti impayé peut faire vendre les parts aux enchères mais le cessionnaire devra être agréé, sauf si les autres associés ont initialement consenti au projet de nantissement (C. civ., art. 1867, al. 2).

2. Droits politiques

a) Droit à l'information

Les associés ont le droit :
– d'obtenir au moins une fois par an communication des livres et des documents sociaux (C. civ., art. 1855). L'associé peut être assisté d'un expert ;
– de poser des questions écrites au gérant au moins une fois l'an (plus si les statuts le prévoient), C. civ., art. 1855 ;
– de prendre connaissance du rapport de gestion que le gérant doit établir à la clôture de chaque exercice (C. civ., art. 1856).

b) Droit de vote

Les règles, voisines de celles concernant les SNC, sont les suivantes :
– chaque associé ne dispose que d'une seule voix, sauf disposition statutaire attribuant une voix à chaque part sociale ;
– les décisions sont adoptées à l'unanimité, sauf autre règle de majorité prévue par les statuts (C. civ., art. 1852) ;
– les décisions collectives sont prises en assemblée (C. civ., art. 1853). Mais une décision collective pourrait résulter d'une consultation écrite si les statuts le prévoient (C. civ., art. 1853 ; sans limitation d'objet, à la différence des SARL) ou d'un acte signé par tous les associés (C. civ., art. 1854). Les associés doivent être régulièrement convoqués (v. Décr. 3 juill. 1978, art. 40).

§ 2 - La gérance de la société civile

A. Désignation

La société civile peut être gérée par une ou plusieurs personnes, physiques ou morales, associées ou non. Si le gérant est une personne morale, ses dirigeants encourent la même responsabilité civile et pénale que s'ils étaient gérants à titre personnel (C. civ., art. 1847). Le gérant est nommé soit par les statuts, soit par un acte distinct, soit par une décision prise à la majorité des associés, sauf disposition différente des statuts (C. civ., art. 1846).

B. Cessation des fonctions

Sauf clause contraire, le gérant est nommé pour la durée de la société (C. civ., art. 1846, al. 4). Il est révocable à la majorité des associés, sauf clause statutaire contraire (C. civ., art. 1851), ainsi que par décision judiciaire, pour cause légitime. Il a droit à des dommages et intérêts en cas de révocation abusive (v. *supra,* p. 72 et s.)

ou si la révocation est décidée sans juste motif (mais une clause des statuts pourrait écarter toute indemnisation).

C. Pouvoirs du gérant

• Dans les rapports entre associés : le gérant peut accomplir tous les actes de gestion que demande l'intérêt de la société, à défaut de dispositions particulières des statuts sur le mode d'administration (C. civ., art. 1848). S'il y a plusieurs gérants, ils exercent séparément ce pouvoir, chacun ayant le droit de s'opposer à une opération avant qu'elle ne soit conclue.

• À l'égard des tiers : le gérant engage la société par tous les actes entrant dans l'objet social. Les clauses statutaires limitant ses pouvoirs sont inopposables aux tiers, quand bien même ceux-ci en auraient connaissance (C. civ., art. 1849).

D. Responsabilité du gérant

Chaque gérant est responsable civilement envers la société et les tiers des infractions aux lois et aux règlements, de la violation des statuts et de ses fautes de gestion (C. civ., art. 1850 ; v. le droit commun, *supra,* p. 66 et s.). Aucune disposition légale ne prévoit spécialement de responsabilité pénale du gérant, mais il peut être condamné sur le fondement des textes de droit commun (faux, escroquerie, abus de confiance…).

E. Contrôle de la gérance – Commissaire aux comptes

Outre le contrôle qu'exercent les associés sur la gérance, un commissaire aux comptes doit être désigné si la société civile exerce une activité économique et qu'elle dépasse certains seuils (v. *supra,* p. 80).

F. Conventions réglementées

Les conventions passées entre le gérant et la société civile sont soumises à une procédure de contrôle lorsque la société exerce une activité économique (C. com., art. L. 621-5). Le gérant ou le commissaire aux comptes présente à l'assemblée générale des associés un rapport sur la convention conclue directement ou par personne interposée entre la société civile et l'un de ses gérants. L'assemblée générale statue sur ce rapport. Si elle n'est pas approuvée, la convention produit ses effets mais les conséquences préjudiciables peuvent être mises à la charge de l'intéressé.

Section 3 › LA DISPARITION DE LA SOCIÉTÉ CIVILE

§ 1 - La transformation

La transformation de la société civile en société commerciale est possible. Elle n'entraîne pas création d'une personne morale nouvelle (C. civ., art. 1844-3).

§ 2 - La dissolution

Principe : outre les causes de dissolution communes à toutes les sociétés (C. civ., art. 1844-7 ; v. *supra,* p. 109 et s.), la société civile est dissoute en cas d'absence de gérant depuis plus d'un an (C. civ., art. 1846-1).

Limite : à la différence de la SNC (v. *infra*), la société civile n'est dissoute de plein droit ni par la faillite d'un associé (l'intéressé perd la qualité d'associé après retrait, à moins que les statuts ou les associés aient décidé la dissolution, C. civ., art. 1860), ni par le décès d'un associé (la société continue en principe avec ses héritiers et légataires, sauf disposition statutaire particulière, C. civ., art. 1870 ; not. agrément, v. *supra,* p. 131).

Effet : la dissolution est suivie de la liquidation et du partage, en application des règles de droit commun (v. *supra,* p. 113 et s.).

Chapitre 2 › LA SOCIÉTÉ EN NOM COLLECTIF (SNC)

> **› L'essentiel**
>
> ***Définition :*** *société dont les associés ont « tous la qualité de commerçant et répondent indéfiniment et solidairement des dettes sociales ».*
>
> ***Réglementation :*** *les dispositions des art. L. 221-1 à L. 221-16 et R. 221-1 et s. C. com.*
>
> ***Caractères généraux :***
> *1. La SNC est une société de personnes :*
> *a) Société fermée : l'intuitus personae est très important, d'où un contrôle accru des cessions de parts sociales à des tiers ou entre associés. Interdiction d'offrir des titres financiers au public ou d'émettre des titres négociables.*
>
> *b) Associés : ils sont responsables indéfiniment et solidairement des dettes sociales.*
>
> *c) Régime fiscal : v.* supra*, p. 11.*
>
> *2. La SNC est commerciale par la forme, quel que soit son objet :*
> *– tous les associés ont la qualité de commerçant ;*
> *– régime social : les associés sont exclus du régime de la sécurité sociale. Ils ne peuvent pas être salariés. Ils sont soumis au régime social des commerçants individuels.*
>
> ***Utilité :*** *par sa simplicité de constitution et de fonctionnement, elle convient particulièrement aux sociétés réalisant peu de bénéfices que les associés, en nombre restreint et ayant un patrimoine modeste, désirent s'approprier. Mais on la rencontre dans d'autres domaines, et notamment dans certains montages, pour des raisons principalement fiscales (transparence fiscale).*

Section 1 › CONSTITUTION DE LA SNC

Ne sont exposées que les conditions particulières aux SNC. Pour les règles applicables à toutes les sociétés (v. *supra*).

§ 1 - Conditions de fond

A. Quant aux associés

Nombre : deux associés au minimum, personne physique ou morale (sauf une société civile).

Capacité : tous les associés ont la qualité de commerçant et doivent avoir la capacité de faire des actes de commerce. En conséquence, sont exclus : les mineurs même émancipés, les majeurs en tutelle ou en curatelle, les personnes soumises à une interdiction, une déchéance ou une incompatibilité.

B. Quant à l'objet

• Doit être licite : certaines activités sont interdites aux SNC (ex. : assurances, laboratoires d'analyses médicales).

• Peut être civil ou commercial

• Délimite les pouvoirs du gérant à l'égard des tiers (v. *infra*)

C. Quant au capital social

• Aucun capital minimum obligatoire : en raison du fait que les associés répondent indéfiniment et solidairement des dettes sociales.

• Composition possible du capital social : il est composé des apports en nature ou en numéraire (les espèces sont libérées, sur appel de la gérance, au fur et à mesure des besoins de la société). Les apports en industrie sont exclus de la composition du capital social (C. civ., art. 1843-2).

• Aucune valeur nominale minimale des parts sociales n'est exigée par la loi.

D. Quant à la dénomination sociale

Elle peut comporter le nom d'un ou plusieurs associés ou être purement fantaisiste. Elle doit être précédée ou suivie immédiatement des mots « société en nom collectif » ou des lettres « SNC ».

§ 2 - Conditions de forme et de publicité

A. Les statuts

• Ils doivent être rédigés par écrit, par acte sous seing privé ou notarié.

• Outre les mentions obligatoires, ils peuvent contenir des dispositions supplétives telles que : la désignation de la gérance et de ses pouvoirs, les modalités de consultation et de décision des associés et les causes de dissolution de la société.

B. La publicité

Application des règles de publicité communes à toutes les sociétés (v. *supra,* p. 36).

Section 2 › FONCTIONNEMENT DE LA SNC

§ 1 - La gérance

Une grande souplesse est laissée aux associés dans l'organisation de la SNC.

A. Nomination de la gérance

Principe : les statuts (gérant statutaire) ou un acte ultérieur (gérant non statutaire) désignent un ou plusieurs gérants, personne physique ou morale, parmi les associés ou en dehors d'eux. À défaut tous les associés sont gérants (gérant légal) et la signature d'un seul associé suffit à engager la société.

1. Capacité

- Gérant associé : capacité de faire des actes de commerce.
- Gérant non associé : personne civilement capable. Peut être salarié.

2. Mode de nomination

• Le gérant statutaire : est nommé dans les conditions requises pour la modification des statuts (unanimité sauf clause contraire).

• Le gérant non statutaire : est nommé dans les conditions prévues par les statuts (unanimité ou majorité). Dans le silence des statuts : unanimité.

B. Cessation des fonctions

1. Causes

Elles peuvent être diverses : arrivée du terme, empêchement personnel (décès du gérant, survenance d'une incapacité, faillite personnelle, etc.), démission, etc.

2. La révocation

Principe : la révocation prononcée sans juste motif peut donner lieu à des dommages et intérêts au profit du gérant.

a) Révocation du gérant associé :

• Gérant légal (tous les associés sont gérants) ou gérant statutaire : la révocation de l'un des gérants est obligatoirement décidée à l'unanimité des autres associés. Elle entraîne en principe la dissolution de la société sauf disposition contraire des statuts ou décision des autres associés de continuer entre eux. Si la société continue, le gérant révoqué peut se retirer et demander le remboursement de ses droits sociaux.

• Gérant non statutaire : est révoqué dans les conditions prévues par les statuts (unanimité ou majorité). Dans le silence des statuts : unanimité. Sa révocation n'entraîne pas la dissolution de la société.

b) Révocation du gérant non associé : est révoqué dans les conditions prévues par les statuts. Dans le silence des statuts : majorité.

C. Pouvoirs de la gérance

1. À l'égard des associés

a) Gérant unique : l'étendue des pouvoirs du gérant est définie par les statuts. À défaut, il peut accomplir tous les actes de gestion (actes de disposition, d'administration) dans l'intérêt de la société.

b) Pluralité de gérants : l'étendue des pouvoirs des gérants est définie par les statuts (ex. : répartition des pouvoirs entre gérants en fonction de leurs compétences). Dans le silence des statuts, chaque gérant a les pouvoirs d'un gérant unique. Chaque gérant peut s'opposer (droit de veto) à toute opération projetée par un autre gérant avant sa conclusion.

2. À l'égard des tiers

Principe : le gérant ou chaque gérant (en cas de pluralité) n'engage la société que par ses actes entrant dans l'objet social.

Conséquences :
– les clauses statutaires limitant les pouvoirs du ou des gérants sont inopposables aux tiers ;
– la société n'est pas engagée par les actes du ou des gérants dépassant l'objet social (v. cep. *supra,* p. 66) ;
– en cas de pluralité de gérants, l'opposition formée par un gérant est sans effet à l'égard des tiers sauf s'il est démontré qu'ils en ont eu connaissance.

D. Responsabilité de la gérance

1. Responsabilité civile

a) Prescription : en l'absence de dispositions particulières du Code de commerce, la prescription de l'action en responsabilité civile contre le ou les gérants d'une SNC est celle du droit commun (v. *supra,* p. 66 et s.).

b) Responsabilité à l'égard des tiers : le gérant agissant dans l'exercice de ses fonctions engage la responsabilité de la société. La responsabilité personnelle du gérant ne pourra être recherchée que s'il a commis une faute détachable de ses fonctions qui lui est personnellement imputable.

c) Responsabilité à l'égard de la société : action sociale de l'art. 1843-5 C. civ. (v. *supra,* p. 66 et s.).

2. Responsabilité en cas de redressement ou de liquidation judiciaire de la SNC

a) Gérant non associé : en cas de faute de gestion contribuant à l'insuffisance d'actif, il peut être condamné au comblement du passif sur son patrimoine personnel. Il peut également être frappé de la faillite personnelle ou d'une interdiction de gérer.

b) Gérant associé : le redressement ou la liquidation judiciaire de la SNC produit ses effets à l'égard de tous les associés (y compris gérants). Conséquence : une procédure de redressement ou de liquidation judiciaire est ouverte à l'encontre de chacun d'eux.

3. Responsabilité pénale

Principe : le gérant ou les gérants sont pénalement responsables en application du droit commun (abus de confiance, escroquerie, etc.) ou de dispositions du droit des sociétés (infractions à la publicité de la dénomination sociale, droit de communication des associés, etc.).

Précision : les infractions applicables aux dirigeants de SA ou de SARL ne peuvent pas être retenues contre le ou les gérants de SNC (ex. : délit d'abus de biens sociaux ; mais l'infraction d'abus de confiance est alors généralement retenue).

Attention : lorsqu'une personne morale est gérante, ses dirigeants sont soumis aux mêmes conditions et obligations et encourent les mêmes responsabilités civile ou pénale que s'ils étaient gérants en leur nom propre, sans préjudice de la responsabilité solidaire de la personne morale qu'ils dirigent (C. com., art. L. 221-3, al. 2).

§ 2 - Les associés d'une SNC

A. Les droits des associés

1. Le droit d'information

a) Information préalable à l'assemblée générale annuelle : quinze jours au moins avant l'assemblée annuelle devant statuer sur les comptes, les documents suivants doivent être adressés aux associés non gérants : les comptes annuels (bilan, compte de résultat et annexe), le rapport de gestion, le rapport du commissaire aux comptes s'il en existe un et le texte des résolutions proposées. En outre, pendant ce même délai, l'inventaire doit être mis à leur disposition au siège social.
Toute clause statutaire contraire à ces dispositions est réputée non écrite. L'inobservation de ces dispositions peut entraîner l'annulation de l'assemblée (C. com., art. L. 221-7).

b) Information bisannuelle : deux fois par an, les associés non gérants ont le droit d'obtenir communication des livres et documents sociaux et de poser par écrit des questions sur la gestion sociale, auxquelles il doit être répondu également par écrit.

2. Le droit de participer aux assemblées ou d'être consulté par écrit

• Chaque année, dans les six mois suivant la clôture de l'exercice, une assemblée générale doit se réunir pour approuver ou rejeter les comptes sociaux. Par ailleurs, en cours d'exercice social, si l'un des associés en fait la demande, une assemblée générale doit se réunir.

• Certaines décisions doivent obligatoirement être prises à l'unanimité :
– révocation du gérant associé ;
– décision de continuation de la société malgré la révocation de ce gérant, malgré la faillite, l'incapacité ou l'interdiction d'exercer une profession commerciale frappant l'un des associés ;
– cessions de parts sociales ;
– transformation de la SNC en société par actions simplifiée.

• Pour toutes les autres décisions, les statuts peuvent fixer des règles de majorité différentes.

3. Le droit aux bénéfices sociaux

V. *infra,* les comptes d'une SNC, p. 141.

B. L'obligation des associés aux dettes sociales

Principe : les associés sont responsables indéfiniment et solidairement, sur leur patrimoine personnel, à l'égard des tiers, de toutes les dettes sociales contractées par le gérant dans la limite de l'objet social.

Conditions :

• Préalablement à la poursuite en paiement d'un ou des associés, les créanciers sociaux doivent avoir vainement mis la SNC en demeure de payer leur créance par acte extrajudiciaire (« vaines poursuites »).

• Associés concernés :
– Ancien associé : il reste tenu des dettes contractées antérieurement à son départ. Il n'est pas tenu des dettes sociales contractées postérieurement à son départ si celui-ci a été publié dans les formes requises ;
– Nouvel associé : il est tenu de tout le passif social même antérieur à son entrée.

Conséquences : une décision de justice exécutoire à l'égard de la SNC produit ses effets à l'égard de tous les associés. Une procédure de redressement ou de liquidation judiciaire ouverte à l'encontre de la société provoque l'ouverture d'une même procédure à l'égard de chacun des associés.

C. Le changement d'associés

Principe : la SNC est fortement marquée par l'*intuitus personae*. Conséquence : le contrôle des cessions de parts sociales à des tiers ou entre associés est renforcé.

1. Transmission de parts entre vifs

a) Agrément à l'unanimité : la cession, même entre associés (ainsi que l'échange, la donation, etc.), de parts sociales doit être autorisée à l'unanimité des associés. Toute clause statutaire contraire à la règle de l'unanimité est réputée non écrite.

b) Opposabilité de la transmission

• À la SNC : elle doit être constatée par écrit et être notifiée à la société, soit dans les formes de l'art. 1690 C. civ. (signification par huissier ou acceptation de la société dans un acte authentique), soit par le dépôt d'un original de l'acte au siège social contre remise par le gérant d'une attestation de dépôt.

• Aux tiers : outre les formalités ci-dessus décrites, elle n'est opposable aux tiers qu'après sa publication au *RCS*.

2. Transmission de parts en cas de décès

Principe : la SNC est dissoute par le décès de l'un des associés.

Exceptions

• Les statuts peuvent prévoir qu'en cas de décès de l'un des associés la société continuera entre les associés survivants. Conséquence : les parts du défunt sont directement transmises aux associés survivants. Les héritiers n'acquièrent pas la qualité d'associé. Ils n'ont droit qu'à la valeur des parts de leur auteur qui est déterminée, au jour du décès, par un expert.

• Les statuts peuvent prévoir, avec ou sans clause d'agrément, la continuation de la société :
– Avec tous ou certains des héritiers du défunt. Les héritiers n'acquièrent la qualité d'associé qu'au moment où ils ont accepté la succession. L'héritier mineur non émancipé, n'est tenu des dettes sociales qu'à concurrence de l'actif de la succession. Conséquence : sous peine de dissolution, la SNC devra être transformée, dans le

délai d'un an à compter du décès, en une société en commandite dont le mineur deviendra commanditaire ;
– Avec le conjoint survivant ;
– Avec toute autre personne désignée par les statuts ou, si ceux-ci l'autorisent, par testament.
Le ou les bénéficiaires de la stipulation sont redevables à la succession de la valeur des droits sociaux qui leur sont attribués, évaluée par un expert.

Publicité : le décès d'un associé doit être mentionné au *RCS* dans le délai d'un mois. Puis, en cas de changement d'associé, il faudra procéder aux formalités légales (insertion, dépôt au greffe, *RCS*).

§ 3 - Les comptes d'une SNC

A. Absence de publicité

Les SNC ne sont pas tenues de déposer leurs comptes annuels au greffe du tribunal de commerce, sauf si tous les associés sont :
– des SARL ou des sociétés par actions ;
– des SNC ou des sociétés en commandite simple dont tous les associés sont des SARL ou des sociétés par actions.

B. Affectation du résultat

La répartition du résultat s'effectue conformément aux statuts et dans le respect des règles communes aux sociétés commerciales. Toutefois, si la société réalise des bénéfices, elle n'a pas l'obligation de constituer une réserve légale. Si la société réalise des pertes, les associés sont tenus de payer les dettes sociales si l'actif de la société est insuffisant pour apurer le passif.

C. Contrôle des comptes

• Nomination d'un CAC obligatoire au-dessus de certains seuils, voir *supra* p. 80.

• Les associés, décidant à l'unanimité, peuvent nommer un CAC dans les autres cas.

• Durée du mandat, fonctions, obligations, responsabilité, incapacités, révocation, rémunération des CAC… : voir *supra* p. 79 et s.

Section 3 › DISSOLUTION DE LA SNC

§ 1 - Causes de dissolution

Outre les causes de dissolution communes à toutes les sociétés (voir *supra* p. 109), la SNC est dissoute de plein droit dans les cas suivants (sauf disposition statutaire ou décision unanime des associés décidant la continuation de la société) :
– décès d'un des associés (v. *supra*) ;
– révocation d'un gérant légal ou d'un gérant statutaire ;
– liquidation judiciaire ou jugement arrêtant un plan de cession totale de la société ;

– interdiction d'exercer une profession commerciale ou mesure d'incapacité (mise en tutelle ou en curatelle) prononcée à l'égard de l'un des associés.

§ 2 - Effets de la dissolution

V. *supra*, p. 113 et s. : les règles de droit commun relatives à la liquidation et au partage des sociétés.

Chapitre 3 › LA SOCIÉTÉ EN COMMANDITE SIMPLE (SCS)

› L'essentiel

Définition : *la société en commandite simple est une société de personnes qui permet d'allier deux types d'associés : un ou plusieurs commandités, dont le statut est celui des associés d'une SNC, et un ou plusieurs commanditaires, qui ne sont tenus des dettes sociales qu'à hauteur de leurs apports.*

Réglementation : *les textes régissant spécialement la SCS sont les art. L. 222-1 à L. 222-11 et R. 222-1 et s. C. com. Mais les textes relatifs à la SNC (v. supra, p. 135 et s.) sont également applicables à la SCS dans la mesure où ils ne sont pas incompatibles avec les dispositions régissant spécifiquement la SCS.*

Caractères généraux : *il s'agit d'une société commerciale par la forme, quel que soit son objet. La SCS possède la personnalité morale, mais celle-ci peut s'effacer en partie en cas de redressement ou de liquidation judiciaires de la société, cette procédure atteignant personnellement les associés commandités (mais pas les commanditaires). Cette forme de société reste assez peu utilisée car elle cumule l'insécurité de la situation des associés avec la complexité de son fonctionnement.*

Section 1 › CONSTITUTION DE LA SCS

§ 1 - Les associés

A. Nombre

La SCS comprend au moins deux associés : un commandité et un commanditaire.

B. Qualités et capacité

1. Le commandité

Doit remplir les mêmes conditions que celles imposées à l'associé en nom collectif (C. com., art. L. 222-1, al. 1er). Il en possède le statut (commerçant, indéfiniment et solidairement responsable des dettes sociales).

2. Le commanditaire

Doit simplement posséder la capacité civile.

§ 2 - Les apports et le capital social

Un associé commandité peut effectuer des apports en numéraire, en nature ou en industrie. En revanche, les apports en industrie sont interdits aux associés commanditaires (C. com., art. L. 222-1, al. 2). Pas de seuil minimal pour la fixation du capital social.

§ 3 - Les formalités constitutives

A. Les mentions obligatoires des statuts

Les statuts de la SCS doivent contenir, en plus des mentions obligatoires pour toutes sociétés, des mentions particulières :

– le montant ou la valeur des apports de chaque associé, en précisant s'il est commandité ou commanditaire ;

– la part globale des associés commandités et la part de chaque associé commanditaire dans la répartition des bénéfices et dans le boni de liquidation (C. com., art. L. 222-4).

B. Formalités de publicité et d'immatriculation

La constitution d'une SCS est soumise aux formalités de publicité et d'immatriculation au *RCS*. Le défaut de publicité empêche la SCS d'acquérir la personnalité morale. En outre, à défaut d'accomplissement des formalités de publicité, la nullité de la société peut être demandée par tout intéressé, mais une action en régularisation permet d'échapper à cette nullité.

Section 2 › ORGANISATION ET FONCTIONNEMENT DE LA SCS

§ 1 - La gérance

Principe : tous les associés commandités sont par principe gérants.

Exception : les statuts peuvent prévoir que la gestion de la société soit assumée par un ou plusieurs gérants, choisis parmi les associés commandités ou en dehors des membres de la société. En revanche, la gérance ne peut être confiée à un commanditaire.

A. Application des règles de la SNC

Les diverses règles concernant la nomination, la démission, l'étendue des pouvoirs, la rémunération, la responsabilité et la révocation du ou des gérants prévues pour les SNC sont applicables aux SCS.

B. Interdiction d'une immixtion des commanditaires dans la gestion sociale

Ils ne peuvent accomplir aucun acte de gestion externe (à l'égard des tiers). Cela sous peine de répondre solidairement, avec les commandités, sur leur patrimoine propre, des dettes et engagements de la société résultant de ces actes (mais le tribunal peut étendre cette responsabilité à tous les engagements de la société suivant le nombre ou l'importance des actes d'immixtion) (C. com., art. L. 222-6).

§ 2 - Les associés

A. Décisions collectives

Principe : la réunion d'une assemblée est obligatoire (sans dérogation possible) dans deux cas :

– pour l'approbation annuelle des comptes (C. com., art. L. 221-7) ;
– lorsque cette réunion est demandée par un commandité ou par le quart en nombre et en capital des commanditaires (C. com., art. L. 222-5).

Régime : le même que dans les SNC (v. *supra* ; y compris pour la faculté de voter par correspondance).

Conditions :

• Les décisions collectives ordinaires : les décisions n'entraînant aucune modification des statuts sont prises dans les conditions prévues par les statuts.

• Les décisions extraordinaires : sont prises avec le consentement de tous les commandités et de la majorité en nombre et en capital des commanditaires (C. com., art. L. 222-9, al. 2). Les clauses édictant des conditions plus strictes de majorité sont réputées non écrites (al. 3). Cependant, le changement de la nationalité de la société, sa transformation en SAS ou en SNC suppose l'accord unanime des associés.

B. Droit d'information et de communication des associés

• Les associés commanditaires ont le droit deux fois par an d'obtenir communication des livres et documents sociaux et de poser des questions écrites sur la gestion sociale, auxquelles il doit être répondu par écrit (C. com., art. L. 222-7).

• Les associés commandités non gérants possèdent plus généralement les droits d'information et de communication reconnus aux associés en nom collectif.

C. Situation des parts sociales

Attention : les parts sociales des SCS ne peuvent être représentées par des titres négociables (C. com., art. L. 221-13, al. 1 et L. 222-2).

1. Droits sur les parts sociales

Les règles applicables aux parts de SNC sont applicables aux associés, commandités ou commanditaires, des SCS.

2. Cession entre vifs des parts sociales

Cette cession doit résulter nécessairement d'un acte écrit, notarié ou sous seing privé (C. com., art. L. 221-14, al. 1er). En principe, les parts ne peuvent être cédées qu'avec le consentement de tous les associés (C. com., art. L. 222-8, al. 1er). Le régime de l'agrément est le même que celui relatif aux cessions de parts de SNC. Néanmoins, les statuts peuvent prévoir que :
– les parts des associés commanditaires sont librement cessibles entre associés ;
– les parts des commanditaires peuvent être cédées à des tiers avec le consentement de tous les commandités et de la majorité en nombre et en capital des commanditaires ;
– qu'un commandité peut céder une partie de ses parts à un commanditaire (ce qui ne fait pas de ce dernier un commandité) ou à un tiers avec le consentement de tous les commandités et de la majorité en nombre et en capital des commanditaires.

3. Transmission des parts sociales par décès

a) Le décès d'un commandité : met fin, en principe, à la société, à moins que les statuts aient prévu la continuation de la SCS. Si les héritiers du commandité sont mineurs, ils deviennent commanditaires (C. com., art. L. 222-10, al. 2). Mais si le défunt était le seul commandité et que ses héritiers sont mineurs, on doit procéder à son remplacement par un nouveau commandité, ou bien à la transformation de la société dans le délai d'un an à compter du décès. À défaut la société est dissoute de plein droit.

b) Le décès d'un commanditaire : ne met pas fin à la société. Les statuts peuvent prévoir l'admission des héritiers du défunt dans les mêmes conditions qu'en cas de décès d'un associé d'une SNC.

Section 3 › DISSOLUTION DE LA SCS

§ 1 - Causes générales de dissolution

Outre les causes de dissolution communes à toutes les sociétés (v. *supra,* p. 109 et s.), la SNC est dissoute dans les cas suivants :

– décès d'un commandité, sauf dispositions particulières des statuts (C. com., art. L. 222-10, al. 2) ;

– défaut de transformation de la société en SARL ou en SA ou absence d'un nouvel associé commandité dans le délai d'un an à compter du décès de l'unique commandité ne laissant que des héritiers mineurs ;

– incapacité, interdiction professionnelle ou procédure collective frappant un associé commandité, sauf clause contraire des statuts permettant aux associés de décider à l'unanimité la poursuite de l'exploitation.

C. Liquidation et partage

V. *supra,* p. 113 et s. : les règles de droit commun relatives à la liquidation et au partage des sociétés.

Deuxième partie

LES SOCIÉTÉS À RESPONSABILITÉ LIMITÉE

Les sociétés à responsabilité limitée (SARL) comprennent au moins deux associés (titre 1).

Si elles n'en comprennent qu'un, elles constituent des entreprises unipersonnelles à responsabilité limitée (EURL) (titre 2).

Titre 1

LA SOCIÉTÉ À RESPONSABILITÉ LIMITÉE PLURIPERSONNELLE (SARL)

Définition : société instituée par deux ou plusieurs personnes (associés) qui ne supportent les pertes qu'à concurrence de leurs apports.

Réglementation : C. com., art. L. 223-1 à L. 223-43 et L. 241-1 à L. 241-9 ; art. R. 223-1 à 223-36.

Caractères généraux :

• Ce n'est pas une société de personnes mais l'*intuitus personae* est important. Conséquence : les parts sociales ne sont pas, en principe, librement cessibles. Interdiction d'offrir des titres financiers au public ou d'émettre des titres négociables.

• La SARL est une société commerciale par la forme, quel que soit son objet. Mais les associés ne sont pas commerçants.

• Ce n'est pas vraiment une société de capitaux (v. sur ce point, *supra,* p. 10) mais elle est soumise à l'impôt sur les sociétés. Toutefois, sous certaines conditions (société de famille), la SARL peut opter pour le régime fiscal des sociétés de personnes.

• Sous certaines conditions, le gérant associé peut être salarié.

Utilité : cette structure, qui se situe entre la société de personnes et la société de capitaux, est le plus souvent adoptée lors de la naissance de PME disposant de capitaux peu importants. Depuis quelques années, le législateur s'efforce d'assouplir et de faciliter la création et le fonctionnement des SARL. C'était ainsi l'un des objectifs principaux de l'ordonnance du 25 mars 2004 portant simplification du droit et des formalités pour les entreprises. Mais des efforts peuvent sans doute être encore accomplis en ce sens.
Seront successivement examinés la constitution de la SARL (chapitre 1), son fonctionnement (chapitre 2) et enfin sa dissolution (chapitre 3).

Chapitre 1 › CONSTITUTION DE LA SARL

Section 1 › CONDITIONS DE FOND

§ 1 - Les associés

A. Nombre

Deux associés au minimum (en dessous de 2 associés la SARL devient une EURL), cent associés au maximum (au-dessus de 100 associés, la SARL dispose d'un délai d'un an pour régulariser sa situation ou se transformer, par ex. en SA, C. com., art. L. 223-3). Les associés peuvent être des personnes physiques ou morales.

B. Capacité

Bien que la souscription de parts sociales soit un acte de commerce, les associés ne doivent pas avoir la capacité requise pour faire des actes de commerce. Conséquence : les mineurs, même non émancipés, ou les majeurs protégés peuvent être associés d'une SARL.

§ 2 - L'objet

A. L'objet doit être licite

Certaines activités réglementées ne peuvent pas être exercées sous forme de SARL (ex. : entreprises d'assurances, de capitalisation et d'épargne).

B. Nature de l'objet

L'objet peut être civil ou commercial.

§ 3 - Le capital social et les apports

A. Le capital social

1. Montant

Principe de libre fixation par les statuts : depuis 2003 aucun capital minimum n'est légalement exigé (art. L. 233-2).

2. Répartition

Le capital de la SARL est divisé en parts sociales égales (C. com., art. L. 223-2). La valeur nominale des parts sociales est librement fixée par les statuts ; les associés peuvent décider de n'indiquer aucune valeur nominale.

B. Les apports

Le capital social est composé des apports des associés, qui peuvent être de trois types :

1. Les apports en numéraire

a) Libération : aucune obligation pour les associés de libérer immédiatement l'intégralité de leur apport en numéraire mais seulement un minimum du cinquième du montant de celui-ci. Le surplus doit être libéré, sur appel de la gérance, dans les cinq ans de l'immatriculation de la société (C. com., art. L. 223-7).

b) Dépôt des fonds : dans les huit jours de leur réception, les fonds doivent être déposés pour le compte de la société en formation auprès de la caisse des dépôts et consignations, chez un notaire ou dans une banque. Mention du dépôt des fonds doit figurer dans les statuts.

c) Retrait des fonds : les fonds sont indisponibles jusqu'à immatriculation de la société au *RCS*. En l'absence d'immatriculation et passé six mois à compter du premier dépôt, les apporteurs peuvent demander au président du tribunal de commerce du lieu du siège social que leur apport leur soit restitué. Ils peuvent aussi choisir un mandataire représentant tous les apporteurs, qui pourra demander directement au dépositaire la restitution des fonds (C. com., art. L. 223-8, al. 2, mod. par l'Ord. du 25 mars 2004).

2. Les apports en nature

a) Libération : obligation pour les associés de libérer intégralement leur apport en nature.

b) Évaluation :

Principe : l'évaluation de chaque apport en nature doit être mentionnée dans les statuts au vu d'un rapport établi par un commissaire aux apports désigné à l'unanimité des futurs associés ou, à défaut, par une décision de justice (C. com., art. L. 223-9) ;

Exception : lorsqu'aucun apport en nature n'excède 7 500 € et que l'ensemble des apports en nature ne dépasse pas la moitié du capital social, les futurs associés peuvent décider à l'unanimité de ne pas recourir à un commissaire aux apports.

c) Obligation de garantie des associés : lorsque les associés n'ont pas recouru à un commissaire aux apports ou lorsqu'ils ont retenu une valeur supérieure à celle proposée par le commissaire aux apports, ils sont solidairement responsables de cette valeur pendant cinq ans à l'égard des tiers (art. préc.).

d) Responsabilité pénale : la surévaluation frauduleuse d'un apport en nature est sanctionnée pénalement (prison jusqu'à cinq ans et/ou amende jusqu'à 375 000 € ; C. com., art. L. 241-3-1°).

3. Les apports en industrie

Ils sont possibles dans les SARL mais ne concourent pas à la formation du capital social. Les statuts doivent déterminer les modalités de souscription (C. com., art. L. 223-7, al. 2 ; sur ces apports, v. *supra*, p. 32).

§ 4 - La dénomination sociale

Elle peut comporter le nom d'un ou plusieurs associés ou être purement fantaisiste. Elle doit être précédée ou suivie immédiatement des mots « société à responsabilité limitée » ou des initiales « SARL » et de l'énonciation du capital social (C. com., art. L. 223-1, al. 3).

§ 5 - Possibilité d'émettre des obligations

L'ordonnance du 25 mars 2004 a permis à certaines SARL d'émettre des obligations nominatives, à condition de ne pas offrir de titres financiers au public, et selon des modalités précisées par décret (C. com., art. L. 233-11 ; v. Décr. n° 2006-1566 du 11 déc. 2006). Les SARL concernées sont celles qui sont tenues d'avoir un commissaire aux comptes en raison du dépassement de certains seuils (v. *supra*, p. 80).

Section 2 › CONDITIONS DE FORME

§ 1 - Les statuts

A. Forme

Ils doivent être rédigés par écrit (acte sous seing privé ou notarié) et signés par tous les associés ou, en cas d'absence, par un mandataire justifiant d'un pouvoir spécial.

B. Mentions nécessaires

1. Mentions obligatoires fondamentales

La forme, la durée, la dénomination sociale, le siège social, l'objet, le montant du capital social, l'évaluation des apports en nature, la répartition des parts sociales, la libération du capital social et le dépôt des fonds correspondant aux apports en numéraire…

2. Mentions nécessaires au fonctionnement de la société

Désignation et pouvoirs de la gérance, conditions de transmission des parts sociales, modalités de consultation et de décisions collectives, date de clôture des exercices sociaux, modalités de répartition des bénéfices et du boni de liquidation et de la liquidation de la société.

§ 2 - Les annexes aux statuts

Sont annexés aux statuts :
– le rapport du commissaire aux apports le cas échéant ;
– l'état des actes accomplis pour le compte de la société en formation avec indication des engagements qui en résultent pour la société.

§ 3 - La publicité

Application des règles de publicité communes à toutes les sociétés.

Chapitre 2 › FONCTIONNEMENT DE LA SARL

Section 1 › LA GÉRANCE

§ 1 - Nomination de la gérance

Principe : les statuts (gérant statutaire) ou un acte ultérieur (gérant non statutaire) désignent un ou plusieurs gérants, personne physique uniquement, parmi les associés ou en dehors d'eux.

A. Capacité

Personne civilement capable. Conséquence : sont exclus les mineurs non émancipés et les majeurs protégés.

B. Mode de nomination

1. Le gérant statutaire

Est nommé par les associés représentant plus de la moitié des parts sociales, sauf disposition des statuts exigeant une majorité plus forte (C. com., art. L. 223-29, al. 1).

2. Le gérant non statutaire

Est nommé par l'assemblée à la majorité de plus de la moitié des parts sociales.

C. Rémunération de la gérance

La gérance est exercée à titre gratuit ou à titre onéreux. Le régime fiscal des rémunérations perçues par le gérant minoritaire ou majoritaire est celui des traitements et salaires (v. *supra,* p. 64). En revanche, le régime social diffère selon que le gérant soit minoritaire (assujetti au régime de la sécurité sociale) ou qu'il soit majoritaire (assujetti au régime des employeurs et travailleurs indépendants) (*ibid.*). La rémunération du gérant au titre de son mandat social doit être distinguée de celle perçue au titre d'un éventuel contrat de travail.

D. Cumul du mandat de gérant avec un contrat de travail

Quatre conditions de validité (sur l'ensemble de la question, v. *supra,* p. 64) :
– le contrat de travail doit correspondre à un emploi effectif ;
– les fonctions techniques exercées par le gérant, qui sont les conséquences du contrat de travail, doivent être distinctes de celles de direction ;
– le gérant doit être placé dans un état de subordination à l'égard de la société pour la partie technique de ses fonctions. Conséquence : le gérant, s'il est associé majoritaire, ne peut pas être salarié ;
– le versement d'un salaire pour l'accomplissement des fonctions techniques.
Le contrat de travail conclu entre la société et son gérant constitue une convention réglementée (C. com., art. L. 223-19) ; v. *infra,* p. 160.

§ 2 - Cessation des fonctions

Principe : la cessation des fonctions de la gérance n'entraîne pas la dissolution de la SARL à la différence de la SNC.

Causes :

Les causes de droit commun et notamment :

• Arrivée du terme

La durée du mandat de la gérance est fixée par les statuts. À défaut de clause statutaire, la gérance est nommée pour la durée de la société.

• Empêchement personnel

Décès, survenance d'une incapacité, interdiction de gérer, faillite personnelle, etc.

• Démission

• Révocation

La révocation prononcée sans juste motif peut donner lieu à des dommages et intérêts au profit du gérant (ex. de juste motif : faute de gestion) :

– révocation par les associés : le gérant peut être révoqué par décision des associés représentant plus de la moitié des parts sociales (sauf majorité statutaire plus forte ; majorité des votes émis sur deuxième convocation) ;

– révocation judiciaire : un associé peut demander en justice la révocation du gérant pour cause légitime. Ce mode révocation est le seul pouvant être exercé par les associés minoritaires contre le gérant associé majoritaire.

§ 3 - Pouvoirs de la gérance

A. À l'égard des associés

1. Gérant unique

L'étendue des pouvoirs du gérant est définie par les statuts. À défaut, il peut accomplir tous les actes de gestion (actes de disposition, d'administration) dans l'intérêt de la société (C. com., art. L. 223-18).

2. Pluralité de gérants

L'étendue des pouvoirs des gérants entre eux est définie par les statuts (ex. : répartition des pouvoirs entre gérants en fonction de leurs compétences). Dans le silence des statuts, chaque gérant a les pouvoirs d'un gérant unique. Chaque gérant peut s'opposer (droit de veto) à toute opération projetée par un autre gérant avant sa conclusion *(ibid.)*.

B. À l'égard des tiers

Principe : le gérant ou chaque gérant (en cas de pluralité) est investi des pouvoirs les plus étendus pour agir en toutes circonstances au nom de la société *(ibid.)*.

Conséquences :

• La société est engagée par les actes du ou des gérants qui n'entrent pas dans l'objet social à moins qu'elle rapporte la preuve que le tiers savait que l'acte dépassait cet objet ou ne pouvait pas l'ignorer, compte tenu des circonstances. Précision : la seule publication des statuts est insuffisante pour rapporter cette preuve.

• Les clauses statutaires limitant les pouvoirs du ou des gérants sont inopposables aux tiers.

• En cas de pluralité de gérants, l'opposition formée par un gérant est sans effet à l'égard des tiers sauf s'il est démontré qu'ils en ont eu connaissance.

§ 4 - Responsabilité de la gérance

Attention : une personne morale ne peut pas être désignée gérant. Les règles de responsabilité ci-dessous décrites s'appliquent au gérant, associé ou non.

A. Responsabilité civile (C. com., art. L. 223-22)

Principe : le ou les gérants sont responsables individuellement ou solidairement, selon le cas, envers la société ou envers les tiers :
– des infractions aux dispositions législatives ou réglementaires applicables aux SARL (ex. : refus de communication à un associé des documents sociaux) ;
– des violations des statuts (ex. : conclusion d'une convention au mépris des dispositions statutaires exigeant la consultation des associés) ;
– des fautes commises dans la gestion (ex. : négligence ou faute d'imprudence ou intention frauduleuse).

Caractéristiques :

• **Action individuelle :** en réparation d'un préjudice personnel (v. règles de droit commun, *supra,* p. 67).

• **Action sociale :** en réparation du préjudice subi par la société. Elle peut être engagée par un associé ou un groupe d'associés représentant au minimum le dixième du capital social (sur cette action, v. *supra,* p. 67).

Prescription : l'action individuelle et l'action sociale se prescrivent par trois ans à compter du fait dommageable ou, s'il a été dissimulé, de sa révélation. Exception : ces actions se prescrivent par dix ans si le fait est qualifié de crime (C. com., art. L. 223-23).

B. Responsabilité fiscale

Le gérant, de droit (majoritaire ou minoritaire) ou de fait, qui, par des manœuvres frauduleuses ou par l'inobservation répétée des obligations fiscales, a rendu impossible le recouvrement d'impositions quelconques et de pénalités dues par la société, peut être condamné au paiement de ces impositions et pénalités sur son patrimoine personnel (v. *supra,* p. 70).

C. Responsabilité en cas de redressement ou de liquidation judiciaire

En cas de faute de gestion ayant contribué à l'insuffisance d'actif, le ou les gérants, de droit ou de fait, pourront être condamnés, avec ou sans solidarité, au comblement, total ou partiel, du passif sur son ou leur patrimoine personnel (v. *supra,* p. 70). D'autres sanctions sont également possibles : faillite personnelle, interdiction de gérer une entreprise, etc., (v. *supra,* p. 70).

D. Responsabilité pénale

Outre les infractions pénales de droit commun ou en application de dispositions du droit des sociétés, les quatre principales infractions pénales applicables au gérant d'une SARL, (punissables de cinq ans de prison et d'une amende de 375 000 €) sont :
– la distribution de dividendes fictifs en l'absence d'inventaire ou au moyen d'inventaires frauduleux ;
– la présentation aux associés des comptes annuels ne donnant pas, pour chaque exercice, une image fidèle du résultat des opérations de l'exercice, de la situation financière et du patrimoine en vue de dissimuler la véritable situation de la société ;
– l'abus de pouvoir et surtout l'abus de biens sociaux, qui consistent à faire, de mauvaise foi, des pouvoirs de gérance, des biens ou du crédit de la société, un usage contraire à l'intérêt de celle-ci, à des fins personnelles ou pour favoriser une autre société dans laquelle le gérant était intéressé directement ou indirectement (v. *supra,* p. 69).

Section 2 › LES ASSOCIÉS

§ 1 - Les droits des associés

A. Le droit d'information

Attention : toute clause statutaire contraire aux règles ci-après exposées est réputée non écrite.

1. Information préalable à l'assemblée générale annuelle

Quinze jours au moins avant l'assemblée annuelle devant statuer sur les comptes, les documents suivants doivent être adressés aux associés non gérants : comptes annuels (bilan, compte de résultat et annexe), rapport de gestion, rapport du commissaire aux comptes s'il en existe un et texte des résolutions proposées. En outre, pendant ce même délai, l'inventaire doit être mis à leur disposition au siège social. L'inobservation de ces dispositions peut entraîner l'annulation de l'assemblée (C. com., art. L. 223-26).

2. Questions écrites

À compter de la communication des documents ci-dessus visés, tout associé a la faculté de poser par écrit des questions auxquelles le gérant est tenu de répondre au cours de l'assemblée (art. préc.).

3. Information préalable à une assemblée générale autre qu'annuelle

15 jours avant l'assemblée, le rapport du gérant, le texte des résolutions et, le cas échéant, celui du commissaire aux comptes doivent être adressés aux associés non gérants.

4. Information permanente

À toute époque de l'année, tout associé peut obtenir communication des documents sociaux suivants relatifs aux trois derniers exercices : comptes annuels, inventaires, rapports soumis aux assemblées, procès-verbaux de ces assemblées (art. préc.).

B. Le droit de participer aux décisions collectives ou d'être consulté par écrit

Principes : chaque associé est convoqué par la gérance et a droit de participer aux décisions collectives. Il dispose d'un nombre de voix égal à celui des parts sociales qu'il possède. Toute clause statutaire contraire est réputée non écrite. Les statuts peuvent prévoir que les décisions collectives, autres que celles relatives à l'assemblée générale annuelle ou celles demandées par les associés, seront prises par consultation écrite des associés ou résulteront d'un acte signé par tous les associés (C. com., art. L. 223-27).

Évolution : la loi autorise la tenue des assemblées par visioconférence ou par des moyens de télécommunication permettant l'identification des associés. Les statuts peuvent néanmoins octroyer à certains associés un droit d'opposition à l'utilisation de ces moyens. Ces procédés ne sont pas admis lorsque l'assemblée est appelée à statuer sur l'inventaire, les comptes annuels et le rapport de gestion (C. com., art. L. 232-1 et L. 233-16).

Attention : toute assemblée irrégulièrement convoquée peut être annulée. Toutefois, l'action en nullité est irrecevable si tous les associés étaient présents ou représentés.

1. Époque des décisions collectives

a) Chaque année : dans les six mois suivant la clôture de l'exercice, une assemblée générale doit obligatoirement se réunir pour approuver ou rejeter les comptes sociaux.

b) En cours d'exercice social :
– un ou plusieurs associés détenant la moitié des parts sociales ou détenant, s'ils représentent au moins le quart des associés, le quart des parts sociales, peuvent demander à la gérance la réunion d'une assemblée générale ;
– tout associé peut demander en justice la désignation d'un mandataire chargé de convoquer l'assemblée et de fixer l'ordre du jour.

2. Nature des décisions collectives

Attention : lorsqu'un associé est intéressé à la décision qui va être prise, il ne peut pas prendre part au vote et, en conséquence, ses voix ne sont pas comprises dans le calcul de la majorité, exception faite de la décision d'agrément d'un nouvel associé.

a) Décisions collectives ordinaires

Principe : ce sont celles qui ont pour but de statuer sur toutes questions n'entraînant pas la modification des statuts ; par ex. approbation des comptes de l'exercice clos, nomination, révocation ou remplacement de la gérance, autorisation donnée au gérant de conclure une convention subordonnée, dans les statuts, à l'accord préalable des associés ou une convention intervenant entre celui-ci et la société ou entre la société et un associé (convention réglementée).

Conditions :

• De quorum : pas de quorum exigé.

• De majorité (C. com., art. L. 223-29) : les statuts peuvent prévoir une majorité plus élevée que la majorité légale exception faite de celle nécessaire à la révocation du gérant. La majorité légale est :

– sur première convocation : plus de la moitié des parts sociales souscrites (majorité absolue) ;
– sur deuxième convocation : si la majorité n'a pas été obtenue sur première convocation, les associés peuvent être consultés une seconde fois à moins que cette option ne soit écartée par les statuts. La majorité requise est celle du nombre de voix émises quel que soit le nombre de participants. Exception : la révocation du gérant ne peut être décidée qu'à la majorité absolue.

b) Décisions collectives extraordinaires

Principe : ce sont celles qui ont pour but de statuer sur toutes questions entraînant la modification des statuts (par ex. augmentation ou réduction du capital social, poursuite d'activité malgré des capitaux propres inférieurs à la moitié du capital social, etc.)

Conditions :

• De quorum : avant la loi PME du 2 août 2005, aucune condition de quorum n'était imposée. Depuis cette loi, et pour les sociétés constituées depuis son entrée en vigueur ou celles qui s'y conforment à l'unanimité, un quorum est institué pour les décisions extraordinaires. Les associés présents ou représentés doivent posséder au moins un quart des parts sociales sur 1re convocation, et un cinquième sur 2e convocation (C. com., art. L. 223-30, al. 3).

• De majorité (C. com., art. L. 223-30) :
En principe la majorité requise est celle représentant au moins les deux tiers des parts sociales détenues par les associés présents ou représentés. Les statuts ne peuvent pas fixer une majorité plus élevée, sauf dans les sociétés constituées depuis l'entrée en vigueur de la loi du 2 août 2005 ou celles qui s'y conforment à l'unanimité.

Exceptions :

• Certaines décisions doivent obligatoirement être prises à l'unanimité (changement de nationalité de la société, transformation de la société en société en nom collectif, en société en commandite ou en société par action simplifiée, augmentation des engagements des associés).

• La décision d'autorisation de cession ou de nantissement des parts sociales à un tiers doit être prise selon une double majorité : majorité en nombre des associés et majorité des trois quarts des parts sociales.

• Les décisions suivantes sont soumises à la simple majorité absolue :
– décision de transformation de la société en société anonyme si les capitaux propres figurant au dernier bilan excèdent 37 000 € ;
– décision d'augmentation du capital social par incorporation de réserves ou de bénéfices.

C. Le droit aux bénéfices sociaux

1. Vocation des associés aux bénéfices

Les associés ont vocation à bénéficier de la distribution des dividendes de la société. Ce droit naît lors de l'assemblée générale qui fixe le montant des sommes à répartir entre associés (sur ce point, et sur la notion de bénéfice distribuable, v. *supra*, p. 52).

2. Mise en distribution des sommes réservées

L'assemblée peut décider la distribution de sommes qui ont été portées en réserve, dont elle a la disposition ; mais les dividendes sont prélevés par priorité sur le bénéfice distribuable de l'exercice.

3. Distribution interdite

Si les capitaux propres sont ou deviendraient, à la suite de cette distribution, inférieurs au montant du capital augmenté des réserves non distribuables (légalement ou statutairement).

4. Mise en paiement des dividendes

Doit avoir lieu dans un délai maximal de neuf mois après la clôture de l'exercice.

§ 2 - L'obligation des associés aux dettes sociales

Principe : les associés sont tenus de libérer leurs apports (v. *supra*) et leur obligation au passif social est limitée au montant de ces apports.

Exceptions :

• Exception de fait

Il est fréquent que le ou les associés majoritaires accordent leur engagement personnel (ex. : cautionnement) en garantie du remboursement d'un emprunt bancaire (v. *supra,* p. 71 et s.).

• Exception de droit

– procédure collective : l'associé, gérant de fait ou de droit, peut voir sa responsabilité recherchée au-delà de son apport, en cas de redressement ou de liquidation judiciaire de la société (action en comblement de passif et même faillite personnelle) ;

– apport en nature : la responsabilité de l'apporteur peut être recherchée au-delà de l'évaluation du montant de son apport (v. *supra*).

§ 3 - Le changement d'associés

La SARL reste marquée par l'*intuitus personae*. Conséquence : la cession de parts sociales à des tiers (et éventuellement entre associés) n'est pas libre.

A. Transmission de parts sociales

Les règles ci-dessous exposées, relatives à la cession de parts sociales, sont transposables aux autres formes de transmission telles que la donation ou l'échange. Les parts d'industrie sont incessibles. On notera par ailleurs que les dispositions introduites par l'ordonnance du 25 mars 2004 permettent aux statuts de déterminer plus librement le successeur d'un associé décédé (C. com., art. L. 225-13, al. 3 et 5).

1. Transmission à un tiers

a) Transmission à un tiers (C. com., art. L. 223-14, mod. Ord. 25 mars 2004)

• Notification du projet de cession : l'associé cédant doit notifier sont projet de cession par acte extrajudiciaire ou par lettre recommandée avec avis de réception à la société, mais aussi à tous les associés, sous peine de nullité de la cession.

• Consultation des associés : dans les huit jours à compter de la notification, le gérant doit convoquer les associés afin qu'ils délibèrent sur le projet de cession (éventuellement par consultation écrite si les statuts le prévoient).

• Autorisation de la cession :
– autorisation expresse : la cession sera valablement autorisée par la majorité des associés représentant au moins la moitié des parts sociales, sauf majorité statutaire plus forte ;
– autorisation tacite : si la société n'a pas fait connaître la décision des associés dans les trois mois à compter de la notification, la cession est réputée autorisée.

• Refus d'autorisation : le refus doit être notifié par lettre recommandée avec avis de réception à l'associé cédant. Conséquences :
– principe du rachat : l'associé cédant peut contraindre ses coassociés ou la société à acheter ses parts ou à les faire acheter par un tiers ;
– condition du rachat : détention des parts depuis au moins deux ans, sauf si l'associé a recueilli ses parts par succession, liquidation de communauté de bien entre époux ou donation du conjoint, d'un ascendant ou d'un descendant ;
– modalités du rachat : il doit intervenir dans les trois mois du refus, délai pouvant être prorogé une seule fois de six mois au maximum par le président du tribunal de commerce. Si le prix de cession ne peut être fixé à l'amiable, il devra être déterminé par expert – dont les frais sont à la charge de la société – dans les conditions prévues à l'art. 1843-4 C. civ. (lequel est d'ordre public, cf. C. civ., art. 1844-10). Le cédant peut renoncer à la cession après dépôt du rapport d'expertise. Si, dans le délai imparti, aucune solution ci-dessus évoquée n'est intervenue, l'associé peut réaliser la cession initialement prévue.

b) Transmission à un associé : les parts sociales sont librement cessibles entre associés. Les statuts peuvent, toutefois, limiter cette cessibilité. Dans cette hypothèse, le formalisme imposé lors de la transmission de parts à un tiers est applicable (v. *supra*) mais les statuts peuvent réduire la majorité requise et abréger les délais ci-dessus décrits (C. com., art. L. 223-16).

2. Transmission à un membre de la famille de l'associé (C. com., art. L. 223-13)

Principe : les parts sociales sont librement transmissibles par voie de succession (héritier, légataire universel), en cas de liquidation de communauté mais également entre conjoints, ascendants et descendants.

Exception : les statuts peuvent imposer un agrément dans les conditions d'une cession à un tiers à la société, mais seulement si le conjoint, l'ascendant ou le descendant ne sont pas déjà associés (mais une clause d'agrément prévue pour les cessions entre associés devrait alors pouvoir jouer).

B. Opposabilité de la transmission (C. com., art. L. 223-17)

1. À la société

La cession doit être constatée par écrit et être notifiée à la société, soit dans les formes de l'art. 1690 C. civ. (signification par huissier ou acceptation de la société dans un acte authentique), soit par le dépôt d'un original de l'acte au siège social contre remise par le gérant d'une attestation de dépôt.

2. Aux tiers

Dépôt au greffe du tribunal de commerce de deux expéditions de l'acte de cession s'il a été établi dans la forme notariée ou de deux originaux s'il est sous seing privé.

Section 3 › LE CONTRÔLE DE LA GESTION

Attention : les SARL sont tenues de déposer auprès du greffe du tribunal de commerce du ressort du siège social dans le mois qui suit l'approbation des comptes, sous peine d'une amende de 1 500 € : leurs comptes annuels, le rapport de gestion, le rapport du commissaire aux comptes s'il en existe un, la proposition d'affectation du résultat et la résolution.

§ 1 - Le commissaire aux comptes

Les questions relatives au commissariat aux comptes (not. statut du contrôleur et expression du contrôle), étudiées dans la partie relative au droit commun des sociétés (v. *supra*, p. 79 et s.) sont applicables, pour l'essentiel, aux SARL qui, soit sont obligées de désigner un CAC (sur les seuils, v. *supra*, p. 80), soit en nomment volontairement un.

§ 2 - Le contrôle par les associés

A. Les questions écrites (v. *supra*, p. 49)

B. L'expertise de gestion (v. *supra*, p. 95)

C. Les conventions réglementées (C. com., art. L. 223-19)

Principe : toute convention intervenue directement ou par personne interposée entre la SARL et l'un de ses gérants ou associés est soumise au contrôle des associés. Ce contrôle s'exerce également sur les conventions passées entre la SARL et une société dont un associé indéfiniment responsable, gérant, administrateur, directeur général, membre du directoire ou membre du conseil de surveillance est simultanément gérant ou associé de la SARL.

Exception : la procédure de contrôle ne s'applique pas aux conventions portant sur des opérations courantes conclues à des conditions normales (opérations effectuées par la société dans le cadre de son activité habituelle et conclues à des conditions semblables par d'autres sociétés ayant la même activité) (C. com., art. L. 223-20).

1. Procédure de contrôle

a) Autorisation *a posteriori* des conventions conclues avec un associé

• Le gérant doit aviser le commissaire aux comptes, s'il en existe un, des conventions autres que celles relatives à des opérations courantes conclues à des conditions normales, dans le mois de leur conclusion.

• Le gérant ou le commissaire aux comptes, s'il en existe un, doit établir un rapport spécial relatant les conventions soumises au contrôle des associés. Ce rapport est généralement présenté à l'assemblée lors de l'approbation des comptes annuels.

• Les associés approuvent ou désapprouvent les conventions objets du rapport spécial. L'associé intéressé ne peut pas prendre part au vote et ses parts ne sont pas prises en compte pour le calcul de la majorité.

b) Autorisation préalable des conventions conclues avec un gérant non associé : les conventions, autres que celles relatives à des opérations courantes conclues à des conditions normales, passées avec un gérant non associé doivent faire l'objet d'un rapport du gérant et être autorisées préalablement par les associés.

2. Refus de ratification

• L'absence de ratification ou d'autorisation par les associés de la convention contrôlée n'entraîne pas la nullité de la convention. Elle produit ses effets à charge pour le gérant et, s'il y a lieu, pour l'associé contractant de supporter individuellement ou solidairement les conséquences préjudiciables à la société.

• L'action en responsabilité se prescrit par trois ans à compter de la conclusion de la convention ou, si elle a été dissimulée, de sa révélation.

3. Cas particulier des conventions interdites (C. com., art. L. 223-21)

Principe : le ou les gérants ou associés, personnes physiques (mais également les représentants légaux de personnes morales associées ainsi que le conjoint, l'ascendant et le descendant du gérant, des associés ou du représentant légal d'une personne morale associée) ne peuvent :
– contracter, sous quelque forme que ce soit, des emprunts auprès de la SARL ;
– se faire consentir par elle un découvert en compte courant ou autrement ;
– faire cautionner ou avaliser par la SARL leurs engagements personnels à l'égard de tiers.

Conséquence : ces conventions interdites sont entachées de nullité absolue. Précision : cette interdiction ne s'applique pas à l'associé, personne morale, ni, dans le cas où la SARL exploite un établissement financier, aux opérations courantes de ce commerce conclues à des conditions normales.

Chapitre 3 › DISSOLUTION DE LA SARL

Section 1 › CAUSES DE DISSOLUTION

§ 1 - Causes de dissolution communes à toutes les sociétés

V. *supra*, p. 109 et s. Précision : les dispositions de l'art. 1844-5 C. civ. ne sont pas applicables en cas de réunion de toutes les parts de la SARL en une seule main. Celle-ci n'est pas dissoute mais transformée d'office en EURL.

§ 2 - Causes de dissolution propres aux SARL

• La SARL est dissoute de plein droit lorsqu'elle comprend plus de cent associés pendant une période de deux ans et qu'elle n'a pas été transformée en SA.

• La SARL peut être dissoute par décision du tribunal de commerce à la demande de toute personne intéressée lorsque les associés n'ont pas régulièrement délibéré sur la poursuite de l'activité malgré des capitaux propres inférieurs à la moitié du capital social ou n'ont pas pu régulariser la situation de la société dans le délai de deux ans suivant l'exercice au cours duquel les associés ont constaté les pertes faisant apparaître des capitaux propres inférieurs à la moitié du capital social (C. com., art. L. 223-42).

Section 2 › EFFETS DE LA DISSOLUTION

V. droit commun de la liquidation et du partage, *supra*, p. 113 et s.

Titre 2

L'ENTREPRISE UNIPERSONNELLE À RESPONSABILITÉ LIMITÉE (EURL)

Définition : sous la désignation d'« entreprise unipersonnelle à responsabilité limitée », la loi du 11 juill. 1985 a permis à une seule personne, physique ou morale, d'instituer par un acte unilatéral de volonté, une SARL.

Réglementation : la réglementation applicable aux SARL pluripersonnelles est transposable aux EURL, sauf dispositions particulières à ces dernières (C. civ., art. 1832, al. 2 ; C. com., art. L. 223-1, al. 2, L. 223-5, L. 223-9, al. 3, L. 223-19, al. 3, L. 223-31 et R. 223-25 et 223-26).

Caractères généraux :

- Elle est soumise aux dispositions applicables aux SARL : Son fonctionnement est donc plus contraignant que l'exercice d'une activité à titre personnel. Le passage de l'EURL à la SARL n'emporte pas transformation de société au sens juridique du terme.

- Il n'y a pas d'*affectio societatis* : Mais l'associé unique doit veiller à ce que la société exploite les biens qui lui sont affectés et ne doit pas confondre le patrimoine social avec ses biens personnels.

- Régime fiscal de la société : si l'associé unique est une personne physique, la société est soumise au régime fiscal des sociétés de personnes à moins d'opter pour l'assujettissement à l'impôt sur les sociétés. En revanche, si l'associé unique est une personne morale, la société est de plein droit soumise à l'impôt sur les sociétés.

- Situation sociale de l'associé unique : en principe identique à celle d'un entrepreneur individuel (v. *supra,* p. 64).

Utilité : plus que pour toute autre société, l'EURL réalise juridiquement l'idée d'un patrimoine d'affectation. En effet, elle permet à un entrepreneur d'affecter à une personne morale une partie de ses biens, en limitant en principe sa responsabilité envers les tiers au montant de son apport, sans avoir à recourir, comme avant, à des sociétés pluripersonnelles fictives dont les associés ne sont que des prête-noms de l'entrepreneur principal. Mais la limitation de responsabilité doit être relativisée en cas not. de :

- Cautionnement : en cas d'emprunt par l'EURL, l'établissement prêteur demande, en général, à l'associé unique d'apporter une garantie sur ses biens personnels.

- Procédure collective : l'associé unique risque plus facilement d'être poursuivi pour les fautes qu'il a pu commettre dans la gestion de la société, sur le fondement d'une action en comblement de passif ou de se voir étendre la procédure collective ouverte contre la société pour avoir confondu le patrimoine de celle-ci avec son patrimoine personnel.

L'EURL étant soumise au régime des SARL, déjà exposé, ne seront ci-après développées que les dispositions particulières applicables aux EURL.

Seront successivement examinés la constitution de l'EURL (chapitre 1), le fonctionnement de cette société (chapitre 2) et enfin sa dissolution (chapitre 3).

Chapitre 1 › CONSTITUTION DE L'EURL

Section 1 › MODES DE CONSTITUTION

L'EURL peut être constituée par la volonté unilatérale d'une seule personne mais peut résulter également de la réunion, à la suite d'une cession, par ex., de toutes les parts sociales d'une SARL pluripersonnelle en une seule main.
Afin d'en simplifier le fonctionnement, l'art. L. 223-1 C. com. rend applicable d'office les statuts-types relatifs à l'EURL dont l'associé unique est gérant. Ces statuts s'imposent à moins que l'intéressé ne produise des statuts différents lors de sa demande d'immatriculation.

Section 2 › PERSONNE DE L'ASSOCIÉ UNIQUE

§ 1 - Peut être une personne physique

Cette personne peut être associée unique de plusieurs EURL dans le but, par ex., de compartimenter dans des structures distinctes chacune de ses activités.

§ 2 - Peut être une personne morale

Mais une EURL ne peut pas être associée unique d'une autre EURL (C. com., art. L. 223-5).

Section 3 › LE CAPITAL SOCIAL

Pas de montant minimum. Les règles relatives aux apports sont celles applicables dans les SARL.

Section 4 › L'OBJET SOCIAL

L'activité exploitée par l'EURL peut être industrielle, de service, commerciale ou artisanale. Mais cette structure peut également être utilisée dans le cadre d'autres activités sous la forme par ex. d'une EARL (exploitation agricole à responsabilité limitée), EUSRL (entreprise unipersonnelle sportive à responsabilité limitée) ou SELURL (société d'exercice libéral unipersonnelle à responsabilité limitée).

Section 5 › LA DÉNOMINATION SOCIALE

L'EURL est désignée par une dénomination sociale. Elle doit être précédée ou suivie immédiatement des mots « société à responsabilité limitée » ou des initiales « SARL » (et non pas par EURL car il s'agit d'une SARL constituée par un associé unique) et de l'énonciation du capital social (C. com., art. L. 223-1, al. 3).

Chapitre 2 › FONCTIONNEMENT DE L'EURL

Section 1 › LA GÉRANCE

§ 1 - Personne du gérant

La gérance est généralement assurée par l'associé unique. Elle peut également être confiée à un tiers, ce qui est obligatoirement le cas lorsque l'associé unique est une personne morale.

§ 2 - Statut du gérant

Les conditions de nomination du gérant, la durée de ses fonctions, l'étendue de ses pouvoirs, sa responsabilité sont les mêmes que pour la SARL pluripersonnelle (v. *supra*, p. 152 et s.).

§ 3 - Précautions

A. Gérance confiée à un tiers

Il peut être opportun de soumettre à l'autorisation préalable de l'associé unique la passation d'actes importants.

B. Gérance assumée par l'associé unique

Celui-ci devra veiller à ne pas confondre son patrimoine personnel avec celui de la société et prendre des décisions conformes à l'intérêt de celle-ci.

§ 4 - Rémunération

La gérance est exercée à titre gratuit ou à titre onéreux.

§ 5 - Régime fiscal et social du gérant

V. *supra*, p. 62 et s.

§ 6 - Cumul avec un contrat de travail

Le gérant associé ne peut pas bénéficier d'un contrat de travail au sein de son EURL (absence de lien de subordination). Le gérant non associé peut en principe cumuler (v. *supra*, p. 64).

§ 7 - Obligation particulière

Chaque année, le gérant doit établir les comptes annuels, l'inventaire et son rapport de gestion (C. com., art. L. 223-31).

Section 2 > L'ASSOCIÉ UNIQUE

§ 1 - Décisions sociales

L'associé unique exerce les pouvoirs et prend les décisions dévolues à l'assemblée des associés dans les SARL pluripersonnelles (C. com., art. L. 223-1, al. 2).

Les dispositions relatives à la tenue des assemblées (par voie de consultation par ex.), à la convocation des associés, au vote de ceux-ci et au calcul de majorité des décisions collectives ordinaires ou extraordinaires prévues pour les SARL ne sont pas applicables à l'EURL (C. com., art. L. 223-31, al. 1).

L'associé unique ne peut pas déléguer ses pouvoirs et les décisions qu'il prend doivent être répertoriées dans un registre *(ibid.)*.

L'associé unique approuve les comptes annuels, le cas échéant après rapport des commissaires aux comptes (sur la nomination obligatoire ou facultative de commissaires aux comptes, v. *supra*, p. 80), dans le délai de six mois à compter de la clôture de l'exercice.

§ 2 - Droit d'information

Lorsque la gérance est assurée par un tiers, l'associé unique bénéficie du droit d'information permanent reconnu aux associés des SARL pluripersonnelles (C. com., art. L. 223-31, al. 1 et 223-36, al. 4 ; v. *supra,* p. 155).

§ 3 - Transmission des parts sociales

A. Absence d'agrément

L'associé unique peut céder librement à un tiers tout ou partie de ses droits sociaux, sans devoir respecter, bien évidemment, une procédure d'agrément.

B. Formalités et opposabilité de la cession

La cession doit être constatée par écrit et être notifiée à la société, soit dans les formes de l'art. 1690 C. civ. (signification par huissier ou acceptation de la société dans un acte authentique), soit par le dépôt d'un original de l'acte au siège social contre remise par le gérant d'une attestation de dépôt. Outre les formalités ci-dessus décrites, elle n'est opposable aux tiers qu'après le dépôt au greffe du tribunal de commerce de deux expéditions de l'acte de cession s'il a été établi dans la forme notariée ou de deux originaux s'il est sous seing privé.

§ 4 - Décès de l'associé unique

Il n'entraîne pas, sauf clause contraire des statuts, la fin de la société. Celle-ci continue de plein droit avec le ou les héritiers du défunt auxquels les parts sont transmises. Dans le cas d'une pluralité d'héritiers, la société devient une SARL pluripersonnelle.

Section 3 › CONVENTIONS RÉGLEMENTÉES

Principe : les règles applicables aux conventions conclues entre le gérant ou l'associé unique et la société (conventions courantes, conventions réglementées et conventions interdites) sont les mêmes que celles applicables aux SARL pluripersonnelles (v. *supra,* p. 160).

Exception : pour les conventions réglementées et conclues avec l'associé unique, le gérant ou le commissaire aux comptes (s'il en existe un), n'ont pas à établir de rapport spécial sur lequel l'assemblée des associés doit statuer. La convention est uniquement mentionnée au registre des décisions (C. com., art. L. 223-19, al. 3).

Chapitre 3 › DISSOLUTION DE L'EURL

Section 1 › CAUSES DE DISSOLUTION COMMUNES À TOUTES LES SOCIÉTÉS

Arrivée du terme, réalisation ou extinction de l'objet social, décision de l'associé unique, dissolution judiciaire (v. plus généralement, *supra,* p. 109 et s.).

Section 2 › CAUSES DE DISSOLUTION PROPRES AUX EURL

Ce sont les mêmes que celles qui concernent les SARL (v. *supra*, p. 162) à l'exception de celle relative à la dissolution en raison du dépassement pendant plus de deux ans du nombre de cent associés.

Section 3 › EFFETS DE LA DISSOLUTION

V. droit commun de la liquidation, *supra*, p. 113 et s.

Troisième partie
LES SOCIÉTÉS PAR ACTIONS

Après avoir étudié les caractéristiques générales des sociétés par actions (titre 1), nous examinerons successivement :

– la société anonyme (SA) (titre 2) ;

– la société par actions simplifiée (SAS) (titre 3) ;

– la société en commandite par actions (SCA) (titre 4) ;

– la société européenne (SE) (titre 5).

Titre 1

CARACTÉRISTIQUES GÉNÉRALES DES SOCIÉTÉS PAR ACTIONS

Après avoir analysé la nature juridique des sociétés par actions, ainsi que leur évolution dans l'histoire et les perspectives qui s'offrent à elles dans l'avenir (chapitre 1), il conviendra d'examiner la question de leur financement, en étudiant notamment les valeurs mobilières qu'elles peuvent émettre (chapitre 2).

Chapitre 1 › NATURE ET ÉVOLUTION DES SOCIÉTÉS PAR ACTIONS

> **› L'essentiel**
>
> *Les sociétés par actions sont des sociétés de capitaux, par le fait qu'en principe la personne des associés – qualifiés d'actionnaires – y compte moins que les apports qu'ils ont réalisés. Le risque des actionnaires est limité à leur apport.*
>
> *Depuis très longtemps, le législateur oscille entre un encadrement réglementaire dense et étroit des sociétés par actions et la tentation libérale de laisser davantage de liberté aux associés de ces sociétés. Ces aspirations contraires ont conduit le législateur à créer la SAS, société par actions qui se caractérise par la grande liberté des associés d'aménager son fonctionnement, mais à maintenir la SA dans un carcan légal particulièrement contraignant.*

Section 1 › NATURE JURIDIQUE DES SOCIÉTÉS PAR ACTIONS – SOCIÉTÉS DE CAPITAUX

§ 1 - Principes

• Les sociétés par actions entrent dans la catégorie des sociétés de capitaux : cela parce que, dit-on, les capitaux apportés par les associés importent davantage que la personnalité de ces derniers, contrairement aux sociétés de personnes. Leur caractéristique est précisément de pouvoir rassembler des capitaux importants, permettant de financer des activités économiques de grande envergure.

• Indifférence de la personne des associés : les événements affectant la personne des actionnaires ne se répercutent pas sur l'existence de la société, qui reste indifférente, notamment, au décès ou à l'incapacité de ses membres. Enfin, alors que les parts de sociétés de personnes ou de SARL sont impérativement marquées d'un caractère personnel qui en entrave la cession, les actions sont en principe indépendantes de la personne de leur titulaire et constituent par conséquent des valeurs patrimoniales librement négociables.

§ 2 - Nuances

• Situation générale : si ces remarques apparaissent incontestablement exactes pour les sociétés par actions qui offrent leurs titres financiers au public, notamment pour celles dont les titres sont cotés en bourse, elles méritent en revanche d'être très largement nuancées pour les autres sociétés par actions. Dans de très nombreuses sociétés anonymes, la personne des associés est déterminante, ce qui se traduit par la création de pactes d'actionnaires (v. *supra*, p. 90) et, surtout, l'instauration de dispositions statutaires particulières (clauses d'exclusion, de préemption, ou d'agrément ; cette dernière conduit d'ailleurs à écarter le principe de libre cessibilité des actions).

• Situation particulière des SAS : cet *intuitus personae* est l'un des traits qui caractérise la société par actions simplifiée. La liberté contractuelle, qui est l'autre caractéristique majeure de cette société, permet justement aux fondateurs de traduire juridiquement, par diverses dispositions statutaires, cette prise en compte de la personne des associés.

Section 2 › ÉVOLUTION ET VARIÉTÉ DES SOCIÉTÉS PAR ACTIONS

§ 1 - Code de commerce de 1807

Le Code de commerce connaît à l'origine deux formes de sociétés par actions :

A. La société en commandite par actions :

Peut être librement constituée en raison de la sécurité (qui s'avérera illusoire) que constitue, pour les tiers, l'existence, à côté des actionnaires, d'un ou plusieurs commandités tenus indéfiniment et solidairement des dettes sociales.

B. La société anonyme

Soumise à la nécessité d'une autorisation gouvernementale préalable. Cette exigence ne disparut qu'avec la loi du 24 juill. 1867, qui marque le point de départ historique du développement de la SA et du déclin corrélatif des SCA.

§ 2 - Développement des SA et de leur encadrement légal

La capacité de la société anonyme à mobiliser les capitaux, notamment ceux des épargnants, a conduit les pouvoirs publics à porter à cette société une attention plus grande. La loi du 24 juill. 1966, ainsi que les dispositions législatives et réglementaires qui ont suivi, ont ainsi soumis la SA à une réglementation précise et contraignante, complétée pour celles qui offrent des titres financiers au public, par une réglementation boursière non moins dense.

§ 3 - Évolution libérale

Ce carcan normatif auquel se trouve assujettie la SA a été – et est encore souvent – jugé excessif. En réponse aux nombreux appels en faveur d'une libéralisation, le législateur a créé par la loi du 3 janv. 1994 une nouvelle société par actions, la société par actions simplifiée, dont l'apparition marque un retour en force de la liberté contractuelle en droit des sociétés.

§ 4 - Avenir des sociétés par actions

Il semble – et les praticiens l'ont bien compris – que la SAS (et sa déclinaison unipersonnelle la SASU) a vocation, dans l'esprit du législateur, à devenir la structure fondamentale des sociétés par actions fermées, qui n'offrent pas leurs titres financiers au public. La SA pourrait alors progressivement devenir la structure réservée aux grandes entreprises cotées en bourse. Cependant, le législateur n'a pas encore été jusqu'au bout de cette logique, puisqu'en dépit de l'accroissement notable de la réglementation des SA, les petites et moyennes entreprises peuvent toujours adopter cette forme sociale. Par ailleurs, l'étude de la SA s'impose du fait même que, pour une partie non négligeable du régime juridique de la SAS, le législateur renvoie à la SA (v. *infra,* p. 276). Enfin il convient de noter que la société européenne prend la forme de la société anonyme lorsqu'elle a son siège social en France (v. *infra*, p. 300).

Chapitre 2 › FINANCEMENT DES SOCIÉTÉS PAR ACTIONS

› L'essentiel

Pour leur financement, les sociétés par actions peuvent recourir à divers procédés.

a) Procédés courants :

- *Par les apports effectués par les associés (lors de la constitution de la société ou lors d'une augmentation de capital).*
- *Par les avances en compte courant effectuées par les associés.*
- *Par les emprunts auxquels la société procède elle-même, avec parfois la garantie de ses associés ou de ses dirigeants, ainsi que par le réinvestissement, dans l'activité, des bénéfices qu'elle réalise (autofinancement).*

b) « Titrisation » de certains procédés de financement

Ce qui est particulièrement intéressant avec les sociétés par actions, c'est qu'il leur est permis de transformer en titres (les valeurs mobilières), tant l'apport qui leur est fait (il s'agira notamment d'actions) que l'emprunt qu'elles souscrivent (il peut s'agir alors d'obligations, avec leurs variantes diverses – OBSA, ORA, OCA, OEA... –, ou de titres participatifs ou subordonnés).

c) Offre au public de titres financiers

Ces valeurs mobilières, lorsqu'elles sont émises par certaines sociétés éligibles, et notamment les SA, sont susceptibles d'être placées dans le public, et notamment d'être cotées en bourse, c'est-à-dire de faire l'objet d'une diffusion sur un marché financier réglementé. Mais, en échange des potentialités de financement considérables que présente l'offre de titres financiers au public ou la cotation en bourse, la SA émettrice doit se soumettre, pour la sécurité des épargnants et des opérateurs, à de très nombreuses et très lourdes contraintes, en terme notamment d'information et de transparence. Elle fait par ailleurs l'objet d'une surveillance importante de la part de l'autorité chargée du contrôle et du bon fonctionnement des marchés financiers, l'AMF.

Section 1 › DROIT COMMUN DES VALEURS MOBILIÈRES

§ 1 - Généralités

A. Définition des valeurs mobilières

La notion de valeur mobilière est, dans le droit français, tout à la fois traditionnelle et essentielle puisqu'elle est au cœur de la détermination de règles spécifiques d'émission, de la protection des souscripteurs organisée par le Code de commerce et de certaines opérations contractuelles réglementées par ce même Code.

Elle est toutefois, depuis quelques années, concurrencée par la notion, plus large, d'« *instrument financier* ». Cependant, la notion de valeur mobilière a longtemps résisté, au point que l'ordonnance du 24 juin 2004 s'est intitulée ordonnance

« *portant réforme du régime des valeurs mobilières émises par les sociétés commerciales* » et que l'art. L. 228-1 C. com. a, sur sa base, inclus indirectement en son alinéa 2 une définition des valeurs mobilières en procédant par un renvoi à l'art. L. 211-2 du Code monétaire et financier aux termes duquel « *constituent des valeurs mobilières les titres émis par des personnes morales, publiques ou privées, transmissibles par inscription en compte ou tradition, qui confèrent des droits identiques par catégorie et donnent accès, directement ou indirectement, à une quotité du capital de la personne morale émettrice ou à un droit de créance général sur son patrimoine* ».

B. Intégration des valeurs mobilières dans la catégorie plus large des instruments financiers

L'ordonnance du 8 janv. 2009 a, sans mettre fin à la notion de valeurs mobilières, clairement souligné la supériorité catégorique des instruments financiers en modifiant le contenu de cet art. L. 228-1, al. 2, C. com. puisqu'il est désormais dit dans ce texte que « *les valeurs mobilières sont des titres financiers au sens de l'art. L. 211-1 du Code monétaire et financier, qui confèrent des droits identiques par catégorie* ». En d'autres termes, les valeurs mobilières ne se comprennent aujourd'hui que par rapport aux instruments financiers puisque cet art. L. 211-1C. mon. fin. précise pour sa part :
« *I. – Les instruments financiers sont les titres financiers et les contrats financiers.*
II. – Les titres financiers sont :
– les titres de capital émis par les sociétés par actions ;
– les titres de créance, à l'exclusion des effets de commerce et des bons de caisse ;
– les parts ou actions d'organismes de placement collectif (...) ».

C. Caractéristiques des valeurs mobilières

Il reste que demeurent les caractéristiques des valeurs mobilières, qui sont les suivantes :
– les valeurs mobilières sont des titres négociables, se transmettant selon les procédés simplifiés du droit commercial (aujourd'hui l'inscription en compte) et non suivant celui, plus lourd, de la cession de créance ;
– elles sont fongibles, c'est-à-dire qu'à l'intérieur d'une même émission, elles donnent les mêmes droits et emportent les mêmes obligations ;
– elles sont cotées en bourse ou, tout au moins, susceptibles de l'être ;
– elles sont susceptibles de procurer des revenus, soit parce que leur titulaire est associé, soit parce qu'il est créancier ;
– elles donnent accès, directement ou indirectement, à une quotité du capital de la société émettrice ou à un droit de créance général sur son patrimoine.
On doit ajouter que les valeurs mobilières sont des meubles (C. civ., art. 529), et des meubles incorporels, faute d'avoir une existence matérielle (même si une doctrine estime que l'inscription en compte des valeurs mobilières confère à ces dernières une certaine matérialité, cf. D. Martin).
La qualification de valeurs mobilières reste en principe réservée aux titres émis par des sociétés par actions, notamment les actions et les obligations, les certificats d'investissement, les titres participatifs, les valeurs mobilières « *composées* », les bons « *autonomes* » assimilés à des valeurs mobilières. Toutefois, et par exception, l'ordonnance du 25 mars 2004 a autorisé les SARL à émettre des obligations (v. *supra*, p. 151).

D. Textes applicables aux valeurs mobilières

L'essentiel des dispositions relatives aux valeurs mobilières se trouve dans les art. L. 228-1 à L. 228-106 C. com., dans la rédaction que leur a donnée l'ordonnance du 24 juin 2004.

Le régime des valeurs mobilières repose en outre sur les textes suivants :

– les art. L. 431-4, L. 431-5, L. 211-4 et L. 211-6 du Code monétaire et financier ;

– deux décrets pris pour l'application de l'ordonnance du 8 janv. 2009 relative aux instruments financiers, parachevant ainsi la réforme.

La réforme des instruments financiers, qui a vu le jour en début d'année 2009 dans le cadre de l'ordonnance du 8 janv., a été finalisée par la publication de deux décrets en date du 16 mars 2009. Dorénavant, les instruments financiers répondent à un régime unifié pour leur inscription en compte (C. mon. fin., art. R. 211-1 et s.), le nantissement de comptes-titres (C. mon. fin., art. D. 211-10 à D. 211-14) et la mise en pension de titres financiers (C. mon. fin., art. D. 211-15).

E. Typologie des valeurs mobilières

Les sociétés par actions peuvent émettre :

– des actions et des obligations « ordinaires » ;

– des actions de préférence ;

– des valeurs donnant accès au capital ou donnant droit à l'attribution de titres de créances.

Les titres participatifs sont également des valeurs mobilières, d'un type spécial, destinés à permettre aux entreprises publiques et aux coopératives de compléter la gamme de leurs financements (C. com., art. L. 228-36 à L. 228-37).

Jusqu'à l'ordonnance du 24 juin 2004, il était également possible aux sociétés par actions d'émettre des actions à dividende prioritaire sans droit de vote, des certificats d'investissement ainsi que des actions de priorité. Cette faculté leur est aujourd'hui fermée et les titres déjà émis sont en voie d'extinction. Ces titres ont été remplacés par les actions de préférence (v. *infra*, p. 181 et s.).

§ 2 - Forme des valeurs mobilières

A. Dématérialisation des valeurs mobilières

Le principe légal est que l'ensemble des valeurs mobilières émises en territoire français sont « *dématérialisées* », quel que soit leur émetteur et quelle que soit leur forme, au porteur ou nominative. Elles cessent de faire l'objet, pour leur circulation, d'une représentation physique par des titres imprimés. Les titres sont obligatoirement inscrits dans des comptes tenus par la personne morale émettrice ou par un intermédiaire financier habilité (art. L. 211-4 C. mon et fin.).

B. Forme nominative ou forme au porteur

1. Principes généraux

Les valeurs mobilières émises par les sociétés par actions revêtent la forme de titres au porteur ou de titres nominatifs, sauf pour les sociétés pour lesquelles la loi ou les statuts imposent la seule forme nominative, pour tout ou partie du capital (C. com., art. L. 228-1).

La distinction entre titre nominatif et titre au porteur a perdu sa portée pratique avec l'entrée en vigueur de l'inscription en compte obligatoire des valeurs mobilières (v. *supra*). Toutes les valeurs mobilières nominatives ou au porteur sont inscrites dans des comptes dont les mentions sont identiques. Ces valeurs mobilières se transmettent selon les mêmes modalités par simple virement de compte à compte.

La seule différence notable qui subsiste entre titres nominatifs et titres au porteur réside dans la qualité du teneur des comptes de titres. Les titres nominatifs sont inscrits dans des comptes tenus par la société émettrice, les comptes de titres au porteur sont tenus par un intermédiaire financier (banquier ou PSI v. *infra*, p. 371).

2. Titres au porteur

En principe, seules les valeurs mobilières émises par les sociétés cotées ou assimilées peuvent revêtir la forme au porteur. Il s'agit notamment des actions, obligations, valeurs mobilières « composées », bons « autonomes », actions de SICAV, émises par des sociétés admises au marché réglementé. Toutefois, depuis l'ordonnance du 24 juin 2004, les titres émis par les sociétés non cotées peuvent exceptionnellement se rapprocher de titres au porteur (v. ci-après).

3. Titres nominatifs

Toutes les valeurs mobilières ne rentrant pas dans l'une des catégories précédemment visées doivent revêtir la forme nominative, avec inscription des titres dans des comptes ouverts au nom de leur propriétaire par les sociétés émettrices (C. mon. fin., art. L. 211-4).

Néanmoins, l'ordonnance du 24 juin 2004 a introduit un élément de souplesse pour les sociétés non cotées, avec l'objectif de favoriser la venue d'émetteurs, notamment internationaux, sur le marché non réglementé. En effet, par dérogation, les titres peuvent être inscrits en compte chez un intermédiaire habilité si cela est prévu dans les statuts de la personne morale émettrice lorsqu'il s'agit de titres de capital, ou dans le contrat d'émission, lorsqu'il s'agit d'autres titres (C. com., art. L. 211-4).

Les statuts peuvent toujours imposer la forme nominative des titres émis par la société. En revanche, ils ne peuvent pas imposer, même dans les sociétés cotées, la forme au porteur.

Tout propriétaire de titres faisant partie d'une émission qui comprend à la fois des titres au porteur et des titres nominatifs a, nonobstant toute convention contraire, et sans obtenir l'autorisation de l'émetteur, la faculté de convertir ses titres dans l'autre forme (C. com., art. L. 228-1, al. 4).

§ 3 - Opérations sur les valeurs mobilières

A. Le nantissement

Le nantissement (mise en gage) des valeurs mobilières est soumis au régime applicable à tous les instruments financiers. Le nantissement porte sur un compte spécial qui peut contenir des actions d'une société déterminée ou un ensemble – évolutif – d'instruments financiers (C. mon. et fin., art. L. 211-20 ; v. égal. *supra*, p. 59).

B. La saisie

V. *supra*, p. 59.

C. Le placement

Il s'agit de l'ensemble des opérations par lesquelles une société place ses titres dans le public, notamment par démarchage financier (v. C. mon. et fin., art. L. 341-1 et s.).

Section 2 › DROIT SPÉCIAL DES VALEURS MOBILIÈRES

§ 1 - Les actions

A. Règles générales relatives aux actions

1. Caractéristiques des actions

a) Valeur des actions : il est possible de distinguer différentes valeurs des actions :

• Valeur nominale (ou « pair ») : quote-part du capital social, lui-même constitué par la somme de la valeur nominale des actions. Cette valeur, qui correspond donc à la valeur de l'apport, n'a que peu de signification économique.

• Valeur d'émission : la valeur d'émission des actions, lors d'une augmentation de capital, peut être supérieure à la valeur nominale, pour tenir compte de la valeur économique de la société au moment de l'augmentation de capital. Les souscripteurs devront verser, en sus de leur apport (valeur nominale de l'action) une prime d'émission (v. *infra,* p. 265).

• Valeur vénale : valeur supposée pour laquelle on estime qu'une action trouverait acquéreur si on la vendait. Cette valeur correspond souvent à la valeur « mathématique », ou « comptable » de l'action, c'est-à-dire à la division de l'actif net (actif réel moins passif, tel que cela ressort du bilan) par le nombre d'actions. Valeur toujours délicate à fixer.

• Valeur liquidative : quotient de l'actif net réévalué, par le nombre d'actions, déduction faite des charges liquidatives.

• Valeur boursière : valeur figurant à la cote de l'action, lorsqu'elle est négociée sur un marché réglementé. Cette valeur tient compte de l'offre et de la demande dont l'action est l'objet sur le marché. Lorsqu'elle est inférieure à sa valeur « économique » précitée, la société peut constituer la cible d'une OPA (l'initiateur de l'OPA peut en effet être amené à « payer » la société moins cher que sa valeur réelle). Lorsqu'elle est supérieure, cela signifie que les acquéreurs des actions anticipent sur un avenir prometteur pour la société. Une anticipation irréaliste peut conduire à la création d'une « bulle » spéculative, dont l'éclatement risque d'entraîner un « krach » boursier, c'est-à-dire un effondrement brutal des cours.

b) Propriété des actions

• Principe : L'action fait l'objet d'une inscription en compte de leur propriétaire, compte tenu par la société émettrice ou par un intermédiaire habilité. Il n'y a pas d'incorporation du droit dans un titre.

• Conséquences : il résulte de cette inscription en compte que le titulaire de l'action a un droit personnel de créance contre la société émettrice (créance complexe d'ordre à la fois patrimonial et extrapatrimonial, v. *infra,* p. 212 et s.) et un droit réel sur la valeur représentée par l'inscription en compte.

• Mode et preuve du transfert de propriété : la transmission de l'action se fait par virement de compte à compte (C. mon. et fin., art. L. 211-15). Elle s'opère à la suite d'un ordre de mouvement signé par le cédant, à la vue duquel la société émettrice constate l'opération intervenue et procède au virement des actions du compte du cédant à celui du cessionnaire. Le transfert de propriété résulte de l'inscription en compte des titres au compte-titres de l'acquéreur (C. mon. et fin., art. L. 211-17).

• Démembrement de la propriété : s'il existe le principe de l'indivisibilité de l'action (C. com., art. L. 228-5), la loi a autorisé, sous certaines conditions, le démembrement de l'action en certificat de droit de vote et en certificat d'investissement (C. com., art. L. 228-30 et s. ; mais ces titres sont remplacés par les actions de préférence depuis Ord. 24 juin 2004, v. *infra*, p. 181), et elle permet que le droit réel de propriété sur l'action puisse être collectif (indivision), démembré (partage des droits entre l'usufruitier et le nu-propriétaire), mis en gage (nantissement) ou encore saisi (voie d'exécution).

c) Négociabilité des actions : la société anonyme est une société de capitaux, dans laquelle – en principe – la personne des associés importe peu. Les actions sont donc – en principe également – librement négociables et peuvent être cédées sans que soient respectées les formalités de la cession de créance (C. civ., art. 1690), la cession étant rendue opposable à la société, comme on l'a dit, par inscription dans le « compte titres » tenue par celle-ci ou par un intermédiaire habilité. Mais un certain nombre de restrictions – légales, statutaires ou conventionnelles – peuvent venir limiter la libre négociabilité de l'action (v. *infra,* p. 215).

2. Diversité des actions

a) Les actions selon leur forme : les actions peuvent revêtir soit la forme nominative, soit la forme au porteur (v. *supra*).

b) Les actions selon la nature de l'apport qu'elles représentent. On distingue (C. com., art. L. 225-3 et L. 228-7) :
– l'action de numéraire : elle est la contrepartie d'un apport en numéraire, c'est-à-dire dont le montant est libéré en espèce ou par compensation de créance ;
– l'action d'apport : elle est remise en contrepartie d'un apport en nature.
La distinction tient au fait que l'action d'apport doit être intégralement libérée dès son émission, alors que l'action de numéraire peut en principe n'être libérée, lors de la souscription, que de la moitié de sa valeur nominale.

c) Les actions selon les droits qu'elles confèrent. Les principales distinctions sont les suivantes :
– actions de capital et actions de jouissance (C. com., art. L. 225-198 et s.) : les actions de capital font bénéficier leur titulaire de la plénitude des droits pécuniaires qu'elles comportent, alors que les actions de jouissance appartiennent à des actionnaires qui ont récupéré le montant de leur apport, sans que le capital n'ait été réduit (amortissement). Ils sont toujours actionnaires, mais détiennent, à la place de

leur action primitive, des actions de jouissance qui ont perdu leur droit au premier dividende et au remboursement de leur valeur nominale représentative de l'apport. L'amortissement du capital n'est que très peu pratiqué, notamment pour des raisons fiscales (v. *infra*, p. 269) ;
– actions ordinaires et actions de priorité Depuis l'ordonnance du 24 juin 2004, les actions de priorité sont remplacées par les actions de préférence (v. ci-après) ;
– actions à dividendes prioritaires sans droit de vote (ADPSV) : Depuis l'ordonnance du 24 juin 2004, les ADPSV sont remplacées par les actions de préférence (v. ci-après) ;
– actions à droit de vote double : bien que le droit de vote soit en principe proportionnel à la quotité représentée par les actions souscrites, et que chaque action donne droit à une voix au moins, la loi admet la faculté d'attribuer des actions avec un droit de vote double, sous certaines conditions strictes (C. com., art. L. 225-123).

B. Les actions de préférence

1. Présentation générale

Les actions de préférence constituent une innovation majeure, souhaitée par la pratique et notamment les investisseurs en capital-risque, et introduite par l'ordonnance du 24 juin 2004 (C. com., art. L. 228-11 et s). Le décret du 10 févr. 2005 rend applicable les mesures de cette ordonnance et vient préciser certains points, relatifs notamment à l'information des actionnaires.
Il existait déjà des titres de capital assortis de droits particuliers, mais ces multiples titres (actions de priorité, actions à dividende prioritaire sans droit de vote, certificats d'investissement, v. ci-dessus) étaient régis par des règles différentes, souvent complexes. À la place de ces titres, qui disparaissent progressivement, l'ordonnance crée les actions de préférence, nouvelle catégorie de titres de capital, pouvant offrir des droits particuliers très variés et obéissant à un régime unique plus souple.
Les actions de préférence pourront être émises dans toutes les sociétés par actions (SA, SCA, SAS), qu'elles soient cotées ou non.
Si les facilités et libertés ainsi consenties au travers de ces instruments favorisent la créativité des praticiens, tout n'est pas permis : il faut compter avec l'ordre public sociétaire, textuel ou virtuel (par ex. prohibition des clauses léonines ou des clauses d'intérêt fixe, hiérarchie et autonomie des organes sociaux, réglementation du droit de vote, autonomie des personnes morales…).

2. Droits particuliers attachés aux actions de préférence

a) Texte : peuvent être créées « des actions de préférence, avec ou sans droit de vote, assorties de droits particuliers de toute nature, à titre temporaire ou permanent » (C. com., art. L. 228-11, al. 1).

b) Difficulté : les « droits particuliers » visés par ce texte sont-ils nécessairement des avantages ? ; pourrait-il y avoir des actions de préférence dotées de prérogatives inférieures à celle des autres actions (not. ordinaires) ? La doctrine est divisée. Il semble cependant que si les actions de préférence peuvent être assorties d'obligations particulières (par ex. engagement de laisser des fonds en compte courant, ou de répondre à certains appels de fonds…), elles ne peuvent totalement se ramener à un « antiprivilège ».

c) Modalités : les droits particuliers doivent être exprimés et définis par les statuts (ce qui a des conséquences en terme de publicité et d'opposabilité, différentes des pactes d'actionnaires, v. *supra*, p. 90).

d) Droits particuliers de caractère financier : droit privilégié sur les dividendes (préciputaire, cumulatif, déterminé ou déterminable, progressif ou dégressif, certain ou conditionnel, forfaitaire ou variable…) ; droit « renforcé » au boni de liquidation ; droit de rachat prioritaire…

e) Droits particuliers de caractère non financier

• Droit de vote : le droit de vote attaché aux actions de préférence est très encadré, l'art. L. 228-11, C. com. commandant le respect des art. L. 225-122 à L. 225-125 (proportionnalité du droit de vote au capital détenu, conditions d'attribution d'un droit de vote double, plafonnement des droits de vote, prohibition des droits de vote multiples). Possibilité de créer des actions sans droit de vote (dans la limite maximale de la moitié du capital social pour les sociétés non cotées et du quart pour les sociétés cotées ; sous peine de nullité de l'émission).

• Autres droits possibles : association au pouvoir de décision, avec attribution de sièges dans certains organes (conseil d'administration par ex.) ; soumission à l'autorisation par les porteurs d'actions de préférence de certaines opérations déterminées ; droit de veto sur certaines décisions (mais l'octroi d'un tel droit ne fait pas l'unanimité en doctrine) ; information renforcée ; droit de préemption…

f) Situation des groupes de sociétés

• Texte : l'art. L. 228-13, C. com. prévoit que les titulaires d'actions de préférence peuvent exercer les droits particuliers attachés à ces titres, non seulement dans la société émettrice desdits titres, mais également dans une filiale détenue à plus de 50 %, ou dans sa société mère qui la détient à plus de 50 %. La forme de la société tierce est indifférente (ce peut être même une société civile).

• Modalités : outre la décision de création des actions de préférence par la société émettrice, une décision d'autorisation par la société tierce est nécessaire, par laquelle celle-ci reconnaît l'existence des actions et l'opposabilité des droits particuliers dont elles sont dotées (C. com., art. L. 228-13, al. 2). S'y ajoute la nécessité d'un rapport spécial des commissaires aux comptes des sociétés concernées (al. 3).

• Difficultés : la mise en œuvre de cette faculté légale est très délicate ; l'exercice de droits dans une société autre que l'émettrice des actions auxquels ils sont attachés devra, pour être licite, éviter notamment : de permettre l'exercice du vote ou un droit de veto dans la société tierce (puisque le porteur du titre n'y est pas actionnaire) ; de porter atteinte à l'intérêt social de la société tierce ou au secret de ses affaires…

3. Régime des actions de préférence

a) Création des actions de préférence : elles peuvent :

– Être émises lors de la création de la société ou en cours de vie sociale, par augmentation de capital.

– Résulter de la conversion d'actions ordinaires ou de titres en voie d'extinction (not. action à dividende prioritaire sans droit de vote, certificats d'investissement).

– Traduire une distribution de dividendes.

L'assemblée générale extraordinaire est seule compétente pour décider l'émission des actions de préférence, au vu d'un rapport spécial des commissaires aux comptes (C. com., art. L. 228-12). La création des actions de préférence donne lieu à l'application de la procédure des avantages particuliers (v. *infra*, p. 206) lorsque les actions sont émises au profit d'un ou de plusieurs actionnaires nommément désignés (C. com., art. L. 228-15).

b) Protection des porteurs d'actions de préférence : certaines décisions peuvent être de nature à affecter le sort des actionnaires de préférence, d'où la nécessité de sauvegarder leurs droits. Pour ce faire, les porteurs d'actions de préférence sont tout d'abord constitués en assemblées spéciales (C. com., art. L. 228-19). Ensuite, la décision d'une assemblée générale de modifier les droits relatifs à une catégorie d'actions n'est définitive qu'après approbation par l'assemblée des actionnaires de cette catégorie (C. com., art. L. 225-99, al. 2). Enfin, les porteurs d'actions de préférence ont la faculté de donner mission à l'un des commissaires aux comptes de la société d'établir un rapport spécial sur le respect par la société des droits particuliers attachés à ces actions (C. com., art. L. 228-19).

c) Disparition des actions de préférence – échange : les actions de préférence peuvent être converties en actions ordinaires ou en actions de préférence d'une autre catégorie (C. com., art. L. 228-14). Elles peuvent également être rachetées par la société, selon certaines modalités (C. com., art. L. 228-12 et L. 228-20). Enfin, en cas de fusion ou scission, les actions de préférence peuvent être échangées contre des actions des sociétés bénéficiaires du transfert du patrimoine, comportant des droits particuliers équivalents (C. com., art. L. 228-17).

§ 2 - Les obligations

A. Vue générale sur les obligations

1. Définition

Les obligations sont des valeurs mobilières représentatives d'un emprunt effectué par la société émettrice, émises sous forme de titres négociables, et qui, dans une même émission, confèrent les mêmes droits de créance pour une même valeur nominale. Le porteur d'une ou de plusieurs obligations est donc un créancier de la société (C. mon. fin., art. L. 213-5).

2. Diversité

Les obligations revêtent la forme de titres au porteur ou de titres nominatifs (C. com., art. L. 228-1). En revanche, les obligations émises par les sociétés non cotées doivent être en principe nominatives (C. mon. fin., art. L. 211-4 ; V. cep. *supra*).

Les obligations, qu'elles soient au porteur ou nominatives, se cèdent de la même manière, par virement de compte à compte (C. com., art. L. 228-1, al. 9).

Par ailleurs, le Code de commerce a visé pendant longtemps, pour les doter d'un régime partiellement spécifique, plusieurs types d'obligations très appréciés de la pratique : les obligations convertibles en actions, les obligations échangeables contre des actions et les obligations avec bons de souscription d'actions. L'Ordo.

24 juin 2004 a désormais choisi de traiter ces obligations comme les autres valeurs mobilières composées, à travers un régime juridique commun (v. *infra*, p. 190 et s.).

B. Régime de l'émission d'obligations

1. Conditions à réunir par les entités émettrices

L'émission peut avoir lieu avec ou sans offre au public (sur les formalités particulières au cas particulier d'offre au public d'obligations, v. C. com., art. R. 228-57 et C. mon. et fin., art. L. 412-1). Elle peut être réalisée par souscription, qui est une sollicitation directe de personnes déterminées sans publicité ni tiers intermédiaire.

Une société qui n'a pas deux ans d'existence ou encore qui n'a pas établi deux bilans régulièrement approuvés peut émettre des obligations, mais à condition que cette émission soit précédée d'une vérification d'actif et de passif par un commissaire aux apports (C. com., art. L. 228-39).

Un GIE peut émettre des obligations sous réserve que les sociétés qui le composent satisfassent aux conditions qui viennent d'être énoncées (C. com., art. L. 251-7).

Depuis Ordo. 25 mars 2004, les SARL peuvent émettre, sous certaines conditions, des obligations (v. *supra*, p. 151).

Les associations qui exercent une activité économique effective depuis au moins deux ans peuvent émettre des obligations à condition de respecter les conditions fixées par la loi du 11 juill. 1985. Ces associations doivent demander leur immatriculation au registre du commerce et des sociétés après décision de l'assemblée d'émettre des obligations.

2. Organe compétent dans les sociétés par actions

Jusqu'à l'ordonnance du 24 juin 2004, l'assemblée générale des actionnaires avait une compétence réservée sur ce point. Pour répondre aux vœux de la pratique, soulignant que les obligations simples étaient désormais un produit financier courant, cette ordonnance a innové en déterminant un régime unique d'émission, applicable dans toutes les sociétés par actions, et simplifié, puisque la compétence de principe revient désormais, selon le cas, au conseil d'administration, au directoire ou aux gérants (C. com., art. L. 228-40).

En compensation, l'art. L. 225-100 C. com. a accru le droit d'information des actionnaires : le rapport présenté par le conseil d'administration ou le directoire à l'assemblée doit comprendre une analyse objective et exhaustive de l'endettement de la société, au regard du volume et de la complexité des affaires.

Toutefois, lorsque les obligations donnent accès au capital ou droit à l'attribution de titres de créances, leur émission doit être décidée par l'assemblée générale extraordinaire des actionnaires (C. com., art. L. 228-92).

3. Infractions relatives aux émissions d'obligations

Plusieurs infractions pénales liées à l'émission d'obligations abrogées par L. 15 mai 2001 et Ordo. 24 juin 2004. Mais pas toutes (v. art. L. 245-9 C. Com. qui punit d'une amende de 9 000 euros le fait, pour les dirigeants d'une société par actions d'émettre des obligations négociables qui, dans une même émission, ne confèrent pas les mêmes droits de créance pour une même valeur nominale).

C. Droit des obligataires

1. Droits pécuniaires

La nature et l'étendue des droits attachés aux obligations sont en principe déterminées par le contrat d'émission.

En effet, celui-ci prévoit :

a) Les intérêts servis : taux déterminé dans le contrat d'émission, mais peut être modifié en cours d'emprunt, sur proposition de la société, avec l'accord de l'assemblée générale des obligataires (C. com., art. L. 228-65, 5o). Modalités de paiement fixées par le contrat d'émission. Il est possible de créer des obligations indexées (C. mon. et fin., art. L. 112-1 à L. 112-4).

b) Les modalités de remboursement de l'emprunt : doivent être précisées dans le contrat d'émission. En principe, la société émettrice ne peut pas imposer – ni les obligataires exiger – le remboursement anticipé des obligations. Mais les cas de remboursement anticipé demeurent cependant fréquents, soit que celui-ci ait été prévu par une clause du contrat d'émission (C. com., art. L. 228-75) ; soit parce que la société est tenue au remboursement lorsqu'elle passe outre au refus de l'assemblée générale extraordinaire des obligataires d'une même masse d'approuver certaines opérations (C. com., art. L. 228-72 et R. 228-79) ; soit en cas de dissolution anticipée de la société, non provoquée par une fusion ou une scission, l'assemblée des obligataires pouvant alors exiger le remboursement des obligations, et la société l'imposer (C. com., art. L. 228-76).

2. Droits politiques

a) Droit d'information

Le représentant de la masse des obligataires jouit des mêmes droits de communication que l'actionnaire lui-même (C. com., art. L. 228-55). En revanche, les obligataires ne sont pas admis individuellement à exercer un contrôle sur les opérations de la société ou à demander communication des documents sociaux (C. com., art. L. 228-70).

Les porteurs d'obligations peuvent prendre, personnellement ou par l'intermédiaire d'un mandataire, connaissance ou copie du texte des résolutions qui seront proposées et des rapports qui seront présentés aux assemblées générales d'obligataires. Ces documents sont tenus à leur disposition, soit au lieu du siège de la société débitrice, soit au lieu de la direction administrative, soit en tout autre lieu fixé par la convocation.

En outre, les obligataires ont le droit de prendre, à toute époque, connaissance ou copie des procès-verbaux et des feuilles de présence des assemblées générales de leur masse, au lieu du dépôt choisi par ladite assemblée directement ou par l'intermédiaire d'un mandataire (C. com., art. L. 228-69 et R. 228-76).

b) Droit d'accès aux assemblées d'obligataires

Le droit d'assister aux assemblées générales réunissant les obligataires faisant partie d'une même masse et d'y exercer le droit de vote appartient à tout propriétaire d'obligations, même amorties et non remboursées par suite de la défaillance de la société débitrice ou en raison d'un litige sur les conditions de remboursement (C. com., art. L. 228-61).

Le droit de participer aux assemblées peut être subordonné, soit à l'inscription de l'obligataire sur le registre des obligations nominatives de la société, soit au dépôt, aux lieux indiqués par l'avis de convocation, des obligations au porteur ou d'un certificat de dépôt délivré par le dépositaire de ces obligations.

En principe, les obligataires ont le droit de se faire représenter par un mandataire librement choisi (C. com., art. L. 228-61, al. 2). Mais la loi édicte certaines incompatibilités ou incapacités (C. com., art. L. 228-62 et L. 228-63).

c) Droit de vote dans les assemblées d'obligataires

En vertu de l'art. L. 228-67 C. com., le droit de vote attaché aux obligations est proportionnel à la quotité du montant de l'emprunt qu'elles représentent. Chaque obligation donne droit à une voix au moins. Aucune obligation ne peut conférer un droit de vote double ou plural.

Une société détentrice directement d'au moins 10 % du capital de la société débitrice ne peut voter avec les obligations qu'elle détient (C. com., art. L. 228-61, al. 7). Le non-respect de cette interdiction exceptionnelle de vote est sanctionné pénalement.

La loi organise le vote par correspondance ainsi que le vote par visioconférence ou d'autres moyens de télécommunication permettant l'identification des obligataires (C. com., art. L. 228-61 al. 3, 4 et 5). D'une manière générale toutes les dispositions que la partie réglementaire du Code de commerce prévoit en ces domaines pour les assemblées d'actionnaires s'appliquent aux assemblées d'obligataires (C. com., art. R. 228-68).

D. Masse des obligataires – représentants – assemblées

Principe : La rémunération des représentants de la masse ainsi que les frais de convocation, de tenue des assemblées des obligataires, de publicité de leurs décisions et les frais résultant de la désignation judiciaire de représentants de la masse et de l'homologation judiciaire des décisions des assemblées générales extraordinaires des porteurs d'obligations, sont à la charge de la société.

1. Masse des obligataires

Sauf dispense exceptionnelle de masse et d'assemblées d'obligataires (C. com., art. L. 228-90), les porteurs d'obligations d'une même émission sont, pour la défense collective de leurs intérêts, groupés de plein droit en une masse qui jouit de la personnalité civile (C. com., art. L. 228-46, al. 1er) et est représentée par un ou plusieurs mandataires (C. com., art. L. 228-47).

Il peut donc y avoir, au sein d'une même société, autant de masses et d'assemblées générales des obligataires que d'émissions d'emprunt obligataire L'art. L. 228-61, al. 1er C. com. précise que, s'il existe plusieurs masses, elles ne peuvent en aucun cas délibérer au sein d'une assemblée commune, sauf exception.

Toutefois, l'al. 2 de l'art. L. 228-46 C. com. autorise les sociétés ayant recours aux émissions successives d'obligations, à grouper en une masse unique les porteurs d'obligations disposant de droits identiques.

2. Représentant de la masse

a) Statut

La masse d'obligataires est représentée par un ou plusieurs mandataires, trois au maximum (C. com., art. L. 228-47), qui peuvent être une personne physique, une association ou une société. S'il s'agit d'une personne morale, elle désigne une personne physique habilitée à agir en son nom. Le représentant-mandataire doit avoir la nationalité française ou être ressortissant d'un État membre de la Communauté européenne et être domicilié ou avoir son siège sur le territoire français (C. com., art. L. 228-48). Le choix des représentants de la masse, libre en principe, comporte certaines limites (C. com., art. L. 228-49), dont le respect est sanctionné pénalement (C. com., art. L. 245-12).

Les personnes ayant accepté la fonction de représentant de la masse malgré les incompatibilités ou interdictions dont elles sont frappées peuvent être pénalement sanctionnées (C. com., art. L. 245-12 et L. 245-15).

b) Nomination

Les représentants de la masse peuvent être désignés dans le contrat d'émission (C. com., art. L. 228-47) ou par l'assemblée générale ordinaire des obligataires dans le délai d'un an à compter de la date d'émission et, au plus tard, un mois avant le premier amortissement prévu (C. com., art. L. 228-47, L. 228-51, al. 1er et R. 228-60, al. 2).

En cas d'urgence et, plus particulièrement, en ce qui concerne les sociétés qui offrent leurs obligations au public, les représentants de la masse sont désignés, à la demande de tout intéressé, par le président du tribunal de grande instance statuant en référé (C. com., art. L. 228-50 et L. 228-51, al. 2 et R. 228-60, al. 1er).

Tout intéressé a le droit d'obtenir, au siège de la société débitrice, les noms et adresses des représentants de la masse (C. com., art. R. 228-64).

c) Cessation des fonctions

La loi ne précise pas la durée pour laquelle le représentant de la masse est investi de son mandat par l'assemblée générale. Il semble que l'assemblée générale soit libre de prévoir ou non une durée déterminée. En revanche, lorsqu'il est nommé par décision judiciaire, ses fonctions prennent fin lors de la première réunion de l'assemblée générale ordinaire des obligataires (C. com., art. R. 228-60).

Le représentant de la masse peut être relevé de ses fonctions par l'assemblée générale ordinaire des obligataires (C. com., art. L. 228-52) ; il peut renoncer à son mandat, en notifiant sa démission à la société débitrice par lettre recommandée avec demande d'avis de réception (C. com., art. R. 228-62).

d) Rémunération

Le montant de la rémunération est fixé soit par l'assemblée générale des obligataires, soit, lorsque le représentant de la masse est désigné dans le contrat d'émission, dans ce contrat lui-même (C. com., art. L. 228-56).

À défaut de ces modalités de fixation, ou en cas de contestation, le président du tribunal de grande instance, statuant sur requête, à la demande de la société ou du représentant de la masse intéressée, fixe la rémunération ou en réduit le montant, selon le cas (C. com., art. L. 228-56 et R. 228-63).

Sans préjudice de l'action en responsabilité contre les mandataires sociaux ou le représentant de la masse, toute décision accordant à ce dernier une rémunération en violation des dispositions de l'art. L. 228-56 C. com. est nulle (C. com., art. L. 228-56, al. 3).

e) Pouvoirs du représentant

Les représentants de la masse ont le pouvoir d'accomplir au nom de la masse tous les actes de gestion pour la défense des intérêts communs des obligataires. Leur pouvoir ne peut être limité qu'en vertu d'une décision de l'assemblée générale des obligataires. Mais ils ne peuvent s'immiscer dans la gestion des affaires sociales (C. com., art. L. 228-53 et L. 228-55).

Afin de faciliter l'exercice de leur mission, la loi leur permet d'assister aux assemblées générales des actionnaires, sans voix délibérative. En outre, ils jouissent du même droit d'information que les actionnaires, en ce sens qu'ils peuvent obtenir communication des documents mis à la disposition de ceux-là, dans les mêmes conditions (C. com., art. L. 228-55).

En plus des pouvoirs généraux, qui leur sont propres et dont ils disposent en permanence, les représentants de la masse peuvent aussi être autorisés par l'assemblée générale des obligataires à engager, au nom des obligataires, les actions en nullité de la société ou des actes et délibérations postérieurs à sa constitution. De même, ils engagent, sur autorisation, toutes actions ayant pour objet la défense des intérêts communs des obligataires et provoquent une décision judiciaire ayant pour objet de fixer les modalités de la liquidation de la société (C. com., art. L. 228-54, al. 1er et L. 237-14, al. 2, 3o).

À l'inverse les actions en justice dirigées contre l'ensemble des obligataires d'une même masse sont intentées contre le représentant de celle-là, à peine d'irrecevabilité déclarée d'office (C. com., art. L. 228-54, al. 2 et 3).

Par ailleurs, les représentants de la masse interviennent, mandatés à cet effet par l'assemblée générale des obligataires, pour former opposition au projet adopté par la société émettrice d'obligations de réduire son capital social, sans que cette mesure soit motivée par des pertes (C. com., art. L. 225-205, al. 1er). En cas de projet de fusion, l'assemblée des obligataires peut donner mandat aux représentants de la masse de former opposition à la fusion envisagée, ceci tant dans la société absorbante (C. com., art. L. 236-15) que dans la société absorbée (C. com., art. L. 228-73). Cette opposition produit les effets prévus à l'art. L. 236-14 C. com. (v. *infra*, p. 324).

3. Assemblées générales d'obligataires

a) Convocation

Le pouvoir de convoquer les assemblées générales des obligataires appartient au conseil d'administration, au directoire ou aux gérants, selon le cas. Pendant la période de liquidation, il est exercé par les liquidateurs. L'art. L. 228-58, al. 1er, C. com. confère le même pouvoir aux représentants de la masse.

La loi autorise les obligataires minoritaires, lorsqu'ils réunissent au moins le trentième des titres d'une masse, à adresser à la société ou au représentant de la masse une demande de convocation de l'assemblée générale des obligataires, en indiquant l'ordre du jour à soumettre à cette assemblée. En cas de résistance, les requérants peuvent charger l'un d'entre eux de demander au président du tribunal de grande instance, statuant en référé, de désigner un mandataire chargé de convoquer l'assemblée en cause (C. com., art. L. 228-58 et R. 228-65).

La convocation des assemblées générales d'obligataires est faite dans les mêmes conditions de forme et de délai que celles prévues pour les assemblées d'actionnaires (C. com., art. L. 228-59, al. 1er).

Toute assemblée irrégulièrement convoquée peut être annulée mais l'action en nullité n'est pas recevable lorsque tous les obligataires de la masse intéressée étaient présents ou représentés (C. com., art. L. 228-59, al. 2).

b) Quorum et majorité

Les règles de quorum sont celles applicables aux assemblées générales ordinaires d'actionnaires (C. com., art. L. 228-65, II renvoyant à L. 225-98, al. 2.). Sur première convocation, un quorum est donc exigé : il faut, en effet, que les obligataires présents ou représentés possèdent au moins un cinquième des obligations ayant le droit de vote. En revanche, sur deuxième convocation, aucun quorum n'est requis.

La majorité requise est celle des deux tiers des voix dont disposent les porteurs présents ou représentés (C. com., art. L. 228-65, II).

c) Tenue de l'assemblée

A chaque assemblée est tenue une feuille de présence et les décisions prises sont constatées par procès-verbal, signé par les membres du bureau et conservé au siège social dans un registre spécial (C. com., art. L. 228-60-1 ; sur la sanction pénale de cette obligation, v. C. com., art. L. 245-13).

L'assemblée ne peut délibérer que sur les questions inscrites à l'ordre du jour. Celui-ci est arrêté par l'auteur de la convocation. Néanmoins, lorsque l'assemblée est convoquée par un mandataire désigné en justice, l'ordre du jour est fixé par le président du tribunal de grande instance (C. com., art. R. 228-65).

En outre, les obligataires minoritaires réunissant au moins le trentième des titres d'une masse ont la faculté de requérir de l'auteur de la convocation l'inscription à l'ordre du jour de projets de résolution. Inscrits à l'ordre du jour, ces projets sont soumis par le président de séance au vote de l'assemblée (C. com., art. L. 228-60).

d) Pouvoirs des assemblées générales d'obligataires

L'assemblée générale délibère sur toutes mesures ayant pour objet d'assurer la défense des obligataires et l'exécution du contrat d'emprunt ainsi que sur toute proposition tendant à la modification de ce contrat (C. com., art. L. 228-65).

Son pouvoir de décision s'étend d'abord à tout ce qui a trait aux représentants de la masse : leur nomination et leur révocation, la durée de leur fonction, leur suppléance, la fixation de leurs pouvoirs et de leur rémunération (C. com., art. L. 228-52 à L. 228-56).

L'autorisation de l'assemblée générale est, de plus, nécessaire afin que les représentants de la masse puissent valablement intenter des actions en nullité de la société ou des actes et délibérations postérieurs à sa constitution, ou bien agir judiciairement en vue de défendre les intérêts communs des obligataires (C. com., art. L. 228-54).

L'assemblée générale ne peut accroître les charges des obligataires ou obtenir un traitement inégal entre les obligataires d'une même masse. Elle ne peut non plus décider la conversion des obligations ordinaires en actions (C. com., art. L. 228-68).

e) Cas particulier de la modification du contrat d'émission

Aux termes de l'art. L. 228-65 C. com., l'assemblée générale délibère sur toute proposition tendant à la modification du contrat d'émission, et not. :

– relative à la modification de l'objet ou de la forme de la société ;

– de compromis ou de transaction sur les droits litigieux ou ayant fait l'objet de décisions judiciaires ;

– de fusion ou de scission de la société dans les cas prévus aux art. L. 236-13 et L. 236-18C. com., art. L. 236-13 et L. 236-18 ;

– relative à l'émission d'obligations comportant un droit de préférence par rapport à la créance des obligataires composant la masse ;
– relative à l'abandon total ou partiel des garanties conférées aux obligataires, au report de l'échéance du paiement des intérêts et à la modification des modalités d'amortissement ou du taux des intérêts.

Si l'assemblée générale n'approuve pas les propositions relatives, soit à la modification de l'objet ou de la forme de la société, soit à l'émission d'obligations comportant un droit de préférence par rapport à la créance des obligataires composant la masse, le conseil d'administration, le directoire ou les gérants de la société débitrice peuvent passer outre, en offrant de rembourser les obligations.

En cas de dissolution anticipée de la société, l'assemblée générale peut exiger le remboursement des obligations et la société peut l'imposer, à moins que la dissolution ne soit due à une fusion ou à une scission (C. com., art. L. 228-76).

Sur les infractions relatives aux assemblées des obligataires, v. C. com., art. L. 245-11, 1° et 2°.

§ 3 - Les valeurs mobilières donnant accès au capital ou donnant droit à l'attribution de titres de créance

A. Situation antérieure à l'ordonnance du 24 juin 2004

Depuis trente ans les valeurs mobilières ouvrant droit pour leurs titulaires à l'attribution de titres représentant une quantité de capital se sont fortement développées. Ainsi sont apparues notamment diverses valeurs mobilières complexes, dont certaines faisaient l'objet d'un régime spécifique (les autres relevant des dispositions générales de l'art. L. 228-91 C. com.) : les obligations convertibles en actions (OCA), les obligations remboursables en actions (ORA), les obligations avec bons de souscription d'actions, les obligations convertibles et/ou échangeables en actions nouvelles ou existantes ou encore les obligations à bons de souscription d'actions remboursables (OBSAR). De même, ont prospéré les bons de souscription d'actions (BSA), donnant droit de souscrire à une augmentation de capital à réaliser par la société émettrice.

B. Situation depuis l'ordonnance du 24 juin 2004

En vue de simplifier le régime de ces titres, ce texte a soumis à un régime juridique unique et simplifié toutes les valeurs mobilières qui donnent accès au capital ou qui donnent droit à l'attribution de titres de créance. Ce régime juridique est prévu aux art. L. 228-91 à L. 228-97 C. com. Il est complété par quelques articles spécifiques aux valeurs mobilières donnant accès au capital : les art. L. 228-98 à L. 228-106 C. com.

Les dispositions spéciales antérieures sont abrogées, sous réserve du maintien des droits des titulaires définis par le contrat d'émission, lorsque celui-ci est antérieur à l'entrée en vigueur de l'ordonnance.

1. Principe de liberté

À la différence du texte antérieur, qui évoquait en détail le processus juridique d'élaboration des valeurs composées, l'art. L. 228-91, al. 1er C. com. indique que « *les sociétés par actions peuvent émettre des valeurs mobilières donnant accès au capital ou donnant droit à l'attribution de titres de créance* ».

De cette formule très large, découle un principe de liberté dans la création de ces valeurs, qui s'exprime ainsi :

– une société par actions peut émettre des valeurs mobilières donnant droit à l'attribution de titres de capital de la société qui possède directement ou indirectement plus de la moitié de son capital ou de la société dont elle possède directement ou indirectement plus de la moitié de son capital ;

– le contrat d'émission peut prévoir que les valeurs mobilières et les titres de capital ou de créance auxquels ces valeurs donnent droit ne peuvent être cédés et négociés qu'ensemble ;

– les valeurs mobilières donnant droit à l'attribution de titres de capital ou de titres de créance peuvent être constituées par des actions de préférence ;

– les valeurs mobilières peuvent donner droit à l'attribution d'actions de préférence.

2. Possibilité maintenue de créer des bons de souscription d'actions (BSA)

L'art. L. 228-91 C. com. précise que les sociétés par actions peuvent émettre des « *valeurs mobilières donnant accès au capital ou donnant droit à l'attribution de titres de créance* ». Cela permet toujours l'émission de bons de souscription d'actions (BSA).

3. Émission dans le cadre d'un groupe de sociétés

Aux termes de l'art. L. 228-93 C. com., une filiale peut attribuer des titres de capital de sa société mère et inversement. À peine de nullité, l'émission doit être autorisée par l'assemblée générale extraordinaire de la société appelée à émettre ces valeurs mobilières et par celle de la société au sein de laquelle les droits sont exercés, dans les conditions prévues par l'art. L. 228-92.

4. Décision d'émission

Aux termes de l'art. L. 228-92 du C. com., la décision d'émission de valeurs mobilières donnant accès au capital ou donnant droit à l'attribution de titres de créance est prise par l'AGE des actionnaires (art. L. 225-129 à L. 225-129-6) ou déléguée par elle au conseil d'administration ou au directoire.

5. Protection des titulaires de valeurs mobilières donnant accès au capital

Les art. L. 228-98 à L. 228-106 C. com. comportent des dispositions propres aux valeurs mobilières donnant accès au capital, destinées à assurer la protection des porteurs de ces titres (lesquels sont groupés de plein droit, pour la défense de leurs intérêts communs, en une masse dotée de la personnalité morale), notamment à l'égard d'opérations qu'envisagerait la société émettrice et qui seraient de nature à compromettre leurs intérêts.

a) Certaines opérations sont ainsi en principe interdites (art. L. 228-104), sauf si elles sont prévues dans le contrat d'émission ou réalisées dans les conditions de l'art. L. 228-103 (autorisation de l'assemblée générale des titulaires de valeurs mobilières donnant accès au capital) :

– modification de sa forme ou de son objet ;
– modification des règles de répartition des bénéfices, amortissement du capital, création d'actions de préférence entrainant une telle modification ou un tel amortissement ;

b) D'autres donnent lieu à des mesures de protection particulières. Ainsi, l'art. L. 228-98, al. 4 C. com. prévoit qu'en cas de réduction de son capital motivée par des pertes et réalisée par la diminution du montant nominal ou du nombre des titres composant le capital, les droits des titulaires des valeurs mobilières donnant accès au capital sont réduits en conséquence, comme s'ils les avaient exercés avant la date à laquelle la réduction de capital est devenue définitive.

§ 4 - Les autres valeurs mobilières

Depuis l'ordonnance du 24 juin 2004 qui a réformé le droit des valeurs mobilières, certains titres sont en voie d'extinction car ils ne peuvent plus aujourd'hui être créés. D'autres continuent d'exister.

A. Titres éteints ou en voie d'extinction

1. Les certificats d'investissement

Ces titres sont remplacés par les actions de préférence (v. *supra*, p. 181).

2. Les parts de fondateur

Ce sont des titres négociables, nominatifs ou au porteur, nécessairement créés sans valeur nominale, émis par des sociétés par actions. Ils ne confèrent pas la qualité d'associé mais ils donnent droit aux bénéfices sociaux, dans les conditions déterminées par les statuts. Leurs porteurs sont réunis en assemblée générale, organe collectif de défense de leurs intérêts particuliers. Parmi les attributions des assemblées des porteurs de parts figurent, notamment, le pouvoir d'approuver toute modification touchant à l'objet social, à la forme de la société et de contester toute dissolution de celle-ci, sauf en cas de pertes absorbant le quart au moins du capital social après imputation des réserves (C. com., art. L. 225-244, al. 2). L'art. L. 228-4, al. 1er, C. com. interdit les émissions de parts bénéficiaires dites aussi parts de fondateur, depuis le 1er avr. 1967.

B. Titres en activité

1. Les titres participatifs

Les titres participatifs ont été instaurés par la loi du 3 janv. 1983. Leur régime est actuellement fixé par les art. L. 228-36, L. 228-37 et R. 228-49 à D. 228-56 C. com. Ils ont été conçus pour permettre aux entreprises publiques, mais aussi au secteur coopératif, de compléter la gamme de leurs financements. Peuvent ainsi émettre des titres participatifs :
– les sociétés par actions appartenant au secteur public, les sociétés anonymes ou à responsabilité limitée et les coopératives (C. com., art. L. 228-36, al. 1er) ;
– les établissements publics de l'État à caractère industriel et commercial ;

– les banques mutualistes ou coopératives, quelle que soit leur forme sociale (C. mon. fin., art. L. 213-32 et L. 213-35) ;
– les coopératives agricoles et leurs unions (C. rur., art. L. 523-8).

Une notice doit être publiée comme pour une émission d'obligations (C. com., art. R. 228-51).

Ces titres ne sont remboursables qu'en cas de liquidation de la société ou, à son initiative, à l'expiration d'un délai qui ne peut être inférieur à sept ans et dans les conditions prévues au contrat d'émission (C. com., art. L. 228-36, al. 1er).

La rémunération comporte une partie fixe et une partie variable calculée par référence à des éléments relatifs à l'activité ou aux résultats de la société et assise sur le nominal du titre (C. com., art. L. 228-36, al. 2).

Les titres participatifs sont négociables (C. com., art. L. 228-36, al. 3). Ce sont donc des valeurs mobilières susceptibles d'être cotées en bourse, si la société émettrice le demande. Ils sont soumis à la dématérialisation des valeurs mobilières.

L'émission et le remboursement de titres participatifs doivent être autorisés, aux termes de l'art. L. 228-37, al. 1er, C. com., « *dans les conditions prévues par le cinquième al. de l'art. L. 225-100 et les art. L. 228-40 à L. 228-44* ».

Les porteurs de titres participatifs sont, comme les obligataires, regroupés en une masse jouissant de la personnalité civile. Les dispositions du Code de commerce relatives à la masse des obligataires sont applicables (C. com., art. L. 228-37, al. 2 et R. 228-53).

Les porteurs de titres participatifs peuvent obtenir communication des documents sociaux dans les mêmes conditions que les actionnaires (C. com., art. L. 228-37, al. 5 et R. 228-55). Ils peuvent également bénéficier d'un droit de communication préalable sur les documents qui leur seront soumis en assemblée (C. com., art. L. 228-37).

2. Les titres subordonnés et super-subordonnés

Au termes de l'art. L. 228-97 C. com., les titres subordonnés sont des valeurs mobilières dont la caractéristique est d'être des créances d'avant-dernier rang, primées par des « *dettes seniors* », qui doivent être remboursées avant elles, voire de dernier rang, puisque l'émission peut prévoir que leurs titulaires passeront après les titulaires de prêts et titres participatifs. Dans ce dernier cas, on parlera de titres « super-subordonnés ». Au sein de ces catégories de valeurs mobilières, un ordre de priorité des paiements peut également être stipulé.

3. Les titres de créances négociables (TCN)

Les titres de créances négociables sont des titres émis dans le cadre d'un programme au gré de l'émetteur (art. L. 213-1 C. mon. et fin.), c'est-à-dire chaque fois qu'il a un besoin de financement ou une opportunité de placement à de bonnes conditions. Le programme d'émission donne, en principe, lieu à la conclusion de contrats avec des établissements financiers qui précisent notamment le plafond de l'encours des titres dont l'émission est envisagée, les caractéristiques des titres à émettre, les procédures de placement et de règlement livraison des titres. Ce programme fait obligatoirement l'objet d'une notation par une agence spécialisée.

Ces titres se distinguent des obligations en ce qu'ils sont émis successivement et de manière discontinue dans le cadre d'un programme, chaque porteur ayant un droit de créance individuel.

Rentrent notamment dans cette catégorie les billets de trésorerie, les certificats de dépôt, les bons des sociétés financières et les bons du Trésor. L'art. L. 213-3 du Code monétaire et financier indique les personnes habilitées à émettre ces titres (not. établissements de crédit ; entreprises d'investissement ; Caisse des dépôts et consignations, mais aussi sociétés remplissant les conditions pour procéder à une offre au public de titres financiers).

L'art. L. 213-4 du Code monétaire et financier précise qu'un dossier de présentation financière de l'émetteur doit être réalisé et soumis à la Banque de France, qui peut suspendre l'émission, ainsi qu'à l'AMF qui y appose son visa.

4. Les warrants financiers

Il s'agit d'un titre conférant à son détenteur le droit, à l'exclusion de tout autre droit :

– d'acquérir ou de céder un élément sous-jacent à un prix (déterminé ou déterminable) fixé dans le contrat d'émission ;

– ou de percevoir un montant correspondant à la différence, si elle est positive, soit entre le cours de l'élément sous-jacent à la date d'exercice du warrant, d'une part, et le cours d'exercice fixé dans le contrat d'émission, d'autre part, lorsqu'il s'agit d'une option d'achat ; soit l'inverse lorsqu'il s'agit d'une option de vente.

Ainsi définis, les warrants se distinguent des bons de souscription, d'acquisition et d'échange de valeurs mobilières : leur caractéristique est, en effet, d'être émis par des entités indépendantes de l'émetteur de l'élément sous-jacent et indépendamment de toute opération financière de ce dernier ou du groupe auquel il appartient.

5. Les certificats de valeur garantie (CVG)

Ces titres sont des instruments financiers originaux, émis lors d'OPA ou d'OPE. Le CVG donne droit à son porteur de recevoir la différence éventuelle, à une date déterminée, entre un cours garanti et le cours réel de l'action de la société cible à la date d'échéance. En outre, dans certains cas, le CVG est accompagné d'une promesse d'achat d'actions par l'émetteur. Ainsi, lors de l'exercice du CVG, l'actionnaire peut, soit demander le seul paiement de la garantie, soit exiger le rachat de son action par la société et obtenir en même temps le paiement de la garantie.

6. Les ADR et EDR

Les *American Depositary Receipts* (ADR) sont des certificats nominatifs négociables, représentatifs d'un nombre défini de valeurs mobilières (actions, obligations, certificats d'investissement, etc.) de sociétés étrangères non américaines, qui permettent aux grandes entreprises de faire appel très largement au marché des capitaux, notamment nord-américain. Une banque américaine, dite *Depositary Bank*, les émet en contrepartie de titres étrangers, déposés hors des États-Unis auprès d'une banque du pays de la société émettrice, dite *Custodian Bank*, liée à l'autre par un contrat. Cette banque gardienne reçoit les actions sous-jacentes, les détient et les transmet à l'agent de cotation, à la banque dépositaire et à la Bourse sur laquelle sont cotés les ADR. La banque dépositaire tient le registre des détenteurs américains d'ADR, reçoit les dividendes et les distribue aux porteurs d'ADR, après conversion en dollars.

Les *European Depositary Receipts* (EDR) ont été introduits sur le modèle juridique des ADR, afin d'attirer les entreprises extérieures à la zone euro sur les marchés européens de capitaux. Ils sont cotés en euros et librement négociables sur un marché réglementé de la zone euro. Ils permettent ainsi de traiter en France des valeurs de pays d'Asie, d'Amérique latine ou encore d'Europe centrale, selon les mêmes normes que les valeurs françaises.

Titre 2

LA SOCIÉTÉ ANONYME (SA)

Chapitre préliminaire › VUES GÉNÉRALES SUR LA SOCIÉTÉ ANONYME

***Définition** : société commerciale par la forme, dont le capital est divisé en actions et qui est constituée entre au moins sept associés, qui ne supportent les pertes qu'à concurrence de leurs apports (not. C. com., art. L. 225-1).*

Section 1 › ÉVOLUTION HISTORIQUE DES SA

§ 1 - Loi du 24 juill. 1867

Loi essentielle pour la SA. Pose les principes suivants :
– liberté : de constitution de toutes les sociétés par actions ;
– réglementation : précise de la constitution et du fonctionnement des sociétés anonymes.

§ 2 - Législation postérieure à la loi de 1867

Elle est inspirée par les idées essentielles suivantes :
– développement du caractère institutionnel de la société : la loi contractuelle cède de plus en plus la place à l'organisation institutionnelle, strictement réglementée par la loi ;
– développement des garanties accordées aux actionnaires et de leurs pouvoirs au sein des assemblées générales : échec constant sur le plan pratique : indifférence des actionnaires et absentéisme aux assemblées générales ;
– protection de l'épargne publique : législation entre les deux guerres ;
– extension des pouvoirs et de la responsabilité des dirigeants des sociétés anonymes : législation entre les deux guerres, législation de Vichy.

§ 3 - Loi du 24 juill. 1966 et lois postérieures

A. Protection croissante de l'épargne publique

- Création de la Commission des opérations de bourse (COB).
- Protection croissante des actionnaires, notamment minoritaires : développement de leur droit à l'information et de leurs prérogatives sociales.

B. Apparition de préoccupations nouvelles, généralement d'inspiration communautaire

- Donner le maximum de sécurité aux tiers qui traitent avec la SA.
- Contrôler les groupes de sociétés.
- Faciliter la constitution et le fonctionnement des SA. Développer les droits des salariés (au moins dans le contrôle de la gestion) ainsi que l'actionnariat du personnel.

• Orienter l'épargne vers les entreprises en créant notamment de nouvelles formes d'obligations (convertibles, échangeables ou avec bon de souscription), d'actions (à dividende prioritaire sans droit de vote) ou de titres (certificats d'investissement, bons de souscriptions, valeurs mobilières « complexes »).

• Améliorer le fonctionnement des marchés financiers.

• Prévenir, par des procédures appropriées, les difficultés des entreprises.

§ 4 - Lois récentes et orientation du droit des SA

A. Réforme d'ensemble du droit des sociétés

La loi de 1966 doit certainement faire l'objet d'une réforme d'ensemble, que son intégration dans le Code de commerce n'a pas réalisée, cette codification s'étant faite à droit constant.

B. Réformes ponctuelles

Accroissement de l'encadrement juridique des SA : pour l'heure, le législateur semble préférer l'adoption de réformes ponctuelles. Loin de libérer la SA de ses contraintes normatives (la libéralisation et la contractualisation sont surtout l'apanage des SAS), il multiplie les dispositions législatives et réglementaires. Ces dispositions visent essentiellement les grandes sociétés, généralement cotées. Elles tendent essentiellement à (v. égal. *supra,* p. 19 et s. et p. 173) :

– assurer une plus grande transparence et une meilleure répartition des pouvoirs au sein des sociétés anonymes : not. loi du 15 mai 2001 sur les nouvelles régulations économiques (dite NRE) ;

– améliorer la protection des épargnants et du fonctionnement des marchés financiers : not. loi du 1er août 2003 sur la sécurité financière, qui fusionne la Commission des opérations de bourse (COB) avec le Conseil des marchés financiers (CMF), en créant l'Autorité des marchés financiers (AMF), et améliore encore la transparence et modernise le contrôle légal des comptes.

Section 2 › IMPORTANCE DES SOCIÉTÉS ANONYMES

Paradoxe :

• La SA est la structure fondamentale des grandes entreprises : en raison de sa capacité à drainer des capitaux importants, notamment en recourant à l'épargne publique et aux marchés financiers.

• Mais la SA est également choisie par de nombreuses petites ou moyennes entreprises, souvent familiales : cela pour de multiples raisons (prestige de cette structure, prestige du titre de dirigeant d'une SA « le P-DG », statut fiscal et social du dirigeant de SA, longtemps plus avantageux que celui de gérant de SARL, v. *supra,* p. 62).

Conséquences :

• Diversité des situations économiques : sous l'appellation de SA se côtoient donc des réalités économiques et sociales sans communes mesures. Certaines SA masquent l'activité d'un seul véritable associé, avec de faibles moyens financiers et peu ou pas de salariés. D'autres structurent des entreprises gigantesques, dont les salariés se comptent par milliers, les actionnaires par millions et le total bilan en milliards d'euros.

• Unité du régime juridique : ce sont les mêmes dispositions juridiques qui, en principe, régissent et organisent toutes ces SA. Il en résulte un certain nombre d'inconvénients pour les petites entreprises, notamment un formalisme contraignant, et un fonctionnement relativement rigide et coûteux.

Portée : il est permis de penser que la SAS – moderne et à bien des égards séduisante – supplantera progressivement la SA comme structure juridique des PME, laissant la société anonyme aux grandes ou très grandes entreprises.

Section 3 › THÉORIE ET RÉALITÉ DE L'ORGANISATION DE LA SOCIÉTÉ ANONYME

§ 1 - Conception juridique de l'organisation de la société anonyme

A. Genèse

C'est sans doute sur ce point que le passage, qui s'est opéré à la charnière du XIXe et du XXe siècle, d'une conception contractuelle du fonctionnement de la société anonyme à une conception institutionnelle de celui-ci, a été le plus net (v. égal. *supra*, p. 1 et s.). Comme l'affirme Thaler en 1893, la société par actions n'est pas tant un contrat qu'un organisme, une institution, dira-t-on par la suite. Cette conception a eu une influence considérable en doctrine comme en jurisprudence. Le législateur lui-même n'y fut pas insensible. Les lois qui se sont succédées durant la première moitié du XXe siècle portent, à des degrés variables, la marque de cette influence fondamentale.

Une conception « moderne » de l'organisation de la société anonyme a pu ainsi émerger. Mais elle n'a cependant pas fait disparaître certains principes hérités de la conception « classique » de la société anonyme.

B. Conception moderne de l'organisation de la société anonyme

1. Nature légale et institutionnelle des pouvoirs

Les pouvoirs des différents organes de la société leur sont attribués par la loi, en vue de l'exercice des fonctions dont ils ont la charge.

2. Hiérarchie des organes et séparation des pouvoirs

Certains organes sont en rapport hiérarchique en ce sens que la désignation de l'un est faite par l'autre, lequel paraît alors lui être supérieur (par ex. : désignation des administrateurs par l'assemblée générale). La structure de la SA est d'ailleurs fondamentalement pyramidale. Mais chaque organe dispose légalement de pouvoirs propres, et aucun organe ne doit empiéter sur les prérogatives attribuées à un autre organe (ces principes, posés par les lois de 1940 et 1943, furent consacrés par Civ., 4 juin 1946, *Motte, JCP 1947, II, 3518, D. Bastian ; S. 1947, I, 153, P. Barbry*).

C. Persistance de certains principes classiques

1. Principe de démocratie

En dépit de l'évolution de la conception juridique de la SA, l'assemblée des actionnaires demeure l'organe souverain de celle-ci, conformément au principe démocratique. Mais la réalité dément parfois cette analyse.

2. Principe majoritaire

Il est le corollaire du principe démocratique. La loi de la majorité, à laquelle est soumise l'assemblée générale des actionnaires (comme d'ailleurs les autres organes délibérants, conseil d'administration ou conseil de surveillance par ex.), signifie que la volonté exprimée par le plus grand nombre au sein d'un groupe devient la loi de l'ensemble des membres de ce groupe.

3. Lien entre la propriété et le pouvoir

Quelle que soit la conception juridique de la société anonyme, son mode de gouvernement demeure étroitement lié à la notion de propriété et le pouvoir y revêt un aspect patrimonial incontestable. L'associé apporte ses capitaux et, parce qu'il court les risques de perte de sa propriété, détient une part du pouvoir dans l'entreprise.

§ 2 - Réalité politique du fonctionnement de la société anonyme

A. Altération des principes de gouvernement

La loi de 1966 n'a pas fait disparaître les interrogations suscitées, durant la première moitié du XXe siècle, par l'évolution de la situation des actionnaires. En effet, la doctrine en était arrivée à s'interroger sur le rôle des actionnaires et sur la part qui pouvait leur rester dans le fonctionnement de la société face à la direction. Certes, les actionnaires ont vu leurs droits renforcés par la loi durant cette période. Mais en fait, malgré les moyens qui leur ont été accordés afin d'exercer leurs prérogatives d'associés, ils ont de plus en plus abandonné la gestion des sociétés anonymes aux administrateurs, pour ne plus former finalement qu'un « rouage secondaire » du fonctionnement de ces sociétés. En définitive, les grands principes de gouvernement de la société anonyme se sont révélés autant d'illusions que la pratique a balayées, autant de mythes que la réalité économique s'est chargée de détruire. Aujourd'hui encore, ces principes de répartition et d'organisation des pouvoirs subissent en pratique des atteintes importantes.

B. Causes principales de l'altération des principes de gouvernement

1. Les faiblesses des principes démocratiques et majoritaires

a) Le mécanisme majoritaire est exclusif, voire brutal : la majorité seule a qualité pour exprimer la volonté collective ; après délibération entre tous les votants, le bloc majoritaire prend sa décision sans avoir à tenir compte des oppositions.

b) Le mécanisme majoritaire est inégalitaire : l'influence de chaque votant n'est pas proportionnelle à sa participation dans le groupe. La règle de la proportionnalité cède devant la loi de la majorité.

c) La règle retenue pour le calcul de la majorité (nombre de voix dont disposent les associés présents ou représentés) est source d'altération du système lui-même. Cela permet à des personnes mathématiquement minoritaires de devenir politiquement majoritaires. L'absentéisme des actionnaires lors des assemblées générales ne fait que renforcer ce phénomène.

2. L'affaiblissement du rôle des actionnaires

a) Dans les grandes sociétés anonymes : et notamment celles qui offrent leurs titres financiers au public, la raison de cet affaiblissement peut être trouvée dans la distinction, classique, entre actionnaire « bailleur de fonds » et actionnaire « participant » :

– les actionnaires « bailleurs de fonds » : n'ont d'autre but que de placer leurs capitaux pour en tirer les revenus et se désintéressent d'une gestion sociale qui leur paraît, compte tenu de leur faible participation et de la complexité des questions juridiques ou financières, inaccessible. Cela se traduit par leur absentéisme aux assemblées générales, lequel peut encore être aggravé par l'éloignement géographique (auquel les progrès technologiques – visioconférence et vote sur Internet – peut remédier) ;

– les actionnaires « participants » : majoritaires ou minoritaires, sont guidés par le souci de prendre une part active à l'administration de la société ou, tout au moins, d'exercer sur sa gestion une surveillance assidue.

b) Dans les sociétés anonymes de taille moyenne ou petite : notamment dans les sociétés non cotées en bourse, et plus particulièrement encore dans les sociétés de famille, la raison de cet affaiblissement peut être trouvée dans la distinction entre actionnaires majoritaires et actionnaires minoritaires :

– les actionnaires majoritaires : ils détiennent le plus souvent, soit directement parce qu'ils sont membres fondateurs, soit par héritage, une partie du capital suffisante pour leur permettre d'imposer leur volonté aux autres associés. Ils sont d'ailleurs généralement dirigeants de la société ;

– les actionnaires minoritaires : face aux majoritaires, ils voient leur rôle le plus souvent réduit à celui de simples figurants. Le travail d'assemblée perd également de son importance dans la mesure où, avant même sa tenue, les principaux actionnaires se sont mis d'accord sur la décision à prendre. Devenues dès lors inutiles, les assemblées générales se tiennent fréquemment de façon fictive.

3. La dénaturation du rôle des organes de gestion

a) Avant la loi de 1966 : on a pu assister à un effacement des pouvoirs du conseil d'administration de la SA, qui s'est borné progressivement à surveiller, de façon plus ou moins lâche d'ailleurs, la gestion du président. Cette mission de surveillance du conseil a inévitablement souligné la situation ambiguë du président, lequel préside les séances de l'organe chargé de contrôler son activité.

b) Loi du 24 juill. 1966 : en réaction, cette loi a proposé aux sociétés anonymes deux systèmes d'administration. Le premier reproduit à peu près, avec quelques améliorations, le régime des lois de 1940 et 1943. Le second, inspiré du droit allemand, organise une séparation plus rigoureuse des fonctions entre deux organes dont chacun devrait assurer sa tâche avec une efficacité et une indépendance accrues : le directoire, qui possède tous les pouvoirs pour agir au nom de la société, et le conseil de surveillance, dont le rôle consiste à contrôler l'action du directoire.

c) **Après la loi de 1966 :** s'agissant des sociétés à structure moniste, les défauts du système se sont maintenus malgré les quelques améliorations apportées par la loi de 1966 au fonctionnement des organes d'administration. Ce système rend possible une concentration de l'ensemble des pouvoirs en la personne du président directeur général. Cela d'autant plus que nombre de conseils d'administration n'exercent qu'un rôle effacé, alors même que la loi leur donne mission d'administrer la société. Face à cette prépondérance du pouvoir « managérial », l'affaiblissement du rôle des actionnaires s'est poursuivi, d'autant que dans de nombreuses sociétés, notamment celles qui offrent leurs titres financiers au public, le capital est éparpillé et aucune majorité politique ne parvient à se constituer.

§ 3 - Les réactions législatives récentes

La réaction contre ces phénomènes est venue du législateur et traduit, en l'adaptant, la doctrine dite du gouvernement d'entreprise (*corporate governance*), née aux États-Unis. Cette doctrine marque le renouveau de la conception contractuelle du droit des sociétés et tend essentiellement à instaurer, dans l'intérêt des actionnaires (et spécialement des investisseurs « institutionnels », notamment des fonds de pension), un contrôle plus étroit de la direction. En France, cela s'est traduit, au travers de plusieurs lois (not. loi NRE du 15 mai 2001 ; loi « Houillon » du 29 oct. 2002 ; loi du 1er août 2003 de sécurité financière ; v. *supra,* p. 19 et s.), notamment par :
- un renforcement des droits (notamment d'information) et de la protection des actionnaires, dont les possibilités d'association ont été accrues ;
- un renforcement du pouvoir des assemblées, siège de la « démocratie » sociétaire ;
- un rééquilibrage des pouvoirs au sein de la SA (not. par la dissociation des fonctions de direction et de présidence du conseil d'administration, dans les SA de type moniste, v. *infra,* p. 242 et s.) ;
- un renforcement du contrôle des conflits d'intérêts et de la transparence (cumul des mandats de direction, conventions réglementées…) ;
- un renforcement du rôle de contrôle des commissaires aux comptes.

Section 4 › TEXTES APPLICABLES AUX SOCIÉTÉS ANONYMES

• Les SA sont soumises aux règles du droit commun des sociétés (v. *supra*).

• Les textes régissant spécialement les SA sont les art. L. 224-1 à L. 225-257 et R. 224-1 à R. 225-170, C. com., auxquels il faut ajouter les art. L. 242-1 à L. 242-30, C. com. pour les infractions pénales ainsi que les art. L. 228-1 à L. 228-106, C. com. et R. 228-1 à R. 228-96 C. com. pour les valeurs mobilières.

Chapitre 1 › LA CONSTITUTION DE LA SOCIÉTÉ ANONYME

> **› L'essentiel**
> *Indépendamment de l'application des règles de constitution de droit commun, applicables à toutes les sociétés commerciales, il convient de noter, au titre des règles particulières, que la loi a prévu deux modes de constitution différents selon que la société anonyme offre ou non ses titres financiers au public. Si la loi présente formellement la première opération comme un mode de droit commun (C. com., art. L. 225-2 à L. 225-11), auquel la constitution sans offre de titres au public ferait exception, par retranchement de certaines obligations, la réalité est tout autre. La constitution avec offre de titres au public est très rare et l'exception est en pratique la règle.*

Section 1 › CONDITIONS DE FOND

§ 1 - Consentement

Comme pour toute autre forme de société, le consentement doit correspondre à une volonté réelle d'entrer en société et doit être exempt de vices (v. *supra*, p. 27). Toutefois, les vices du consentement ne peuvent pas entraîner la nullité de la société (v. *supra*, p. 37).

§ 2 - Capacité

Il n'est pas nécessaire d'avoir la qualité de commerçant pour être actionnaire et la qualité d'actionnaire d'une société commerciale ne confère pas celle de commerçant. Le majeur protégé, comme le mineur, peuvent devenir actionnaires. D'une manière générale, il n'y a aucune incompatibilité ou interdiction limitant l'accès à des sociétés anonymes : toute personne capable qui le désire peut en devenir actionnaire. Les personnes morales peuvent également être associées d'une SA (sous réserve éventuellement de la réglementation des participations croisées entre sociétés).

§ 3 - Objet

La SA est commerciale par sa forme quel que soit son objet, civil ou commercial (C. com., art. L. 210-1, al. 2). Cet objet doit être possible et licite (v. *supra*, p. 29) et figurer dans les statuts (C. com., art. L. 210-2). Certaines activités sont interdites aux SA ; d'autres doivent au contraire nécessairement revêtir la forme de SA ; certaines activités réglementées supposent enfin que la SA ou ses associés répondent à certaines exigences.

§ 4 - Nombre d'associés

Aucun maximum n'est imposé. En revanche, une SA ne peut être valablement constituée que si elle comprend au moins sept associés (C. com., art. L. 225-1. Sur les risques de dissolution, en cas de violation de cette exigence, v. *infra,* p. 275). Cette exigence d'un minimum d'actionnaires est contestable, notamment dans les petites entreprises ou les filiales au sein d'un groupe ; elle favorise la pratique des prête-noms.

§ 5 - Apports

Les apports peuvent être effectués soit en numéraire, soit en nature. Les apports en industrie ne peuvent être représentés par des actions et ne peuvent donc pas donner la qualité d'associé d'une SA (C. com., art. L. 225-3, al. 4). Sur la libération des apports, v. *infra*.

§ 6 - Capital social

A. Montant minimal

Le capital social minimal est fixé (C. com., art. L. 224-2, al. 1) :
– à 225 000 € pour les sociétés qui offrent leurs titres financiers au public ;
– à 37 000 € pour les sociétés qui n'offrent pas leurs titres financiers au public.
Il s'agit des seuils de droit commun. Certaines sociétés spéciales peuvent avoir un capital inférieur (sociétés de rédacteurs de presse) ; d'autres doivent avoir un capital supérieur (sociétés immobilières d'investissement).

B. Variabilité

Les clauses de variabilité du capital social sont interdites (sauf coopératives et Sicav). Le capital ne peut donc changer qu'à la suite d'une modification des statuts.

C. Réduction

V. *infra*, p. 269 et s.

D. Mention du capital

L'indication du montant du capital social doit figurer dans les statuts de la société (C. com., art. L. 210-2) ainsi que sur tous les documents sociaux destinés aux tiers (C. com., art. L. 224-1 ; les sanctions pénales ont été abrogées par L. 1er août 2003, v. anc. art. L. 246-1).

Section 2 › PROCESSUS DE CONSTITUTION DE LA SA

Régime : La société anonyme peut se constituer de deux façons :
– avec offre au public de titres financiers : les fondateurs ne disposent pas eux-mêmes des capitaux nécessaires et offrent au public de souscrire les actions de la future société ;

– sans offre au public de titres financiers : les fondateurs souscrivent eux-mêmes la totalité des actions de la société.

Attention : si la loi réglemente longuement et avec précision la constitution de la SA avec offre au public de titres financiers (C. com., art. L. 225-2 à L. 225-11), en pratique, la grande majorité des SA ne se constituent pas de cette manière. Mais l'étude de ce mode de constitution de la SA permet de présenter le mécanisme de l'offre au public de titres financiers.

§ 1 - Constitution sans offre au public de titres financiers

A. Établissement du projet de statuts

1. Pas d'exigence légale d'un projet de statuts

Lorsqu'il s'agit de constituer une SA sans recourir à une offre des titres au public (C. com., art. L. 225-12 excluant l'application de l'art. L. 225-2).

2. En pratique, rédaction fréquente d'un projet de statuts

Voire, dans certains cas, d'un contrat valant promesse de société (sur laquelle, v. *supra,* p. 35).

B. Formation du capital social

1. Souscription totale du capital

• Le capital social fixé dans les statuts doit être souscrit intégralement et sans condition (C. com., art. L. 225-3 et L. 225-12).

• Toutes les actions composant le capital doivent être réparties entre les souscripteurs.

• Fréquemment, l'engagement des souscripteurs donnera lieu à l'établissement de bulletins de souscription, signés par ceux-ci.

• Les actions créées lors de la constitution de la société ne pourront être émises qu'après son immatriculation (C. com., art. L. 242-1, al. 1).

2. Valeur nominale des actions

Peut être fixée dans les statuts, mais ce n'est pas obligatoire (C. com., art. L. 228-8).

3. Libération des apports en numéraire

a) Principe : les actions de numéraire doivent être libérées, lors de la souscription, de la moitié au moins de leur valeur nominale (C. com., art. L. 225-3, al. 2 sur renvoi de l'art. L. 225-12). La libération du surplus doit intervenir, en une ou plusieurs fois, dans un délai de cinq ans à compter de l'immatriculation de la société, sur appel de fonds du conseil d'administration ou du directoire (C. com., art. L. 225-3, al. 2).

b) Absence d'appels de fonds : lorsqu'il n'a pas été procédé, dans le délai de cinq ans, aux appels de fonds pour réaliser la libération intégrale du capital, tout intéressé peut demander au président du tribunal de commerce, statuant en référé, soit d'enjoindre sous astreinte aux administrateurs de procéder à ces appels de fonds, soit de désigner un mandataire chargé de procéder à cette formalité (C. civ., art. 1843-3, al. 5).

c) Sanctions : les fondateurs ou les dirigeants sociaux qui auraient émis des actions de numéraire sans que celles-ci n'aient été libérées selon les conditions légales s'exposeraient à une amende de 9 000 € et/ou un emprisonnement d'un an (C. com., art. L. 242-1, al. 2 et L. 242-3-2°).

d) Dépôt et indisponibilité des fonds versés : les fonds, qui doivent être déposés chez un notaire, dans une banque ou à la Caisse des dépôts et consignations, sont indisponibles jusqu'à l'immatriculation de la société au *RCS* (C. com., art. L. 225-11, al. 1).

4. Libération des apports en nature

a) Principe : craignant que les apporteurs en nature exagèrent la valeur des biens apportés au détriment de la société, des tiers et des autres associés, le législateur a organisé une procédure de vérification des apports en nature.

b) Désignation des commissaires aux apports : à la demande d'un ou plusieurs fondateurs, le président du tribunal de commerce, statuant sur requête, désigne un ou plusieurs commissaires aux apports (C. com., art. L. 225-8, al. 1).

c) Rôle des commissaires aux apports : le commissaire établit, sous sa responsabilité, un rapport sur l'évaluation des apports en nature. Le rapport est tenu, à l'adresse prévue du siège social, à la disposition des futurs actionnaires qui peuvent en prendre copie trois jours au moins avant la date de signature des statuts.

d) Approbation de l'évaluation des apports : la signature des statuts vaut approbation par les actionnaires de l'évaluation des apports. L'apporteur et les autres actionnaires ne sont pas garants de cette valeur vis-à-vis des tiers.

e) Libération : à la différence des apports en numéraire, la libération des apports en nature est intégrale lors de la souscription.

5. Stipulation d'avantages particuliers

a) Pratiques : lorsqu'à l'occasion de la fondation de la SA, certains associés, ou même des tiers, ont rendu des services, il arrive que les statuts leur accordent des avantages particuliers. Le cas le plus fréquent est l'attribution à certains actionnaires d'actions de préférence (v. *supra*, p. 181 et s.). Mais la notion d'avantage particulier est plus large est s'entend de toute faveur, de nature pécuniaire ou autre, attribuée à titre personnel à un associé ou à un tiers.

b) Risques : le risque que constituent ces avantages est celui d'une rupture d'égalité entre les associés ou d'une atteinte à l'intérêt social.

c) Procédure de contrôle : une procédure identique à celle existant pour les apports en nature doit être suivie (avec désignation d'un commissaire ; C. com., art. L. 225-14, al. 2 et L. 225-8 ; v. *supra*).

C. Constitution des statuts

1. Formalisme des statuts

Les statuts (établis en autant d'originaux que nécessaires aux diverses formalités d'enregistrement et de publicité) doivent contenir les informations fondamentales (v. *supra*, p. 35), ainsi que des informations spécifiques aux SA et notamment (C.

com., art. L. 210-2, L. 225-14 et L. 225-16) : nombre d'actions émises et valeur nominale, identité des fondateurs, clause d'agrément, identité des apporteurs en nature et des bénéficiaires d'avantages particuliers, nature des avantages particuliers et évaluation des apports en nature, identité des premiers administrateurs ou membres du conseil de surveillance et des premiers commissaires aux comptes…

2. Sanctions

En cas d'omission de ces mentions obligatoires, tout intéressé peut agir en régularisation et en responsabilité (v. *supra,* p. 35).

3. Documents annexés aux statuts

Le rapport du commissaire aux apports en nature (C. com., art. L. 225-14, al. 1) et l'état des actes accomplis pour le compte de la société en formation (sur le régime de la société en formation v. *supra,* p. 39), avec l'indication, pour chacun d'eux, de l'engagement qui en résulte pour la société.

4. Signature des statuts

Les statuts doivent être signés par tous les actionnaires agissant personnellement ou par mandataire justifiant d'un pouvoir spécial (C. com., art. L. 225-15). À partir de cette date, la société est constituée mais ne jouira de la personnalité morale qu'à compter de son immatriculation au *RCS* (C. com., art. L. 210-6, al. 1).

D. Formalités de publicité et d'immatriculation

1. Principe

Ces formalités sont les mêmes que pour toute société commerciale (v. *supra,* p. 36) : enregistrement, insertion dans un journal d'annonces légales, dépôt au greffe des statuts, immatriculation au *RCS*, insertion au *Bodacc*.

2. Conséquences

L'immatriculation confère à la société la personnalité morale (C. com., art. L. 210-6). Les fondateurs sont libérés des obligations souscrites pour le compte de la société en formation (v. *supra,* p. 39). Les fonds correspondant aux apports en numéraire peuvent être débloqués et utilisés pour les besoins de la société (C. com., art. L. 225-11, al. 1).

3. Retard dans la constitution

Dans un tel cas, tout souscripteur d'actions de numéraire peut, six mois après le dépôt des sommes qu'il a versées, exiger leur restitution (C. com., art. L. 225-11).

§ 2 - Constitution avec offre au public de titres financiers

Les constitutions de SA avec offre au public étant rarissimes, cette procédure sera brièvement exposée, après avoir expliqué en quelques mots la notion même d'offre au public de titres financiers.

A. Notion d'offre au public de titres financier

1. Principe et évolutions

• La notion d'appel public à l'épargne avait d'abord été définie par la loi de 1966, avant d'être réformée par loi du 2 juill. 1998. Pour mémoire, il était constitué, soit par l'admission d'instruments financiers aux négociations sur un marché réglementé, soit par l'émission ou la cession d'instruments financiers dans le public, par recours au démarchage, à la publicité, à l'intermédiation des établissements de crédit ou d'autres prestataires de services d'investissement. Toutefois ce régime présentait de multiples inconvénients que l'ordonnance du 22 janv. 2009 a voulu éliminer.

• Le but de la réforme instaurée par l'ordonnance de 2009 a été de restaurer la compétitivité de la Place de Paris, en premier, lieu en redéfinissant la notion pour la rapprocher du référentiel européen issu de la directive « Prospectus » du 4 nov. 2003 et, à cette occasion, en clarifiant les conditions juridiques de l'appel à l'épargne publique afin de renforcer la sécurité juridique des émetteurs. En second lieu, en redimensionnant les obligations liées à l'offre au public de titres financiers pour les adapter aux différents marchés sur lesquels l'offre est réalisée. L'ordonnance apparaît sous cet angle un instrument au service du développement des entreprises françaises.

• L'ordonnance du 22 janv. 2009 supprime la notion d'appel public à l'épargne, pour la remplacer par celle d'offre au public de titres financiers.

2. Notion d'offre au public de titres financiers

Sauf dérogations (v. ci-après), constitue une offre au public de titres financiers, l'une des opérations suivantes (C. mon. fin., art. L. 411-1) :
– une communication adressée, sous quelque forme, et par quelque moyen que ce soit, à des personnes et présentant une information suffisante sur les conditions de l'offre et sur les titres à offrir, de manière à mettre un investisseur en mesure de décider d'acheter ou de souscrire ces titres financiers ;
– un placement de titres financiers par des intermédiaires financiers.

3. Dérogations à l'offre au public de titres financiers

Le Code monétaire et financier définit clairement les cas dans lesquels l'opération ne constitue pas une offre au public de titres financiers. Trois séries de cas sont envisagées :
– selon la nature de certains émetteurs (par ex. un État membre de la Communauté européenne, ou une banque centrale) (C. mon. fin., art. L. 411-3) ;
– selon le montant total de l'offre (C. mon. fin., art. L. 411-2, I ; Règl. gén. AMF, art. 211-2, 1° à 4°) ;
– selon la nature ou les qualités de certains destinataires de l'offre. Ainsi, ne constitue pas une offre au public de titres financiers, l'offre de placement privé qui s'adresse exclusivement aux personnes fournissant le service d'investissement de gestion de portefeuille pour compte de tiers ou à des investisseurs qualifiés (personnes ou entités qui disposent des compétences et des moyens nécessaires pour appréhender les risques inhérents aux opérations sur instruments financiers, par ex. les établissements de crédit ou même les personnes physiques remplissant certains critères) ou

à un cercle restreint d'investisseurs (cercle composé de personnes, autres que des investisseurs qualifiés, dont le nombre est inférieur à 100, et qui agissent pour leur propre compte), sous réserve que ces personnes ou ces investisseurs agissent pour compte propre (C. mon. fin., art. L. 411-2, II).

4. Dispenses à l'obligation d'établissement d'un prospectus

Si, à l'issue de l'examen par l'AMF d'une opération financière au regard des critères positifs de l'offre au public et des dérogations posées par l'art. L. 411-2 du Code monétaire et financier, l'opération envisagée caractérise une offre au public de titres financiers, il est vérifié qu'elle peut bénéficier des cas de dispenses à l'établissement d'un prospectus d'offre au public ou d'admission prévus respectivement par les art. 212-4 et 212-5 du règlement général de l'AMF.

5. Conséquences de l'offre au public de titres financiers

• Les personnes qui se livrent à une opération d'offre au public de titres financiers doivent, au préalable, publier et tenir à la disposition de toute personne intéressée un document destiné à l'information du public, portant sur le contenu et les modalités de cette opération ainsi que sur l'organisation, la situation financière et l'évolution de l'activité de l'émetteur et des garants éventuels des titres financiers qui font l'objet de l'opération.

• Ce document est rédigé en français ou, dans certains cas définis par l'AMF, dans une langue usuelle en matière financière (en pratique, l'anglais) (C. mon. fin., art. L. 412-1, I).

• Les conditions d'établissement, les mentions et les modalités de publication de ces documents sont fixées par le règlement général de l'AMF et le règlement européen du 29 avr. 2004.

B. Procédure de constitution de la SA avec offre au public de titres financiers

L'objectif de cette procédure étant de réunir un grand nombre d'actionnaires, afin de lever des capitaux importants, la constitution va durer longtemps et nécessiter de nombreuses opérations, précisément réglementées et qui, sur le plan chronologique, sont les suivantes :

1. Un projet de statut est établi et signé par les fondateurs

En cas d'offre au public, les diverses formalités requises pour la constitution de la société sont accomplies par une ou plusieurs personnes physiques ou morales appelées « fondateurs ».
Les personnes déchues du droit d'administrer ou de gérer une société, ou auxquelles l'exercice de ces fonctions est interdit, ne peuvent pas être fondateurs (art. L. 225-2, al. 4).
Les fondateurs établissent et signent un projet de statuts (art. L. 225-2, al. 1).

2. Dépôt au greffe

Un exemplaire du projet de statuts, établi sur papier libre et signé par le ou les fondateurs (ou une expédition si l'acte est authentique), doit être déposé au greffe du tribunal de commerce du lieu du futur siège social (art. L. 225-2, al. 1). Cet exemplaire doit être communiqué à tout requérant, qui peut en prendre connaissance ou obtenir, à ses frais, la délivrance d'une copie (art. R. 225-2).

Une fois déposé au greffe, le projet ne peut plus être modifié : il ne pourra l'être ultérieurement que par l'accord unanime des souscripteurs réunis en assemblée constitutive.

3. Publicités

Avant le début des opérations de souscription, et préalablement à toute mesure de publicité, les fondateurs doivent publier au *Balo* une notice contenant les mentions énoncées à l'art. R. 225-3, al. 2 (art. L. 225-2, al. 2).

Cette notice doit être signée par les fondateurs, qui indiquent soit leur nom, prénom usuel, domicile et nationalité, soit leur dénomination, forme, siège social et le montant de leur capital social (art. R. 225-3, dernier al.).

4. Prospectus et documents

Les fondateurs doivent établir et publier un prospectus à l'intention du public (v. *supra*) (C. mon. fin., art. L. 412-1, I), dans lequel sont exposés sommairement les projets des fondateurs quant à l'emploi des fonds provenant de la libération des actions souscrites (art. R. 225-4, al. 1). Ce prospectus est soumis au visa préalable de l'AMF.

5. Sanctions pénales

De nombreuses sanctions pénales sont attachées à l'inobservation des règles indiquées ci-dessus à propos des formalités de publicité relatives à la souscription des actions. Ces sanctions touchent d'abord, le président, les administrateurs, les directeurs généraux (ou les membres du directoire), qui s'exposent à une amende de 1 500 € (art. R. 247-2). En outre, l'émission d'actions sans que le document d'information prévu par le Code monétaire et financier n'ait été établi et visé par l'AMF expose les fondateurs à une sanction pécuniaire, prononcée par l'AMF, dans la limite de dix millions d'€ (C. mon. fin., art. L. 621-15, III).

6. Formation du capital

a) Souscription des actions de numéraire : aucune souscription ne peut être reçue tant que les statuts n'ont pas été déposés au greffe et la notice publiée au *Balo* (art. L. 225-2, al. 3). Les souscriptions doivent être réelles, sincères et inconditionnelles. Elles sont constatées par des bulletins de souscription (art. L. 225-4), écrits qui manifestent la volonté des souscripteurs d'adhérer à la société et leur engagement de libérer les actions souscrites. À l'appui de sa souscription, le souscripteur doit verser la fraction du montant nominal des actions à libérer immédiatement (au minimum la moitié de la valeur nominale des actions souscrites) (art. L. 225-3, al. 2).

b) Apports en nature ou stipulation d'avantages particuliers : les fondateurs doivent demander au président du tribunal de commerce, statuant sur requête, la désignation d'un ou plusieurs commissaires aux apports (art. L. 225-8, al. 1 et R. 225-7, al. 2), qui établissent, sous leur responsabilité, un rapport sur ces points. Ce rapport est tenu à la disposition des souscripteurs, qui peuvent en prendre connaissance ou copie, huit jours au moins avant la date de l'assemblée constitutive, au futur siège social et au greffe du tribunal de commerce (art. L. 225-8, al. 2 et R. 225-9).

7. Dépôt des fonds et de la liste des souscripteurs

Les personnes qui ont reçu les fonds correspondant aux apports en numéraire sont tenues de les déposer, dans les huit jours de leur réception, dans une banque, chez une entreprise d'investissement ou une société ayant pour objet principal ou unique l'activité de conservation ou d'administration d'instruments financiers, chez un notaire ou à la Caisse des dépôts et consignations. Les versements doivent être accompagnés de la liste des souscripteurs (art. L. 225-5 et R. 225-6).

8. Assemblée constitutive

a) Convocation de l'assemblée : l'assemblée constitutive doit être convoquée par les fondateurs (art. L. 225-7, al. 1), huit jours au moins à l'avance, par voie d'insertion d'un avis de convocation publié dans un journal d'annonces légales du département du siège social et au *Balo* (art. R. 225-10).

b) Tenue de l'assemblée constitutive : l'art. L. 225-9, al. 1 renvoie aux dispositions prévues par les art. L. 225-106, L. 225-110 et L. 225-113 pour la tenue des assemblées ordinaires ou extraordinaires. C'est à l'issue de l'assemblée constitutive que la société est définitivement constituée (art. R. 225-12, al. 1 *a contrario*). Toutefois elle n'acquiert la jouissance de la personnalité morale qu'après son immatriculation au registre du commerce et des sociétés.

9. Désignation des membres des organes de direction

Après l'assemblée constitutive, les personnes désignées pour être administrateurs (ou membres du conseil de surveillance) procèdent à la nomination des membres des organes de direction : président du conseil d'administration, directeur général (et, éventuellement, directeurs généraux délégués) ou membres du directoire (art. R. 225-26 et R. 225-38).

10. Retrait des fonds déposés

Les fonds correspondant aux apports en numéraire ne peuvent être retirés qu'après immatriculation de la société au registre du commerce et des sociétés (art. L. 225-11 et R. 225-11).

11. Retard dans la constitution

À défaut de constitution de la société dans le délai de six mois suivant le dépôt au greffe du projet de statuts, tout souscripteur peut demander au président du tribunal de commerce du lieu du siège social, statuant en référé, la nomination d'un mandataire chargé de retirer les fonds déposés et de les restituer aux souscripteurs sous déduction des frais de répartition (art. L. 225-11, al. 2 et R. 225-12, al. 2).

Chapitre 2 › LES ACTIONNAIRES

> **› L'essentiel**
> *L'on peut envisager les actionnaires de deux manières, selon qu'ils sont examinés sous leur angle individuel (avec leurs droits et leurs obligations), ou sous leur angle collectif (les assemblées générales, dans toute leur diversité et la complexité de leur organisation).*

Section 1 › VUES GÉNÉRALES SUR LES ACTIONNAIRES

§ 1 - L'actionnaire

Définition : l'actionnaire est l'associé qui, dans une société par actions comme la société anonyme, est propriétaire d'une ou plusieurs actions. Cette qualité lui procure un certain nombre de droits et de devoirs dans la société.

A. L'action, fondement de la qualité d'actionnaire

V. *supra*, p. 179 et s.

B. Les droits attachés à la qualité d'actionnaire

Les actionnaires ont des droits importants et complexes et des devoirs, plus simples et plus réduits en nombre.

• Précisions sur les devoirs des actionnaires :
– du point de vue patrimonial : leurs obligations sont limitées, la responsabilité de l'actionnaire est, sauf hypothèse particulière (direction de fait par ex.), limitée à son apport (C. com., art. L. 225-1). L'actionnaire a pour principale obligation d'effectuer l'apport auquel il s'est engagé. Les prescriptions applicables en matière de libération des actions sont très précises (not. C. com., art. L. 225-3 et L. 228-27 ; v. *supra*, p. 206) ;
– sur le plan extrapatrimonial : les devoirs de l'actionnaire reposent sur l'*affectio societatis* et se traduisent par des obligations de bonne foi, de loyauté et de respect de l'intérêt commun et de l'intérêt social.

• Précisions sur les droits des actionnaires
Ils sont ceux que le droit commun accorde à tous les associés. Pour l'essentiel, il convient donc de se reporter à la section relative aux attributs de la qualité d'associé (v. *supra*, p. 47 et s. ; les règles relatives à la protection de la qualité d'associé – problèmes de l'exclusion d'augmentation de ses engagements – s'appliquent aux actionnaires). On précisera seulement, ici, quelques points spécifiques aux actionnaires.

1. Droits politiques

a) Droit à l'information

• Information permanente : l'actionnaire dispose en permanence d'une prérogative d'information décrite par l'art. L. 225-117, C. com. Tout actionnaire peut, à toute époque, consulter au siège social : les comptes annuels, les rapports de gestion et, le cas échéant, les comptes consolidés des trois derniers exercices ; la liste des administrateurs ou des membres du directoire et du conseil de surveillance ; les procès-verbaux et feuilles de présence des assemblées tenues pour les trois derniers exercices. L'associé qui n'aurait pu exercer son droit d'information permanente peut solliciter en référé une mesure d'injonction judiciaire sous astreinte ou la nomination d'un mandataire chargé de procéder à la communication (C. com., art. L. 238-1), ainsi que des dommages et intérêts. Pour les sociétés cotées, les droits à l'information permanente sont encore plus larges et complets.

• Information occasionnelle : il s'agit de l'information préalable à la tenue d'une assemblée (v. *infra,* p. 221 et s.). En font partie, en particulier, les questions écrites : à compter de sa convocation à une assemblée générale, tout actionnaire, quel que soit le nombre de titres qu'il détient, a la faculté de poser par écrit des questions, auxquelles le conseil d'administration (ou le directoire) sera tenu de répondre lors de l'assemblée (C. com., art. L. 225-35). Par ailleurs, tout actionnaire représentant au moins 5 % du capital social peut, deux fois par exercice, poser par écrit des questions au président du conseil d'administration ou au directoire, sur tout fait de nature à compromettre la continuité de l'exploitation (C. com., art. L. 225-232). Enfin, la désignation d'un expert de gestion suppose qu'une question écrite ait préalablement été posée au président ou au directoire, sans avoir reçu de réponse satisfaisante dans le délai d'un mois (v. *infra,* p. 95).

b) Droit de vote

Principes : il résulte des art. 1844 C. civ., et L. 225-122 C. com. que le droit de vote de l'actionnaire est soumis aux principes d'ordre public suivants :

• Proportionnalité du droit de vote : à la quotité de capital représentée, chaque action donne droit à une voix au moins (C. com., art. L. 225-122).

• Intangibilité du droit de vote : on ne peut, en principe, en priver l'actionnaire.

• Liberté d'exercice du droit de vote : l'actionnaire a le droit de voter dans le sens qu'il souhaite, voire de ne pas voter.

• Nullité des délibérations : prises en violation des dispositions régissant les droits de vote attachés aux actions (C. com., art. L. 235-2-1, créé par L. 1er août 2003, sécurité financière).

Limites : dans certains cas prévus par la loi, il peut être dérogé au principe :

• De proportionnalité du droit de vote : les statuts peuvent limiter le nombre de voix dont dispose chaque actionnaire (C. com., art. L. 225-125 ; v. *infra,* p. 233). La loi permet par ailleurs l'émission d'actions à droit de vote double (C. com., art. L. 225-123 ; v. *infra,* p. 233).

• D'intangibilité du droit de vote : il est permis par la loi, sous certaines conditions, de suspendre le droit de vote de l'actionnaire (v. par ex. C. com., art. L. 225-10, L. 225-147, L. 228-29 et L. 233-14 ; v. *infra,* p. 232). La loi permet la création d'actions de préférence, dénuées de droit de vote (v. *supra*, p. 181 et s.). Enfin, il est possible, à certaines conditions, de renoncer conventionnellement au droit de vote (sur les conventions de vote, v. *supra,* p. 90 et s.).

• De liberté d'exercice du droit de vote : la liberté de vote n'est pas absolue. Elle doit s'exercer dans certaines limites, tenant notamment à la prohibition de l'abus des droits ou du détournement de pouvoir (not. abus de majorité et de minorité, v. *supra,* p. 98 et s.). Par ailleurs, elle peut se trouver conventionnellement limitée (sur les conventions de vote, v. *supra,* p. 95 et s.).

c) Droit de regroupement et d'association : dans certaines hypothèses, les actionnaires sont autorisés à se grouper, soit pour exercer collectivement leurs droits individuels (C. com., art. L. 225-232, exercice d'une action *ut singuli,* v. *supra,* p. 67), soit pour réunir la fraction minimale du capital à laquelle est subordonné l'exercice de certaines prérogatives (C. com., art. L. 225-230, demande de récusation d'un commissaire aux comptes, v. *supra,* p. 83 ; C. com., art. L. 225-232, procédure d'alerte, v. *supra,* p. 93 ; C. com., art. L. 225-231, expertise de gestion, v. *infra,* p. 95). Enfin, dans ces mêmes séries d'hypothèses, mais seulement dans les sociétés cotées, les actionnaires peuvent, sous certaines conditions, « se regrouper en associations destinées à représenter leurs intérêts au sein de la société » (C. com., art. L. 225-120. À noter que les conditions d'existence et d'action des associations d'actionnaires et d'investisseurs ont été modifiées par la loi du 1er août 2003 de sécurité financière).

2. Droits financiers

a) Droit aux dividendes

• Principe : les actionnaires ont le droit d'obtenir une part des bénéfices (v. égal. les règles de droit commun, *supra,* p. 52).

• Décision collective : après approbation des comptes annuels et constatation de sommes distribuables (donc après dotation des réserves légales et statutaires), l'assemblée générale détermine la part attribuée aux associés sous forme de dividendes (C. com., art. L. 232-12, al. 1er).

• Acomptes sur dividendes : il est également possible de distribuer, avant l'approbation des comptes de l'exercice, des acomptes sur dividendes (al. 2).

• Dividende fictif : tout dividende distribué en violation de ces règles est un dividende fictif (al. 3), ce qui peut entraîner la responsabilité civile et pénale (C. com., art. L. 242-6) des dirigeants à l'origine de cette distribution.

• Mode de paiement : le paiement de ces dividendes peut être effectué en argent ou en actions (C. com., art. L. 232-18), dans un délai de neuf mois après la clôture de l'exercice, sauf prolongation judiciaire.

• Dividende majoré : depuis la loi du 12 juill. 1994, une majoration de dividende peut, à certaines conditions, être attribuée par les statuts à certains actionnaires (C. com., art. L. 228-14).

• Actions de préférence : la loi autorise l'émission d'actions de préférence, auxquelles sont attachés des droits financiers particuliers (dividende majoré, prioritaire, préciputaire, etc. ; v. *supra*, p. 181 et s.).

b) Droit aux réserves : il se traduit notamment par le droit préférentiel de souscription dont disposent les actionnaires lors d'une augmentation de capital, ou encore par la prime d'émission qui augmente le prix des actions nouvelles (C. com., art. L. 225-132 ; v. *infra,* p. 265 et s.).

c) Droit au remboursement de l'apport et au boni de liquidation : à la dissolution de la société, après que le passif ait été réglé et l'actif réalisé, chaque actionnaire reçoit une part égale au nominal de l'action. Le boni de liquidation est ensuite réparti entre les actionnaires, dans les mêmes proportions que leur participation au capital social, sauf clause contraire des statuts (C. com., art. L. 237-29).

3. Droits patrimoniaux

a) Droit de céder les actions : les règles de droit commun relatives à la mobilisation des droits sociaux s'appliquent aux actions (v. *supra,* p. 53 et s.). Pour le reste, il y a peu à dire sur le principe de libre cessibilité des actions, mais davantage sur les exceptions à ce principe.

• Limitation légale : la loi peut déclarer inaliénable certaines actions (par ex. actions attribuées aux salariés au titre de la participation aux résultats de l'entreprise, Ord. 21 oct. 1986 ; actions souscrites ou achetées par le personnel dans le cadre de l'actionnariat des salariés, C. com., art. L. 225-194).

• Limitation statutaire (clause d'agrément) :

Principe : il est possible d'introduire dans les statuts d'une SA non cotée une clause soumettant la cession des actions (et depuis l'Ord. 24 juin 2004, les valeurs mobilières composées donnant accès au capital) à l'agrément d'un organe habilité par les statuts (le plus souvent le conseil d'administration ou de surveillance).

Conditions : les actions doivent revêtir impérativement la forme nominative. L'agrément peut, depuis l'ordonnance du 24 juin 2004, porter aussi bien sur la cession à un tiers qu'à une personne déjà actionnaire. Elle ne joue pas pour les transmissions aux conjoints, ascendants ou descendants, ni pour les cessions entre actionnaires (C. com., art. L. 228-23).

Procédure : pour l'essentiel, procédure identique à celle retenue pour les autres formes de société (v. *supra,* p. 55). Le cédant peut renoncer à la cession à tout moment, y compris après dépôt du rapport d'expertise (C. com., art. L. 228-24).

Sanction : la violation d'une clause d'agrément est sanctionnée par la nullité de la cession (art. précit.).

Comparaison : Les statuts de certaines SA comportent parfois une clause de préemption selon laquelle tout actionnaire désirant céder ses actions doit, par priorité, proposer aux autres actionnaires ou à certains d'entre eux la cession de ces titres. L'on s'accorde à considérer que cette clause est valable dès lors qu'elle ne constitue pas une fraude aux limitations légales du jeu des clauses d'agrément et qu'elle ne porte pas une atteinte intolérable au droit des actionnaires de céder leurs actions. Très souvent, cette clause figure dans un pacte extrastatutaire.

• Limitation extrastatutaire : différentes clauses, susceptibles d'être stipulées dans de telles conventions, peuvent venir limiter le droit d'un actionnaire de céder ses actions (clause d'inaliénabilité, soumise aux conditions posées par l'art. 900 C. civ. ; clause de préférence ou de préemption…). Sur les conventions extrastatutaires, v. *supra,* p. 90.

b) Droit de nantir et de saisir les actions : v. *supra,* p. 59.

§ 2 - La collectivité des actionnaires

A. L'assemblée, organe souverain

Principe : l'assemblée générale des actionnaires est l'organe souverain de la société anonyme.

Diversité : l'expression effective des actionnaires à travers l'assemblée – partant le rôle réel de celle-ci – est extrêmement variable et dépend de multiples facteurs : taille de la société, type de société (cotée ou non), degré de dilution du capital, homogénéité de la direction ; mais aussi, santé financière de l'entreprise, politique suivie quant à l'affectation des résultats, etc.

B. Différentes sortes d'assemblées possibles

1. L'assemblée constitutive

En cas de constitution avec offre de titres financiers au public (anc. appel public à l'épargne), adopte les statuts et nomme les premiers organes sociaux (C. com., art. L. 225-7 et R. 225-9).

2. L'assemblée ordinaire

Réunit au moins une fois chaque année les actionnaires en vue de l'approbation des comptes (C. com., art. L. 225-100), mais peut être réunie chaque fois qu'il apparaît nécessaire (C. com., art. L. 225-98).

3. L'assemblée extraordinaire

Habilitée à modifier les statuts dans toutes leurs dispositions (C. com., art. L. 225-96).

4. L'assemblée spéciale

Réunit les titulaires d'actions ou d'autres valeurs mobilières d'une catégorie déterminée (C. com., art. L. 225-99).

5. L'assemblée mixte

Parfois réunie lorsque certaines décisions à prendre concomitamment relèvent, les unes des conditions de quorum et de majorité des assemblées extraordinaires, les autres de celles des assemblées ordinaires. Il ne s'agit cependant pas véritablement d'une catégorie spéciale d'assemblée.

Section 2 › RÈGLES COMMUNES AUX ASSEMBLÉES GÉNÉRALES

La réunion d'une assemblée, quelle qu'elle soit, est une opération minutieuse qui se développe sur un certain temps et requiert l'accomplissement de formalités précises. Ces règles communes concernent la convocation de l'assemblée, l'information des actionnaires, la composition de l'assemblée, et sa tenue proprement dite (sur la nullité des actes et délibérations, v. *supra,* p. 101 et s.).

§ 1 - La convocation des assemblées générales

A. Titulaires du pouvoir de convocation

1. Compétence normale

a) Dans les sociétés anonymes classiques : le droit de convocation appartient, par principe, au conseil d'administration, régulièrement réuni (C. com., art. L. 225-103, al. 1). La décision relève du conseil, organe collégial, et non d'un de ses membres, fût-il le président. Mais, une fois la décision prise, le conseil peut déléguer à son président ou à un administrateur le pouvoir de procéder aux formalités matérielles de convocation.

b) Dans les sociétés à directoire et conseil de surveillance : le droit de convoquer l'assemblée appartient, par principe, au directoire (C. com., art. L. 225-103, al. 1) ; mais l'assemblée générale peut être éventuellement convoquée par le conseil de surveillance (C. com., art. L. 225-103, al. 3).

2. Compétence exceptionnelle

Exceptionnellement, l'assemblée générale peut être convoquée :

a) Par les commissaires aux comptes (C. com., art. L. 225-103, al. 2) : en cas de carence de l'organe principalement habilité. Le commissaire aux comptes doit justifier sa décision en exposant les motifs de la convocation – généralement l'intérêt social – dans un rapport lu à l'assemblée (C. com., art. R. 225-162). Les frais entraînés par la réunion de l'assemblée sont à la charge de la société (C. com., art. R. 225-162, al. 4).

b) Par un mandataire, désigné en justice

- À la demande de tout intéressé en cas d'urgence.
- À la demande d'un ou plusieurs actionnaires réunissant au moins 5 % du capital social ou des actions de la catégorie intéressée, s'il s'agit d'une assemblée spéciale (C. com., art. L. 225-103, al. 2, 2° et R. 225-65), ou d'une association d'actionnaires (C. com., art. L. 225-103, al. 2) constituée conformément aux exigences légales (C. com., art. L. 225-120). La demande doit être motivée par l'intérêt social et le défaut de convocation par les organes normalement compétents.
- À la demande du comité d'entreprise en cas d'urgence (C. trav., art. L. 2323-67).

c) Par le liquidateur : pendant la période de liquidation de la société, les assemblées sont convoquées par le liquidateur (C. com., art. L. 225-103, al. 2, 3).

d) Par un administrateur provisoire : lorsque la société se trouve dotée d'un administrateur provisoire (v. *supra*, p. 95), celui-ci, remplaçant temporairement les organes normaux de gestion, peut convoquer toutes les assemblées utiles à la gestion courante de la société, c'est-à-dire les assemblées ordinaires. Il ne peut réunir une AGE qu'après autorisation spéciale du tribunal.

e) Par les actionnaires majoritaires : en capital ou en droits de vote après une offre publique d'achat ou d'échange ou après une cession d'un bloc de contrôle. Cela, à défaut de convocation de l'assemblée par les organes compétents (C. com., art. L. 225-103, al. 2, 4). La disposition permet à la nouvelle majorité d'accélérer le renouvellement des organes sociaux.

B. Formalités de convocation

1. Formalités préliminaires

a) Avis de réunion

Principe : quel que soit l'auteur de la convocation, le projet de réunion d'une assemblée doit être porté à la connaissance des actionnaires au moyen d'un avis de réunion de façon à leur permettre de déposer et requérir l'inscription de projets de résolutions à l'ordre du jour de l'assemblée.

Exceptions :

• Les sociétés qui n'offrent pas leurs titres financiers au public ne sont pas tenues d'adresser spontanément à leurs actionnaires un avis de réunion. Ce n'est que si l'un d'eux lui en fait la demande qu'elle doit envoyer cet avis trente-cinq jours au moins avant la date de l'assemblée (C. com., art. R. 225-72).

• Les Sociétés offrant leurs titres financiers au public et les sociétés non cotées dont le capital est composé, en tout ou partie, de titres au porteur sont tenues, 35 jours au moins avant la réunion de l'assemblée, de publier au *Balo* un avis contenant certaines indications précises (C. com., art. R. 225-73).

b) Inscription de points ou de projets de résolution par les actionnaires

Principe : tout actionnaire représentant au moins 5 % du capital a la faculté de requérir l'inscription à l'ordre du jour de points ou de projets de résolution (C. com., art. L. 225-105, al. 2 et R. 225-71). Sa demande doit être motivée.

Réduction : lorsque le capital de la société est supérieur à 750 000 €, le montant du capital à représenter pour pouvoir requérir l'inscription à l'ordre du jour de projets de résolution, est réduit à (C. com., art. R. 225-71) :

– 4 % pour les premiers 750 000 € ;

– 2,50 % pour la tranche de capital comprise entre 750 000 et 7 500 000 € ;

– 1 % pour la tranche de capital comprise entre 7 500 000 et 15 000 000 € ;

– 0,50 % pour le surplus du capital.

• Regroupement des actionnaires : possible, pour atteindre ces pourcentages. Dans les sociétés cotées, l'inscription peut aussi être demandée par une association régulière (C. com., art. L. 225-120).

• Modalités de la demande d'inscription : la demande, accompagnée du texte des projets de résolution (et des renseignements prévus par C. com., art. R. 225-83 en cas de présentation d'un candidat au conseil d'administration ou de surveillance), est adressée au siège social par lettre recommandée avec demande d'avis de réception, dans des délais précis (v. C. com., art. R. 225-71 et s.) ;

• Réception des projets : par le président du CA ou du directoire, qui en accuse réception par lettre recommandée, dans le délai de cinq jours à compter de cette réception (C. com., art. R. 225-74).

• Information des actionnaires : obligation est faite aux dirigeants sociaux de porter à la connaissance de tous les actionnaires ces points ou projets de résolution émanant de certains actionnaires. Dans les sociétés cotées sur un marché réglementé, les points et projets de résolution doivent être publiés par la société sur son site internet (C. Com. art. R. 225-73-1).

• Inscription à l'ordre du jour et vote de l'assemblée : les projets de résolution sont inscrits à l'ordre du jour et soumis au vote de l'assemblée (C. com., art. R. 225-74 al. 2), quels que soient les sujets sur lesquels ils portent, même si ceux-ci sont sans rapport avec l'objet principal de la réunion.

• Sanctions : les délibérations prises par les assemblées en violation des dispositions permettant aux actionnaires de présenter des projets de résolution sont nulles (C. com., art. L. 225-121, al. 1).

c) Dépôt de projets de résolution par le comité d'entreprise : le comité d'entreprise peut requérir l'inscription de projets de résolution à l'ordre du jour des assemblées (C. trav., art. L. 2323-67). Ces projets sont traités comme ceux proposés par les actionnaires.

2. Convocation proprement dite

a) Forme de la convocation

• Dispositions légales : les art. R. 225-66 à R. 225-70 C. com. réglementent de manière impérative les formalités de convocation. Les statuts peuvent seulement renforcer leurs exigences. La convocation peut résulter d'un moyen électronique de télécommunication (v. R. 225-63 ; anc. art. D. 120-1).

• Régime principal : quelle que soit la nature de l'assemblée, ordinaire, extraordinaire ou spéciale, la convocation des actionnaires obéit à un régime uniforme. L'avis de convocation est inséré dans un journal d'annonces légales du département du siège social et au *Balo* (après avis de l'AMF) si la société offre ses titres financiers au public.

• Exception – Actions nominatives : des lettres individuelles de convocation doivent être adressées aux actionnaires titulaires d'actions nominatives (C. com., art. R. 225-68). D'ailleurs, si toutes les actions sont nominatives, les insertions dans les journaux habilités peuvent être remplacées par une lettre simple ou recommandée adressée à chaque actionnaire (art. R. 225-67). Il en résulte, généralement, que les actionnaires des sociétés non cotées ne sont convoqués que par lettre (ou courrier électronique, art. R. 225-62).

• Situation des actions démembrées ou en indivision : sous certaines conditions de durée de détention des titres, chacun de copropriétaires de titres en indivision (art. R. 225-68, al. 2), et chacun des titulaires de droit de vote pour les actions grevées d'un usufruit (art. R. 225-68, al. 3), doivent recevoir individuellement une lettre de convocation.

• Convocation des commissaires aux comptes : ils doivent être convoqués par lettre recommandée avec avis de réception au plus tard lors de la convocation des actionnaires eux-mêmes (C. com., art. L. 225-238 et R. 823-9).

b) Contenu de la convocation

• Mentions générales : l'avis de convocation doit indiquer notamment (C. com., art. R. 225-66) les jour, heure et lieu de l'assemblée (siège social ou autre lieu, éventuellement fixé par les statuts), ainsi que sa nature (extraordinaire, ordinaire ou spéciale) ; le cas échéant, les lieux où doivent être déposés les certificats d'immobilisation des actions au porteur pour ouvrir le droit de participer à l'assemblée, ainsi que la date avant laquelle ce dépôt doit être fait.

• Vote par correspondance : l'avis indique encore les conditions dans lesquelles les actionnaires peuvent voter par correspondance et les lieux et les conditions dans lesquelles ils peuvent obtenir les formulaires nécessaires et les documents qui y sont annexés.

• Ordre du jour : l'avis de convocation indique l'ordre du jour de l'assemblée (C. com., art. R. 225-66), élément essentiel qui détermine la compétence de l'assemblée qui se réunit. En effet :
À peine de nullité (C. com., art. L. 225-121, al. 1), l'assemblée ne peut délibérer que sur une question inscrite à l'ordre du jour (C. com., art. L. 225-105, al. 3).
Seuls la révocation et le remplacement d'un ou plusieurs administrateurs ou membres du conseil de surveillance peuvent être décidés sans être inscrits à l'ordre du jour, sauf abus de droit (C. com., art. L. 225-105, al. 3).
Des questions diverses, non prévues par l'ordre du jour, peuvent néanmoins être abordées, à condition d'être mineures.
L'ordre du jour est arrêté, en principe, par l'auteur de la convocation (C. com., art. L. 225-105, al. 1) ou, exceptionnellement, par le président du tribunal de commerce qui désigne le mandataire chargé de convoquer l'assemblée (C. com., art. R. 225-65). Dans tous les cas, doivent être inscrits à l'ordre du jour les projets de résolution présentés par les actionnaires (C. com., art. R. 225-74).

c) Délais

• Le délai entre la date, soit de l'insertion ou de la dernière des insertions contenant un avis de convocation, soit de l'envoi des lettres et la date de l'assemblée est au moins de : 15 jours sur première convocation ; 6 jours sur convocation suivante (C. com., art. R. 225-69).

• Ces délais s'appliquent quel que soit le mode de convocation (insertion ou lettres), son auteur, son destinataire (actionnaire ou commissaire aux comptes ; C. com., art. R. 823-9), ou encore la nature (ordinaire, extraordinaire ou spéciale) de l'assemblée. Il s'agit de délais minimaux, qui pourraient être allongés par les statuts, soit pour toutes les assemblées, soit pour certaines d'entre elles.

d) Ajournement de l'assemblée

• Principe : l'assemblée peut être ajournée, c'est-à-dire reportée à une date postérieure à celle initialement fixée.

• Décision sociale : l'ajournement peut être décidé par l'auteur de la convocation, ou par l'assemblée elle-même, à la majorité, en cas d'incidents imprévus dont la solution requiert davantage qu'une simple suspension de séance.

• Décision judiciaire : l'ajournement peut également résulter d'une décision de justice, en référé, en raison de circonstances graves et exceptionnelles (cause d'annulation de l'assemblée, atteinte flagrante au droit d'information des actionnaires, prévention d'un dommage imminent…).

• Effet : la réunion consécutive à un ajournement constituera une nouvelle assemblée qui nécessitera une nouvelle convocation.

C. Sanction des règles de convocation

1. Nullité

• Nullité obligatoire : lorsque l'assemblée délibère en violation d'une disposition régissant l'ordre du jour, la délibération est nulle (C. com., art. L. 225-121, al. 1). Le juge qui constate l'irrégularité doit la prononcer et la présence de tous les actionnaires à l'assemblée ne rend pas l'action en nullité irrecevable.

• Nullité facultative : lorsque l'irrégularité affecte un élément du régime de la convocation autre que l'ordre du jour, l'assemblée peut être annulée (C. com., art. L. 225-104, al. 2). Le juge dispose d'un pouvoir d'appréciation.

2. Sanctions pénales

Des sanctions pénales sont prévues. Elles concernent notamment :

• Le défaut de convocation de l'assemblée annuelle dans les délais requis (C. com., art. L. 242-10).

• L'entrave à la participation des actionnaires à l'assemblée (C. com., art. L. 242-9-1).

• Dispositions pénales abrogées : la sanction du défaut de convocation des actionnaires dont les titres sont nominatifs (C. com., art. L. 242-11, abrogé par L. 1er août 2003 de sécurité financière) ; le défaut de renseignements devant figurer dans l'avis de réunion (C. com., art. L. 242-12, abrogé par Ord. 25 mars 2004).

§ 2 - L'information des actionnaires

Indépendamment de l'information permanente qu'ils reçoivent tout au long de la vie de la société (v. *supra*, p. 212), les actionnaires et titulaires de certificats de droits de vote bénéficient d'un droit à information particulière à l'occasion de la tenue d'une assemblée générale. Ce droit à information prend la forme d'une mise à disposition de documents d'une part (A), d'envoi de documents (B), d'autre part. Il est par ailleurs sanctionné (C). Enfin il existe une information sur les cessions temporaires de titres (D).

A. Mise à disposition de documents

1. Étendue du droit de consultation

L'étendue du droit de consultation des actionnaires et des titulaires de certificats de droit de vote varie selon la nature de l'assemblée à laquelle ils sont conviés. Les sociétés cotées ou inscrites au hors cote adressent à l'AMF une copie des documents tenus à disposition des actionnaires.

a) AGO annuelle

À compter de la convocation de l'assemblée générale ordinaire annuelle, tout actionnaire ou titulaire de certificats de droit de vote a le droit de prendre connaissance des documents et renseignements énumérés aux art. L. 225-115 C. com. et R. 225-83 (v. C. com., art. R. 225-89 al. 1er). Le droit de consultation porte ainsi sur les documents suivants : la loi du 17 mai 2011 a supprimé (C. com., art. L. 225-115, abrog. 1° et 6°) le droit pour les actionnaires de SA et SCA d'obtenir communication de l'inventaire, C. com., art. L. 225-115, 1°) et de la liste et de l'objet des conventions portant sur des opérations courantes conclues à des conditions normales (Sur ces conventions, v. *infra,* p. 258) :

• Comptes annuels (bilan, compte de résultat et annexe) de l'exercice écoulé ainsi que le tableau des affectations du résultat et, pour les sociétés cotées et certaines de leurs filiales, l'inventaire des valeurs mobilières détenues en portefeuille à la clôture de l'exercice (C. com., art. L. 225-115, 1°).

• Comptes consolidés et rapport sur la gestion du groupe (le cas échéant ; C. com., art. L. 225-115, 1° et R. 225-83).

• Tableau des résultats de la société au cours des cinq derniers exercices ou des exercices clos depuis la constitution de la société ou de l'absorption par celle-ci d'une autre société si leur nombre est inférieur à cinq (C. com., art. R. 225-83).

• Rapport du conseil d'administration ou du directoire et, le cas échéant, les observations du conseil de surveillance (C. com., art. L. 225-115, 2° et R. 225-83).

• Rapports des commissaires aux comptes (C. com., art. L. 225-115, 2° et R. 225-83). Il s'agit du rapport général (C. com., art. L. 232-3 et R. 823-7), du rapport spécial sur les conventions réglementées (C. com., art. L. 225-40, al. 3 et art. L. 225-88, al. 3) et des rapports spéciaux établis dans le cadre de l'établissement des documents prévisionnels et du déclenchement de la procédure d'alerte (C. com., art. L. 234-1).

• Texte des projets de résolution présentés par le conseil d'administration ou le directoire selon le cas (C. com., art. L. 225-115, 3° et R. 225-83), ainsi que les projets de résolution présentés par les actionnaires (C. com., art. L. 225-115, 3° et R. 225-83).

• Informations sur les dirigeants : les nom, prénom usuel, soit des administrateurs et directeurs généraux, soit des membres du conseil de surveillance et du directoire, ainsi que, le cas échéant, l'indication des autres sociétés dans lesquelles ces personnes exercent des fonctions de gestion, de direction, d'administration ou de surveillance (C. com., art. L. 225-115, 1° et R. 225-83).

• Informations sur les candidats dirigeants : lorsque l'ordre du jour comporte la nomination d'administrateurs ou de membres du conseil de surveillance : les nom, prénom usuel et âge des candidats, leurs références professionnelles et leurs activités professionnelles au cours des cinq dernières années, notamment les fonctions qu'ils exercent ou ont exercées dans d'autres sociétés ; les emplois ou fonctions occupés dans la société par les candidats et le nombre d'actions de la société dont ils sont titulaires ou porteurs (C. com., art. L. 225-115, 3° et R. 225-83).

• Rémunérations de dirigeants : la somme globale, certifiée exact par les commissaires aux comptes, des rémunérations versées aux dix ou cinq personnes les mieux rémunérées, selon que l'effectif du personnel excède ou non deux cents salariés (C. com., art. L. 225-115, 4°).

• Actions de bienfaisance et de mécénat : le montant global, certifié par les commissaires aux comptes, des sommes ouvrant droit aux déductions fiscales visées à l'art. 238 *bis* AA du CGI (versements à des œuvres d'intérêt général ou à des organismes de recherche, acquisition d'œuvres d'art ou de collection dont l'offre de donation à l'État a été acceptée), ainsi que la liste des actions nominatives de parrainage, de mécénat (C. com., art. L. 225-115, 5°).

• Liste des actionnaires (C. com., art. L. 225-116 ; C. com., art. L. 242-14, 3° et R. 225-90), avec les nom, prénom et domicile de chaque titulaire d'actions et le nombre des actions dont chaque actionnaire connu de la société est titulaire.

• Bilan social : les sociétés occupant au moins trois cents salariés (C. trav., art. L. 2323-68), doivent tenir à disposition de leurs actionnaires leur dernier bilan social, accompagné de l'avis du comité d'entreprise (C. trav., art. L. 2323-74).

b) AGO autre que l'assemblée annuelle

S'agissant des assemblées générales ordinaires autres que l'assemblée annuelle, et sauf le cas particulier de l'assemblée appelée à statuer sur l'évaluation d'un bien vendu à la société par un actionnaire (C. com., art. L. 225-101 et R. 225-89), aucune disposition ne prévoit la mise à disposition des actionnaires de documents particuliers (C. com., art. R. 225-89 *a contrario*), si ce n'est la liste des actionnaires (C. com., art. R. 225-90).

Mais en dépit de ce silence, il convient d'admettre la nécessité d'un droit de consultation minimum préalable.

c) Assemblée générale extraordinaire ou assemblée spéciale

Les documents qui doivent être mis à disposition des actionnaires à l'occasion d'une assemblée générale extraordinaire ou d'une assemblée spéciale sont les suivants :

• Le texte des résolutions présentées (C. com., art. R. 225-89).

• Les rapports : du conseil d'administration ou du directoire (C. com., art. R. 225-89), du conseil de surveillance (C. com., art. L. 242-14, 2°) et, le cas échéant, des commissaires aux comptes et du commissaire aux apports en cas d'augmentation de capital par apports en nature ou de stipulation d'avantages particuliers (C. com., art. L. 225-147, al. et R. 225-136).

• Liste des actionnaires (C. com., art. L. 225-116).

• Divers documents en cas de fusion (C. com., art. R. 236-3).

2. Exercice du droit de consultation

a) Bénéficiaires du droit de consultation

Principe : le droit de consultation reconnu aux actionnaires et titulaires de certificats de droit de vote, préalablement à une assemblée, peut être exercé directement ou par un mandataire nommément désigné (C. com., art. R. 225-91).

• Actions indivises ou démembrées : lorsque les actions sont indivises, ce droit appartient à chacun des copropriétaires. Si elles sont grevées d'usufruit, le droit de consultation appartient tant à l'usufruitier qu'au nu-propriétaire, quelle que soit la nature de l'assemblée (C. com., art. L. 225-118) et chacun peut agir en justice pour demander la nullité de l'assemblée lorsque son droit de consultation n'a pas été respecté.

• FCP : lorsque les actions appartiennent à des personnes groupées dans un fonds commun de placement (FCP), le droit de consultation n'est pas individuel, mais réservé au gérant, qui représente le fonds à l'égard des tiers et peut agir en justice pour défendre ou faire valoir les droits ou intérêts des porteurs de parts (L. n° 88-1201, 23 déc. 1988, art. 12, al. 2).

• Obligataires : les représentants de la masse des obligataires (C. com., art. L. 228-55, al. 2) et de la masse des porteurs de parts bénéficiaires (L. 23 janv. 1929, art. 11, al. 4) ont le droit d'obtenir communication des documents mis à la disposition des actionnaires dans les mêmes conditions que ceux-ci.

b) Délais de consultation

Principe : le droit de consultation peut s'exercer à compter de la convocation à l'assemblée générale et au moins pendant le délai de quinze jours qui précède la date de la réunion (C. com., art. R. 225-89).

• Règles particulières : la consultation de certains documents particuliers (rapport du commissaire aux apports en cas d'augmentation de capital par apports en nature ou stipulation d'avantages particuliers ; documents relatifs à une fusion…) fait l'objet de règles spéciales.

c) Lieu de consultation : le droit de consultation s'exerce au siège social ou au lieu de la direction administrative (C. com., art. R. 225-89).

d) Modalités de la consultation

• Assistance d'un expert ou d'un huissier : pour l'exercice de son droit de communication, l'actionnaire peut se faire assister d'un expert inscrit sur une des listes établies par les cours et tribunaux (C. com., art. R. 225-94). On admet également que l'actionnaire puisse, par requête au président du tribunal, obtenir l'assistance d'un huissier, chargé de dresser procès-verbal des documents présentés.

• Copies : l'actionnaire a le droit de prendre copie, par tous moyens techniques, de tous les documents sociaux qu'il consulte, à l'exception, toutefois, de l'inventaire (C. com., art. R. 225-89 et 225-90). Mais l'actionnaire ne peut exiger de la société la délivrance ou l'envoi d'une copie.

e) Site internet des sociétés cotées

Les sociétés dont les actions sont admises sur un marché réglementé sont tenues de disposer d'un site Internet afin de satisfaire à leurs obligations d'informations de leurs actionnaires (C. com. art. R. 210-20). Elles doivent publier sans discontinuer les documents que les actionnaires ont le droit de consulter, 21 jours au moins avant la date de l'AG (y compris les points et résolutions de l'ordre du jour), et dans les 15 jours après l'assemblée, le résultat des votes (C. com. art. R. 225-106-1).

B. Envoi de documents

Principes : afin de permettre aux actionnaires et titulaires de certificats de droits de vote de se prononcer en connaissance de cause, les sociétés doivent, sous certaines conditions, leur adresser, avant une assemblée, divers documents et leur fournir certains renseignements. D'une part, les sociétés sont tenues de joindre certains documents à toute formule de procuration qu'elles adressent à leurs actionnaires. D'autre part, elles doivent fournir certains documents et renseignements à ceux de leurs actionnaires qui en font la demande.

1. Documents joints à toute formule de procuration

Lorsque la société adresse à des actionnaires, soit spontanément, soit à leur demande, une formule de procuration, elle doit joindre à ladite formule les documents suivants (C. com., art. R. 225-81) : ordre du jour de l'assemblée ; texte des projets de résolution ; exposé sommaire de la situation et des résultats de la société ; une formule de demande d'envoi des documents et renseignements ; un formulaire de vote par correspondance comportant le rappel des dispositions de l'art. L. 225-106, al. 4, C. com.

2. Documents adressés aux actionnaires sur leur demande

Principe : sous certaines conditions, les actionnaires peuvent demander à la société de leur envoyer, à l'adresse indiquée, un certain nombre de documents (uniquement ceux visés par les art. R. 225-81 et R. 225-88 C. com.). La liste de ces documents est variable selon la nature et l'objet de l'assemblée. Une copie des documents adressés aux actionnaires doit être envoyée à l'AMF par les sociétés cotées.

• Documents à adresser avant l'AGO annuelle : à quelques exceptions près, ceux qui doivent être mis à disposition des actionnaires au siège social, avant une AGO (v. *supra*, p. 221 et s.).

• Documents à adresser avant toute assemblée autre que l'AGO annuelle (AGO, AGE, AG spéciale) : mêmes documents que ceux adressés avant l'AGO annuelle, auxquels il convient de retrancher certains documents qui n'intéressent que l'approbation des comptes annuels, et auxquels il convient d'ajouter certains documents qui concernent spécifiquement l'objet de ces assemblées.

Conditions : pour bénéficier du droit, il faut :
– justifier de la qualité d'actionnaire : cette justification résulte, pour les actionnaires « nominatifs », de leur inscription dans les comptes de la société (C. com., art. R.-225-88), et pour les actionnaires « au porteur », du dépôt aux lieux indiqués dans l'avis de convocation du certificat d'immobilisation établi par l'intermédiaire habilité, teneur de leur compte (C. com., art. R. 225-88) ;
– avoir demandé l'envoi des documents.

Modalités : la société est tenue de procéder à l'envoi des documents avant la réunion et à ses frais (C. com., art. R. 225-88). Il n'y a pas de délai minimum imposé, mais un envoi tardif pourrait être considéré comme abusif. L'envoi peut être effectué par un moyen électronique de télécommunication (v. C. com., art. R. 225-63).

C. Sanction des règles relatives à l'information

1. Sanctions civiles

a) Astreinte : si la société refuse, en totalité ou en partie, la communication de documents, l'actionnaire auquel ce refus a été opposé peut saisir le président du tribunal de commerce qui, en référé, pourra ordonner aux dirigeants de la société, sous astreinte, de communiquer lesdits documents (C. com., art. L. 238-1).

b) Nullité de l'assemblée : si l'actionnaire n'a pas été en mesure d'exercer son droit de consultation préalable à une assemblée, celle-ci peut être annulée (C. com., art. L. 225-121, al. 2), mais cette nullité est facultative pour le juge. Celui-ci ne la prononcera que si elle cause grief à celui qui l'invoque, autrement dit, si l'irrégularité a eu pour conséquence d'empêcher l'actionnaire de voter en toute connaissance de cause.

c) **Dommages et intérêts :** indépendamment de la nullité, l'actionnaire victime du refus de communication pourra éventuellement obtenir, conformément au droit commun, des dommages et intérêts dans la mesure du préjudice subi.

2. Sanctions pénales

L'inobservation du droit des actionnaires de consulter les documents sociaux (au siège social, v. *supra,* p. 221 et s.), de même que la non-exécution des communications de documents dues aux actionnaires d'une SA avant leur assemblée générale, ne sont plus sanctionnées pénalement (abrog. art. L. 242-24 et L. 242-12, L. 242-13 par L. NRE 2001 et Ord. 25 mars 2004).

Toutefois, les dirigeants de sociétés tenues d'établir des comptes consolidés qui n'auraient pas, dans les délais requis, adressé ces comptes consolidés aux actionnaires, continueront de s'exposer à une amende de 9 000 € (C. com., art. L. 247-1, II).

D. Information sur les cessions temporaires de titres

La loi RBF du 22 oct. 2010 a ajouté une obligation de déclaration des actions détenues au titre d'une opération de cession temporaire d'actions admises sur un marché réglementé (opérations de prêt, de pension livrée ou de vente à réméré), effectuée en période d'assemblée générale (C. com., art. L. 225-126). L'obligation pèse sur le cessionnaire, l'emprunteur ou celui qui aura le pouvoir ou le devoir de retransférer les actions. L'objectif de la loi a été d'assurer la transparence des manœuvres des investisseurs qui empruntent des actions pour une courte période, dans le seul but d'exercer les droits de vote correspondants. Les sanctions sont celles applicables en cas de non-déclaration de franchissement de seuil : privation automatique des droits de vote, nullité facultative des délibérations de l'AG.

§ 3 - La composition de l'assemblée

Principes :

• Tout associé a le droit de participer aux décisions collectives (C. civ., art. 1844, al. 1), toute clause contraire est réputée non écrite (C. civ., art. 1844-10, al. 2). Le droit de participer aux assemblées est ainsi un droit essentiel de l'associé, quel que soit le type de la société, sauf disposition légale contraire (C. civ., art. 1834).

• Sanctions pénales : ceux qui, sciemment, auront empêché un actionnaire de participer à une assemblée d'actionnaires, sont passibles d'un emprisonnement de deux ans et/ou d'une amende de 9 000 € (C. com., art. L. 242-9, 1°).

Attention : ce principe affirmé, il n'en résulte pas que la qualité d'actionnaire donne systématiquement accès à l'assemblée. En d'autres termes, le droit de participer à l'assemblée doit être examiné plus en détail. Il conviendra ensuite d'examiner les modalités possibles de la participation de l'actionnaire à l'assemblée.

A. Droit de participer à l'assemblée

1. Détermination de la qualité d'actionnaire

a) Actions de capital ou de jouissance : les associés qui détiennent des actions de capital ou de jouissance peuvent assister aux assemblées (C. com., art. L. 225-122).

b) Actions indivises : le droit de vote attaché à l'action étant indivisible, les copropriétaires d'actions indivises sont représentés aux assemblées générales par l'un d'eux ou par un mandataire unique, éventuellement désigné, en cas de désaccord, par ordonnance du président du tribunal de commerce, statuant en référé, à la demande du copropriétaire le plus diligent (C. com., art. L. 225-110, al. 2).

c) Actions grevées d'usufruit : le droit de vote, et par conséquent l'accès aux assemblées, appartient à l'usufruitier dans les assemblées générales ordinaires et au nu-propriétaire dans les assemblées générales extraordinaires (C. com., art. L. 225-110, al. 1). Tel est le principe, mais les statuts peuvent y déroger (C. com., art. L. 225-110, al. 4). v. *supra*, p. 50.

d) Actions remises en gage. Saisie-arrêt : le propriétaire des titres remis en gage exerce le droit de vote (C. com., art. L. 225-110, al. 3) et a, de ce fait, seul droit de participer aux assemblées. Le créancier gagiste n'a aucune formalité à accomplir puisque, depuis la dématérialisation, les actions gagées restent inscrites au compte de leur titulaire (L. n° 83-1, 3 janv. 1983, art. 29, al. 2). De la même façon, les actions frappées de saisie-arrêt ne sont pas privées du droit de vote ; leur titulaire peut participer à l'assemblée tant que la vente forcée n'a pas été réalisée.

e) Actions litigieuses. Séquestre : lorsque la propriété d'actions est litigieuse, le droit de participer à l'assemblée appartient au propriétaire apparent, c'est-à-dire à celui au nom de qui les actions sont inscrites, la société n'ayant pas à préjuger de l'issue du litige. Il n'en demeure pas moins que ce principe est de nature à générer de graves difficultés. En effet, si une décision de justice ultérieure attribue à une autre personne la propriété des actions, l'assemblée peut se trouver annulée au motif qu'un actionnaire a été exclu des délibérations. Le danger peut cependant être écarté, dans une certaine mesure, par ex. au moyen de la mise sous séquestre des actions litigieuses (voire de l'ajournement de l'assemblée, v. *supra*, p. 220). En cas de séquestre judiciaire, l'ordonnance qui désigne le séquestre règle généralement la question de l'exercice du droit de vote aux assemblées (sur le séquestre, v. *supra*, p. 97).

f) Prêt d'actions. Location : le prêt de titres semble (mais c'est discuté) être un prêt de consommation et transfère la propriété des actions à l'emprunteur. C'est, en conséquence, l'emprunteur qui a accès à l'assemblée et y exerce le droit de vote. En cas de location d'actions (sur ce mécanisme, v. *supra*, p. 57), le droit de vote attaché à l'action louée appartient au bailleur dans les assemblées statuant sur les modifications statutaires ou le changement de nationalité de la société et au locataire dans les autres assemblées. Pour l'exercice des autres droits attachés aux titres loués, le bailleur sera considéré comme le nu-propriétaire et le locataire comme l'usufruitier (C. com., art. L. 239-3, al. 2).

g) Fonds commun de placement : les titulaires d'actions comprises dans le portefeuille d'un fonds commun de placement participent et votent dans les assemblées générales d'actionnaires par l'intermédiaire du gérant du fonds (L. n° 88-1201, 23 déc. 1988, art. 12, al. 2). Lorsque le fonds est instauré dans le cadre de la participation des salariés aux résultats de l'entreprise ou d'un plan d'épargne d'entreprise, le droit de vote, et donc l'accès à l'assemblée, appartient au mandataire désigné par le conseil de surveillance du fonds (L. n° 88-1201, 23 déc. 1988, art. 20, al. 2).

2. Restrictions au droit de participer à l'assemblée

a) Justification de la qualité d'actionnaire : la participation suppose tout d'abord que l'actionnaire ou son représentant puisse justifier de sa qualité. La procédure de justification est désormais identique pour tous les titres d'une même société (C. com., art. R. 225-85).

b) Actions non libérées : à l'expiration d'un délai de trente jours à compter de la mise en demeure adressée à l'actionnaire d'avoir à libérer ses apports, les actions sur le montant desquelles les versements exigibles n'ont pas été effectués cessent de donner droit à l'admission et aux votes dans les assemblées (C. com., art. L. 228-29, al. 1 et R. 228-26).

c) Nombre minimal d'action : un obstacle beaucoup plus déterminant aurait pu tenir à l'existence de restrictions légales ou conventionnelles à l'accès à l'assemblée. Mais, depuis la loi NRE du 15 mai 2001, qui a abrogé l'art. L. 225-112, C. com., les statuts ne peuvent plus exiger un nombre minimal d'actions pour participer aux assemblées générales.

3. Admission d'autres participants aux assemblées

a) Les commissaires aux comptes : sont convoqués à toutes les assemblées d'actionnaires (C. com., art. L. 225-238) ; ils n'ont pas de voix délibérative.

b) Obligataires ; porteurs de titres participatifs : les représentants de la masse des obligataires et de la masse des porteurs de titres participatifs peuvent avoir accès aux assemblées générales des actionnaires sans voix délibérative, pour prendre la parole sur les résolutions qui les concernent (C. com., art. L. 228-55, al. 1 ; L. 228-37, al. 4).

c) Huissier de justice : sa présence ne peut être imposée à l'assemblée que si cet officier ministériel a été commis par décision de justice, d'une part ; d'autre part, cette autorisation ne peut être accordée que pour des motifs graves, intéressant directement le fonctionnement de la société.

d) Autres personnes :

• La participation à l'assemblée, sans voix délibérative, de personnes n'ayant pas la qualité d'actionnaire, peut résulter d'une précision statutaire (par ex. secrétaire du bureau, censeurs…).

• D'autres personnes peuvent encore être invitées à participer à l'assemblée : techniciens (ingénieurs de l'entreprise, avocats…), analystes financiers, journalistes, etc., dont la présence peut paraître utile ou souhaitable. La présence de ces personnes n'est toutefois pas un droit. Leur présence doit être mentionnée et acceptée par le bureau de l'assemblée, ou, en cas de contestation, être autorisée par l'assemblée.

B. Modalités de la participation à l'assemblée

Diversité : l'actionnaire peut être physiquement présent. Mais, il peut également, et doit dans certaines circonstances, se faire représenter par un tiers. Par ailleurs, il existe la possibilité pour l'actionnaire de s'exprimer par un vote par correspondance. Enfin, le législateur tend à favoriser la possibilité de participer aux assemblées *via* des moyens de télécommunication.

1. La représentation des actionnaires aux assemblées

a) Représentation légale

• Représentation légale des mineurs ou des majeurs protégés : elle s'organise conformément aux dispositions du Code civil relatives aux incapacités.

• Les personnes morales actionnaires : elles participent aux assemblées et y exercent leur droit de vote par l'intermédiaire de leurs représentants légaux ou par toute personne déléguée par l'organe compétent, qui justifieront de leur qualité par la production d'un extrait K *bis* de la société ou de leur délégation occasionnelle qui peut revêtir la forme d'une simple lettre. Peu importe que le représentant de la personne morale soit ou non actionnaire. Lorsque la personne morale actionnaire est une société étrangère, les modalités de sa représentation aux assemblées sont régies par sa loi nationale.

b) Représentation conventionnelle

• Principe : en corrélation avec le droit de tout actionnaire de participer aux assemblées, ceux-ci ont le droit de se faire représenter aux assemblées. Ce droit de représentation est d'ordre public. Les clauses contraires seraient réputées non écrites (C. com., art. L. 225-106, al. 6).

• Choix du mandataire : un actionnaire peut se faire représenter par un autre actionnaire, par son conjoint, par son partenaire pacsé ou, lorsque la société est cotée, par toute personne physique ou morale (C. com., art. L. 225-106, al. 1) et seulement par ces personnes, les clauses statutaires contraires étant réputées non écrites (C. com., art. L. 225-106, al. 6). Le mandat devra être écrit et communiqué à la société.

• Cumul de pouvoirs : les statuts ne peuvent pas limiter le nombre de pouvoirs qu'un même actionnaire peut recevoir, sauf indirectement, par le biais de la limitation du nombre de voix dont peut disposer une même personne, tant en son nom personnel que comme mandataire (C. com., art. L. 225-106, al. 2).

• Pouvoirs en blanc : les pouvoirs en blanc sont des procurations datées et signées de l'actionnaire qui n'a pas indiqué le nom de son mandataire (C. com., art. L. 225-106, al. 7). Pour toute procuration d'un actionnaire sans indication de mandataire, le président de l'assemblée générale émet un vote favorable à l'adoption des projets de résolution présentés ou agréés par le conseil d'administration ou le directoire, selon le cas, et un vote défavorable à l'adoption de tous les autres projets de résolution. La réglementation des pouvoirs en blanc est donc très favorable aux dirigeants en place. Les dirigeants qui n'auront pas adressé, à tout actionnaire qui en fait la demande, une formule de procuration conforme aux prescriptions réglementaires sont passibles de sanctions pénales (C. com., art. L. 242-13).

• Exercice du mandat : le mandataire assiste à l'assemblée. Il vote personnellement les résolutions à l'ordre du jour et n'a pas la faculté de se substituer une autre personne (C. com., art. R. 225-79). Le mandat peut être impératif, ou bien ne comporter aucune directive de vote. Le mandat est donné pour une seule assemblée. Il peut cependant être donné pour deux assemblées, l'une ordinaire, l'autre extraordinaire, tenues le même jour ou dans un délai de quinze jours (C. com., art. R. 225-79). Le mandat donné pour une assemblée vaut pour les assemblées successives convoquées avec le même ordre du jour (C. com., art. R. 225-79). Le mandat permanent, qui permettrait au mandant de confier au mandataire le droit de le représenter à toutes les assemblées générales jusqu'à sa révocation, se trouve de la sorte interdit.

• Révocation du mandat : le mandat est toujours révocable à tout moment par celui qui l'a donné (C. civ., art. 2003). Cette révocation n'est opposable à la société informée de l'existence du mandat que si elle lui est notifiée.

2. Le vote par correspondance

Principe : tout actionnaire peut voter par correspondance, quelle que soit la nature de l'assemblée. Les dispositions contraires des statuts sont réputées non écrites (C. com., art. L. 225-107, al. 1er).

Un formulaire de vote par correspondance est adressé à tout actionnaire qui en fait la demande, accompagné de certains documents et notamment du texte des résolutions (C. com., art. R. 225-75 ; anc. art. D. 131-1 et s.). Le formulaire doit offrir à l'actionnaire la possibilité, sur chaque résolution, de voter dans un sens favorable ou défavorable, ou de s'abstenir (C. com., art. R. 225-76 ; anc. art. D. 131-2, al. 1).

3. Le vote au moyen de procédés de télécommunication

Les SA peuvent prévoir dans leurs statuts que les actionnaires pourront participer à distance à l'assemblée par des moyens de télécommunication, tel visioconférence ou Internet, permettant leur identification. La mesure dépasse largement le mécanisme du vote par correspondance car ces procédés permettent aux actionnaires éloignés de participer aux débats. Ils sont pour cette raison réputés présents pour le calcul du quorum et de la majorité (C. com., art. L. 225-107-II). Un texte précise la nature et les conditions d'utilisation de ces nouvelles technologies (v. C. com., art. R. 225-97).

§ 4 - La tenue de l'assemblée

Principes : l'assemblée est le moment où l'actionnaire peut s'exprimer par son vote. Le cœur de la réunion est constitué par les débats et les votes. Mais l'assemblée est aussi un rite. Son déroulement proprement dit est soigneusement ordonné. Les débats et votes sont précédés de formalités préliminaires et suivis de formalités subséquentes.

A. Formalités préliminaires

1. La feuille de présence

À chaque assemblée est tenue une feuille de présence (C. com., art. L. 225-114). L'actionnaire présent la signe en entrant en séance. Elle a pour objet de prouver la participation des actionnaires à l'assemblée pour laquelle elle est établie, et ce, quel que soit le mode de participation choisi : présence, représentation ou vote par correspondance. Le défaut d'établissement de la feuille de présence entraîne la nullité de l'assemblée (C. com., art. L. 225-121). Certaines irrégularités que les dirigeants auraient commises ne sont plus pénalement sanctionnées (C. com., art. L. 242-15, mod. L. 1er août 2003).

2. Bureau de l'assemblée

Avant l'ouverture des débats, l'assemblée doit constituer son bureau, lequel est composé d'un président (généralement le président du conseil d'administration ou du conseil de surveillance ou, en son absence, la personne prévue par les statuts), de deux scrutateurs (les deux membres de ladite assemblée disposant du plus grand nombre de voix et acceptant cette fonction) et d'un secrétaire (qui, sauf disposition contraire des statuts, peut être choisi en dehors des actionnaires) (C. com., art. R. 225-100 et 225-101). Le bureau vérifie notamment que l'assemblée peut valablement délibérer et s'assure de son bon déroulement.

3. Vérification du quorum

Principe : les décisions de l'assemblée ne sont valables qu'autant que les actionnaires qui y participent, par eux-mêmes, par mandataire ou par correspondance, possèdent un nombre minimal d'actions.

Objectif : le but du quorum est de répondre au souci d'assurer aux assemblées une certaine représentativité et donc une plus grande légitimité à leurs décisions.

Modalités : ce quorum, calculé en fonction du nombre des actions avec droit de vote (C. com., art. L. 225-96, al. 2 ; art. L. 225-98, al. 2 et art. L. 225-99, al. 2) et vérifié à l'occasion du vote de chaque résolution, varie selon la nature de l'assemblée (étant précisé que dans les sociétés qui n'offrent pas leurs titres financiers au public, les statuts peuvent toutefois prévoir un quorum plus élevé) :

– dans les assemblées ordinaires : le quorum est, sur première convocation, d'un cinquième des actions ayant droit de vote ; sur deuxième convocation, aucun quorum n'est requis (C. com., art. L. 225-98, al. 2) ;

– dans les assemblées extraordinaires ou spéciales : le quorum est, sur première convocation du quart (pour les AGE) ou du tiers (pour les AG spéc.) des actions ayant droit de vote ; sur deuxième convocation, il est d'un cinquième des actions ayant droit de vote, pour l'une et l'autre (C. com., art. L. 225-96, al. 2 et art. L. 225-99).

Limites : en cas de défaut de quorum, le bureau en dresse procès-verbal. L'assemblée est alors ajournée et reportée à une autre date pour laquelle les actionnaires seront convoqués à nouveau. Toute assemblée qui délibérerait sans que soient respectées les règles du quorum serait frappée d'une nullité obligatoire (C. com., art. L. 225-121, al. 1).

B. Délibérations

1. Lecture des rapports et autres documents nécessaires

Ces documents varient en fonction de la nature de l'assemblée.

2. Réponse aux questions écrites

À compter de la communication qui leur est faite des documents sociaux, tout actionnaire a la faculté de poser par écrit des questions auxquelles le conseil d'administration ou le directoire, selon le cas, sera tenu de répondre au cours de l'assemblée (C. com., art. L. 225-108, al. 3). Les réponses doivent être considérées comme comprises dans les débats de l'assemblée dont un « résumé » doit figurer au procès-verbal. Il n'est cependant pas nécessaire que le texte intégral des questions et des réponses soit transcrit, il suffit que ce document en donne un résumé fidèle et objectif.

3. Objet de l'assemblée

Sauf point mineur, l'assemblée ne peut délibérer que sur une question inscrite à l'ordre du jour (C. com., art. L. 225-105, al. 3), toute délibération prise en violation de cette règle serait nulle de plein droit (C. com., art. L. 225-121, al. 1). Cependant, l'assemblée peut, en toutes circonstances, révoquer un ou plusieurs administrateurs ou membres du conseil de surveillance et procéder à leur remplacement (C. com., art. L. 225-105, al. 3), sans que la question ne figure à l'ordre du jour (règle dite des « incidents de séances »).

4. Caractère privé ou public de l'assemblée

Cette question ne se pose que pour établir, éventuellement, le délit de diffamation, lequel suppose que les propos aient eu un caractère public. En principe, la réunion a un caractère privé. Mais la présence de personnes extérieures à la société (analystes financiers, journalistes…) peut lui donner un caractère public.

C. Vote des résolutions

1. Règles fondamentales

• Le vote exprime le droit de l'actionnaire de participer à l'assemblée (C. civ., art. 1844, al. 1).

• Le vote appartient à l'actionnaire. Il est d'ordre public (v. *supra*, p. 50). Y faire volontairement obstacle est un délit pénal (C. com., art. L. 242-9, 1°).

• La disposition punissant pénalement ceux qui, en se présentant faussement comme propriétaires d'actions ou de coupures d'actions, auront participé au vote dans une assemblée d'actionnaires, qu'ils aient agi directement ou par personne interposée, a été abrogée (C. com., art. L. 242-9, 2° abrogé par L. 1er août 2003 sécurité financière).

2. Suppression ou suspension du droit de vote

Une telle mesure peut intervenir, mais seulement de manière exceptionnelle et lorsque le législateur l'a prévue. Elle survient principalement dans trois cas :

a) Sanction :

• Actions au porteur non inscrites en compte (art. 93, L. 30 déc. 1981).

• Dans les sociétés cotées, les actions excédentaires en cas de franchissement de seuils non déclaré. La mesure est d'une durée de deux ans après la date de régularisation de la notification (C. com., art. L. 233-14 ; v. *infra*, p. 339).

• Dans les sociétés cotées, les actions acquises sans que n'aient été respectées les règles relatives au dépôt obligatoire d'une offre public d'achat ou d'échange.

• Les actions détenues par les dirigeants sociaux frappés de faillite personnelle ou d'interdiction de gérer.

b) Protection du capital :

• Les actions devant être aliénées en application de la réglementation des participations croisées (C. com., art. L. 233-30, v. *infra*, p. 337).

• Les actions de la société souscrites, acquises ou prises en gage par elle (C. com., art. L. 225-111) ; les actions d'autocontrôle (C. com., art. L. 233-31, v. *infra*, p. 337).

c) Prévention des conflits d'intérêts

• Dirigeant concluant une convention réglementée avec la société : il ne peut participer au vote d'approbation de celle-ci (v. *infra*, p. 260 et s.).

• Apporteur en nature et bénéficiaire d'un avantage particulier ne peuvent participer au vote concernant la vérification de l'apport ou de l'avantage consenti (C. com., art. L. 225-10 et L. 225-147).

• En cas d'augmentation de capital, les bénéficiaires d'une suppression du droit préférentiel de souscription ne peuvent prendre part au vote décidant cette suppression (v. *infra*, p. 266).

3. Proportionnalité du droit de vote

Principe : le droit de vote est proportionnel à la quotité du capital détenue et chaque action donne droit à une voix au moins, toute clause contraire étant réputée non écrite (C. com., art. L. 225-122).

Exception : un droit de vote double de celui conféré aux autres actions, eu égard à la quotité de capital social qu'elles représentent, peut être attribué, par les statuts ou une assemblée générale extraordinaire ultérieure, à toutes les actions entièrement libérées pour lesquelles il sera justifié d'une inscription nominative, depuis deux ans au moins, au nom du même actionnaire (C. com., art. L. 225-123, al. 1).

4. Limitation du nombre de voix (clause de plafonnement de participation)

Les statuts peuvent limiter le nombre de voix dont chaque actionnaire dispose dans les assemblées, sous la condition que cette limitation soit imposée à toutes les actions sans distinction de catégories, autres que les actions à dividende prioritaire sans droit de vote (C. com., art. L. 225-125).

5. Libre exercice du droit de vote – abus du droit de vote – disponibilité du droit de vote

• Prérogative essentielle de l'actionnaire, le droit de vote doit pouvoir s'exercer librement.

• Si les transferts éventuels du droit de vote sont prohibés en droit français, les conventions de vote sont licites sous certaines conditions (v. *supra*, p. 50 et 90).

• Le libre exercice du droit de vote a pour limite naturelle l'abus (sur les abus de majorité et de minorité, v. *supra*, p. 97 et s.).

6. Sanctions des règles régissant le droit de vote

a) **Sanction pénale** : la sanction applicable aux président de séance et membres du bureau qui n'auront pas respecté, lors des assemblées d'actionnaires, les dispositions régissant les droits de vote attachés aux actions a été abrogée (C. com., art. L. 242-16 v. cep. maintien de l'art. L. 242-9, 1°).

b) **Nullité des délibérations** : prises en violation des dispositions régissant les droits de vote attachés aux actions (C. com., art. L. 235-2-1, créé par L. 1er août 2003 sécurité financière).

D. Les suites de l'assemblée

1. Rédaction d'un procès-verbal

Les délibérations de toute assemblée générale doivent être constatées dans un procès-verbal qui doit permettre de contrôler la régularité du déroulement de l'assemblée, assurer l'information permanente des actionnaires et permettre la publicité des débats. La rédaction d'un tel document est une obligation pénalement sanctionnée (C. com., art. L. 242-15, 3°).

2. Effets des décisions adoptées

Les décisions régulièrement prises obligent tous les actionnaires actuels, même dissidents, incapables ou absents, comme elles s'imposent à ceux qui deviendront actionnaires par la suite.

3. Publicité

Les formalités de publicité consécutives aux assemblées générales d'actionnaires varient selon la nature des assemblées et l'objet des décisions prises. Les décisions d'assemblées ordinaires ne sont qu'exceptionnellement soumises à publicité. Elles le sont toutefois si elles affectent les organes de direction ou de contrôle ou si elles comportent ratification d'un transfert de siège décidé par le conseil d'administration (C. com., art. R. 210-9). En outre, l'assemblée générale ordinaire annuelle est nécessairement suivie de formalités, d'ailleurs variables (C. com., art. L. 233-7, 1°, al. 3 et R. 232-15, 232-21, 232-11 et 232-14). En revanche, toutes les décisions d'assemblées générales extraordinaires sont soumises à publicité.

Section 3 › RÈGLES PARTICULIÈRES À CERTAINES ASSEMBLÉES

§ 1 - Assemblée générale ordinaire

A. Compétence de l'assemblée générale ordinaire

Principe : l'assemblée générale ordinaire prend toutes les décisions autres que celles qui ne sont pas réservées par la loi à la compétence de l'assemblée générale extraordinaire (C. com., art. L. 225-98, al. 1) et qui ne relèvent pas de la gestion courante de la société, du ressort des organes d'administration (C. com., art. L. 225-35, al. 1).

1. Compétence légale normale

La principale attribution de l'assemblée générale ordinaire est l'approbation annuelle des comptes (C. com., art. L. 225-100, al. 1 à 3). Mais elle est également compétente (C. com., art. L. 225-100, al. 4) pour notamment :

– nommer, remplacer ou révoquer les administrateurs (C. com., art. L. 225-18) ou les membres du conseil de surveillance (C. com., art. L. 225-75). Mais elle ne peut prononcer la révocation d'un membre du directoire que sur proposition du conseil de surveillance (C. com., art. L. 225-61, al. 1) ;

– allouer aux administrateurs ou aux membres du conseil de surveillance des jetons de présence, et en déterminer le montant (C. com., art. L. 225-45 et L. 225 83) ;

– statuer, sur rapport des commissaires aux comptes, sur les conventions intervenues entre la société et l'un de ses administrateurs ou directeurs généraux ou membres du directoire ou du conseil de surveillance (C. com., art. L. 225-40, al. 3 et art. L. 225-88, al. 3) et, le cas échéant, couvrir les nullités de ces conventions (C. com., art. L. 225-42, al. 3 et art. L. 225-90, al. 3) ; sur ces conventions, v. *infra*, p. 260 et s. ;

– autoriser les émissions d'obligations ainsi que la constitution de sûretés particulières à leur conférer (C. com., art. L. 225-100, al. 5) ;

– nommer les commissaires aux comptes (C. com., art. L. 225-228, al. 1 et 3) ;

– autoriser l'achat en bourse par la société de ses propres actions, en vue de réguler les cours (C. com., art. L. 225-209, al. 2).

2. Compétence légale exceptionnelle

Cette compétence est exceptionnelle en ce que certaines décisions que l'assemblée ordinaire est habilitée à prendre affectent les statuts :

– lorsque le conseil d'administration ou le conseil de surveillance a décidé le déplacement du siège social dans le même département ou dans un département limitrophe, cette décision doit faire l'objet d'une ratification par la plus prochaine assemblée générale ordinaire (C. com., art. L. 225-36 et L. 225-65) ;

– c'est l'assemblée générale ordinaire qui décide d'accorder à chaque actionnaire une option entre le paiement du dividende ou des acomptes sur dividende en numéraire ou en actions (C. com., art. L. 232-18, al. 1), bien que la distribution du dividende en actions aboutisse à une augmentation de capital.

3. Compétence statutaire

L'assemblée générale ordinaire peut, enfin, bénéficier d'une compétence particulière résultant de dispositions statutaires. Le champ de cette compétence statutaire possible est, cependant, limité, dans la mesure où il ne saurait être question de porter atteinte à la compétence de l'assemblée générale extraordinaire, d'une part, à celle des organes de direction, de gestion ou de contrôle, d'autre part. Exemples de cette compétence statutaire :
– possibilité de statuer sur l'agrément d'un cessionnaire, lorsqu'il existe une clause d'agrément (C. com., art. L. 228-23) ;
– subordonner certaines opérations des dirigeants, jugées graves, à l'autorisation préalable de l'assemblée générale ordinaire ; étant rappelé que, valables, ces restrictions de pouvoirs sont inopposables aux tiers (C. com., art. L. 225-35 et 225-64).

B. Fonctionnement de l'assemblée générale ordinaire

Principe : les règles communes à toutes les assemblées s'appliquent naturellement à l'assemblée générale ordinaire. Au plan particulier, il convient de retenir les règles suivantes :

1. Quorum

L'assemblée générale ordinaire ne délibère valablement, sur première convocation, que si les actionnaires présents ou représentés possèdent au moins le quart des actions ayant droit de vote. Sur deuxième convocation, aucun quorum n'est requis (C. com., art. L. 225-98, al. 2) ; ces règles sont impératives (C. com., art. L. 225-121, al. 1).

2. Majorité

L'assemblée générale ordinaire statue à la majorité des voix dont disposent les actionnaires présents ou représentés (C. com., art. L. 225-98, al. 3) ; cette règle est également impérative (C. com., art. L. 225-121, al. 1). Compte tenu de la base de calcul de la majorité, il convient de tenir compte de l'existence éventuelle d'une limitation du nombre de voix, de droits de vote double, ou encore d'exclusions de vote touchant certains actionnaires sur certaines résolutions. L'abstention est comptabilisée en vote défavorable.

C. Cas particulier de l'assemblée générale ordinaire annuelle

Principe : l'assemblée générale ordinaire est réunie au moins une fois par an ; elle délibère et statue sur toutes les questions relatives aux comptes annuels de l'exercice écoulé (C. com., art. L. 225-100, al. 1 et 3). Elle constitue ainsi le temps fort minimum annuel de l'expression des actionnaires. En raison de son importance, cette assemblée générale ordinaire fait l'objet d'une réglementation quant à sa date et ses délibérations obéissent à un rituel soigneusement balisé.

1. Délai de réunion

Elle doit être réunie au moins une fois par an, dans les six mois suivant la clôture de l'exercice (C. com., art. L. 225-100, al. 1). Ce délai de six mois peut être prolongé, à la demande des dirigeants, par ordonnance du président du tribunal de commerce statuant sur requête (C. com., art. L. 225-100, al. 1 et R. 225-4).

2. Sanction de l'obligation de réunion de l'AGO annuelle

a) Sanction civile : aucune sanction civile expresse en cas de défaut de réunion dans le délai légal. Une assemblée tenue postérieurement demeure valable. Mais le droit commun de la responsabilité civile pourrait s'appliquer.

b) Sanction pénale : les obligations afférentes à la tenue d'une AGO annuelle, pour examen des comptes annuels, sont sanctionnées pénalement (C. com., art. L. 242-10).

3. Objet de l'AGO annuelle

L'objet principal de l'assemblée générale ordinaire annuelle est de délibérer et statuer sur toutes les questions relatives aux comptes de l'exercice écoulé (C. com., art. L. 225-100, al. 3), mais peut s'étendre à d'autres questions. Au titre de cet objet principal, l'assemblée approuve, modifie ou rejette les comptes et décide de l'affectation du résultat (C. com., art. L. 232-12, al. 1). La loi NRE du 15 mai 2001 a rendu obligatoire l'approbation des comptes consolidés en AGO annuelle.

4. Rapport de la direction à l'assemblée

a) Principe : le conseil d'administration ou le directoire doit notamment établir un rapport de gestion écrit sur la situation financière et les activités de la société, ainsi que de ses filiales (C. com., art. L. 232-1, al. 1), qui est lu à l'assemblée générale avant la présentation des comptes annuels (C. com., art. L. 225-100, al. 2).

b) Complément : la loi NRE du 15 mai 2001 a prévu que le rapport annuel de gestion du conseil ou du directoire doit rendre compte :

• De l'état de la participation des salariés au capital social au dernier jour de l'exercice (C. com., art. L. 225-102).

• De la liste de l'ensemble des mandats et fonctions exercés dans toute société par chacun de ses mandataires durant l'exercice (C. com., art. L. 225-102-1).

• Pour les sociétés cotées uniquement, de la rémunération totale et des avantages de toute nature versés durant l'exercice à chaque mandataire social (C. com., art. L. 225-102-1, mod. L. sécurité financière 1er août 2003). La loi « Breton » du 26 juill. 2005 est venu renforcer cette exigence :

– définition précise des éléments de rémunération et des avantages accordés aux dirigeants sociaux, notamment au regard des critères et circonstances d'attribution ;

– liste et modalités de détermination des engagements de toute nature (éléments de rémunération, indemnités de cessation ou de changement de fonctions dit « parachutes dorés », prime de bienvenue dite « *golden hello* »...) pris par la société au bénéfice de ses mandataires sociaux ;

– un régime de sanction est institué : hormis les cas de bonne foi, les versements effectués et les engagements pris en méconnaissance de l'obligation d'informa-

tion peuvent être annulés (nullité facultative pour le juge). La communication des informations peut être ordonnée sous astreinte par le juge, à la demande de toute personne intéressée ;
– l'exactitude et la sincérité des informations relatives à la rémunération des mandataires sociaux doivent être spécialement attestées par un commissaire aux comptes.

• Pour les sociétés cotées, de la manière dont la société prend en compte les conséquences sociales et environnementales de son activité (C. com., art. L. 225-102-1, al. 4 et R. 225-104 et 225-105 ; les règles sont extrêmement nombreuses et pointilleuses).
L'on notera que l'ordonnance du 24 juin 2004 portant réforme des valeurs mobilières, ainsi que l'ordonnance du 20 déc. 2004 portant adaptation des dispositions législatives relatives à la comptabilité des entreprises aux dispositions communautaires, ont encore ajouté de nouvelles mentions obligatoires (v. C. com., art. L. 225-100 mod., et L. 225-100-1 pour le champ d'application des dispositions nouvelles).

c) Complément (*bis*) – Rapport du président : depuis la loi du 1er août 2003 de sécurité financière, il est exigé un rapport du président du conseil d'administration ou du conseil de surveillance. Dans ce rapport, il devra rendre compte des conditions de préparation et d'organisation des travaux du conseil ainsi que des procédures de contrôle interne mises en place par la société. Ce rapport doit être joint au rapport de gestion présenté avec les comptes sociaux. Le cas échéant, ce rapport devra également rendre compte des éventuelles limitations que le conseil d'administration apporte aux pouvoirs du directeur général (C. com., art. L. 225-37 et L. 225-68). Depuis la loi « Breton » du 26 juill. 2005, ce rapport n'est plus exigé que dans les sociétés qui offrent leurs titres financiers au public, au grand soulagement des praticiens qui avaient dénoncé la lourdeur et l'inadéquation du dispositif aux petites SA. Mais, depuis le décret du 11 déc. 2006, le rapport doit présenter les principes et les règles arrêtés par le conseil pour déterminer les rémunérations et avantages de toute nature accordés aux mandataires sociaux.

d) Délai d'établissement du rapport : le rapport doit être établi un mois au moins avant la convocation de l'assemblée. Dans les sociétés à directoire et à conseil de surveillance, le directoire doit établir son rapport dans les trois mois suivant la clôture de l'exercice pour permettre au conseil de surveillance d'exercer ses pouvoirs de vérification et de contrôle (C. com., art. L. 225-68, al. 5 et R. 225-55).

e) Mise à disposition des CAC : le rapport de gestion est tenu à la disposition des commissaires aux comptes, au siège social, un mois au moins avant la convocation de l'assemblée (C. com., art. R. 232-1).

f) Sanctions relatives au rapport des dirigeants sociaux

• Sanctions civiles : le défaut de rapport du conseil d'administration ou du directoire devant l'assemblée ordinaire annuelle entraîne la nullité de l'assemblée (C. com., art. L. 225-121, al. 1). En revanche, l'omission de telle ou telle mention n'est pas de nature à entraîner la nullité. Il n'en irait autrement que dans le cas où un laconisme excessif conduirait au défaut de rapport.

• Sanctions pénales : le défaut ou la non-soumission du rapport à l'assemblée, ainsi que certaines irrégularités, sont pénalement sanctionnés (C. com., art. L. 242-8 ; L. 242-10 ; L. 247-1, 1° et 2° ; C. com., art. L. 247-2, al. 3).

5. Rapport des commissaires aux comptes à l'assemblée

L'approbation des comptes est précédée de la lecture des rapports des commissaires aux comptes. Un rapport général dans lequel ils relatent l'accomplissement de leur mission (C. com., art. L. 225-100, al. 2). Le cas échéant, un rapport spécial sur les conventions intervenues entre la société et l'un de ses administrateurs, directeurs généraux, membres du directoire ou du conseil de surveillance (C. com., art. L. 225-40, al. 3 et art. L. 225-88, al. 3 ; C. com., art. L. 225-42, al. 3 et art. L. 225-90, al. 3). L'absence du rapport général des commissaires aux comptes est sanctionnée par la nullité de l'assemblée (C. com., art. L. 225-121, al. 1).

6. Observations du comité d'entreprise

Lorsque la société a un comité d'entreprise, celui-ci peut formuler toutes observations utiles sur la situation économique et sociale de l'entreprise ; ces observations sont obligatoirement transmises à l'assemblée des actionnaires en même temps que le rapport du conseil d'administration ou du directoire (C. trav., art. L. 2323-55). Le défaut de transmission n'est pas sanctionné par la nullité, mais pourrait constituer le délit d'entrave (C. trav., art. L. 2328-1).

7. Publicité

L'assemblée générale ordinaire annuelle est nécessairement suivie d'une publicité portant sur les comptes sociaux. Dans le mois qui suit l'approbation des comptes, doivent être déposés au greffe du tribunal de commerce, en deux exemplaires : les comptes annuels, les rapports présentés aux actionnaires, ainsi que la proposition d'affectation du résultat soumise à l'assemblée et la résolution d'affectation votée (C. com., art. L. 232-23).

§ 2 - Assemblée générale extraordinaire

A. Compétence de l'AGE

Principe : l'assemblée générale extraordinaire est en principe seule habilitée à modifier les statuts dans toutes leurs dispositions (modifier l'objet social, changer la dénomination sociale, augmenter ou réduire le capital, etc.) ; toute clause contraire est réputée non écrite (C. com., art. L. 225-96, al. 1). À cette compétence première s'ajoute une compétence légale « subsidiaire », la loi réservant expressément à l'assemblée générale extraordinaire compétence en dehors de toute modification des statuts.

Limites : deux limites de compétence :

1. Transfert du siège social à l'étranger

L'AGE ne peut changer la nationalité de la société, par un transfert de siège à l'étranger, que sous la condition que le pays d'accueil ait conclu avec la France une convention spéciale permettant d'acquérir sa nationalité et de transférer le siège social sur son territoire et conservant à la société sa personnalité juridique (C. com., art. L. 225-97). À défaut, le changement de nationalité requiert l'unanimité des actionnaires.

2. Protection des droits propres de l'actionnaire

L'AGE ne peut pas porter atteinte aux droits individuels des actionnaires, au premier rang desquels figure le droit de l'actionnaire de ne pas voir augmenter ses engagements (C. com., art. L. 225-96, al. 1 et C. civ., art. 1836, al. 2 ; sur cette règle, v. *supra*, p. 60). C'est ce qui explique que l'unanimité soit requise pour la transformation de la société en société en nom collectif (C. com., art. L. 225-245, al. 1) ou en commandite pour les actionnaires qui deviendront commandités (C. com., art. L. 225-245, al. 2). Rapprocher : l'exigence de l'unanimité pour la transformation de la SA en SAS (C. com ; art. L. 227-3).

B. Documents soumis à l'AGE

1. Rapport de gestion

Quel que soit l'objet de la réunion, l'AGE doit délibérer, éclairée par un rapport du conseil d'administration ou du directoire (C. com., art. L. 242-14, 2°).

2. Rapport des commissaires aux comptes

Dans de très nombreux cas, l'AGE donne lieu à la présentation d'un rapport des commissaires aux comptes (par ex. C. com., art. L. 225-135 ; L. 225-137 ; L. 225-138 ; L. 225-204, al. 2 ; L. 225-244, al. 1), l'absence de ce rapport étant parfois sanctionnée par la nullité de l'assemblée (par ex. C. com., art. L. 225-135).

3. Autres rapports

D'autres rapports doivent être présentés à l'occasion d'opérations particulières, ainsi, le rapport du commissaire aux apports en cas d'apports en nature ou de stipulation d'avantages particuliers (C. com., art. L. 225-147, al. 2) ou le rapport du commissaire à la fusion (C. com., art. L. 236-10, al. 3).

C. Quorum

L'assemblée générale extraordinaire ne délibère valablement que si les actionnaires présents ou représentés possèdent au moins, sur première convocation, le tiers et, sur deuxième convocation, le quart des actions ayant droit de vote (v. cep. C. com., art. L. 225-129, al. 2). À défaut de ce dernier quorum, la deuxième assemblée peut être prorogée à une date postérieure de deux mois au plus à celle à laquelle elle avait été convoquée (C. com., art. L. 225-96, al. 2). Cette règle est d'ordre public (C. com., art. L. 225-121, al. 1).

D. Majorité

Principe : l'assemblée générale extraordinaire statue à la majorité des deux tiers des voix dont disposent les actionnaires présents ou représentés (C. com., art. L. 225-96, al. 3), règle qui est d'ordre public (C. com., art. L. 225-121, al. 1 ; v. cep. C. com., art. L. 225-129, al. 2).

Calcul : la majorité doit être calculée en tenant compte des limitations éventuelles du nombre de voix ou du droit de vote double ou encore des exclusions de vote touchant certains actionnaires sur certaines résolutions. Les abstentions ou bulletins blancs sont comptabilisés en votes défavorables.

E. Publicité

Toute modification des statuts donne lieu à des formalités de publicité, variables selon la nature de la modification, mais comportant toujours un dépôt au greffe des pièces essentielles.

§ 3 - Assemblées spéciales

Nature : alors que les assemblées générales sont, en principe, ouvertes à tous les actionnaires, les assemblées spéciales ne réunissent que les titulaires d'actions d'une catégorie déterminée (C. com., art. L. 225-99, al. 1). L'assemblée spéciale constitue donc une sous-assemblée qui ne peut exister, dans une société, qu'en présence d'actions de plusieurs catégories, c'est-à-dire, d'actions jouissant de droits et comportant des charges différentes de ceux des autres actions (par ex. les actions de préférence, v. *supra*, p. 181 et s.).

Principe : une assemblée spéciale doit être réunie lorsque la décision d'une assemblée générale modifie les droits relatifs à une catégorie d'actions. La décision de l'assemblée générale n'est définitive qu'après approbation par l'assemblée spéciale des actionnaires de cette catégorie (C. com., art. L. 225-99, al. 2).

Régime : les assemblées spéciales sont assimilées aux assemblées générales extraordinaires et relèvent donc du même régime, qu'il s'agisse notamment des règles de convocation (C. com., art. L. 225-103, al. 3), du lieu de réunion (C. com., art. L. 225-103, al. 4), du droit de communication (C. com., art. R. 225-89) ou de la majorité. Mais le quorum est de la moitié sur première convocation, et non du tiers (C. com., art. L. 225-99, al. 3).

§ 4 - Assemblées mixtes

Nature : l'assemblée mixte est celle qui est réunie pour se prononcer sur des résolutions relevant, pour partie, de la compétence de l'AGO et, pour partie, de celle de l'AGE. L'on évite ainsi la réunion de deux assemblées successives.

Régime : l'assemblée mixte n'est pas réglementée par la loi et résulte de la pratique. Elle suppose toutefois de respecter, selon le type de résolution, les règles (not. de quorum et de majorité) des assemblées ordinaires ou des assemblées extraordinaires.

Chapitre 3 › L'ADMINISTRATION ET LA DIRECTION DE LA SA

› L'essentiel

1. Deux formules de gestion de la société anonyme :

a) Une gestion de type classique : dite aussi moniste, avec conseil d'administration et président-directeur général, les fonctions de président et de directeur général pouvant être dissociées.

b) Une gestion de type dualiste : inspirée du droit allemand, avec directoire et conseil de surveillance.

2. Principe de choix : le choix entre ces deux modes d'organisation de la gestion de la SA est laissé à la libre disposition des fondateurs ou des actionnaires. Le changement de mode peut s'opérer, en cours de vie sociale, par une modification statutaire décidée en assemblée générale extraordinaire, sans entraîner de transformation de la société (C. com., art. L. 225-57).

3. Conflits d'intérêts et conventions réglementées : l'étude de la gestion de la SA ne serait pas complète sans l'analyse des règles juridiques applicables aux dirigeants de la société dans leurs rapports individuels avec celle-ci. Il existe un risque pour la société que les dirigeants ne cherchent à profiter de leur position privilégiée dans la société. Un conflit d'intérêts pourrait surgir chez un dirigeant, opposant son intérêt personnel à l'intérêt social. Afin de mieux contrôler ce risque, la loi impose un régime particulier aux conventions passées entre la société et l'un de ses dirigeants, quelle que soit la forme de gestion choisie.

Section 1 › LA SOCIÉTÉ ANONYME AVEC CONSEIL D'ADMINISTRATION

Évolution :

• Défaillance historique des conseils d'administration : à compter de sa mise en place par le législateur, progressivement à partir de la loi du 24 juill. 1867, définitivement par la loi de 1966, ce mode de gestion s'est révélé défaillant à bien des égards, notamment en ce qu'il permettait de concentrer sur une même tête, celle du président-directeur général, non seulement les pouvoirs exécutifs de direction générale de la société, mais également les pouvoirs liés à la présidence du conseil d'administration. Ainsi inféodé au « président-directeur général », le conseil a délaissé son rôle d'organe de contrôle et de surveillance du « directeur général-président » (v. *supra*, p. 201).

• Intervention de la loi NRE : afin de remédier à cette concentration excessive du pouvoir, plusieurs initiatives législatives ont été prises, sans beaucoup de succès. L'on doit à la loi NRE du 15 mai 2001 d'être intervenue fortement sur cette question, en dissociant la présidence du conseil d'administration de la direction générale de la société et en distinguant les pouvoirs de ces organes. Las, cette dissociation ne constitue qu'une option, ce qui réduit considérablement l'efficacité de la loi.

Il convient d'étudier successivement le conseil d'administration, le président du conseil, et la direction générale.

§ 1 - Le conseil d'administration

A. Composition du conseil d'administration

1. Nombre d'administrateurs

Le nombre d'administrateur est fixé librement par les statuts dans les limites de trois au minimum et de dix-huit au maximum (C. com., art. L. 225-17, mod. L. NRE – administrateurs représentant les salariés non compris). En cas de fusion de sociétés anonymes, le conseil pourra être composé de vingt-quatre membres au maximum, pendant un délai de trois ans à compter de l'opération (C. com., art. L. 225-95).

2. Conditions de nomination

a) Qualité d'actionnaire : Depuis la loi LME du 4 août 2008, la qualité d'actionnaire n'est plus exigée pour accéder aux fonctions d'administrateur, sauf dispositions statutaires contraires (C. com., art. L. 225-25, al. 1). Si l'administrateur n'est pas ou plus actionnaire lorsque les statuts l'exigent, il est réputé démissionnaire d'office s'il n'a pas régularisé sa situation dans le délai de trois mois. Par ailleurs, dans le cadre du débat sur le gouvernement d'entreprise, il a été proposé de créer des « administrateurs indépendants » dont la désignation devrait être facilité par la suppression de l'exigence légale de la qualité d'actionnaire.

b) Équilibre femmes /hommes au sein des conseils d'administration

• Le législateur a eu la volonté, au travers d'une loi du 27 janv. 2011, d'assurer une représentation équilibrée des femmes et des hommes dans les conseils d'administration des sociétés cotées et des sociétés de grande taille, en adoptant les règles suivantes :

• Pour le present : si à la date de publication de la loi l'un des deux sexes n'était pas représenté au conseil d'administration, au moins une personne de ce sexe devra être nommée lors de la plus prochaine assemblée générale ordinaire ayant à statuer sur la nomination d'administrateurs.

• Pour le future : dans les sociétés « cotées », la proportion des administrateurs de chaque sexe ne pourra pas être inférieure à 20 % à l'issue de la première assemblée générale ordinaire qui suivra le 1er janv. 2014. Cette proportion ne pourra pas être inférieure à 40 % à l'issue de la première assemblée générale ordinaire qui suivra le 1er janv. 2017. Cette dernière proportion de 40 % s'appliquera aussi à cette date dans les sociétés non cotées qui, pour le troisième exercice consécutif à compter du 1er janv. 2017, auront cumulativement plus de 500 salariés et plus de 50 millions d'euros de chiffre d'affaires ou de total de bilan (art. L 225-18-1, al. 1 nouveau).

• Sanctions : toute nomination ou toute désignation qui interviendrait en violation de l'une de ces dispositions et n'aurait pas pour effet de remédier à l'irrégularité de la composition du conseil serait nulle. Cette nullité n'entraînera pas celle des délibérations auxquelles aura pris part l'administrateur ou le représentant permanent irrégulièrement nommé. Le non-respect de la proportion de 40 % entraînera aussi la suspension du versement des jetons de présence et celui-ci ne pourra être rétabli, incluant l'arriéré non versé, qu'une fois la composition du conseil devenue régulière

c) Personnalité de l'administrateur : l'administrateur peut être soit :
• Une personne physique : il doit alors posséder la capacité civile. Il ne doit pas dépasser la limite d'âge fixée par les statuts (à défaut de précision, le nombre des administrateurs ayant dépassé l'âge de 70 ans ne pourra être supérieur au tiers des administrateurs en fonction, à peine de nullité de la nomination irrégulière).

• Une personne morale : la loi prévoit qu'elle doive désigner un représentant permanent qui est soumis aux mêmes conditions et obligations et qui encourt les mêmes responsabilités civile et pénale que s'il était administrateur en son nom propre, sans préjudice de la responsabilité solidaire de la personne morale qu'il représente (C. com., art. L. 225-20).

d) Limite du nombre des mandats
• Principe : une personne physique ne peut exercer simultanément plus de cinq mandats d'administrateurs ou de membre du conseil de surveillance de sociétés anonymes ayant leur siège sur le territoire français (C. com., art. L. 225-21, al. 1, mod. L. NRE).

• Dérogation : ne sont pas pris en compte les mandats d'administrateur dans les sociétés non cotées qui sont contrôlées par la société dans laquelle est exercé un mandat d'administrateur. Cette dérogation est écartée si les titres de la société contrôlée sont cotés sur un marché réglementé (C. com., art. L. 225-21, al. 2 ; L. 225-77, al. 2 et L. 225-94-1, al. 2).

• Plafond global : une même personne physique ne peut pas cumuler, tous mandats confondus, plus de cinq mandats de directeur général, de membre du directoire, de directeur général unique, d'administrateur ou de membre du conseil de surveillance (C. com., art. L. 225-94-1, al. 1 et L. 225-67, al. 1).

• Sanction : la nomination irrégulière n'est pas frappée de nullité. L'administrateur dispose de trois mois à compter du franchissement du plafond pour régulariser sa situation. À défaut, il est réputé démissionnaire du mandat excédentaire et doit restituer les rémunérations perçues. Les délibérations auxquelles il a pris part restent valables.

e) Incompatibilités, interdictions et déchéances : l'exercice de certaines activités est incompatible avec les fonctions d'administrateur (fonctionnaire, parlementaire, membre du gouvernement, auxiliaires de justice – un avocat peut cependant être administrateur sous certaines conditions). Par ailleurs, l'accès aux conseils d'administration est interdit aux personnes ayant fait l'objet de certaines condamnations pénales. Sur ces incompatibilités, interdictions et déchéances, v. *supra*, p. 61 et s.

f) Conditions statutaires particulières : les statuts peuvent prévoir que les administrateurs devront remplir certaines conditions particulières (compétences, diplôme, etc.).

g) Présence des salariés dans les conseils d'administration : v. *supra*, p. 75 et s.

3. Procédure de nomination

Les modalités de nomination des administrateurs diffèrent selon le moment de leur nomination et l'existence de situations particulières.

a) Nomination lors de la constitution de la société :
• Dans les sociétés qui n'offrent pas leurs titres financiers au public : les premiers administrateurs sont désignés dans les statuts pour une durée de trois ans (C. com., art. L. 225-16).

• Dans les sociétés qui offrent leurs titres financiers au public : c'est l'assemblée générale constitutive qui les nomme pour une durée fixée par les statuts, qui ne peut être supérieure à six ans (C. com., art. L. 225-7 et L. 228-18, al. 1er).

b) Nomination au cours de la vie sociale : qu'il s'agisse d'une société offrant ou non ses titres financiers au public, les administrateurs sont nommés par l'assemblée générale ordinaire pour une durée fixée par les statuts, qui ne peut être supérieure à six ans (C. com., art. L. 225-18, al. 1er).

c) En cas d'une cessation des fonctions d'un ou plusieurs administrateurs entre deux assemblées générales (par ex. décès ou démission) : il convient de procéder aux distinctions suivantes :
– si le nombre des administrateurs devient inférieur au minimum statutaire, sans toutefois être inférieur au minimum légal, le conseil d'administration doit procéder à des nominations à titre provisoire en vue de compléter son effectif dans le délai de trois mois à compter du jour où se produit la vacance (art. L. 225-24, al. 3). C'est la cooptation. Elle est obligatoire et doit faire l'objet d'une ratification ultérieure par l'AGO (en l'absence de ratification les décisions prises restent valables, al. 4) ;
– si le nombre des administrateurs devient inférieur au minimum légal, les administrateurs restants doivent convoquer immédiatement une assemblée générale ordinaire en vue de compléter l'effectif du conseil (C. com., art. L. 225-24, al. 2). La cooptation n'est pas possible ;
Dans ces deux hypothèses, si le conseil néglige de procéder aux nominations requises ou de convoquer l'assemblée, tout intéressé peut demander en justice la désignation d'un mandataire chargé de convoquer l'assemblée générale afin de procéder aux nominations ou de les ratifier (C. com., art. L. 225-24, al. 5).
– si le nombre des administrateurs est égal ou supérieur au minimum statutaire, le conseil d'administration peut, entre deux assemblées générales, procéder à des nominations à titre provisoire. Cette cooptation, soumise à ratification, n'est possible qu'en cas de vacance par décès ou démission ; mais elle est facultative (C. com., art. L. 225-24, al. 1er).

4. Cessation des fonctions

a) Causes diverses : la cessation des fonctions d'administrateur peut résulter de diverses causes (arrivée du terme prévu lors de la nomination, étant précisé que les administrateurs sont rééligibles, sauf disposition contraire des statuts ; limite d'âge ; décès ; transformation ou dissolution de la SA ; démission ; révocation). Sur ces différentes causes, v. *supra*, p. 71.

b) Révocation : les administrateurs sont révocables *ad nutum* ; ils peuvent donc être révoqués à tout moment par l'assemblée générale (ordinaire ou, exceptionnellement, extraordinaire), sans préavis, sans indemnité, sans justification d'un motif et sans que la question ait besoin d'être inscrite à l'ordre du jour de l'assemblée (C. com., art. L. 225-18, al. 2 ; L. 225-105, al. 3). Toute disposition statutaire ou extrastatutaire qui porterait atteinte à ce droit de révocation serait nulle. Mais ce droit de révocation connaît certaines limites, tenant notamment au contrôle de l'abus de droit et au respect du contradictoire et des droits de la défense. Sur ces questions, v. *supra*, p. 71 et s.

5. Statut des administrateurs

a) Condition juridique : les administrateurs sont des organes sociaux chargés collectivement de gérer la société. Ils n'ont pas la qualité de commerçant.

b) Droits et obligations des administrateurs (sur les fonctions des administrateurs au sein du conseil, v. *infra*) :

• Droits : afin d'exercer pleinement leurs fonctions, les administrateurs disposent d'un droit d'information. Le président du conseil d'administration doit, en effet, mettre les administrateurs en mesure de remplir leur mission en toute connaissance de cause (Com., 2 juill. 1985, aff. *Cointreau ;* C. com., art. L. 225-35, al. 3). Cette information doit leur être donnée préalablement, et dans un délai suffisant, à la réunion du conseil d'administration.

• Obligations :

– Secret : les administrateurs ont une obligation de discrétion sur les délibérations du conseil d'administration et les affaires sociales, notamment s'agissant d'informations présentées par le président comme ayant un caractère confidentiel. Mais cette obligation n'est pas sanctionnée pénalement, mais seulement civilement.

– Devoir de comportement : les administrateurs doivent accomplir leurs fonctions avec diligence (not. présence aux réunions du conseil) et bonne foi. Ils ont un devoir de loyauté envers les associés et la société (not. en faisant autoriser les conventions qu'ils concluent avec la société, sur les conventions réglementées, v. *infra,* p. 260 et s.), ainsi qu'envers les marchés financiers (v. délit d'initié, lorsque la société est cotée, v. *infra*, p. 378 et s.).

c) Rémunération : les fonctions peuvent être gratuites, mais elles sont le plus souvent rémunérées (sur le statut fiscal et social des administrateurs, v. *supra,* p. 62).

• Types de rémunérations possibles :

– Jetons de présence : dont le montant annuel est fixé par l'assemblée générale globalement pour l'ensemble du conseil d'administration, qui décide ensuite librement de la répartition entre ses membres (C. com., art. L. 225-44 et L. 225-45).

– Rémunération exceptionnelle : elle peut être allouée à un administrateur chargé d'une mission particulière dépassant le cadre de ses fonctions (avec respect des règles relatives aux conventions réglementées, v. *infra,* p. 260 et s.).

– Frais : ceux assumés par l'administrateur dans l'intérêt de la société peuvent lui être remboursés.

• Information sur les rémunérations : afin d'informer les actionnaires, la loi impose, exclusivement dans les sociétés cotées, que le rapport présenté par le conseil d'administration à l'assemblée générale rende compte de la rémunération totale et des avantages de toute nature versés, durant l'exercice, à chaque mandataire social (C. com., art. L. 225-102-1 ; v. *supra*). Par ailleurs, pour toutes les SA le montant global des rémunérations des cinq ou dix personnes les mieux rémunérées certifié exact par le commissaire aux comptes doit être communiqué aux actionnaires (C. com., art. L. 225-115-4°).

d) Cumul des fonctions d'administrateur avec un contrat de travail (v. *supra*, p. 64 et s.).

B. Fonctionnement du conseil d'administration

Principe : le conseil d'administration est un organe collégial. Les administrateurs, pris isolément, n'ont aucun pouvoir de gestion dans la société.

1. Réunions du conseil d'administration

a) Convocation : il appartient aux statuts de déterminer les règles essentielles concernant les modalités de convocation du conseil d'administration (not. délais et formes). Le conseil est normalement convoqué par son président, qui fixe l'ordre du jour. Mais, en l'absence de réunion pendant plus de deux mois, les administrateurs représentant plus d'un tiers des membres du conseil, ainsi que le directeur général, peuvent demander au président de convoquer celui-ci sur un ordre du jour déterminé. Le président doit s'exécuter (C. com., art. L. 225-36-1).

b) Personnes convoquées : en plus des administrateurs, d'autres personnes sont convoquées aux réunions du conseil d'administration :

• Le commissaire aux comptes : il est obligatoirement convoqué aux réunions du conseil destinées à arrêter les comptes de l'exercice écoulé (C. com., art. L. 225-238). Il est facultativement convoqué aux autres réunions (C. com., art. R. 823-9).

• Deux membres du comité d'entreprise : ils assistent, avec voix seulement consultative, à toutes les séances du conseil d'administration (C. trav., art. L. 2323-62). L'absence de convocation n'est pas une cause de nullité mais peut toutefois constituer le délit d'entrave (C. trav., art. L. 2328-1).

• De manière facultative, mais fréquente : les directeurs généraux qui n'auraient pas la qualité d'administrateur ; des censeurs ou d'autres personnes que le conseil souhaite entendre ; ils ne prennent pas part au vote.

c) Délibérations : le conseil ne peut valablement délibérer que si la moitié au moins de ses membres est présente (les administrateurs représentés ne sont donc pas pris en compte dans le quorum) ; toute clause contraire est réputée non écrite (C. com., art. L. 225-37, al. 1er). Un administrateur peut donner mandat à un autre de le représenter. Le vote se fait par tête (une personne = une voix) ; sauf disposition statutaire différente, les décisions sont prises à la majorité des membres présents ou représentés. En cas de partage des voix, celle du président de séance (le plus souvent le président du conseil) est en principe prépondérante. La validité des conventions de vote paraît, au niveau du conseil, plus difficile à admettre (sur ces conventions, v. *supra*, p. 90 et s.). Les délibérations du conseil sont constatées sur des procès-verbaux établis sur un registre spécial.

d) Délibération du conseil par des moyens de télécommunication (par ex. visioconférence) : sauf clause contraire des statuts, et à condition qu'un règlement intérieur de la société le prévoit, les administrateurs peuvent participer aux délibérations du conseil (débats et votes) par ces moyens à condition qu'ils permettent leur identification et garantissent leur participation effective. Ils sont alors réputés présents pour le calcul du quorum et de la majorité (C. com., art. L. 225-37, al. 3). Ces procédés ne peuvent toutefois pas être utilisés pour certaines décisions (not.

Établissement des comptes annuels). Ces moyens modernes de délibération et de vote doivent satisfaire à des caractéristiques techniques et des conditions de sécurité fixées par décret.

e) Sanction des irrégularités de réunion du conseil d'administration : la nullité des décisions du conseil pourrait être prononcée, selon les conditions posées pour la nullité des actes et délibérations sociaux (v. *supra,* p. 101 et s.).

2. Pouvoirs et missions du conseil d'administration

a) Pouvoir général d'administration : le conseil d'administration détermine les orientations de l'activité de la société et veille à leur mise en œuvre. Il se saisit de toute question intéressant la bonne marche de la société et règle par ses délibérations les affaires qui la concernent. Il procède également aux contrôles et vérifications qu'il juge opportuns (C. com., art. L. 225-35). À cette fin, le président ou le directeur général de la société est tenu de communiquer à chaque administrateur tous les documents et informations nécessaires à l'accomplissement de sa mission (C. com., art. L. 225-35, al. 3).

b) Limites au pouvoir général du conseil d'administration :

• Objet social : le conseil doit agir dans les limites de l'objet social (v. *supra,* p. 65). Cependant, dans les rapports avec les tiers, la société est engagée même par les actes du conseil d'administration qui ne relèvent pas de l'objet social, à moins qu'elle ne prouve que le tiers avait connaissance du dépassement de l'objet social, la seule publication des statuts ne suffisant pas à constituer cette preuve (C. com., art. L. 225-35, al. 1 et 2 ; le maintien de cette règle est curieux, alors que depuis la loi NRE, seul le directeur général est investi légalement du pouvoir de représenter la société à l'égard des tiers, v. *infra,* p. 253).

• Séparation de pouvoirs : le conseil ne peut agir au détriment des pouvoirs expressément attribués aux assemblées d'actionnaires (not. modifications statutaires, approbation des comptes, affectation des résultats et nomination des commissaires aux comtes).

• Limites statutaires : les statuts peuvent éventuellement limiter les pouvoirs du conseil d'administration, au-delà des limites légales. La violation des limites statutaires engagerait la responsabilité des administrateurs.

c) Pouvoirs spéciaux :

• Pouvoir de nomination et de révocation : le conseil d'administration est seul compétent pour nommer et révoquer le président, le directeur général et les directeurs généraux délégués et pour fixer leur rémunération (C. com., art. L. 225-47 ; L. 225-51-1 et L. 225-56-1). Le conseil peut coopter d'autres administrateurs. Il statue sur la répartition des jetons de présence et l'allocation de rémunérations exceptionnelles.

• Fonctionnement des assemblées générales :

– Le conseil convoque les assemblées générales et fixe leur ordre du jour (C. com., art. L. 225-103 et L. 225-105).

– Il arrête les comptes annuels (C. com., art. L. 232-1).

– Il présente à l'assemblée générale ordinaire annuelle un rapport de gestion et propose l'affectation des résultats. Pour toute décision que doit prendre une assemblée et qui est importante pour la société, le conseil doit établir un rapport spécial (par ex.

augmentation de capital, C. com., art. L. 225-129 ; suppression du droit préférentiel de souscription, C. com., art. L. 225-135 ; émission d'obligations convertibles ou échangeables en actions, C. com., art. L. 225-161 et L. 225-169, al. 1).

– Depuis la loi NRE, le conseil présente également, mais seulement dans les sociétés cotées, un rapport sur les rémunérations et avantages versés aux dirigeants (C. com., art. L. 225-102-1) ; un rapport sur les opérations relatives aux stock-options des dirigeants (C. com., art. L. 225-184) et, dans les sociétés cotées, un rapport sur les conséquences sociales et environnementales de l'activité de la société (C. com., art. L. 225-102-1, al. 4).

• Autorisation des cautions, avals et garanties : compte tenu des risques particuliers qu'ils font courir à la société, les cautions, avals et garanties (y compris les lettres d'intention, fréquentes dans les groupes de sociétés, et les garanties autonomes, toutes deux qualifiées de « sûretés » par l'ordonnance du 23 mars 2006, C. civ., art. 2321 et 2322) donnés par des SA autres que des établissements bancaires ou financiers, en garantie des engagements pris par des tiers (par ex. filiale, fournisseur…) doivent faire l'objet d'une autorisation préalable du conseil d'administration (C. com., art. L. 225-35, al. 4). Les conditions d'octroi de cette autorisation sont fixées par décret (v. C. com., art. R. 225-28). En l'absence d'autorisation du conseil, l'opération est inopposable à la société et le créancier n'a aucun recours contre le dirigeant fautif (la faute n'est pas détachable) ou la société.

• Autorisation des conventions conclues entre la société et ses dirigeants : le conseil d'administration est compétent pour autoriser les conventions conclues entre la société et ses dirigeants (C. com., art. L. 225-38 à L. 225-43), conventions dites « réglementées » qui sont soumises à un régime particulier (v. *infra*, p. 260).

3. Mandats spéciaux – Constitution de comités – Censeurs

Le conseil d'administration peut conférer à des administrateurs, des actionnaires, des salariés, voire des tiers, des mandats spéciaux pour un ou plusieurs objets déterminés (**C. com., art. R. 225-29, al. 1)**

Le conseil d'administration peut aussi décider la création de comités divers. Ces comités se sont beaucoup développés, notamment dans les grandes sociétés cotées en bourse, où l'on considère qu'ils peuvent contribuer à une meilleure gouvernance. On rencontre notamment :

• Des comités d'études, de direction ou « exécutifs » : ils formulent des recommandations et des avis au conseil d'administration et à la direction, sans qu'ils puissent s'immiscer dans la gestion, ni empiéter sur les pouvoirs des autres organes. Ils sont placés sous la dépendance totale du conseil d'administration, qui en fixe la composition, les attributions (qui ne peuvent être que consultatives) et les rémunérations et assume la responsabilité de leur activité (C. com., art. R. 225-29, al. 2).

• Des comités d'audit : ils ont été réglementés par l'Ordonnance du 8 déc. 2008 et doivent être instaurés dans les entités dont les titres sont négociés sur un marché réglementé. Ils assurent, en relation avec les CAC, le suivi des questions relatives à l'élaboration et au contrôle des informations comptables et financières. Ils agissent sous la responsabilité des membres du conseil d'administration (C. com. art. L. 823-19).

• Des comités de sélection ou de rémunération des dirigeants.

• Des comités d'éthique : chargés de formuler des recommandations (ou d'élaborer des « codes d'éthique ») en matière de gouvernance, de déontologie des comportements, de responsabilité sociale et environnementale (RES) de l'entreprise, de risque pénal, etc.

4. Responsabilité des administrateurs

a) Responsabilité civile : les administrateurs sont responsables envers la société ou envers les tiers. Cette responsabilité est encourue en cas de violation des dispositions législatives ou réglementaires applicables aux SA, en cas de violation des statuts ou pour faute de gestion (C. com., art. L. 225-251). Sur le régime de cette responsabilité (titulaires de l'action, action individuelle, action *ut singuli,* prescription…), v. *supra,* p. 66 et s. La responsabilité des administrateurs peut être, selon le cas, individuelle (si un seul a commis la faute) ou solidaire (s'ils ont commis une faute commune). Commet une faute individuelle chacun des membres du conseil ou du directoire qui, par son action ou son abstention, participe à la prise d'une décision fautive de cet organe, sauf à démontrer qu'il s'est comporté en administrateur prudent et dilligent, notamment en s'opposant à cette décision (Cass. com., 30 mars 2010, D. 2010, p. 960, A. Lienhard et p. 1678, B. Dondero).

b) Responsabilité pénale : les administrateurs engagent leur responsabilité pénale pour des infractions de droit commun (par ex. escroquerie, faux et usage de faux, abus de confiance…). En outre, les art. L. 242-6 à L. 242-8, C. com. sanctionnent un certain nombre d'infractions commises dans l'administration et la direction de la SA (par ex. distribution de dividendes fictifs, C. com., art. L. 242-6-1 ; publication de faux bilan, C. com., art. L. 242-6-2 ; abus de biens sociaux, C. com., art. L. 242-6-3°). Sur le régime de cette responsabilité pénale (titulaires de l'action, action individuelle, *action ut singuli*, prescription…), v. *supra,* p. 69.

c) Responsabilité en cas de redressement ou de liquidation judiciaire de la SA : la loi du 25 janv. 1985 prévoit que, lorsque le redressement ou la liquidation judiciaire de la SA fait apparaître une insuffisance d'actif, le tribunal peut, en cas de faute de gestion ayant contribué à cette insuffisance d'actif, décider que les dettes de la société seront supportées, en tout ou en partie, avec ou sans solidarité, par tous les dirigeants de droit ou de fait, rémunérés ou non, ou par certains d'entre eux (C. com., art. L. 624-3).§ 2 – Le président du conseil d'administration

Principe : la loi NRE du 15 mai 2001 a dissocié les fonctions de président du conseil d'administration et de directeur général et mieux précisé leur rôle respectif. Le président du conseil n'a plus les prérogatives de direction générale et de représentation de la société. Cependant, le conseil d'administration peut décider que le président assumera la direction générale en cumulant son mandat de président avec celui de directeur général.

A. Statut du président du conseil d'administration

1. Nomination

Le président est élu par le conseil d'administration parmi ses membres, pour une durée qui ne peut excéder celle de son mandat d'administrateur (C. com., art. L. 225-47, al. 1er ; il est rééligible en qualité de président). Il a ainsi la qualité d'administrateur (lui sont donc applicables les règles régissant le statut des administrateurs). Il doit obligatoirement être une personne physique. Il doit être âgé de moins de soixante-cinq ans, sauf clause statutaire contraire. La violation de ces règles est sanctionnée par la nullité de la nomination.

2. Cessation des fonctions

Les causes de cessation des fonctions de président sont les mêmes que celles applicables aux administrateurs (v. *supra,* p. 245). Sa révocation en qualité d'administrateur, par l'assemblée générale, met fin à son mandat de président. Il peut par ailleurs être révoqué, *ad nutum,* par le conseil d'administration. Les règles de droit commun relatives à la révocation des dirigeants lui sont applicables (v. *supra,* p. 71).

3. Cumul des mandats

Le président peut cumuler cinq mandats de président de sociétés ayant leur siège sur le territoire français. Les exceptions à cette règle, ainsi que les sanctions, sont les mêmes que celles applicables aux administrateurs (v. *supra,* p. 244 et s.). Cependant, la dérogation relative aux fonctions exercées dans les sociétés contrôlées n'est pas applicable au mandat de président (C. com., art. L. 225-21, al. 2).

4. Situation juridique, fiscale et sociale

Le président n'a pas la qualité de commerçant. Il n'est pas salarié de la société (sauf cumul avec un contrat de travail, v. *infra*). Il perçoit des jetons de présence comme administrateur, ainsi qu'une rémunération spéciale – fixe ou proportionnelle aux résultats sociaux – pour ses fonctions de président (non soumise à la procédure des conventions réglementées). Il peut bénéficier de *stock options* et, à certaines conditions, d'un complément de retraite payé par la société. Sa rémunération totale et ses avantages de toute nature doivent figurer, mais seulement lorsque la société est cotée, dans le rapport de gestion présenté par le conseil d'administration à l'assemblée générale annuelle (C. com., art. L. 225-102-1, mod. L. sécurité financière du 1er août 2003). Sur le plan fiscal, la rémunération du président bénéficie du régime des traitements et salaires. Sur le plan du droit de la sécurité sociale, il est assimilé à un salarié (v. *supra,* p. 62).

5. Cumul du mandat social et d'un contrat de travail

Les règles sont identiques à celles relatives aux administrateurs (v. *supra,* p. 64 et s.). Il convient seulement de noter que la condition de subordination exigée pour prouver le contrat de travail risque d'être difficile à rapporter de la part du président, *a fortiori* lorsqu'il est actionnaire majoritaire.

B. Pouvoirs et responsabilités du président du conseil d'administration

Principe : depuis la loi NRE, le président du conseil d'administration :

• Organise et dirige les travaux du conseil d'administration (convocation, préparation des réunions, fixation de l'ordre du jour…), dont il rend compte à l'assemblée générale.

• Veille au bon fonctionnement des organes de la société et s'assure, en particulier, que les administrateurs sont en mesure de remplir leur mission (C. com., art. L. 225-51).

• Doit porter à la connaissance du conseil et des commissaires aux comptes la liste et l'objet des conventions libres (v. *infra,* p. 259).

• Doit recevoir les questions posées par les actionnaires à l'occasion de la mise en œuvre de la procédure d'expertise de gestion (v. *infra,* p. 95).

• Sa responsabilité civile et pénale est identique à celle des administrateurs (v. *supra,* p. 250).

§ 3 - La direction générale de la société anonyme

Principe : depuis la loi NRE du 15 mai 2001, le directeur général, dont la nomination est obligatoire, est devenu le personnage central de la SA de type classique. Les fonctions de directeur général peuvent être assumées, soit par le président du conseil d'administration, soit par une personne physique nommée par le conseil. La loi précise que le directeur général peut être assisté dans ses fonctions par un ou plusieurs directeurs généraux délégués (C. com., art. L. 225-51-1 et L. 225-53).

A. Statut du directeur général

1. Nomination

Le directeur général, qu'il soit ou non le président de la SA, doit être nommé par le conseil d'administration (mais plus, depuis la loi NRE, sur proposition du président). Il doit être une personne physique et doit avoir, sauf clause contraire des statuts, moins de soixante-cinq ans. Il peut être choisi parmi les administrateurs ou en dehors d'eux, être actionnaire ou non (C. com., art. L. 225-53).

2. Cumul des mandats

Une personne physique ne peut pas exercer plus d'un mandat de directeur général dans une société ayant son siège social sur le territoire français (C. com., art. L. 225-54-1, al. 1). Une exception est prévue dans les groupes de sociétés (al. 2). Les règles générales relatives au cumul des mandats des administrateurs sont applicables (v. *supra,* p. 244).

3. Cessation des fonctions

Les fonctions du directeur général cessent pour les causes de droit commun (décès, incapacité, incompatibilité, déchéance, démission… v. *supra,* p. 71). S'agissant du terme des fonctions, la loi est muette ; la durée des fonctions est généralement prévue par les statuts et, à défaut, celles-ci sont à durée indéterminée. Le directeur général peut être révoqué à tout moment ; mais depuis la loi NRE, la révocation peut donner lieu à des dommages et intérêts si elle est décidée sans juste motif (C. com., art. L. 225-55, al. 1er). Mais, si le directeur général cumule ses fonctions avec celles de président du conseil d'administration, il est révocable *ad nutum.* (Sur le régime de la révocation pour juste motif et de la révocation *ad nutum,* v. *supra,* p. 71 et s.)

4. Situation juridique, fiscale et sociale

Le directeur général n'a pas la qualité de commerçant. Il n'est pas non plus, à ce titre, salarié de la société, sauf cumul régulier avec un contrat de travail (s'il est administrateur, les règles de cumul propres à cette qualité devront être respectées, v. *supra,*

p. 244). Sa rémunération est fixée par le conseil d'administration et présente les mêmes aspects que celle du président (C. com., art. L. 225-53, al. 3 ; v. *supra*). Elle doit figurer, dans tous ses éléments, dans le rapport de gestion à l'assemblée générale annuelle (C. com., art. L. 225-102-1). Le directeur général bénéficie du même statut fiscal et social que le président (v. *supra,* p. 251).

B. Pouvoirs et responsabilités du directeur général

Principe : le directeur général est investi des pouvoirs les plus étendus pour agir en toutes circonstances au nom de la société. Il représente la société à l'égard des tiers (C. com., art. L. 225-56-1, al. 1 et 2).

Limites : ses pouvoirs sont limités par l'objet social, les dispositions statutaires et les pouvoirs réservés aux autres organes sociaux (assemblées et conseil d'administration). S'agissant de l'objet social, la société est engagée même par les actes du directeur général qui ne relèvent pas de celui-ci, sauf si elle prouve que le tiers savait que l'acte dépassait l'objet social ou qu'il ne pouvait l'ignorer compte tenu des circonstances, étant exclu que la seule publication des statuts suffise à constituer cette preuve. Les limitations de pouvoirs statutaires ou décidées par le conseil sont inopposables aux tiers (al. 3). Le directeur général peut engager sa responsabilité en cas de dépassement de ses pouvoirs.

Responsabilités : il encourt les mêmes responsabilités (civile, pénale et en cas de procédure collective) que les administrateurs (v. *supra,* p. 250).

C. Directeurs généraux délégués

1. Nomination

Ce sont obligatoirement des personnes physiques, nommées à cette fonction par le conseil d'administration, sur proposition du directeur général.

2. Nombre

Leur nombre est fixé par les statuts, sans pouvoir dépasser cinq (C. com., art. L. 225-53).

3. Statut

Similaire à celui du directeur général. Ils peuvent être révoqués à tout moment, mais une révocation sans juste motif peut donner lieu à indemnisation.

4. Pouvoirs et responsabilités

Il appartient au conseil d'administration de déterminer l'étendue de ces pouvoirs, en accord avec le directeur général (C. com., art. L. 225-56 II, al. 1er). Mais les directeurs généraux délégués disposent à l'égard des tiers des mêmes pouvoirs que le directeur général (al. 2). Ils assument ainsi les mêmes responsabilités.

Section 2 › LA SOCIÉTÉ ANONYME AVEC DIRECTOIRE ET CONSEIL DE SURVEILLANCE

Principe : Cette formule, introduite en droit français par la loi du 24 juill. 1966, est une transposition du modèle allemand de société par actions. Elle repose sur une division organique des fonctions de gestion, d'un côté, et de contrôle ou de surveillance, de l'autre.

§ 1 - Le directoire

A. Statut des membres du directoire

1. Règles générales

Le directoire est un organe collégial de 5 membres maximum (7 dans les sociétés qui offrent leurs titres financiers au public). Dans les sociétés dont le capital est inférieur à 150 000 €, les fonctions dévolues au directoire peuvent être exercées par une seule personne, le directeur général unique (C. com., art. L. 225-58 et L. 225-59). Ce sont obligatoirement des personnes physiques, âgées de moins de soixante-cinq ans (sauf dispositions statutaires contraires). Ils peuvent ne pas être actionnaires de la société.

2. Nomination

Les membres du directoire sont nommés par le conseil de surveillance, et non par l'assemblée générale (C. com., art. L. 225-59, al. 1), pour une durée déterminée par les statuts, comprise obligatoirement entre deux et six ans (C. com., art. L. 225-62). Ils sont rééligibles. Le conseil de surveillance confère à l'un des membres du directoire la qualité de président.

3. Cumul du mandat avec un contrat de travail

Toute personne peut être nommée membre du directoire alors qu'elle est déjà salariée ; et un membre du directoire peut également devenir salarié (C. com., art. L. 225-61, al. 2).

4. Cumul des mandats

Tout d'abord, une même personne ne peut être à la fois membre du directoire et membre du conseil de surveillance (C. com., art. L. 225-74). Par ailleurs, de même que pour le directeur général dans la SA classique, la loi interdit à une personne physique d'être titulaire de plus d'un mandat de membre du directoire (ou de directeur général unique) dans les sociétés ayant leur siège social sur le territoire français (C. com., art. L. 225-67). Les exceptions au cumul prévues pour le directeur général ou le président du conseil d'administration, ainsi que les sanctions, s'appliquent aux membres du directoire (C. com., art. L. 228-94, al. 2).

5. Cessation des fonctions

Les fonctions des membres du directoire cessent pour les causes de droit commun (arrivé du terme, décès, incapacité, incompatibilité, déchéance, démission… v. *supra*, p. 71). Ils peuvent être révoqués à tout moment par l'assemblée générale, sans qu'il soit besoin qu'une proposition du conseil de surveillance intervienne en ce sens. Le conseil de surveillance peut également révoquer directement les membres du directoire, si les statuts le prévoient (C. com., art. L. 225-61, al. 1er). La révocation est libre, mais elle peut donner lieu à une indemnisation si elle est décidée sans juste motif. La révocation n'entraîne en principe pas la cessation du contrat de travail (C. com., art. L. 225-61, al. 2).

6. Situation juridique, fiscale et social

Le conseil fixe la rémunération de chacun des membres du directoire (C. com., art. L. 225-63). Le rapport annuel doit en rendre compte (C. com., art. L. 225-102-1, al. 1er). Les membres du directoire ont le même statut social et fiscal que le président du conseil d'administration (v. *supra*, p. 251).

B. Fonctionnement du directoire

1. Compétence du directoire

a) Principe : sur un plan général, il est investi des pouvoirs les plus étendus pour agir en toutes circonstances au nom de la société (C. com., art. L. 225-64, al. 1). Ses pouvoirs sont donc similaires à ceux du directeur général d'une SA de type classique (v. *supra*, p. 253), excepté le pouvoir de représentation.

b) Limites : les mêmes restrictions tenant à l'objet social et aux limites statutaires s'appliquent, dans les rapports internes à la société, ainsi que les pouvoirs propres attribués aux autres organes.

c) Pouvoirs spéciaux : le directoire dispose par ailleurs de pouvoirs particuliers (not. convocation des assemblées générales, fixation de l'ordre du jour de celles-ci, C. com., art. L. 225-103 et L. 225-105 ; rédaction de rapports sur la gestion de la société, destinés au conseil de surveillance, C. com., art. L. 225-68).

2. Compétence du président du directoire

Le président du directoire est seul investi du pouvoir de représenter la société à l'égard des tiers (contrairement aux autres membres du directoire) (C. com., art. L. 225-66, al. 1). Mais il n'en résulte pas que le président a un pouvoir de direction distinct de celui dont disposent les autres membres du directoire. Les statuts peuvent habiliter le conseil de surveillance à attribuer également un pouvoir de représentation à un ou plusieurs autres membres du directoire, qui porte alors le titre de directeur général (al. 2). Les dispositions statutaires qui limiteraient le pouvoir de représentation de la société sont inopposables aux tiers (al. 3).

C. Responsabilité des membres du directoire

Les membres du directoire assument la gestion de la société, et sont donc responsables des conséquences de celle-ci, dans les mêmes termes que le directeur général de la SA de type classique. Il en va ainsi sur le plan de la responsabilité civile, comme sur celui de la responsabilité pénale ou de celle encourue en cas de procédure collective (v. *supra*, p. 253).

§ 2 - Le conseil de surveillance

A. Statut des membres du conseil de surveillance

1. Règles générales

Le conseil de surveillance est un organe collégial qui comporte de 3 à 18 membres (jusqu'à 24, pendant 3 ans, en cas de fusion, C. com., art. L. 225-95). Il a un statut très proche de celui du conseil d'administration, tel que ce dernier se présente depuis que ses fonctions ont été redéfinies par la loi NRE du 15 mai 2001. Il n'est plus obligatoire que les membres du conseil de surveillance aient la qualité d'actionnaire de la société (C. com., art. L. 225-72), sauf dispositions contraires des statuts. Ils sont soumis à la même limite d'âge que les administrateurs (C. com., art. L. 225-70). Une personne morale peut être nommée au conseil de surveillance, à condition qu'elle désigne un représentant permanent (C. com., art. L. 225-76).

2. Nomination

Les membres du conseil de surveillance sont désignés dans les statuts (C. com., art. L. 225-16) ou par l'assemblée constitutive en cas de constitution par offre de titres financiers au public. Durant la vie sociale, les nominations sont de la compétence de l'AGO (C. com., art. L. 225-75, al. 1). La cooptation s'opère selon les mêmes conditions que pour les administrateurs (C. com., art. L. 225-78). La durée de leurs fonctions est la même que pour les administrateurs. Le conseil de surveillance doit élire en son sein un président et un vice-président qui, à peine de nullité, sont nécessairement des personnes physiques (C. com., art. L. 225-81).

3. Cumul des mandats

Les règles de non-cumul applicables aux administrateurs sont transposables aux membres de conseil de surveillance. Une personne physique ne peut ainsi, en principe, appartenir simultanément à plus de cinq conseils de surveillance de sociétés ayant leur siège sur le territoire français. Cependant, la dérogation prévue au titre des mandats exercés au sein des sociétés contrôlées, qui n'est pas applicable au président du conseil d'administration, est applicable au président du conseil de surveillance (C. com., art. L. 225-77). Par ailleurs, on ne peut pas être à la fois membre du directoire et du conseil de surveillance d'une même société (C. com., art. L. 225-74).

4. Cumul du mandat avec un contrat de travail

Depuis la loi du 11 févr. 1994, les membres du conseil de surveillance peuvent être liés à la société par un contrat de travail, dès lors qu'il correspond à un emploi effectif exercé dans le cadre d'un lien de subordination. Le mandat social peut être antérieur ou postérieur au contrat de travail, à la différence des règles applicables aux administrateurs. La difficulté réside dans le fait que des membres du conseil de surveillance se trouvent alors sous la subordination du directoire, qu'ils sont par ailleurs chargés de contrôler ; ce n'est guère satisfaisant. Pour cette raison, le nombre des membres du conseil de surveillance disposant d'un contrat de travail est limité au tiers des membres en fonction (C. com., art. L. 225-85).

5. Situation juridique, fiscale et sociale

Les règles relatives à la rémunération des membres du conseil de surveillance sont les mêmes que celles applicables aux administrateurs. Ils sont également dans la même situation que ces derniers sur le plan fiscal et social. Le président et le vice-président peuvent percevoir une rémunération, déterminée par le conseil (C. com., art. L. 225-81, al. 1er).

6. Cessation des fonctions

Les fonctions des membres du conseil de surveillance cessent pour les causes de droit commun (décès, incapacité, incompatibilité, déchéance, démission…). Ils sont également révocables *ad nutum*, en assemblée générale, dans les mêmes conditions que les administrateurs (C. com., art. L. 225-75).

B. Fonctionnement du conseil de surveillance

1. Organisation générale

Le conseil de surveillance est organisé comme le conseil d'administration (v. not. possibilité de délibération par visioconférence, *supra*, p. 247). Il ne délibère valablement que si la moitié au moins de ses membres est présente. Les décisions sont prises à la majorité des membres présents ou représentés. En cas de partage des voix, le président à voix prépondérante, sauf clause statutaire contraire (C. com., art. L. 225-82). Les commissaires aux comptes de la société doivent être obligatoirement convoqués aux réunions du conseil de surveillance destinées à examiner les comptes de l'exercice (C. com., art. L. 225-238).

2. Compétence générale

a) Contrôle permanent : le conseil a une mission de contrôle permanent de la gestion (sa régularité comme son opportunité) de la société par le directoire. À toute époque de l'année, il opère les vérifications et les contrôles qu'il juge opportuns. Pour accomplir cette mission, il peut se faire communiquer tous les documents qu'il estime utiles.

b) Contrôle ponctuel : grâce au rapport qui lui est présenté, chaque trimestre au moins, par le directoire. Par ailleurs, dans les trois mois après la clôture de chaque exercice, il vérifie et contrôle les comptes annuels qui lui sont présentés par le directoire. Ces derniers sont ensuite présentés à l'assemblée générale, laquelle prend à cette occasion connaissance des observations du conseil sur les rapports du directoire ainsi que sur les comptes de l'exercice (C. com., art. L. 225-68).

c) Pouvoirs spécifiques : le conseil de surveillance :

– nomme les membres du directoire et leur président et fixe leur rémunération ;

– peut révoquer directement les membres du directoire, si les statuts le prévoient (C. com., art. L. 225-61, al. 1er) ;

– peut convoquer les assemblées générales d'actionnaires (C. com., art. L. 225-103-III ; concurremment avec le directoire) ;

– donne son autorisation préalable à toutes les conventions devant être conclues entre la société et un dirigeant (C. com., art. L. 225-86 et s.) ainsi qu'aux cautions, avals et garanties données par la société et à certaines opérations importantes

(C. com., art. L. 225-68). Les statuts peuvent aussi subordonner à l'autorisation préalable du conseil de surveillance la conclusion des opérations qu'ils énumèrent (*ibid.*). Ces limitations des pouvoirs du directoire sont toutefois inopposables aux tiers (C. com., art. L. 225-64, al. 3).

3. Fonctions du président du conseil de surveillance

Le conseil doit élire en son sein un président (et un vice-président pour l'assister). Son rôle, limité, est assez semblable à celui du président dissocié (non directeur général) dans la SA de type classique (v. *supra,* p. 251). Il ne dispose donc pas du pouvoir de représenter la société à l'égard des tiers. Il est chargé de convoquer le conseil et d'en diriger les débats. Il joue un rôle charnière de vecteur d'information (en direction du conseil de surveillance et du commissaire aux comptes) relativement aux conventions conclues entre la société et des dirigeants (C. com., art. L. 225-86 et L. 225-87).

C. Responsabilité des membres du conseil de surveillance

N'étant pas en charge de la gestion, les membres du conseil de surveillance n'encourent aucune responsabilité – civile, pénale, ou en cas de procédure collective – en raison des actes de gestion et de leur résultat (C. com., art. L. 225-257). Cependant, ils peuvent être civilement responsables, soit des fautes qu'ils ont commises dans l'exécution de leurs fonctions (par ex. défaut de surveillance du directoire), soit des délits commis par les membres du directoire si, en ayant eu connaissance, ils ne les ont pas révélés à l'assemblée générale (*ibid.*). Ils peuvent être pénalement responsables s'ils sont complices d'un délit commis par un dirigeant incriminé. S'ils se sont immiscés dans la gestion quotidienne, ils pourront être poursuivis comme des dirigeants de fait (v. *supra,* p. 61).

Section 3 › LE RÉGIME DES CONVENTIONS RÉGLEMENTÉES DANS LES SA

Problématique : les conventions conclues entre une société et l'un de ses dirigeants ou associés posent, en droit, une question particulière du fait de la qualité des intervenants à ces conventions. En effet, les dirigeants sociaux et les associés sont tout naturellement tenus à un devoir général de loyauté dans l'exercice de leurs prérogatives. Mais en même temps, par leur situation, ils peuvent conclure avec la société des conventions qui risquent de s'avérer parfois dangereuses pour celle-ci et profitables pour eux-mêmes, directement ou indirectement, créant ainsi une situation de conflit d'intérêts. Par ailleurs, sans avoir nécessairement le pouvoir de contracter au nom de la société, les dirigeants ou associés peuvent avoir suffisamment d'influence auprès des organes de décision pour imposer à la société une convention contraire à l'intérêt social. C'est pourquoi le législateur a élaboré un régime de contrôle de ces conventions un peu particulières, fondé sur la distinction entre trois sortes de conventions :

– les conventions interdites ;

– les conventions libres, portant sur des opérations courantes et conclues à des conditions normales ;

– les conventions réglementées, *stricto sensu*, qui font l'objet d'une procédure d'autorisation et d'approbation.

§ 1 - Les conventions interdites

A. Domaine

Ce sont celles par lesquelles les personnes physiques administrateurs et membres du conseil de surveillance, le directeur général, les directeurs généraux délégués ou les membres du directoire contractent des emprunts auprès de la société, se font consentir par elle un découvert, en compte courant ou autrement, ou encore font cautionner ou avaliser par elle leurs engagements envers les tiers. L'interdiction s'étend aux conjoints, ascendants et descendants de ces personnes, aux représentants permanents des personnes morales dirigeantes, ainsi qu'aux personnes interposées (C. com., art. L. 225-43 et L. 225-91).

B. Régime juridique

Ces conventions sont totalement interdites, à peine de nullité absolue de l'opération irrégulière. Par exception, cette interdiction ne s'applique pas : d'une part, aux dirigeants personnes morales, afin de préserver les opérations intragroupes. Mais la procédure des conventions réglementées doit être respectée (v. *infra*). D'autre part, lorsque la SA exploite un établissement de crédit (C. com., art. L. 225-43, al. 2 et L. 225-91, al. 3).

§ 2 - Les conventions libres

A. Domaine

Opérations courantes (effectuées par la société d'une manière habituelle dans le cadre de son activité) conclues à des conditions normales (conditions habituelles dans lesquelles sont conclues des conventions semblables, au sein de la société ou dans son secteur d'activité) (C. com., art. L. 225-39 et L. 225-87).

B. Régime juridique

Elles n'ont pas à être autorisées. La loi NRE a imposéune obligation d'informer le président du conseil d'administration sur ces conventions libres, et de communiquerla liste et l'objet de celles-ci aux membres du conseil d'administration et aux commissaires aux comptes (C. com., art. L. 225-39, al. 2 et L. 225-87, al. 2), tout actionnaire pouvant en recevoir communication (C. com., art. L. 225-115, 6°). Puis la loi du 1er août 2003 a exclu de ces obligations les conventions qui, en raison de leur objet ou de leurs implications financières, ne sont significatives pour aucune des parties. Mais la loi du 17 mai 2011 est venue abroger l'ensemble de ce régime. Les conventions libres échappent ainsi de nouveau à tout contrôle, ce qui est critiquable.

§ 3 - Les conventions réglementées

A. Domaine

Principe : il s'agit de toute convention qui, ne pouvant être considérée comme libre ou interdite (v. *supra*), intervient directement ou par personne interposée entre la société et son directeur général, l'un de ses directeurs généraux délégués, l'un de ses administrateurs, l'un des membres du directoire ou du conseil de surveillance, l'un de ses actionnaires disposant d'une fraction des droits de vote supérieure à 10 % ou, s'il s'agit d'une société actionnaire, la société la contrôlant au sens de l'art. L. 233-3 (C. com., art. L. 225-38, al. 1 et L. 225-86, al. 1).

1. Extension

Le régime s'étend aux conventions auxquelles ces mêmes personnes sont indirectement intéressées (al. 2) ainsi qu'aux conventions conclues entre la société et une entreprise si le directeur général, l'un des directeurs généraux délégués, l'un des administrateurs de la société ou l'un des membres du directoire ou du conseil de surveillance est propriétaire, associé indéfiniment responsable, gérant, administrateur, directeur général, membre du conseil de surveillance ou, de façon générale, dirigeant de l'entreprise (al. 3).

2. Application aux rémunérations des dirigeants

Dans les SA dont les titres sont cotés, le régime s'étend, depuis la loi « Breton » du 26 juill. 2005, aux engagements pris au bénéfice du président, directeurs généraux, directeurs généraux délégués ou membres du directoire par la société elle-même ou par toute société en lien de contrôle avec elle, et correspondant à des éléments de rémunération, des contreparties financières ou des avantages dus ou susceptibles d'être dus à raison de la cessation ou du changement de ces fonctions ou postérieurement à celle-ci. Sont principalement visés ici les « parachutes dorés » (C. com ; art. L. 225-42-1 et L. 225-90-1 nouveaux).

B. Régime juridique

Le processus comprend cinq étapes :

– information du conseil (d'administration ou de surveillance) par la personne intéressée à la conclusion d'une telle convention (C. com., art. L. 225-40, al. 1 et L. 225-88) ;

– soumission de la convention à l'autorisation préalable du conseil (d'administration ou de surveillance) (C. com., art. L. 225-38, al. 1 et L. 225-86). L'intéressé, qui n'est pas pris en compte pour le quorum et la majorité, ne prend pas part au vote ;

– émission par le président du conseil (d'administration ou de surveillance) d'un avis sur les conventions autorisées, adressé au commissaire aux comptes (C. com., art. L. 225-40, al. 2 et L. 225-88, al. 2) ;

– présentation à l'assemblée générale, par le commissaire aux comptes, d'un rapport spécial sur les conventions autorisées (C. com., art. L. 225-40, al. 3 et L. 225-88, al. 3) ;

– délibération de l'assemblée sur ces conventions, après audition du rapport spécial du commissaire aux comptes. L'intéressé, qui n'est pas pris en compte pour le quorum et la majorité, ne prend pas part au vote (C. com., art. L. 225-40, al. 2, 3 et 4 et L. 225-88, al. 2, 3 et 4).

C. Effets et sanctions

• La violation des étapes 1 et 2 : peut entraîner la nullité de la convention, dans les trois ans à compter de la date de sa conclusion (sauf dissimulation, qui reporte le délai jusqu'à sa révélation ; la révélation de la convention s'apprécie à l'égard de la personne qui exerce l'action, cf. cass. com., 8 févr. 2011, Rev. Sociétés 2011, p. 288, note P. Le Cannu), mais seulement si elle a eu des conséquences dommageables pour la société (C. com., art. L. 225-42, al. 1 et 2 et L. 225-90, al. 1 et 2). La nullité peut cependant être couverte par un vote de l'assemblée, sur rapport spécial du commissaire aux comptes expliquant les raisons de cette irrégularité (al. 3). L'intéressé peut par ailleurs engager sa responsabilité.

• La violation de l'étape 4 : peut entraîner la nullité de la délibération de l'assemblée, pour violation d'une disposition impérative du livre II du Code de commerce (C. com., art. L. 235-1, al. 2).

• La violation de l'étape 5 : l'absence de délibération de l'assemblée, ou le refus d'approbation de la convention par celle-ci ne rend pas cette convention nulle (sauf fraude). Elle produit ses effets à l'égard des tiers mais, s'il en résulte des conséquences préjudiciables pour la société, celles-ci peuvent être mises à la charge de l'intéressé (C. com., art. L. 225-41, al. 1 et L. 225-89).

Section 4 › LE CONTRÔLE DE L'ADMINISTRATION ET DE LA DIRECTION DE LA SA

Principe : La surveillance de l'administration et de la direction de la SA appartient traditionnellement aux actionnaires réunis en assemblée générale. Mais, pour de nombreuses raisons, ce seul contrôle s'est avéré totalement insuffisant.

§ 1 - Contrôle par les Commissaires aux comptes

La loi de 1867 a voulu accroître le contrôle du fonctionnement – notamment comptable et financier – des SA, en prévoyant la nomination de commissaires chargés de vérifier les comptes sociaux. Les commissaires aux comptes sont devenus progressivement l'élément essentiel d'un contrôle qui déborde largement celui des seuls comptes, et plus généralement celui des seules SA. Les différentes questions relatives au commissariat aux comptes (not. statut du contrôleur et expression du contrôle), ont été étudiées dans la partie relative au droit commun des sociétés (v. *supra*, p. 79 et s.). Elles sont applicables, pour l'essentiel, aux SA. Par ailleurs, leur intervention particulière dans les SA est examinée avec l'étude des différentes questions (réunion des assemblées, opérations particulières, etc.).

§ 2 - Expertise de gestion

Afin de permettre une information plus précise sur telle ou telle opération de gestion, le législateur a accordé, en 1966, le droit aux actionnaires de demander la nomination d'un expert de gestion. Sa nomination peut aujourd'hui être judiciairement réclamée non seulement par les actionnaires minoritaires, mais également par le ministère public, l'AMF pour les sociétés cotées et le comité d'entreprise (qui deviennent de la sorte eux-mêmes, d'une certaine manière, des organes de contrôle). L'expertise de gestion a été étudiée dans la partie relative au droit commun des sociétés, au chapitre portant sur les crises sociétaires (v. *supra,* p. 95).

§ 3 - Contrôle par les salariés

• L'introduction dans la loi de 1966 de la société avec directoire et conseil de surveillance répondait en partie au souci du législateur de permettre la participation des salariés au contrôle de la gestion de la société, si ce n'est à sa gestion elle-même. Malgré ces dispositions, et malgré les projets ambitieux élaborés dans le rapport Sudreau sur la réforme de l'entreprise en 1975, les tentatives d'intégration des salariés dans les sociétés anonymes sont restées et restent encore aujourd'hui, très timides.

• Le seul apport notable a été celui réalisé par la loi NRE du 15 mai 2001 qui a sensiblement amélioré l'information dont disposent les salariés, avec un rôle essentiel dévolu au comité d'entreprise.

• Les questions portant sur la place des salariés dans les sociétés – notamment dans les sociétés anonymes – ont été traitées dans la partie relative au droit commun des sociétés (v. *supra,* p. 74 et s.).

Chapitre 4 › LE FONCTIONNEMENT DE LA SA

Section 1 › LE FINANCEMENT DE LA SA – LES TITRES

Renvoi : se reporter aux règles relatives au financement des sociétés par actions en général, et aux règles relatives aux valeurs mobilières s (v. *supra,* p. 175 et s.).

Section 2 › LES RÉSULTATS SOCIAUX

Renvoi : se reporter aux règles étudiées dans le cadre du droit commun des sociétés (constatation et affectation des bénéfices sociaux ; versement de dividendes), v. *supra,* p. 52 ; ainsi qu'aux règles spéciales relatives aux droits des actionnaires (v. *supra,* p. 214) et aux décisions des assemblées (v. *supra,* p. 236 et s.).

Section 3 › LES MODIFICATIONS DU CAPITAL SOCIAL

Principe : le capital social a longtemps été considéré comme le gage des créanciers sociaux, raison pour laquelle le législateur a posé le principe de son intangibilité. Mais cette idée tend à s'estomper (v. *supra,* p. 32), la loi ayant même autorisé les SA à procéder, sous certaines conditions, à l'achat de leurs propres actions. Par ailleurs, des variations du capital sont fréquentes, soit sous forme d'augmentation, soit, plus rarement, sous forme de réduction.

§ 1 - L'augmentation du capital

A. Observations générales

1. Objectifs des augmentations de capital

• Accroître les moyens financiers de la société par le renforcement de leurs fonds propres.

• Régler une situation difficile par l'entrée dans la société d'un investisseur extérieur.

• Permettre l'entrée dans le patrimoine social d'un bien nécessaire à la société (immeuble, brevet…) par apport (en contrepartie de l'octroi d'actions à l'apporteur).

• Consolider la structure de haut de bilan de la société en incorporant les réserves au capital (mesure parfois sollicitée par les banques créancières de la société).

• Permettre aux salariés de devenir actionnaires (C. com., art. L. 225-177 à L. 225-186 ; v. égal. art. L. 225-129-6 al. 1er).

• Traduire la conversion en actions de valeurs mobilières composées donnant accès au capital.

2. Évolution du régime des augmentations de capital

Une telle évolution était attendue des investisseurs et des sociétés, notamment cotées. Celle-ci est intervenue au travers de l'ordonnance du 24 juin 2004, qui assouplit largement le régime des augmentations de capital, et notamment, d'une part, le mécanisme des délégations données aux organes de direction par l'assemblée générale extraordinaire (jugé trop complexe) et, d'autre part, le champ de l'opération. C'est ainsi que le capital social peut être augmenté, soit par émission d'actions ordinaires ou d'actions de préférence (v. *supra*, p. 181 et s.), soit par majoration du montant nominal des titres existants, en contrepartie d'un apport en numéraire ou en nature, d'une incorporation des réserves, bénéfices ou primes d'émission, d'une compensation avec des créances liquides et exigibles sur la société ou en conséquence d'une fusion ou d'une scission. Il peut être augmenté également par l'exercice de droits attachés à des valeurs mobilières complexes donnant accès au capital.

3. Sanction des règles relatives aux augmentations de capital

La loi de sécurité financière du 1er août 2003 avait remplacé certaines sanctions pénales par un principe de nullité de toute décision d'augmentation de capital prise en violation des règles ci-après exposées (C. com., art. L. 225-149-1). Mais, conscients des effets potentiellement dévastateurs d'une telle sanction, les rédacteurs de l'ordonnance du 24 juin 2004 ont apporté certains aménagements au régime des sanctions :

a) Développement des obligations soumises à injonction de faire : par ex. obligation de communication d'un certain nombre de documents (not. rapport du CA ou du directoire à l'AGE, rapport complémentaire sur les délégations de pouvoir... C. com., art. L. 238-1 mod.) ; pour d'autres obligations, v. C. com., art. L. 238-1 mod. et L. 238-6, sur renvoi de L. 225-149-3, al. 1).

b) Maintien de certaines nullités (C. com., art. L. 225-149-3) :

• Nullités facultatives : par ex. émission d'actions de préférence sans droit de vote représentant une quotité de capital supérieure à celle autorisée (v. *supra*, p. 181) ; v. égal. C. com., art. L. 225-142 ou L. 225-148, al. 1.

• Nullités obligatoires : pour toute décision d'augmentation de capital prise en violation de l'une des dispositions du Code de commerce (art. L. 225-127 à L. 225-149-2), sauf celles faisant l'objet d'une injonction de faire ou d'une nullité facultative.

• Régime des nullités : l'action se prescrit par trois mois à compter de la date de l'assemblée générale suivant la décision d'augmentation de capital (C. com., art. L. 235-9).

B. Augmentation du capital par apport en numéraire

Objectif : cette opération permet de faire entrer de l'argent « frais » dans la société, en invitant les associés déjà en place et/ou de nouveaux associés à souscrire à l'augmentation du capital.

1. Conditions de l'opération

a) Libération du capital : le capital de la société doit être intégralement libéré (C. com., art. L. 225-131, al. 1), à peine de nullité de l'opération et de sanctions pénales à l'encontre des dirigeants (C. com., art. L. 242-17, II et IV).

b) Décision de l'AGE : l'augmentation de capital est en principe décidée par l'assemblée générale extraordinaire des actionnaires, sur rapport du conseil d'administration ou du directoire (C. com., art. L. 225-129-1).

c) Délégation de pouvoir aux dirigeants : l'assemblée peut procéder à deux sortes de délégation (qui peuvent être cumulées) :

• D'une part, la « *délégation de pouvoir* » qui impose au conseil d'administration de réaliser l'augmentation de capital décidée pour un montant déterminé par l'assemblée des actionnaires (C. com., art. L. 225-129-1).

• D'autre part, la « *délégation de compétence* » qui laisse le choix au conseil d'administration de décider ou non de procéder à l'augmentation de capital dans un plafond déterminé par l'assemblée et pour une durée qui ne peut en toute hypothèse excéder 26 mois (C. com., art. L. 225-129-2). Dans le cadre de ces limites, le conseil d'administration dispose alors des pouvoirs nécessaires pour fixer les conditions d'émission, constater la réalisation des augmentations de capital et procéder à la modification corrélative des statuts.

d) Subdélégation : le conseil d'administration (ou le directoire) peut sous-déléguer le pouvoir de décider la réalisation de l'augmentation, et non pas seulement le pouvoir de réaliser l'augmentation de capital, étant précisé que ces subdélégations peuvent être désormais consenties aux directeurs généraux délégués avec l'accord du directeur général. À l'image de la délégation, la subdélégation peut donc être une « *subdélégation de pouvoir* » ou une « *subdélégation de compétence* ». Cette subdélégation ne concerne que les sociétés cotées.
Pour d'autres règles relatives aux délégations et qui ne concernent que les sociétés cotées (not. suspension de toute délégation en cas d'offre publique d'achat), v. *infra*, p. 395.

e) Mesures de publicité : les augmentations de capital sont soumises à des conditions de publicité destinées à informer les actionnaires et les tiers (publication de la délibération de l'AGE, C. com., art. L. 225-142 ; information individuelle des actionnaires dans les sociétés non cotées, C. com., art. R. 225-120, règles spéciales d'information et de publicité pour les sociétés cotées).

2. Prime d'émission

a) Nature de la prime d'émission : les actions nouvelles peuvent être émises à leur montant nominal, majoré d'une prime d'émission (C. com., art. L. 225-128), laquelle représente le versement par les nouveaux actionnaires d'une somme supérieure à la valeur nominale des titres émis. Elle s'analyse juridiquement en un supplément d'apport, à la disposition de la société.

b) Objectifs de la prime d'émission :

• Couvre les frais de l'opération d'augmentation de capital, ce qui permet à la société de disposer de l'intégralité des fonds résultant de celle-ci.

• Permet d'éviter une inégalité entre les actionnaires anciens et nouveaux, la prime venant compenser les droits qu'acquièrent ces derniers sur des éléments de valeurs (réserves et plus-values latentes) constitués par les anciens actionnaires et conservés dans la société.

c) Libération de la prime d'émission : elle doit être intégralement libérée par les nouveaux actionnaires lors de la souscription, à peine de sanctions pénales (C. com., art. L. 225-144 et L. 242-17, II).

3. Droit préférentiel de souscription (DPS)

a) Nature du DPS : les actionnaires en place ont, proportionnellement au nombre de leurs actions, un droit de préférence à la souscription des actions de numéraire nouvelles émises à l'occasion d'une augmentation de capital (C. com., art. L. 225-132 et L. 228-91, al. 2 ; ce droit n'est plus protégé pénalement, C. com., art. L. 242-18, abrogé par LSF du 1er août 2003, mais nullité des décisions prises en violation de cette règle, C. com., art. L. 228-95).

b) Motif du DPS : il s'agit, comme pour la prime d'émission, d'un moyen de sauvegarder les droits des actionnaires anciens dans la société, en leur permettant de conserver la même proportion de capital et donc les mêmes droits (politiques, mais également financiers, notamment sur les réserves), avant et après l'opération.

c) Exercice du DPS : un actionnaire n'est jamais obligé de souscrire à une augmentation de capital (sinon il y aurait augmentation de ses engagements, v. *supra*, p. 60). Seulement, le défaut de souscription risque de conduire à une forte dilution de sa participation, avec éventuellement la perte d'un pouvoir politique (par ex. perte de la minorité de blocage).

d) Condition du DPS : il est réservé aux actionnaires dont les actions sont intégralement libérées et aux titulaires de certificats d'investissement pour la souscription d'actions de préférence (v. *supra*, p. 181 ; C. com., art. L. 228-29, al. 2 et L. 228-34).

e) Négociabilité du DPS : Pendant la durée de la souscription (sur cette durée v. C. com., art. L. 225-141, al. 1), ce droit est négociable lorsqu'il est détaché d'actions elles-mêmes négociables (et il peut faire l'objet d'une cotation en bourse) ; dans le cas contraire, il est cessible dans les mêmes conditions que l'action elle-même (C. com., art. L. 225-132, al. 3).

f) Souscription du DPS à titre irréductible ou réductible : en principe, le droit de souscription est irréductible. Mais si certains actionnaires n'ont pas souscrit, les actions nouvelles rendues disponibles sont attribuées, à titre réductible, aux actionnaires qui ont souscrit un nombre d'actions supérieur à celui auquel ils ont droit, mais dans la proportion de leurs droits et dans la limite de leurs demandes (C. com., art. L. 225-133). Le droit à titre réductible n'existe que si l'AGE en a décidé ainsi, ce qui sera rarement le cas car cette possibilité complique le processus d'augmentation de capital.

g) Suppression du DPS : l'assemblée qui décide ou autorise une augmentation de capital peut supprimer le DPS pour la totalité de l'augmentation de capital ou pour une ou plusieurs tranches de cette augmentation, souvent afin de faire entrer dans la société un investisseur extérieur. Elle statue sur le rapport du conseil d'administration ou du directoire ; égal. sur rapport des commissaires aux comptes, sauf en cas de délégation de compétence de l'AGE (C. com., art. L. 225-135 et L. 225-139). La suppression du DPS peut être décidée selon deux modalités :
– suppression sans indication du nom des bénéficiaires, solution possible en cas d'offre au public de titres financiers seulement (C. com., art. L. 225-136) ;

– suppression en faveur d'une ou plusieurs personnes dénommées, ou de catégories de personnes répondant à des caractéristiques déterminées. Si ces personnes sont déjà actionnaires, les actions qu'elles possèdent ne sont pas prises en compte dans le calcul du quorum et de la majorité et elles ne prennent pas part au vote de l'AGE. La procédure d'approbation des avantages particuliers (v. *supra,* p. 206) n'a pas à être suivie (C. com., art. L. 225-138-I).

h) Renonciation individuelle au DPS : à titre individuel, chaque actionnaire peut renoncer à son DPS, par lettre recommandée adressée à la société (C. com., art. L. 225-132, al. 4). Cette renonciation permet d'accélérer l'augmentation de capital, en clôturant par anticipation le délai de souscription.

i) Délai de priorité de souscription : l'ordonnance du 24 juin 2004 légalise, pour les sociétés cotées, la pratique du délai de priorité, qui remplace fréquemment le droit préférentiel de souscription, à cette différence qu'il n'est ni négociable ni cessible. La durée minimale doit être fixée par décret (C. com., art. L. 225-135, al. 5).

4. Réalisation de l'opération d'augmentation de capital

a) Délai de réalisation : l'opération doit être réalisée dans un délai de cinq ans au plus à compter de la date de l'assemblée qui l'a autorisée, ou de la délégation C. com., art. L. 225-129 (à noter que d'autres délais spéciaux existent).

b) Libération des actions : contrairement aux règles de souscription et de libération lors de la constitution de la société, la libération des actions de numéraire doit être d'un quart au moins de la valeur nominale de l'action. La libération du solde doit intervenir sur appel du conseil d'administration ou du directoire dans le délai de cinq ans à compter du jour où l'augmentation de capital est devenue définitive. La totalité de la prime d'émission doit être libérée immédiatement.

c) Paiement en espèces ou par compensation avec une créance : le montant de la souscription est en principe libéré par un versement en espèces. Mais une libération par compensation de créances est également possible. La créance du souscripteur sur la société doit être liquide et exigible (C. com., art. L. 225-128, al. 2).

d) Prise ferme et garantie de bonne fin : afin d'éviter le risque que l'augmentation de capital ne soit pas intégralement souscrite, peuvent être organisées avec un établissement de crédit, soit une opération de prise ferme (la banque souscrit elle-même l'intégralité de l'augmentation de capital et se charge de céder les actions auprès de sa clientèle), soit une garantie de bonne fin (la banque garantit qu'elle souscrira la fraction non souscrite de l'augmentation de capital).

C. Augmentation de capital par apport en nature

Principe : de telles augmentations de capital (auxquelles il peut être procédé même si le capital ancien n'est pas intégralement libéré, C. com., art. L. 225-131) sont soumises à des règles analogues à celles applicables aux apports en nature lors de la constitution de la société (v. *supra,* p. 206).

Attention : les actionnaires anciens n'ont pas le DPS (C. com., art. L. 225-132, al. 2) mais les nouveaux associés pourront éventuellement payer une prime d'émission (dite « prime d'apport »). Par ailleurs, un traité d'apport comprenant les éléments essentiels de l'opération, (nature des biens apportés, valeur proposée, nombre d'actions à émettre, prime d'apport, etc.) conclu entre la société et l'apporteur, devra être approuvé par l'AGE, à laquelle l'apporteur ne participe pas. Un ou plusieurs commissaires aux apports sont désignés par le président du tribunal de commerce, à la requête du président du conseil d'administration. Ils doivent apprécier sous leur responsabilité la valeur des apports en nature (C. com., art. L. 225-147). Ils rendent un rapport, tenu à la disposition des actionnaires avant l'AGE.

D. Augmentation du capital par incorporation des réserves

Principe : cette opération n'entraîne pas l'entrée de nouveaux associés dans la société, mais réalise l'incorporation au capital de divers comptes de « Réserves » ; il s'agit donc d'un simple transfert comptable des valeurs inscrites au bilan de la société. Le procédé, assez fréquent, est souvent vu avec faveur par les créanciers, not. les banques qui parfois en font la condition de l'octroi d'un crédit.

1. Conditions

• L'opération peut être réalisée alors que le capital de la société n'a pas été intégralement libéré.

• Toutes les réserves comptabilisées peuvent être incorporées (réserves facultatives, réserves statutaires, réserve légale, bénéfices reportés à nouveau, et même primes d'émission…).

• L'opération doit être décidée par l'AGE, mais elle statue aux conditions de quorum et de majorité de l'assemblée ordinaire (C. com., art. L. 225-130).

• L'assemblée peut procéder immédiatement à l'augmentation de capital ou déléguer ses pouvoirs au conseil d'administration ou au directoire (C. com., art. L. 225-129).

2. Réalisation de l'opération

L'opération se réalise par un simple virement au compte « Capital » des valeurs inscrites aux comptes de « Réserves », lesquels se trouvent diminués d'autant. Elle entraîne :

– soit une augmentation du montant nominal des actions ;

– soit la création de titres de capital nouveaux, attribués aux actionnaires au prorata du nombre d'actions anciennes détenues par chacun d'eux. Les droits d'attribution sont négociables si les actions anciennes auxquelles ils sont attachés sont elles-mêmes négociables, ou seulement cessibles dans le cas contraire (C. com., art. L. 225-149).

E. Augmentation du capital par exercice de droits attachés aux valeurs mobilières donnant accès au capital

L'ordonnance du 24 juin 2004 a unifié et assoupli le régime de ces augmentations de capital, qui résultent de l'exercice de droits (par ex. droit de souscrire une action ou d'en obtenir une en remboursement) attachés à des valeurs mobilières donnant accès au capital (not. actions, obligations), telles que des OBSA, ORA, ABSA, etc. (v. *supra*, p. 190). Ainsi, l'augmentation de capital qui résulte de cet exercice des droits n'est pas soumise aux formalités applicables aux opérations classiques (not. en terme de publicité, cf. C. com., art. L. 225-149, al. 1). Elle est définitivement réalisée du seul fait de l'exercice des droits et, le cas échéant, des versements correspondants (al. 2). Le conseil d'administration ou le directoire constate alors, s'il y a lieu, le nombre et le montant nominal des actions créées au profit des titulaires des droits et apporte les modifications nécessaires aux statuts.

§ 2 - La réduction du capital

A. Nature et motifs de l'opération

La réduction du capital peut être envisagée dans deux hypothèses principales, au cours de la vie sociale :

1. Réduction de capital par remboursement des apports

La société procède ainsi car elle estime son capital trop important au regard de ses besoins de trésorerie. Le cas est peu fréquent et ne se rencontre guère que dans les sociétés qui ont réduit leur activité et dont les résultats ne permettent plus de donner une rémunération suffisante à leur capital. En outre, la réduction de capital non motivée par des pertes est lourde de conséquences fiscales.

2. réduction de capital motivée par des pertes

Lorsque la société a subi des pertes telles que leur apurement par imputation sur les bénéfices futurs paraît improbable et, en tout cas, rend impossible la distribution de dividendes pendant la durée de cet apurement ; ou encore, la société, en vue de procéder à une réorganisation et de faire appel à des capitaux nouveaux, doit assainir sa situation financière et, pour compenser tout ou partie des pertes, procède à la réduction de son capital (opération d'accordéon, v. ci-après). L'opération permet d'aligner le capital sur le montant de l'actif net. La loi impose cette mesure en cas de pertes représentant la moitié du capital social (C. com., art. L. 225-248).

B. Distinction avec l'amortissement du capital

L'amortissement du capital est l'opération par laquelle la société rembourse à ses actionnaires tout ou partie du montant nominal de leurs actions. Lorsqu'elle est possible, ce qui n'est pas toujours le cas, elle est décidée par l'AGE (C. com., art. L. 225-198) et est réalisée par des prélèvements sur les bénéfices ou les réserves. L'amortissement constitue une restitution anticipée des apports, sans modification du capital. Les actions amorties deviennent des actions de jouissance. Les actionnaires perdent le droit au premier dividende et au remboursement du nominal à la dissolution. Ils conservent tous les autres droits, politiques ou financiers. Fiscalement, l'amortissement est assimilé à un dividende.

C. Conditions de l'opération

1. Décision de l'AGE sur rapport des CAC

La réduction du capital est autorisée ou décidée par l'AGE, qui peut déléguer au conseil d'administration ou au directoire, selon le cas, tous pouvoirs pour la réaliser. L'AGE statue sur le rapport des commissaires aux comptes, qui indiquent leur appréciation sur les causes et les conditions de l'opération (C. com., art. L. 225-204).

2. Égalité des actionnaires

L'opération ne peut porter atteinte à l'égalité des actionnaires, ou tout au moins à l'égalité des actions de même catégorie (C. com., art. L. 225-204, al. 1 et L. 242-23).

3. Situation des créanciers dont la créance est antérieure à la décision

Si la réduction du capital est motivée par des pertes, les créanciers ne peuvent pas s'y opposer. Dans le cas contraire, les créanciers peuvent former opposition à cette procédure dans un délai de vingt jours suivant la date du dépôt au greffe du procès-verbal de délibération de l'AGE. L'opposition est formée devant le tribunal de commerce, qui peut la rejeter, ordonner la constitution de garanties ou encore le remboursement des créances (C. com., art. 225-205). L'opération ne peut commencer qu'après le règlement de cette opposition.

D. Réalisation de l'opération

1. Choix du procédé

La réduction s'opère, selon le choix de l'AGE, soit :
– par réduction de la valeur nominale des actions ;
– par diminution de leur nombre. Dans ce cas, les actionnaires qui ne possèdent pas le nombre suffisant d'actions anciennes pour obtenir une action nouvelle sont exclus de la société.

2. Conditions suspensives

Le capital ne peut être réduit au-dessous du minimum légal que sous la condition suspensive (C. com., art. L. 224-2) soit :
– d'une augmentation de capital : ayant pour effet de porter celui-ci à un montant au moins égal au minimum légal ;
– d'une transformation de la société : en une société d'une autre forme.

Sanction : en cas d'inobservation de ces dispositions, tout intéressé peut demander en justice la dissolution de la société, mais celle-ci ne peut être prononcée si, au jour où le tribunal statue sur le fond, la régularisation a eu lieu.

3. Terminaison de l'opération

Lorsque la réduction de capital est devenue définitive, elle fait l'objet de mesures de publicité et entraîne la modification des statuts, sous peine de sanctions pénales envers les dirigeants (C. com., art. L. 242-23-2°).

E. Cas particulier de l'opération d'accordéon

1. Nature

Technique, née dans la pratique, qui consiste, pour une société ayant réalisé des pertes, d'absorber celles-ci par réduction du capital avant d'augmenter ce dernier en faisant entrer un actionnaire nouveau qui accepte de renflouer l'entreprise.

2. Condition

Il est possible de réduire le capital au-dessous du minimum légal sous la condition suspensive d'une augmentation ayant pour effet de porter le capital à un montant au moins égal au minimum légal (C. com., art. L. 224-2).

3. Réduction du capital à zéro

Il est possible, si les pertes sont supérieures au montant du capital, de réduire temporairement celui-ci à zéro, ce qui exclut les actionnaires anciens, lesquels bénéficient en principe d'un droit préférentiel de souscription pour l'augmentation de capital (encore que l'augmentation est souvent réservée à un investisseur extérieur et s'accompagne d'une renonciation des anciens actionnaires à ce droit, v. *supra*, p. 266). Cette exclusion, qui suscite certaines interrogations, est jugée valable en droit positif car elle ne fait que traduire l'obligation des associés de contribuer aux pertes.

§ 3 - Le rachat par la société de ses propres actions

A. Problématique

Une telle opération a longtemps été interdite, motifs pris de l'impossibilité pour une société de contracter avec elle-même et de l'irréalité d'un capital social souscrit par la société elle-même. Mais les préventions sont progressivement tombées (certaines interdictions demeurent, not. celle pour la société d'avancer des fonds, d'accorder des prêts ou de consentir une sûreté en vue de la souscription ou de l'achat de ses propres actions par un tiers, C. com., art. L. 225-216 ; ou la prise en gage de ses propres actions par la société, C. com., art. L. 225-215).

B. But de l'opération

L'opération présente certains avantages pour une société qui dispose d'une trésorerie excédentaire, not. pouvoir diminuer le nombre de ses titres en augmentant par conséquent la valeur des titres non rachetés. Il s'agit d'une mesure que les actionnaires apprécient, et qui peut les fidéliser.

C. Opérations de rachat autorisées

Depuis la loi du 2 juill. 1998, le rachat d'actions est possible, dans des conditions modifiées par l'ordonnance 2009-105 du 30 janv. 2009 (C. com., art. L. 225-206, II et s. et L. 225-207 à L. 225-217) :

1. Dans certains cas particuliers, notamment :

• Rachat connexe à une réduction de capital non motivée par des pertes, C. com., art. L. 225-207.

• Rachat aux fins de gestion financière des titres d'une société cotée sur un marché réglementé, C. com., art. L. 225-209.

• Rachat en vue de l'attribution des actions aux salariés, C. com., art. L. 225-208.

• Actions récupérées à la suite d'une fusion avec une société qui les détenait, C. com., art. L. 225-213.

• Actions acquises à la suite de la mise en œuvre d'une procédure d'agrément, C. com., art. L. 228-24.

2. Sous certaines conditions

• Limitation du rachat à 10 % du capital social.

• Interdiction d'abaisser les capitaux propres à un montant inférieur à celui du capital augmenté des réserves non distribuables (C. com., art. L. 225-210).

• Les actions rachetées sont privées du droit de vote, du droit aux dividendes et du droit préférentiel de souscription et ne sont pas prises en compte pour le calcul du quorum et de la majorité aux assemblées.

• Des conditions particulières existent pour les sociétés cotées.

3. Situation des sociétés cotées – Programme de rachat d'actions

• Les sociétés dont les actions sont admises aux négociations sur un marché réglementé sont autorisées à racheter leurs propres actions, notamment pour leur permettre d'améliorer la gestion financière de leurs fonds propres, de favoriser la liquidité des titres ou d'attribuer des actions à leurs salariés ou dirigeants (art. L. 225-209, al. 1 à 7 modifié par l'ord. 2009-105 du 30 janv. 2009).

• Les conditions de mise en œuvre de ces programmes de rachat d'actions sont encadrées par le règlement européen 2273/2003 du 22 déc. 2003, qui est entré en vigueur le 13 oct. 2004, par l'art. L. 451-3 du Code monétaire et financier ainsi que par les art. 241-1 à 241-6 du règlement général AMF (modifié en dernier lieu par les arrêtés des 2 avr. et 10 juill. 2009), par l'instruction AMF 2005-06 du 22 févr. 2005 (modifiée en dernier lieu le 20 juill. 2009) et par deux décisions AMF des 22 mars 2005 et 1er oct. 2008.

Section 4 › LES INCIDENTS DE FONCTIONNEMENT

Renvoi : se reporter aux règles étudiées dans le cadre du droit commun des sociétés (crises financières, crises sociétaires, rôle du juge, intervention des auxiliaires du juge, abus commis dans le fonctionnement social…), v. *supra,* p. 94 et s.
Sur les aménagements conventionnels des rapports sociaux dans les SA (aménagements statutaires et extrastatutaires, pactes d'actionnaires), v. *supra*, p. 88 et s.

Chapitre 5 › LA DISPARITION DE LA SOCIÉTÉ ANONYME

> **› L'essentiel**
> *La société anonyme peut disparaître soit du fait de sa transformation, soit en raison de sa dissolution. Mais il convient de noter que si elle disparaît en tant que SA dans les deux cas, elle ne disparaît en tant que personne morale qu'en cas de dissolution, puisque la transformation d'une SA en société d'un autre type laisse subsister sa personnalité morale. Il faut également préciser qu'une SA peut se restructurer, en fusionnant avec une autre société, en se scindant pour former deux sociétés différentes, ou en faisant apport partiel d'une partie de ses actifs (sur ces opérations, v.* infra, *p. 311 et s.).*

Section 1 › LA TRANSFORMATION DE LA SA

Principe : la transformation de la SA en une société d'un autre type, bien que rare (le sens de la transformation est généralement inverse), n'en est pas moins possible (C. com., art. L. 225-243). Elle obéit au régime de droit commun de la transformation des sociétés (v. *supra,* p. 106 et s.). L'on soulignera seulement les particularités de régime relatives aux conditions ainsi qu'aux effets de la transformation d'une SA.

§ 1 - Conditions de la transformation d'une SA

A. Conditions générales

1. Durée d'existence

La transformation d'une SA suppose que la société ait au moins deux ans d'existence et qu'elle ait fait approuver par les actionnaires les bilans de ses deux premiers exercices (C. com., art. L. 225-243 ; cette exigence n'est pas requise en cas de transformation en SNC, C. com., art. L. 225-245, al. 1).

2. Conditions exigées par la forme nouvelle

La société doit remplir toutes les conditions qui doivent être satisfaites pour adopter la forme de société vers laquelle la transformation doit s'opérer.

3. Décision de transformation

Elle appartient exclusivement à l'assemblée générale extraordinaire des actionnaires, sur rapport des commissaires aux comptes attestant que les capitaux propres sont au moins égaux au capital social (C. com., art. L. 225-244, al. 1).

B. Conditions spéciales

1. Transformation en SNC

Suppose l'accord de tous les associés (puisqu'ils deviendront ensuite indéfiniment et solidairement responsables des dettes sociales, ce qui conduit à augmenter leurs engagements) ; C. com., art. L. 225-245, al. 1.

2. Transformation en SCS ou SCA

Suppose l'accord de tous les futurs associés commandités (indéfiniment et solidairement responsables des dettes sociales) ; C. com., art. L. 225-245, al. 2.

3. Transformation en SAS

Suppose l'accord de tous les associés, en raison du très fort *intuitus personae* et de la grande liberté contractuelle qui règnent dans la SAS (C. com., art. L. 227-3). Elle ne nécessite pas l'intervention d'un commissaire à la transformation, depuis la loi NRE (C. com., art. L. 224-3, al. 1er).

4. Transformation en SARL

Suppose d'obtenir la majorité des trois quarts du capital social (C. com., art. L. 225-245, al. 3). Le nombre des associés ne devra pas être supérieur à cent (C. com., art. L. 223-3).

§ 2 - Effets de la transformation d'une SA

A. Effets juridiques

La SA se transforme sans perdre sa personnalité morale (C. com., art. L. 210-6, al. 1 ; C. civ., art. 1844-3). Mais le régime juridique de la société change, pour devenir celui applicable de droit dans la structure retenue (par ex. en cas de transformation en SARL, les actions deviennent des parts sociales, non plus négociables, mais cessibles selon les modes prévus pour les SARL ; égal. les conditions de quorum et de majorité, etc.).

B. Formalités de publicité

La décision de transformation est soumise à des formalités de publicité comme toute modification statutaire (C. com., art. L. 225-244, al. 3 et R. 225-165). Ce n'est qu'après achèvement de ces formalités de publicité que la transformation devient opposable aux tiers.

Section 2 › LA DISSOLUTION DE LA SA

§ 1 - Causes de dissolution

Principes : les causes générales de dissolution, du droit commun des sociétés, s'appliquent aux SA. Des causes spéciales lui sont par ailleurs applicables. Des possibilités de régularisation existent la plupart du temps.

A. Causes générales

Les causes de dissolution communes à toutes les sociétés (arrivée du terme, réalisation ou extinction de l'objet social, annulation du contrat de société, décision des associés ou dissolution judiciaire) sont applicables aux SA (C. civ., art. 1844-7 ; v. *supra*, p. 109 et s.).

B. Causes spéciales

• La SA a moins de 7 actionnaires depuis plus d'un an (C. com., art. L. 225-247, al. 1er).

• La SA a un capital inférieur à 225 000 € (pour celles qui offrent leurs titres au public) et à 37 000 € (pour les autres) et n'a pas décidé l'augmentation de ce capital ou ne s'est pas transformée en une autre forme de société (C. com., art. L. 224-2).

• Dissolution anticipée décidée par les organes sociaux lorsque les capitaux propres sont inférieurs à la moitié du capital social (C. com., art. L. 225-248).

• Dissolution anticipée décidée par l'AGE en toute hypothèse (C. com., art. L. 225-246).

§ 2 - Effets de la dissolution : liquidation et partage

Renvoi : la dissolution débouche sur la mise en œuvre des opérations de liquidation et de partage, conformément aux règles de droit commun (v. *supra*, p. 113 et s.), toutes applicables aux SA.

Titre 3

LA SOCIÉTÉ PAR ACTIONS SIMPLIFIÉE (SAS)

La SAS est une société commerciale par la forme, qui présente plusieurs caractéristiques fondamentales :

– il s'agit d'une société par actions, distincte de la SA mais dont le régime est assez largement défini par renvoi aux règles applicables à cette dernière. C'est la troisième forme de société par actions, après la SA et la SCA ;

– il s'agit d'une société très largement abandonnée à la liberté contractuelle et donc à l'imagination des associés. Elle répond en cela aux souhaits exprimés, notamment par les entrepreneurs et les praticiens, en faveur d'une structure sociétaire plus libre et plus souple ;

– il s'agit d'une société fermée (très fortement teintée d'*intuitus personae*) qui ne peut offrir ses titres au public ;

– il s'agit d'une société qui peut être instituée par une ou plusieurs personnes et qui peut donc, comme la SARL, prendre la forme d'une société unipersonnelle (SASU) ;

– il s'agit d'une structure particulièrement adaptée aux petites et moyennes entreprises, ainsi qu'au rapprochement d'entreprises et à la restructuration de groupes de sociétés (filialisation) ;

– fiscalement, la SAS est purement et simplement assimilée à une SA.

Chapitre préliminaire › CARACTÉRISTIQUES GÉNÉRALES

Section 1 › TEXTES APPLICABLES – ÉVOLUTION LÉGISLATIVE

• La loi n° 94-1 du 3 janv. 1994 : a institué la société par actions simplifiée ou SAS. Les dispositions régissant la SAS ont été regroupées dans la loi du 24 juill. 1966, avant d'être codifiées au Code de commerce (art. L. 227 à L. 227-19 et art. L. 244-1 à L. 244-4 pour les dispositions pénales applicables).

• La loi n° 99-587 du 12 juill. 1999 : a considérablement assoupli le régime juridique de la SAS et introduit la société par actions simplifiée unipersonnelle (SASU).

• La loi NRE du 15 mai 2001 : a modifié sur certains points le régime de la SAS. Parmi les diverses modifications apportées, il faut retenir la création d'une forme sociale nouvelle, la SELAS (société d'exercice libéral par actions simplifiée).

• La loi LME du 4 août 2008 : favorise encore davantage le développement des SAS en supprimant l'exigence d'un capital minimum, en permettant les apports en industrie et, enfin, en supprimant l'exigence de nomination d'un commissaire aux comptes en deçà de certains seuils.

Section 2 › CARACTÈRES GÉNÉRAUX DE LA SAS

§ 1 - Ouverture de l'accès à la SAS

• Depuis la loi du 12 juill. 1999, la SAS est ouverte à tous, personnes physiques ou personnes morales, y compris dans sa forme unipersonnelle. Il ne s'agit plus d'une « société de sociétés », comme par le passé.

• Le capital social de la SAS, fixé auparavant à 37 000 € au minimum, peut, depuis la loi LME du 4 août 2008, à l'instar de celui des SARL, être librement fixé par les statuts, et peut donc être symbolique (1 €…) (C. com., art. L. 227-2, al. 2).

§ 2 - Distinction société « ouverte »/société « fermée »

La SAS consacre la distinction entre les sociétés ouvertes, dont le modèle reste la société anonyme cotée, et les sociétés fermées, dont la SAS pourrait devenir le modèle dominant.

§ 4 - Utilités de la SAS

• La SAS est particulièrement adaptée à l'organisation des groupes de sociétés, la SAS unipersonnelle permettant notamment une structuration simple et légère des filiales contrôlées à 100 %.

• La SAS présente également un intérêt pour les PME, qui ont à leur disposition une forme sociale dans laquelle le régime des droits sociaux est celui des valeurs mobilières, le statut fiscal et social du président identique à celui des salariés (à l'exception de la protection du droit du travail), et dont l'organisation et le fonctionnement très simplifiés peuvent être modelés par les statuts.

• La SAS peut aussi être utilisée pour la mise en société d'entreprises individuelles, y compris dans la perspective d'une transmission, compte tenu de la possibilité de dissociation du capital et du pouvoir.

Section 3 › RÉGIME JURIDIQUE DE LA SAS

§ 1 - Régime spécial

La SAS a un régime juridique spécial défini par les art. L. 227-1 à L. 227-19 C. com.

§ 2 - Autres textes applicables

A. Règles applicables à toutes les sociétés

Les art. 1832 à 1844-17 C. civ. applicables à toutes les sociétés et les art. L. 210-1 à L. 210-9 C. com. (dispositions générales applicables aux sociétés commerciales).

B. Dispositions applicables aux SA

• Sont applicables aux SAS. L'art. L. 227-1, al. 3, C. com. prévoit en effet que, dans la mesure où elles sont compatibles avec les dispositions particulières prévues par la présente section, les règles concernant les sociétés anonymes sont applicables à la SAS.

• Ne sont pas applicables aux SAS :
– les art. L. 225-2 à L. 225-11 (constitution des SA avec offre de titres financiers au public ; sauf art. L. 225-5, 225-8 et 225-11) ;
– les art. L. 225-17 à L. 225-95 (relatifs à la direction et à l'administration des SA) ;
– les art. L. 225-96 à L. 225-126 (concernant les assemblées générales des SA) ;
– l'art. L. 225-243 (transformation des SA) ;

C. Dispositions du décret du 23 mars 1967 (codifiées)

Venant compléter les articles de la loi de 1966 (codifiés également au Code de commerce), dès lors qu'elles sont compatibles avec les règles fondamentales de la SAS.

D. Dispositions pénales de la loi de 1966 (codifiées)

L'art. L. 464-1 a rendu applicable à la SAS le volet pénal prévu par la loi de 1966 pour sanctionner les dirigeants et commissaires aux comptes des SA (C. com., art. L. 242-1 à L. 242-6 ; L. 242-17 à L. 242-29 ; L. 247-1 à L. 247-8).

Chapitre 1 › LA CONSTITUTION DE LA SAS

> **› L'essentiel**
> ***Principe :*** *la SAS peut être créée ab initio par des personnes physiques ou morales fondatrices ou résulter de la transformation d'une société préexistante.*

Section 1 › CRÉATION *AB INITIO* DE LA SAS

§ 1 - Les conditions générales de constitution de la SAS

Ce sont celles requises pour la validité de tout contrat de société. Plus particulièrement, il convient de noter les points suivants :

A. Consentement

Comme pour toute autre forme de société, le consentement doit correspondre à une volonté réelle d'entrer en société et doit être exempt de vices. Toutefois, les vices du consentement ne peuvent pas entraîner la nullité de la société.

B. Capacité

La SAS étant une société par actions, la capacité requise pour être actionnaire est la même que celle des actionnaires d'une SA. Il n'est donc pas nécessaire d'avoir la qualité de commerçant.

C. Objet

La société par actions simplifiée est une société commerciale par la forme, quel que soit son objet, commercial ou civil.

§ 2 - Les conditions spéciales de constitution de la SAS

Principe : les règles relatives à la dénomination sociale, au siège social et à la durée des SAS sont identiques à celles applicables dans les SA. Les spécificités concernent les associés et le capital social.

A. Les associés

1. Qualité d'actionnaire

La SAS est ouverte aux personnes physiques comme aux personnes morales (pour celles-ci, quels que soient le montant de leur capital social, leur forme ou leur objet ; les associations, syndicats, fondations et GIE peuvent être associés).

2. Nombre d'actionnaires

La SAS doit avoir au moins, soit un actionnaire (SAS Unipersonnelle), soit deux (SAS). Aucune limite maximale au nombre d'associés n'est fixée, mais le caractère contractuel et fermé de cette société s'oppose à l'existence d'un trop grand nombre d'actionnaires.

3. Réunion en une seule main de toutes les actions

La SAS pouvant ne comporter qu'un actionnaire unique, la réunion de toutes les actions d'une SAS entre les mains d'une seule personne n'entraîne pas la dissolution de la société, devenue unipersonnelle (C. com., art. L. 227-4). La société se trouve d'office soumise au régime juridique de la SAS Unipersonnelle.

B. Le capital social

1. Suppression du montant minimum

La SAS, qui devait auparavant posséder un capital social minimum de 37 000 €, peut depuis la loi LME du 4 août 2008, à l'instar des SARL, se constituer avec un capital social librement fixé par les statuts, qui peut donc être symbolique (1 €…) (C. com., art. L. 227-2, al. 2)

2. Capital variable

Puisque seules les SA non coopératives sont soumises à l'interdiction d'adopter la variabilité du capital (C. com., art. L. 231-1) et que la SAS n'est pas un type particulier de SA, on peut en déduire qu'une SAS peut être constituée avec un capital variable.

3. Apports

Les apports peuvent être effectués en numéraire ou en nature. Le droit commun des SA s'applique. Depuis la loi LME du 4 août 2008, à l'instar des SARL, les SAS peuvent recevoir des apports en industrie. Ces apports ne concourent pas à la formation du capital social, mais donnent lieu à l'attribution d'actions ouvrant droit au partage des bénéfices et de l'actif net, à charge de contribuer aux pertes. C'est aux statuts qu'il appartient de déterminer les modalités de souscription et de répartition de ces actions, qui sont inaliénables (C. com., art. L. 227-1, al. 4).

4. Valeur nominale des actions

Elle peut être fixée dans les statuts, mais ce n'est pas une obligation (C. com., art. L. 228-8, al. 1).

5. Publicité du capital

Le montant du capital doit figurer dans les statuts de la SAS (C. com., art. L. 210-2) et être indiqué sur tous les actes et documents sociaux destinés aux tiers.

6. Offre de titres au public

La SAS ne peut procéder à une offre au public de titres financiers ou à l'admission aux négociations sur un marché réglementé de ses actions (C. com., art. 227-2). La violation de cette interdiction expose les dirigeants de droit ou de fait de la SAS à des sanctions pénales (C. com., art. L. 244-3 et L. 244-4). Toutefois, elle peut procéder aux offres définies aux 2 et 3 du I et au II de l'art. L. 411-2 du C. mon. fin. (à des investisseurs qualifiés not. v. *supra*, p. 208). Pour accéder au marché boursier, la SAS peut se transformer en SA (v. *infra*, p. 291). En revanche, il est possible pour une SAS d'avoir pour associé une société dont les titres sont offerts au public.

§ 3 - Les formalités de constitution et de publicité

Renvoi : les formalités de constitution et de publicité d'une SAS sont les mêmes que celles requises pour la création d'une SA sans offre au public de titres financiers (v. *supra*, p. 207 et s.).

Section 2 › CRÉATION DE LA SAS PAR TRANSFORMATION D'UNE SOCIÉTÉ EXISTANTE

Principe : toute société peut être transformée en SAS. La décision de transformation doit être prise à l'unanimité des associés (C. com., art. L. 227-3 ; sous peine de nullité de la transformation – C. com., art. L. 251-18, al. 1er – et de sanctions pénales – C. com., art. L. 244-2). Cette exigence d'unanimité a été étendue par la Cour de cassation en cas de fusion-absorption d'une société par une SAS (Com., 19 déc. 2006, *Bull. civ.* IV, n° 268).

§ 1 - Respect des règles de la SAS

Pour se transformer en SAS une société doit réunir les conditions requises par la loi pour l'adoption de cette forme sociale (not. pour le capital et l'interdiction d'offrir des titres au public). Une société ayant un associé unique peut se transformer en SASU.

§ 2 - Exclusion

Les sociétés dissoutes, les sociétés sans personnalité morale, les GIE et les associations ne peuvent pas se transformer en SAS (mais un GIE peut être transformé en SNC, laquelle peut être transformée en SAS, sans dissolution ou création d'une personne morale nouvelle, C. com., art. L. 251-18, al. 2).

§ 3 - Formalités préalables

Si la société n'a pas de commissaire aux comptes, elle doit désigner un commissaire à la transformation, chargé de vérifier la valeur des biens composant l'actif social de la société se transformant, quelle que soit la forme de cette dernière (C. com., art. L. 224-3, al. 1er, mod. par L. 1er août 2003 de sécurité financière). Dans les SA, la transformation suppose, en outre, un rapport du commissaire aux comptes attestant que le montant des capitaux propres est au moins égal à celui du capital social (C. com., art. L. 225-244). Dans une SA ayant émis des obligations, le projet de transformation doit être approuvé par l'assemblée des obligataires (C. com., art. L. 225-244, al. 2).

§ 4 - Conditions d'ancienneté de la société

Une SA ou une SCA ne peut se transformer en SAS que si elle a deux ans d'existence (C. com., art. L. 225-243 et L. 226-1, al. 2). Cette condition ne s'impose pas pour les sociétés civiles, les sociétés de personnes (SNC et SCS) et les SARL.

§ 5 - Formalités de publicité

La décision de transformation fait l'objet des formalités de publicité habituelles (insertion dans un JAL, dépôt au greffe des principaux documents sociaux, inscription modificative au CRS).

§ 6 - Effet de la transformation

La transformation régulière d'une société en SAS n'entraîne pas la création d'une personne morale nouvelle ni l'interruption des opérations de la société (il est seulement mis fin aux pouvoirs des anciens dirigeants mais pas aux fonctions des commissaires aux comptes).

Chapitre 2 › L'ORGANISATION DE LA SAS

Section 1 › LES DÉCISIONS COLLECTIVES

Principe : les statuts déterminent les décisions qui doivent être prises collectivement par les associés dans les formes et conditions qu'ils prévoient (C. com., art. L. 227-9, al. 1). Mais ce principe connaît quelques exceptions, qui tiennent à la nature de certaines décisions.

§ 1 - Mode de consultation des associés

Principe : les statuts déterminent librement les formes et les conditions dans lesquelles sont prises les décisions collectives des associés (C. com., art. L. 227-9, al. 1).

A. Formes de consultation possibles

Assemblées réunies, consultation par correspondance, rédaction d'un acte sous seing privé signé par tous les associés, emploi de tous moyens de communication…

B. Conditions de consultation possibles

Transposition des règles relatives aux assemblées générales des SA, organisation d'une information préalable, périodicité des consultations, organes compétents pour convoquer les associés, délais de convocation, conditions de quorum et de majorité…

§ 2 - Modalités des décisions collectives

Principe : la loi fait coexister trois catégories de décisions collectives :
– celles devant être prises à l'unanimité des associés ;
– celles devant être obligatoirement prises collectivement ;
– celles qui sont prises aux seules conditions déterminées par les statuts.

A. Décisions collectives prises à l'unanimité

1. Décisions prises obligatoirement à l'unanimité

Principe : l'adoption ou la modification en cours de vie sociale des clauses statutaires relatives au contrôle des mouvements du capital ne peut intervenir qu'à l'unanimité des associés (C. com., art. L. 227-19 ; mais peu importe leur mode de consultation).

Motif : ces clauses (relatives à l'inaliénabilité des actions, à l'agrément des cessions d'actions, à l'exclusion d'un actionnaire ou à la suspension de ses droits non pécuniaires, C. com., art. L. 227-13 et s.) peuvent affecter gravement les droits des actionnaires. La règle vise donc leur protection. En outre, conformément à la règle du droit commun des sociétés (C. civ., art. 1836, al. 2 ; v. *supra*, p. 60), les engagements des associés ne peuvent être augmentés qu'avec leur consentement.

2. Décisions prises à l'unanimité, sauf clause contraire

À défaut de précision contraire des statuts, toutes les modifications statutaires devront être décidées à l'unanimité (C. civ., art. 1836). Il en va de même des décisions relatives à la prorogation de la durée de la société (C. civ., art. L. 1844-6, al. 1) et à la procédure de liquidation de la SAS (not. C. com., art. L. 237-18, II 6° et L. 237-27, I-3°).

B. Décisions obligatoirement collectives

1. Principe

Certaines décisions doivent obligatoirement, sous peine de nullité (facultative), être prises collectivement par les associés (C. com., art. L. 227-9, al. 2) :
- augmentation, amortissement et réduction du capital ;
- fusion, scission, apport partiel d'actif ;
- dissolution ;
- nomination des commissaires aux comptes ;
- approbation des comptes annuels et affectation des résultats ;
- approbation des conventions réglementées (C. com., art. L. 227-10) ;
- transformation de la société.

2. Conditions de majorité

En principe fixées dans les statuts (C. com., art. L. 227-3 et L. 227-9).

3. Précisions – renvoi à la SA

Les règles applicables dans les SA aux opérations de modification du capital (augmentation, amortissement et réduction), à la nomination des commissaires aux comptes, aux fusions et opérations assimilées et aux comptes annuels doivent être respectées dans les SAS (application sur renvoi de C. com., art. L. 227-1).

4. Cas particulier des comptes sociaux

• À compter de la clôture de chaque exercice (mais dans les délais fixés par les statuts, l'art. L. 225-100 n'étant pas applicable), les dirigeants de la SAS établissent des comptes annuels (renvoi à C. com., art. L. 232-1).

• Les comptes annuels et le rapport de gestion doivent être mis à la disposition des commissaires aux comptes, s'il y en a (C. com., art. L. 232-1, III), et du comité d'entreprise (C. trav., art. L. 2323-10), avant d'être soumis aux associés dans les conditions fixées par les statuts.

• Les SAS sont soumises à l'obligation de constituer une réserve légale (C. com., art. L. 232-10). Les bénéfices distribuables sont répartis dans les conditions fixées par les statuts (dans la limite des clauses léonines, v. *supra*, p. 34). La stipulation d'un intérêt fixe est interdite (C. com., art. L. 232-15, al. 2).

C. Décisions prises aux conditions statutaires

1. Étendue de la liberté statutaire

Hormis le cas des décisions soumises à la règle de l'unanimité et des décisions collectives obligatoires (v. *supra*), l'art. L. 227-9, al. 1er, C. com. permet aux statuts de la SAS d'organiser librement les domaines d'intervention des décisions collectives.

2. Choix

Des décisions pourront ainsi relever de la compétence exclusive des organes dirigeants de la SAS, d'autres pourront être réservées aux associées, d'autres, enfin, pourront nécessiter la consultation ou la participation de tiers à la SAS.

D. Précisions sur le droit de vote des associés

1. Exclusion du principe de proportionnalité

Le principe de la proportionnalité des droits de vote à la quotité du capital représentée par les actions, règle « à capital égal vote égal », ne s'applique pas à la SAS, en raison de l'exclusion des art. L. 225-17 à L. 225-126, C. com.

2. Aménagement conventionnel du droit de vote

Les statuts de la SAS peuvent donc aménager assez librement le droit de vote des associés : attribution à certains associés d'un nombre de voix différent des autres ; création de catégories d'actions inégalement dotées en voix ; attribution d'un droit de veto pour certaines décisions, limitation du droit de vote de chaque associé à une fraction des voix de tous les associés….

3. Limite à la liberté d'aménagement conventionnel du droit de vote

Toutefois, la jurisprudence décide, sur le fondement de l'art. 1844-1 C. civ., que les statuts ne peuvent priver un associé de son droit de participer aux décisions collectives et de voter (en l'occurrence il s'agissait d'une décision d'exclusion), sauf lorsque la loi le permet expressément (Com. 23 oct. 2007, *D.* 2008, p. 47, Y. Paclot ; *Rev. sociétés* 2007, p. 814, P. Le Cannu).

4. Suspension légale du droit de vote

La loi permet la suspension de l'exercice du droit de vote : en cas d'exclusion d'un associé (C. com., art. L. 227-16) ou lorsque le contrôle d'une société associée est modifié (C. com., art. L. 227-17).

Section 2 › DIRECTION, REPRÉSENTATION ET CONTRÔLE DE LA SAS

Principe : les statuts fixent librement les conditions dans lesquelles la SAS est dirigée (C. com., art. L. 227-5). Mais cette liberté connaît deux limites :

– la SAS est représentée à l'égard des tiers par un président ;

– le contrôle de la direction est assuré notamment par l'intervention du commissaire aux comptes.

§ 1 - Les organes dirigeants

A. Détermination des dirigeants

Principe : les statuts de la SAS peuvent organiser librement la direction de la société (dirigeant unique ou organe collégial) et les règles de son fonctionnement (nombre des dirigeants, dénomination de l'organe de direction, répartition des postes entre les associés ou groupes d'associés, alternance dans la présidence, condition d'accès aux fonctions de dirigeant, conditions de réunion et de vote au sein des organes dirigeants, répartition des taches, création d'organes de surveillance et de contrôle de la direction exécutive…).

Limite : le seul impératif légal est la désignation d'un président de la SAS, qui représente la société à l'égard des tiers (C. com., art. L. 227-6).

B. Statut des dirigeants

1. Personnalité

Les dirigeants et le président peuvent être des personnes physiques ou des personnes morales. Les dirigeants légaux de la personne morale dirigeante sont soumis aux mêmes conditions et obligations et encourent les mêmes responsabilités civile et pénale que s'ils étaient dirigeants en leur nom propre, sans préjudice de la responsabilité solidaire de la personne morale qu'ils dirigent (C. com., L. 227-7).

2. Statut social

Le président et les dirigeants des SAS sont assujettis obligatoirement au régime général du seul fait de l'exercice de leurs fonctions (C. sécurité sociale, art. L. 311-3). Sous réserve de l'existence d'un véritable lien de subordination, les dirigeants peuvent cumuler leur mandat avec un contrat de travail conclu avec la société (la réglementation du cumul propre aux SA ne s'applique pas).

3. Mode de nomination et durée des fonctions

Ils sont librement fixés par les statuts. Les fonctions des dirigeants prennent fin pour les causes de droit commun des sociétés (v. *supra,* p. 71). Les modalités de révocation sont statutairement déterminées (sans motif ou pour juste motif, avec ou sans indemnisation, organe compétent, etc.).

4. Rémunération

Les conditions de rémunération des dirigeants peuvent être fixées par les statuts ou renvoyées à une décision des actionnaires ou d'un comité *ad hoc*. Les règles d'information sur les rémunérations des mandataires sociaux applicables dans les SA ne sont pas applicables aux SAS. En revanche les rémunérations peuvent constituer des conventions réglementées soumises à contrôle (v. *infra*). Sur le statut fiscal des dirigeants de SAS, v. *supra*, p. 62.

C. Pouvoir des dirigeants

1. Président

a) Étendue des pouvoirs : le président représente impérativement la société à l'égard des tiers (C. com., art. L. 227-6, al. 1). Il est investi des pouvoirs les plus étendus pour agir en toutes circonstances au nom de la société (C. com., art. L. 227-6, al. 1).

b) Limites aux pouvoirs

• Dans les rapports internes : ses pouvoirs sont limités par l'objet social (sur cette limite, v. *supra,* p. 65) et pourraient l'être par les statuts.

• Dans les rapports avec les tiers : la société est engagée même en cas de dépassement de pouvoir (sauf si le tiers connaissait ce dépassement, la seule publication des statuts ne suffisant pas à établir cette connaissance, C. com., art. L. 227-6, al. 2) et les limitations statutaires sont inopposables aux tiers (C. com., art. L. 227-6, al. 3).

2. Directeur général et directeur général délégué

Les statuts peuvent prévoir les conditions dans lesquelles une ou plusieurs personnes, autres que le président, portant le titre de directeur général ou de directeur général délégué, peuvent exercer les pouvoirs confiés par la loi au président (C. com., art. L. 227-6, mod. L. sécurité financière du 1er août 2003). Les statuts doivent fixer précisément les pouvoirs qui leur sont conférés et les formalités de publicité au greffe doivent être effectuées pour que ces pouvoirs – et notamment celui de représenter la société – soient opposables aux tiers.

3. Autres dirigeants

Les pouvoirs des autres dirigeants sont fixés par les statuts. Ils ont un caractère purement interne puisque seul le président peut représenter la société à l'égard des tiers.

4. Délégation de pouvoir « fonctionnelle »

Comme dans toute autre société, les représentants légaux de la SAS ont la possibilité de déléguer à toute personne (des salariés par ex.) le pouvoir d'accomplir des actes déterminés (par ex. engager ou licencier des salariés). Cette délégation, qui est un mandat, peut ne pas être donnée par écrit (même si c'est préférable) et être tacite et résulter des fonctions du salarié délégataire ou de la ratification de la procédure *a posteriori* (Cass. Ch. Mixte, 19 nov. 2010, Rev. Sociétés 2011, p. 34, P. Le Cannu). Cette délégation ne doit pas être confondue avec la délégation de pouvoir en matière de responsabilité pénale du chef d'entreprise, qui répond à des conditions différentes.

D. Responsabilité des dirigeants

Principe : la plupart des règles fixant la responsabilité civile et la responsabilité pénale des administrateurs de la SA sont applicables au président et, s'il en existe, aux autres dirigeants de la SAS (C. com., art. L. 227-8).

La SAS peut, comme toute personne morale, répondre pénalement des infractions commises pour son compte par ses dirigeants.

§ 2 - Le contrôle de la direction

Principe : ce contrôle est exercé au premier chef par les associés, notamment à l'occasion des décisions collectives. Mais il peut être assuré par d'autres mécanismes ou organes.

A. Création d'un organe de surveillance

Les règles de ces organes devront être fixées par les statuts.

B. Intervention des commissaires aux comptes

Jusqu'à la loi LME du 4 août 2008, la SAS était obligatoirement soumise au contrôle d'un CAC. Depuis, la désignation d'un commissaire est une simple faculté offerte aux associés, sauf en cas de franchissement de certains seuils fixés par décret (si la SAS dépasse deux des trois seuils suivants : 2 millions de chiffre d'affaire hors taxe, 1 million de total de bilan et 20 salariés ; C. com., art. R. 227-1) ou lorsque la SAS contrôle, ou est contrôlée, par une ou plusieurs sociétés. Même si ces conditions ne sont pas réunies, la nomination d'un CAC peut être demandée en justice par un ou plusieurs associés représentant au moins 10 % du capital (C. com., art. L. 227-9-1). Quand un tel professionnel est désigné, pour l'essentiel, les règles qui lui sont applicables sont celles en vigueur dans les SA et, plus généralement, celles étudiées dans le cadre du droit commun des sociétés (v. *supra,* p. 79 et s.).

C. Contrôle des conventions réglementées

Principe : les conventions intervenues directement ou par personne interposée entre la société et son président, l'un de ses dirigeants, l'un de ses actionnaires disposant d'une fraction des droits de vote supérieure à 10 % ou, s'il s'agit d'une société actionnaire, la société la contrôlant, doivent être soumises au contrôle des associés de la SAS (C. com., art. L. 227-10). La procédure de contrôle est celle applicable dans les SA (v. *supra*, p. 260 et s. ; sans l'exigence d'autorisation préalable du conseil d'administration). Le commissaire aux comptes, ou s'il n'en a pas été désigné, le président de la société, rend un rapport sur ces conventions. Les statuts déterminent librement les conditions dans lesquelles est prise la décision collective des associés sur ces conventions.

Exception : les conventions portant sur des opérations courantes et conclues à des conditions normales ne sont pas soumises à la procédure de contrôle. Jusqu'à présent elles devaient être transmises au commissaire aux comptes (s'il y en a un) et tout associé avait le droit d'en obtenir communication (C. com., art. L. 227-11), sauf, lorsqu'en raison de leur objet ou de leurs implications financières, ces conventions n'étaient significatives pour aucune des parties. La Loi du 17 mai 2011 est venue abroger l'ensemble de ce régime. Les conventions libres échappent ainsi de nouveau à tout contrôle, ce qui est critiquable.

Attention : certaines conventions sont, comme dans les SA (v. *supra,* p. 259) interdites aux dirigeants de la SAS (sauf s'il s'agit d'une personne morale).

D. Expertise de gestion

Comme dans les SA, il est possible aux associés, au ministère public et au comité d'entreprise de demander la nomination d'un expert de gestion (C. com., art. 225-231, sur renvoi de L. 227-1, al. 3). L'expertise de gestion a été étudiée dans la partie relative au droit commun des sociétés, au chapitre portant sur les crises sociétaires (v. *supra*, p. 95).

E. Information des salariés

Les statuts de la SAS doivent désigner l'organe social auprès duquel les délégués du comité d'entreprise, s'il en existe un, exercent le droit à l'information des salariés de la société (C. trav., art. L. 2323-66). Sur les droits du comité d'entreprise concernant les décisions collectives, v. *supra*, p. 74 et s.

Chapitre 3 › LE FONCTIONNEMENT DE LA SAS

Section 1 › CONTRÔLE DE L'ACTIONNARIAT DE LA SAS

Principe : plusieurs dispositions de la loi de 1994 visent à permettre aux actionnaires de renforcer leur cohésion, par l'introduction dans les statuts de clauses qui figuraient avant dans des « pactes extrastatutaires » (sur ces pactes, v. *supra,* p. 90).

Utilité : ces clauses acquièrent de la sorte une plus grande opposabilité aux tiers. Par ailleurs, leur violation est sanctionnée de manière plus efficace, par la nullité de toute cession effectuée en violation de la clause (C. com., art. L. 227-15).

§ 1 - Procédure d'adoption

Comme ces clauses sont de nature à porter atteinte aux droits individuels des associés, la loi a soumis leur adoption ou leur modification à une décision collective unanime des associés (C. com., art. L. 227-19).

§ 2 - Régime des principales clauses

Principe : Les statuts peuvent contenir de nombreuses dispositions destinées à renforcer la protection de l'actionnariat et le contrôle des mouvements du capital. Le législateur a réglementé les plus fréquentes (mais les associés peuvent en prévoir d'autres, soumises au même régime général, par ex. clauses de préemption).

A. Clauses d'inaliénabilité

L'art. L. 227-13, C. com. permet aux statuts de prévoir l'inaliénabilité des actions de la société. Cette inaliénabilité ne doit pas excéder dix ans.

B. Clauses d'agrément

Les statuts peuvent prévoir de soumettre toute cession à l'agrément préalable de la société (C. com., art. L. 227-14), ce qui, à la différence de l'agrément dans les SA, inclut les cessions entre actionnaires. Les statuts doivent préciser l'organe compétent pour statuer sur l'agrément.

C. Clauses d'exclusion

Les statuts peuvent prévoir également qu'un associé peut être tenu de céder ses actions, sous certaines conditions (C. com., art. L. 227-16). Les droits non pécuniaires de cet associé peuvent être suspendus tant qu'il n'a pas procédé à la cession.

D. Clauses de changement de contrôle

En cas de changement de contrôle d'une société associée de la SAS, les statuts de cette dernière peuvent prévoir une obligation d'information à la charge de cette société. Dans les conditions déterminées par les statuts, la société peut alors décider de suspendre l'exercice des droits non pécuniaires de cet associé et de l'exclure (C. com., art. L. 227-17).

§ 3 - Règle de fixation du prix

Si les statuts ne précisent pas les modalités du prix de cession des actions lorsque la société met en œuvre une clause introduite en application des art. L. 227-14, L. 227-16 et L. 227-17, ce prix est fixé par accord entre les parties ou, à défaut, déterminé dans les conditions prévues à l'art. 1843-4 C. civ.

Section 2 › TRANSFORMATION DE LA SAS

§ 1 - Réglementation

La transformation d'une SAS en une société d'une autre forme est soumise aux règles générales applicables à toutes les sociétés (v. *supra,* p. 106 et s.). Elle doit également respecter les règles en vigueur dans la SA, ainsi que les règles qui lui sont particulières.

§ 2 - Procédure

La transformation est décidée collectivement par les associés dans les conditions prévues par les statuts (C. com., art. L. 227-9). Mais, si elle entraîne une augmentation des engagements des associés, elle doit être prise à l'unanimité.

A. Rapport du commissaire aux comptes

Par application des règles de transformation relatives aux SA, la décision de transformation d'une SAS est prise sur la base du rapport du commissaire aux comptes de la société (s'il y en a un) attestant que le montant des capitaux propres est au moins égal au capital social (C. com., art. L. 225-244 ; sauf transformation en SNC). La désignation d'un commissaire à la transformation n'est pas requise s'il y a un commissaire aux comptes (C. com., art. L. 224-3 mod. L. 1er août 2003).

B. Durée d'existence

La transformation n'est plus soumise aux conditions relatives à l'approbation du bilan des deux premiers exercices et à une durée d'existence de deux ans (exigence supprimée par L. NRE 15 mai 2001 ; C. com., art. L. 227-1, al. 3).

Section 3 › DISSOLUTION DE LA SAS

§ 1 - Causes de droit commun

La SAS est dissoute en cas de survenance d'une des causes de dissolution communes à toutes les sociétés (v. *supra,* p. 109).

§ 2 - Causes statutaires

Les statuts de la SAS peuvent prévoir des causes particulières de dissolution.

§ 3 - Décision collective

Les associés peuvent décider à tout moment de dissoudre la société, par décision collective, dans les conditions et formes prévues par les statuts (C. com., art. L. 227-10, al. 1er).

§ 4 - Formalités et régime de dissolution et de liquidation

Ceux du droit commun des sociétés (v. *supra,* p. 109 et s.).

Chapitre 4 › LA SOCIÉTÉ PAR ACTIONS SIMPLIFIÉE UNIPERSONNELLE (SASU)

> **› L'essentiel**
> *Depuis la loi du 12 juill. 1999, il est possible pour une personne physique ou morale de créer une SAS dont elle est l'unique actionnaire (C. com., art. L. 227-1, al. 2). Les entrepreneurs individuels ont donc le choix entre cette structure et l'EURL (sur laquelle, v. supra, p. 163 ; d'autant plus qu'il n'y a plus de capital minimum pour les SAS). La SASU est la structure idoine pour la constitution de filiales à 100 % dans les groupes de sociétés.*

Section 1 › MODE DE CRÉATION : *AB INITIO* OU PAR TRANSFORMATION

La SASU peut également résulter de la réunion entre une même main de toutes les actions d'une SAS, sans qu'il en résulte de dissolution (C. com., art. L. 227-4).

Section 2 › RÉGIME JURIDIQUE

La SASU est soumise au régime de la SAS précédemment exposé, sous réserve des particularités suivantes :

§ 1 - Direction

L'associé peut être lui-même président ou confier cette fonction à un tiers, personne physique ou morale.

§ 2 - Conventions réglementées

Les conventions conclues entre la société et son président ne font pas l'objet d'un rapport du commissaire aux comptes, mais sont mentionnées dans un registre dans lequel toutes les décisions sont consignées (C. com., art. L. 227-9). Certaines conventions sont interdites, comme dans les SAS pluripersonnelles (v. *supra*, p. 288).

§ 3 - Décisions sociales

L'associé unique exerce les pouvoirs dévolus à la collectivité des associés dans les SAS pluripersonnelles (C. com., art. L. 227-1, al. 2). À la place des décisions obligatoirement collectives (v. *supra*, p. 283), sont prises des décisions personnelles unilatérales, dont l'adoption ne peut être déléguée par l'associé unique. Elles sont consignées dans un registre (C. com., art. L. 227-9, al. 3).

§ 4 - Approbation des comptes

Chaque année, le président doit établir des comptes annuels ainsi qu'un rapport de gestion et, éventuellement, des comptes consolidés. L'inobservation de cette obligation est sanctionnée pénalement (C. com., art. L. 244-1 renvoyant à L. 242-8).

§ 5 - Dissolution

Depuis la loi NRE du 15 mai 2001, si l'associé unique est une personne physique, la SASU dissoute doit être mise en liquidation dans les conditions de droit commun (v. *supra*, p. 113). S'il s'agit d'une personne morale, la dissolution entraîne transmission universelle du patrimoine de la société dissoute à son associé unique, sans liquidation (v. *supra*, p. 111). Les créanciers sociaux peuvent faire opposition dans les trente jours de la publication de la dissolution.

Titre 4

LA SOCIÉTÉ EN COMMANDITE PAR ACTIONS (SCA)

La SCA est une société de capitaux, dont le capital est divisé en actions, qui est constituée entre un ou plusieurs commandités, qui ont la qualité de commerçant et répondent indéfiniment et solidairement des dettes sociales, et de commanditaires, qui ont la qualité d'actionnaires et ne supportent les pertes qu'à concurrence de leurs apports. Elle est régie par les art. L. 226-1 à L. 226-14 C. com.
Bien qu'un peu désuète, elle possède certains atouts :
– c'est une société qui permet une dissociation intéressante du capital et du pouvoir, permettant ainsi d'ouvrir le capital à des investisseurs extérieurs sans perdre le contrôle de la société ;
– la loi laisse une grande liberté statutaire pour fixer le statut des gérants, qui peuvent être quasiment inamovibles ;
– elle est en outre susceptible d'offrir ses titres au public. Cela peut inciter des sociétés familiales importantes qui souhaitent être cotées en bourse à adopter cette structure, laquelle constitue un bon moyen de défense contre des OPA (l'acquisition de la majorité du capital ne procure pas nécessairement la direction de la société).
C'est une société commerciale par la forme, quel que soit son objet (C. com., art. L. 210-1), soumise à un régime juridique hybride partagé entre les dispositions applicables à la société en commandite simple (SCS ; v. *supra,* p. 143) et celles applicables aux SA (v. *supra,* p. 196).

Chapitre 1 › CONSTITUTION DE LA SCA

> **› L'essentiel**
> *Outre les conditions de droit commun de validité d'un contrat de société, les règles spécifiques suivantes sont applicables à la SCA.*

Section 1 › ASSOCIÉS DE LA SCA

La SCA réunit deux types d'associés :

§ 1 - Un ou plusieurs commandités

Le commandité peut être une personne physique ou une personne morale. Il est obligatoirement désigné par les statuts. Il est dans la même situation que les associés de SNC. Il a la qualité de commerçant et doit donc avoir la capacité de contracter. Il gère la société et dispose pour cela de larges pouvoirs. Il est corrélativement responsable indéfiniment et solidairement des dettes sociales.

§ 2 - Des commanditaires

Il faut trois commanditaires au minimum (minimum requis pour constituer le conseil de surveillance ; C. com., art. L. 226-4, al. 1) : les commanditaires ont la qualité d'actionnaires et ne supportent les pertes qu'à concurrence de leurs apports (C. com., art. L. 226-1, al. 1). Les règles relatives aux actionnaires des SA leur sont applicables. Ils ne sont pas commerçants et ne peuvent pas gérer la société.

Section 2 › CAPITAL SOCIAL DE LA SCA

Il est divisé en actions négociables. Il doit être, comme pour les SA, au minimum de 37 000 € si elle n'offre pas de titres financiers au public et de 225 000 € dans le cas contraire (C. com., art. L. 224-2, al. 1). Les commanditaires peuvent faire des apports en numéraire ou en nature, mais pas en industrie. Un commandité peut, en revanche, faire un apport en industrie. Les SCA peuvent avoir un capital variable (C. com., art. L. 231-1 et s.).

Section 3 › DÉNOMINATION SOCIALE DE LA SCA

La dénomination de la SCA peut comprendre le nom d'un ou plusieurs commandités mais le nom des associés commanditaires ne peut y figurer (C. com., art. L. 224-1).

Chapitre 2 › FONCTIONNEMENT DE LA SCA

Section 1 › LA GÉRANCE

§ 1 - Nomination

• Le gérant peut être une personne physique, âgée de moins de soixante-cinq ans (C. com., art. L. 226-3) ou une personne morale. Il doit avoir la capacité de faire le commerce.

• La SCA est gérée en principe par un commandité, mais la gestion peut être confiée à un tiers. Un commanditaire ne peut aucunement faire des actes de gestion externe, sous peine de devoir répondre solidairement avec les commandités des dettes sociales.

• Le ou les premiers gérants sont désignés par les statuts. Durant la vie de la société, ils sont ensuite désignés par l'AGO, avec l'accord de tous les associés commandités (C. com., art. L. 226-2), sauf clause contraire des statuts. Leur rémunération est fixée selon une procédure identique (le régime fiscal est celui des gérants majoritaires de SARL : traitements et salaires ; les gérants commandités sont exclus du régime général de la sécurité sociale).

§ 2 - Pouvoirs

• Le gérant est investi des pouvoirs les plus étendus pour agir en toutes circonstances au nom de la société (C. com., art. L. 226-7). Dans les rapports avec les tiers, la société est engagée même par les actes du gérant qui ne relèvent pas de l'objet social, sauf mauvaise foi du tiers (al. 2).

• Le gérant a les mêmes obligations que le conseil d'administration d'une SA (convocation des assemblées, établissement de l'inventaire et des comptes annuels…) ; v. *supra*, p. 247 et s.

§ 3 - Responsabilités

Le régime de la responsabilité civile et pénale des gérants des SCA est celui des administrateurs de SA (v. *supra*, p. 250).

§ 4 - Cessation des fonctions

Outre les causes de droit commun (v. *supra*, p. 71 et s.), le gérant, associé ou non, est révoqué dans les conditions prévues par les statuts (art. L. 226-2, al. 3). Il peut ainsi être prévu que cette révocation interviendra à l'unanimité des commandités, ce qui aboutit à une quasi irrévocabilité. Toutefois, le gérant est toujours révocable par le tribunal de commerce pour cause légitime, à la demande de tout associé ou de la société, toute clause contraire étant réputée non écrite (C. com., art. L. 226-2, al. 4).

Section 2 › LE CONTRÔLE DE LA GÉRANCE

§ 1 - Le conseil de surveillance

Principe : la SCA comprend obligatoirement un conseil de surveillance, représentant les associés commanditaires. Il assume le contrôle permanent de la gestion de la société. Il ne peut être composé que de commanditaires (au moins trois, C. com., art. L. 226-4).

A. Désignation

Les membres du conseil de surveillance sont désignés par l'assemblée générale ordinaire, conformément aux dispositions statutaires ou, à défaut, selon les règles applicables aux administrateurs des SA.

B. Missions

Il joue le même rôle que le conseil de surveillance de la SA de type dualiste (v. *supra*, p. 257). Il contrôle de manière permanente la gestion de la société et il en rend compte dans un rapport soumis à l'assemblée ordinaire. Il peut convoquer l'assemblée générale (C. com., art. L. 226-9).

C. Responsabilités

Les membres du conseil de surveillance n'encourent aucune responsabilité en raison des actes inhérents à la gestion de la société et du résultat de ces actes (C. com., art. L. 226-13, al. 1). En revanche, ils sont responsables des fautes personnelles commises dans l'exécution de leur mandat (al. 2) et peuvent être déclarés civilement responsable des délits commis par les gérants si, en ayant eu connaissance, ils ne les ont pas révélés à l'assemblée générale (al. 2). L'action en responsabilité obéit aux mêmes règles que celle susceptible d'être intentée contre les membres du conseil de surveillance d'une SA de type dualiste.

§ 2 - Décisions collectives

Compte tenu de l'existence de deux catégories d'associés, les décisions collectives dans les SCA exigent, pour leur validité, la double consultation :

A. Consultation des commanditaires

Réunis en assemblée générale qui réunit les commanditaires et les commandités actionnaires. Les dispositions relatives aux assemblées générales des actionnaires de SA leur sont applicables. Ces assemblées ont également une mission de contrôle de la gérance, qui s'exerce notamment lors de l'approbation annuelle des comptes dans les six mois suivant la clôture de l'exercice. Les commanditaires procèdent seuls à la désignation des membres du conseil de surveillance.

B. Consultation des commandités

Réunis en assemblée ou consulté par correspondance, selon les règles applicables aux SNC.

C. Le commissaire aux comptes

Les SCA sont soumises au contrôle d'un ou plusieurs commissaires aux comptes désignés par l'AGO (C. com., art. L. 226-6). Leur statut est identique à celui des commissaires aux comptes des SA (sur le statut général des commissaires aux comptes, v. *supra,* p. 79).

D. Les conventions réglementées

Les règles applicables aux SA s'appliquent aux SCA (renvoi de C. com., art. L. 226-10 à L. 225-38 et s. – v. *supra,* p. 258 et s.). L'autorisation requise est donnée par le conseil de surveillance. Le commissaire aux comptes en est avisé. Les conventions libres font l'objet d'une liste communiquée au président du conseil de surveillance, dont le commissaire aux comptes est informé, et dont les actionnaires pourront obtenir communication.

E. Dissolution

En dehors de causes de dissolution communes à toutes les sociétés (v. *supra,* p. 109), les causes spécifiques de dissolution de la SCA sont celles de la SA (v. *supra,* p. 275 ; not. perte de la moitié du capital social). Toutefois, les causes de dissolution propres aux SCS s'appliquent également lorsqu'elles surviennent en la personne d'un associé commandité (v. *supra,* p. 146).

Titre 5

LA SOCIÉTÉ EUROPÉENNE (SE)

La société européenne (désignée sous son nom latin de « *Societas Europae* » ou SE) est une société qui peut exercer ses activités dans tous les États membres de l'Union européenne sous une forme juridique unique et commune à tous ces États, définie par le droit communautaire. En France elle prend la forme de la société anonyme.

En 2001, après plusieurs dizaines d'années de discussions, l'Union européenne a formellement adopté un règlement établissant le statut de la société européenne et une directive connexe concernant la participation des travailleurs des sociétés européennes.

Cette législation permet aux entreprises de réduire leurs coûts administratifs et leur offre une structure juridique adaptée au marché commun, en évitant les contraintes juridiques et pratiques qui résultent de la multiplicité des ordres juridiques nationaux.

Le statut de société européenne est officiellement entré en vigueur le 8 oct. 2001. En France, la loi Breton n° 2005-842 du 26 juill. 2005 a adapté notre droit national et a transposé les dispositions de la directive, en consacrant le chapitre IX du code de commerce à la société européenne (art. L. 229-1 et s.).

Chapitre préliminaire › CARACTÉRISTIQUES GÉNÉRALES

Section 1 › GENÈSE DE LA SE

Il aura fallu plus de trente ans pour que la Société européenne devienne enfin une réalité.

Bien que le groupement européen d'intérêt économique ait ouvert la voie en 1989 (v. *infra*, p. 366 et s.), les précédents projets initiés par Bruxelles de mettre à la disposition des entreprises européennes un modèle de société transnationale, détaché des réglementations nationales et adapté aux besoins d'un marché commun intégré, avaient échoué, notamment en raison de la volonté de certains États (Allemagne principalement) de préserver leur système de participation des salariés à la gestion de l'entreprise.

Lors du sommet de Nice du 8 déc. 2000, les chefs d'État et de gouvernement européens sont parvenus à un accord politique sur le statut de la SE ; le règlement consacrant cet accord a été adopté le 8 oct. 2001 et complété par une directive du même jour concernant l'implication des travailleurs. Ces textes ont été transposés en droit français par la loi « Breton » du 26 juill. 2005, complétée par un décret d'application du 14 avr. 2006 (C. com., art. L. 229-1 et s. et R. 229-1 et s.).

Section 2 › UTILITÉS DE LA SE

La SE permet tout spécialement :

– d'exercer des activités dans tous les États membres sous une forme juridique unique et commune à tous les États ;

– de simplifier l'organigramme d'un groupe et d'éviter de créer une structure juridique dans chaque État membre où une société développe son activité économique ;

– de transférer facilement l'entreprise dans un autre État membre, ce transfert étant possible sans création d'une nouvelle structure et sans surcoût fiscal ;

– de compenser les déficits d'une activité dans certains États membres avec les bénéfices réalisés dans d'autres États.

Section 3 › TEXTES APPLICABLES – HIÉRARCHIE DES NORMES

Le règlement ne propose pas un statut complet de société et fait reposer la SE sur une architecture complexe prévue en son article 9 :

– en l'absence de dispositions dans le règlement, et dans la mesure où celui-ci le prévoit, les règles applicables à la SE peuvent être des dispositions spécifiquement prévues pour la SE par le droit national auquel est soumise la société – en application des règles communautaires – ainsi que celles, non spécifiques à la SE, qui s'appliqueraient à une société anonyme constituée selon le droit de l'État membre dans lequel la SE a son siège statutaire ;

– pour une large part, les SE qui se constituent et s'immatriculent en France sont donc soumises aux règles gouvernant la SA, même si ces règles le sont à titre subsidiaire, c'est-à-dire applicables sous réserve d'être compatibles avec le règlement et de ne pas heurter un principe impératif de ce texte.

Le régime français de la SE est dès lors complexe car il repose sur au moins quatre sources différentes et complémentaires :

– le règlement 2157/2001 ;

– les dispositions spécifiques à la SE issue de la loi du 26 juill. 2005, complétée par le décret d'application du 14 avr. 2006 (C. com., art. L. 229-1 et s. et R. 229-1 et s.) ;

– les règles relatives à la SA applicables par renvoi en particulier, les infractions incriminées dans la SA sont applicables (C. com., art. L. 244-5) ;

– les dispositions statutaires.

Section 4 › ASPECTS SOCIAUX

• La directive de 2001 met en place un dispositif détaillé sur l'implication des salariés dans la SE. Elle a été transposée par la loi du 26 juill. 2005 dans le Code du travail (C. trav., art. L. 2351-1 et s.). Ces dispositions sont importantes dans la mesure où une SE ne peut être immatriculée dans un État membre que si un accord sur les modalités relatives à l'implication des travailleurs a préalablement été conclu.

• Cet accord procède d'une négociation entre dirigeants et représentants des salariés réunis dans un groupe spécial de négociation. À titre supplétif, si les parties à la négociation en conviennent ou si elles n'ont pu aboutir à un accord à la fin de la période de négociation, des dispositions de référence sont applicables. Ces règles sont déterminées en annexe de la directive et comportent des dispositions relatives à la composition de l'organe de représentation des salariés, à l'information et à la consultation des salariés, ainsi qu'à leur participation dans les organes sociaux.

• Toutefois, sur la base du principe « avant-après » (qui préserve les droits acquis des salariés et impose que la participation (politique) dans l'entreprise qu'ils avaient avant la constitution de la SE constitue la base de l'organisation de leurs droits de participation dans la SE nouvelle), la future société européenne n'est pas tenue d'instituer des règles relatives à la participation des salariés si aucune société participant à sa constitution n'était antérieurement régie par de telles règles. En outre, les dispositions de référence sont exclues si certains seuils ne sont pas atteints et si le groupe spécial de négociation n'en prévoit pas l'application.

Section 5 › ASPECTS FISCAUX

• Le règlement du 8 oct. 2001 est muet sur les aspects fiscaux.

• La SE est traitée fiscalement comme n'importe quelle multinationale, c'est-à-dire qu'elle est soumise au régime fiscal de la législation nationale applicable au niveau de la société comme de ses succursales.

• Les SE restent assujetties aux impôts et taxes de tous les États membres où leurs établissements stables sont situés.

• En ce sens, leur statut fiscal n'est pas parfait, faute d'une harmonisation européenne suffisante en la matière. Il est dès lors à craindre que les localisations de SE ne soient dictées par des opportunités fiscales plus que par des impératifs stratégiques.

Chapitre 1 › CONSTITUTION DE LA SE

Section 1 › ÉLÉMENTS CONSTITUTIFS

• Une attention particulière doit être portée à la rédaction des statuts, qui doivent préciser les principales caractéristiques de la société :
– la forme sociale doit être précédée ou suivie du sigle « SE » ;
– le capital social, divisé en actions, doit être exprimé en euros et être d'un montant au minimum égal à 120 000 € ;
– la SE doit avoir son siège statutaire et son administration centrale dans le même État membre et dans un même endroit si la loi de l'État concerné l'exige (Règl. Art. 9. – Sur les sanctions prévues par la loi française, v. C. com., art. L. 229-9. – Cela limite fortement l'exercice du libre établissement de la SE par rapport aux sociétés anonymes de droit national). Sur le transfert du siège de la SE, v. *infra*, p. 308.

• L'immatriculation et la clôture de la liquidation d'une SE sont publiées au Journal officiel de l'Union européenne. Toute société européenne est immatriculée dans l'État du siège dans un registre désigné par la législation de cet État.

• La SE est dotée de la personnalité juridique à compter de son immatriculation en France au RCS (C. com., art. L. 229-1).

Section 2 › MODES DE CONSTITUTION

• La SE ne peut être créée *ex nihilo* et ne peut se constituer que selon des techniques limitativement énumérées.

• Il est en principe possible de créer une SE unipersonnelle qui ne soit pas filiale d'une autre SE (v. *infra*), à condition que la législation de l'État dont elle relève permette la constitution d'une SA unipersonnelle, ce qui n'est pas admis en droit français.

• Le règlement énumère de manière limitative quatre modes de constitution d'une SE : la constitution par fusion, la constitution par création d'une société holding, la constitution sous forme de filiale commune et la transformation d'une société anonyme de droit national.

§ 1 - Constitution par fusion

• La constitution de la SE par voie de fusion est limitée aux sociétés anonymes d'États membres différents. Il peut s'agir de la fusion-absorption, la société absorbante prenant alors la forme de SE, ou d'une fusion par création d'une nouvelle société sous forme de SE.

• Les sociétés participantes doivent établir un projet de fusion dont les mentions obligatoires sont prévues à l'article 20 du règlement, de même que la publicité, la date et les effets de la fusion (la fusion entraîne la transmission universelle du patrimoine des sociétés qui fusionnent à la SE). Il revient aux législations nationales dont relèvent les sociétés participantes de définir les modalités de la fusion.

• Dans le droit français de la SE, le contrôle de la légalité de la fusion est effectué, soit par un notaire, soit par le greffier du tribunal dans le ressort duquel est immatriculée la société (C. com., art. L. 229-3 al. 1 et 2 mod. L. 12 mai 2009). Toutefois, le procureur de la République peut s'opposer, pour des raisons d'intérêt public, à la constitution d'une SE par voie de fusion impliquant une société française (C. com., art. L. 229-4 ; Règl. 2001, art. 8).

• Le règlement opère un renvoi aux règles nationales applicables aux SA pour ce qui est de la protection des créanciers et des actionnaires.

• L'assemblée générale de chacune des sociétés qui fusionne approuve le projet aux conditions de majorité requises dans les SA pour une fusion interne, c'est-à-dire dans les conditions prévues pour la modification des statuts et non pas à l'unanimité (sur les fusions internationales, v. *infra*, p. 318), ce qui facilite l'opération.

§ 2 - Constitution d'une SE holding

• Les SA et les SARL peuvent constituer une SE holding si deux d'entre elles au moins relèvent du droit d'États membres différents ou ont, depuis au moins deux ans, une société filiale relevant du droit d'un autre État membre ou une succursale située dans un autre État membre (Règl. 2001, art. 2 § 2 et 32).

• La technique est celle de la holding « par le haut » (sur laquelle, v. *infra*, p. 334) : les associés apportent leurs titres (au moins 50 % des droits de vote) des sociétés participantes à une société qui prend la forme de SE.

• Les sociétés participantes doivent établir un projet commun de constitution de société et faire désigner un ou plusieurs commissaires à la constitution d'une société européenne, qui rendent un rapport (C. com., art. L. 229-5).

§ 3 - Constitution d'une SE filiale

• Ce mode de constitution est ouvert à toutes les sociétés civiles ou commerciales, et plus généralement à toutes les entités juridiques de droit public ou privé, lorsque deux au moins d'entre elles relèvent d'États membres différents ou ont, depuis deux ans, une filiale ou une succursale implantée dans un autre État membre (Règl. 2001, art. 2 § 3 et 35).

• Une SE peut elle-même constituer une ou plusieurs filiales sous forme de SE. Les dispositions de l'État membre du siège statutaire de la SE exigeant qu'une SA ait plus d'un actionnaire n'étant pas applicables à la SE filiale, une SE peut créer une SE filiale dont elle est le seul actionnaire (C. com., art. L. 229-6. – La règle conduit à admettre l'existence exceptionnelle dans notre droit d'une SA unipersonnelle. La SE filiale est alors soumise aux dispositions applicables à la société européenne et à celles relatives à l'EURL).

§ 4 - Transformation d'une SA en SE

• Toute SA peut se transformer en SE à condition qu'elle ait, depuis au moins deux ans, une société filiale relevant d'un autre État membre (Règl. 2001, art. 2 § 7 et 37).

• Cette transformation ne donne lieu ni à dissolution ni à création d'une personne morale nouvelle.

• Le conseil d'administration ou le directoire doit établir un projet de transformation ; un ou plusieurs commissaires à la transformation doivent être désignés en justice (C. com., art. L. 225-245-1, al. 2 et 3). La transformation est décidée par l'assemblée générale dans les conditions requises pour modifier les statuts.

Chapitre 2 › FONCTIONNEMENT, DÉPLACEMENT ET DISPARITION DE LA SE

Section 1 › FONCTIONNEMENT DE LA SE

§ 1 - Organes sociaux

• Le règlement dispose que les statuts de la société européenne prévoient comme organes l'assemblée générale des actionnaires et, soit un organe de direction et un organe de surveillance (système dualiste), soit un organe d'administration (système moniste).

• En ce qui concerne le système dualiste, l'organe de direction assure la gestion de la société européenne. Le ou les membres de l'organe de direction ont le pouvoir d'engager la société européenne à l'égard des tiers et de la représenter en justice. Ils sont nommés et révoqués par l'organe de surveillance. Les fonctions de membre de l'organe de direction et de membre de l'organe de surveillance ne peuvent être exercées simultanément dans la même SE.

• En ce qui concerne le système moniste, l'organe d'administration assure la gestion de la société européenne. Le ou les membres de l'organe d'administration ont le pouvoir d'engager la société européenne à l'égard des tiers et de la représenter en justice.

• Certaines opérations énumérées par le règlement requièrent l'autorisation de l'organe de surveillance ou une délibération de l'organe d'administration (not. tout projet d'investissement supérieur à un pourcentage du capital souscrit, fixé par les statuts, qui ne peut être inférieur à 5 % ni supérieur à 25 %).

• Au-delà de ces dispositions, la société européenne créée en France est soumise aux principales règles de direction et d'administration et aux règles régissant les assemblées générales des sociétés anonymes de droit français.

• La société européenne établit des comptes annuels comprenant le bilan, le compte des profits et pertes ainsi que l'annexe et un rapport de gestion contenant un exposé sur l'évolution des affaires et la situation de la société et, le cas échéant, des comptes consolidés

§ 2 - Rapports entre actionnaires – contrôle de l'actionnariat

Lorsque la SE n'offre pas de titres financiers au public, la loi prévoit la possibilité d'inclure dans les statuts des clauses relatives à la géographie et aux mutations du capital, qui sont identiques à celles que le législateur a autorisées dans les SAS (v. *supra*, p. 290) :

– clause d'inaliénabilité des titres, pour une durée qui ne peut excéder dix ans (C. com., art. L. 229-11) ;

– clause d'exclusion d'un actionnaire (C. com., art. L. 229-12) ;

– clause prévoyant l'information de la société en cas de modification du contrôle d'une société actionnaire, la société pouvant décider, dans les conditions fixées par les statuts, de suspendre les droits non pécuniaires de cet actionnaire et de l'exclure (C. com., art. L. 229-13).

Ces différentes clauses ne peuvent être adoptées ou modifiées qu'à l'unanimité des actionnaires (C. com., art. L. 229-15).

Si les statuts ne prévoient pas les modalités d'évaluation du prix de cession des titres en cas de mise en œuvre de l'une de ces clauses, ce prix est fixé par accord des parties ou par un tiers évaluateur visé à l'art. 1843-4 C. civ. (C. com., art. L. 229-14).

Toute cession réalisée en violation de ces clauses statutaires est nulle, d'une nullité opposable de plein droit au cessionnaire ou à ses ayants droit (C. com., art. L. 229-11, al. 2).

Section 2 › TRANSFERT DU SIÈGE DE LA SE

• L'une des grandes particularités de la SE est de pouvoir transférer son siège statutaire dans un autre État membre sans que ce transfert ne donne lieu à dissolution ni à création d'une personne morale nouvelle (Règl., art. 8).

• Le transfert du siège social d'une société européenne au sein de l'Union européenne n'est donc pas fiscalement traité comme une cessation d'activité et n'entraîne pas une imposition immédiate.

• La société européenne doit établir un projet de transfert à déposer au greffe du tribunal dans le ressort duquel la société est immatriculée, qui devra faire l'objet d'une publicité dont les modalités seront fixées par décret en Conseil d'État.

• Le transfert de siège est décidé par l'assemblée générale extraordinaire dans les conditions prévues à l'art. L. 225-96 C. com. (donc les conditions de majorité requises pour la modification des statuts et non à l'unanimité) et est soumis à la ratification des assemblées spéciales d'actionnaires mentionnées aux art. L. 225-99 et L. 228-35-6 C. com. En cas d'opposition à l'opération, les actionnaires peuvent obtenir le rachat de leurs actions dans les conditions fixées par décret en Conseil d'État (C. com., art. R. 229-6 et s.).

• Un notaire délivre un certificat attestant de manière concluante l'accomplissement des actes et formalités préalables au transfert (C. com., art. L. 229-2).

• Toutefois, le procureur de la République peut s'opposer, pour des raisons d'intérêt public, au transfert de siège social d'une SE immatriculée en France (C. com., art. L. 229-4 ; Règl. 2001, art. 19).

Section 3 › DISPARITION DE LA SE

§ 1 - Transformation de la SE en SA

La SE peut se transformer en SA relevant du droit de l'État membre de son siège statutaire. La décision concernant la transformation ne peut être prise avant deux ans à partir de son immatriculation et avant que les comptes annuels des deux premiers exercices n'aient été approuvés (Règl. art. 66). La procédure est identique à celle suivie pour la transformation d'une société anonyme en SE.

§ 2 - Dissolution et liquidation de la SE

Les causes de dissolution applicables aux SA sont applicables à la SE. L'article 63 du Règlement ajoute une cause propre aux SE : lorsque le siège statutaire et l'administration centrale de la SE ne sont plus situés sur le même territoire et qu'aucune régularisation de la situation n'est intervenue dans un délai déterminé, ni aucun transfert du siège statutaire opéré, la SE peut être mise en liquidation.

Livre troisième
RESTRUCTURATION ET REGROUPEMENT DES SOCIÉTÉS

Les sociétés ont, jusqu'à présent, été plutôt examinées dans une perspective relativement statique et fermée (même s'il est vrai que certaines opérations plus dynamiques ont été envisagées, telles que la transformation des sociétés, l'augmentation de leur capital ou la cession de leur contrôle).

Or, les sociétés sont des entités potentiellement en mutation constante.

Elles peuvent tout d'abord être l'objet d'opérations de restructuration, lorsqu'elles fusionnent avec d'autres, se scindent, ou bien apportent une part de leurs actifs à une autre entreprise (première partie).

Elles peuvent également se regrouper avec d'autres sociétés et former ainsi ce que l'on appelle des groupes de sociétés, dont la constitution et le fonctionnement génèrent des problématiques juridiques spécifiques (deuxième partie).

Enfin, des opérations de restructuration et de regroupement peuvent résulter, lorsque les titres des sociétés concernées sont inscrits sur les marchés financiers réglementés, de processus d'acquisition complexes qui se déroulent précisément sur ces marchés, et obéissent à des règles juridiques très particulières (troisième partie).

Première partie

LES OPÉRATIONS DE RESTRUCTURATION DES SOCIÉTÉS

Le concept de restructuration recouvre plusieurs situations différentes : il inclut généralement, non seulement, les transmissions ou acquisitions d'actifs ou d'activités, mais aussi, toute réorganisation au sein de l'entreprise en mutation ou en difficulté.

Seules les premières seront examinées, et seulement au travers des mécanismes, spécifiques au droit des sociétés, de fusion, scission et apport partiel d'actif, qui constituent les modes les plus courants de transmissions d'activités (l'autre mode le plus courant étant la cession de contrôle, v. *supra*, p. 55).

Après avoir formulé quelques observations communes à ces différentes opérations (chapitre 1), il conviendra d'étudier le régime juridique des fusions et scissions (chapitre 2), puis celui des apports partiels d'actif, lorsqu'ils sont soumis au droit des scissions (chapitre 3).

Chapitre 1 › OBSERVATIONS COMMUNES AUX DIFFÉRENTES OPÉRATIONS

> **› L'essentiel**
> *Les fusions, les scissions et les apports partiels d'actif sont des opérations de restructuration des sociétés qui présentent certaines caractéristiques communes. Notamment, sur le plan juridique, elles reposent sur le mécanisme de la transmission universelle du patrimoine. Sur le plan fiscal, elles bénéficient toutes d'un régime spécial de faveur, dérogatoire au droit commun.*

Section 1 › DÉFINITIONS – INTÉRÊTS PRATIQUES – TEXTES APPLICABLES

§ 1 - Définitions

Trois opérations doivent être distinguées et définies :

A. La fusion

Opération par laquelle une ou plusieurs sociétés transmettent, par voie de fusion, leur patrimoine à une société existante ou à une nouvelle société qu'elles constituent (C. com., L. 236-1, al. 1).

Il est ainsi fait référence à deux types de fusion :

– la fusion-absorption (transmission à une société existante – opération la plus courante) ;

– ici A + B = A ou B suivant le sens de la fusion, c'est-à-dire quelle société est l'absorbante ;

– la fusion-constitution (transmission à une nouvelle société). Ici A + B = C.

L'opération ne doit pas être confondue avec l'opération voisine de cession de contrôle par transfert des droits sociaux (sur laquelle v. *supra*, p. 55). La principale différence réside dans le fait que, dans la cession de contrôle, la société dont le contrôle est cédé subsiste en tant que personne morale, alors qu'en cas de fusion, la personnalité morale de la société absorbée disparaît (dissolution sans liquidation – radiation du greffe).

B. La scission

Opération par laquelle une société transmet, par voie de scission, son patrimoine à plusieurs sociétés, existantes ou nouvelles (C. com., L. 236-1, al. 2). La personnalité morale de la société scindée disparaît.

Ici A = B + C.

C. L'apport partiel d'actif

Opération par laquelle une société fait apport d'une partie de son patrimoine social à une autre société, existante ou nouvelle, et reçoit en échange des titres émis par la société bénéficiaire des apports.

Il s'agit en principe d'une opération d'apport comme les autres (sur les apports en nature, v. *supra*, p. 32). Mais les sociétés parties à l'opération peuvent décider d'un commun accord de soumettre celle-ci au régime des scissions (C. com., art. L. 236-22), ce qui emporte alors un effet de TUP (transmission universelle de l'ensemble des éléments d'actif et de passif attachés à la branche d'activité apportée) et l'application du régime fiscal de faveur. L'apport partiel d'actif soumis au régime des scissions se singularise par rapport aux deux précédentes car, en dépit du fait que l'apport se réalise sous régime de TUP, la personnalité juridique de la société apporteuse subsiste.

§ 2 - Intérêts pratiques

Ces trois opérations permettent de restructurer une entreprise, en transférant tout ou partie d'une activité, avec l'ensemble des éléments d'actif et de passif qui y sont attachés, d'une société à une ou plusieurs autres sociétés, par un mécanisme de transmission universelle du patrimoine (TUP).

Ces procédés ont l'avantage d'éviter la complexité d'une cession des biens, créances, contrats et dettes d'une société un par un, laquelle suppose de respecter les formalités requises pour la cession de chacun des biens cédés et d'obtenir l'accord de chaque créancier, débiteur ou cocontractant cédé.

Les fusions et les scissions permettent notamment de renforcer la capacité concurrentielle des entreprises. Les apports partiels d'actif permettent principalement de filialiser des branches d'activité de l'entreprise, ou de nouer des coopérations avec d'autres sociétés (création d'une filiale commune, dite aussi sur le plan international « *joint venture* »). Les trois opérations peuvent contribuer à constituer ou réorganiser des groupes de sociétés (sur lesquels, v. *infra*, p. 329 et s.).

§ 3 - Textes applicables

• Ces opérations sont régies par le Code civil (art. 1844-4), qui réglemente l'opération pour les sociétés civiles, et le Code de commerce (art. L. 236-1 à L. 236-21 et R. 236-1 et s.), qui le fait pour les sociétés commerciales. La réglementation contenue dans le Code civil est beaucoup moins complète que celle qui figure dans le Code de commerce (pas de principe de droit d'opposition des créanciers not.).

• Les fusions, scissions et apports partiels d'actif peuvent être réalisés entre sociétés de forme différente (C. com., art. L. 236-2, al. 1).

• Mais il ne s'agit là que de dispositions générales car il existe des règles spéciales pour les fusions et scissions entre les sociétés par actions. De même, il existe des règles spéciales pour les SARL.

• Lorsque de telles opérations constituent des opérations de concentration, elles sont soumises aux règles de concurrence organisant le contrôle des concentrations en France et dans l'Union européenne.

Section 2 › RÉGIME JURIDIQUE ET FISCAL COMMUN

§ 1 - Régime juridique commun : la transmission universelle du patrimoine

A. Le principe de la transmission universelle du patrimoine

• La fusion, comme la scission, entraîne la transmission universelle du patrimoine des sociétés apporteuses aux sociétés bénéficiaires dans l'état où il se trouve à la date de réalisation définitive de l'opération (C. com., art. L. 236-3).

• En d'autres termes, la société bénéficiaire vient activement (créances) et passivement (dettes) aux lieu et place de la société apporteuse :
– pour la totalité des éléments d'actif et de passif compris dans le patrimoine de cette dernière en cas de fusion ou scission ;
– pour les éléments d'actif et de passif qui se rattachent de droit à la branche d'activité transmise en cas d'apport partiel d'actif.

• Ce transfert comprend même les biens qui, par erreur ou omission, ne figurent pas dans le traité d'apport. Cela est non seulement vrai pour la fusion ou la scission, mais également pour l'apport partiel d'actif.

• Le mécanisme de cette transmission des droits et obligations est spécial et se distingue totalement d'une simple cession de ceux-ci. Il en résulte que cette transmission se soustrait aux conditions de fond et de forme applicables à la cession de ces mêmes éléments (par ex. exclusion de la signification de la cession de créance – C. civ., art. 1690, en cas de transfert de créance ; transmission du bail commercial nonobstant une clause d'interdiction de sa cession et sans signification au bailleur).

• La qualité de partie aux instances judiciaires engagées par la société apporteuse avant l'opération est transmise à la société bénéficiaire.

B. Les exceptions à la transmission universelle du patrimoine

1. Contrats conclus *intuitu personae*

a) Les contrats conclus en considération de la personne de l'apporteuse ne sont pas transmis de plein droit

Leur transmission suppose l'accord du cocontractant. Ce caractère *intuitu personae* du contrat peut résulter d'une clause expresse ou de la nature même de la convention (par ex. les contrats de distribution, franchise, etc.). On aboutit au même résultat en présence d'une clause rendant intransmissible le contrat par la voie d'une opération emportant TUP.

b) Exception à l'exception

La loi prévoit le maintien et le transfert des contrats de travail (lesquels sont des contrats *intuitu personae*). Malgré la modification de la situation juridique de l'employeur, tous les contrats de travail en cours au jour de l'opération subsistent entre le nouvel employeur et le personnel de l'entreprise (C. trav., art. L. 1224-1 et 2). Disposition d'ordre public à laquelle il ne peut être dérogé. La règle s'applique également aux salariés rattachés à la branche d'activité transmise dans le cadre d'un apport partiel d'actif.

2. Contrat de cautionnement

La jurisprudence apporte les solutions suivantes (parfois contestées en doctrine) :
– la disparition de la société apporteuse (qu'elle soit, dans le rapport triangulaire du cautionnement, la société créancière, la société débitrice cautionnée, ou bien la caution) met fin, pour l'avenir, à l'obligation de la caution. Selon une distinction doctrinale devenue classique (Mouly), son obligation de couverture des dettes à naître cesse ; demeure seule son obligation de règlement des dettes déjà nées. La principale difficulté est de déterminer juridiquement la date de naissance des créances. On notera par ex. que la dette de remboursement d'un emprunt, fut-il échelonné dans le temps, naît à compter de la conclusion du prêt et de la remise des fonds ;

– les mêmes solutions sont appliquées en cas d'apport partiel d'actif, dès lors que la créance, la dette principale ou l'engagement de caution se rattachent à la branche d'activité apportée.

3. Responsabilité pénale

a) **Le principe de personnalité des poursuites et des peines** (art. 6 Conv. EDH ; C. pén. Art. 121-1) s'oppose à la mise en cause de la responsabilité pénale de la société bénéficiaire pour des infractions commises par l'apporteuse antérieurement à l'opération de fusion, scission ou apport partiel d'actif, sauf si l'opération a un but frauduleux.

b) **Il devrait en aller de même des sanctions administratives prononcées par une autorité administrative indépendante** (AMF, Autorité de la concurrence, etc.) car ces sanctions participent de la matière pénale au sens du Droit européen des droits de l'homme et devraient respecter les principes directeurs du procès pénal. Pourtant, telle n'est pas toujours la solution retenue, notamment en droit boursier et en droit de la concurrence, sans doute en raison des spécificités de ces matières dans lesquelles l'on prend davantage en compte l'idée de continuité juridique et économique de l'entreprise.

c) **À noter, qu'en revanche, la société bénéficiaire est responsable du paiement des sanctions pécuniaires** auxquelles la société apporteuse a été condamnée avant l'opération de fusion ou de scission (C. pén., art. 133-1). Mais cette solution n'est pas transposable en cas d'apport partiel d'actif puisque l'apporteuse n'est pas dissoute et conserve sa personnalité morale.

4. Clause d'agrément

Lorsque le patrimoine (ou la partie transmise dans l'apport partiel d'actif) de la société apporteuse comporte des titres d'une société tierce, ceux-ci ne peuvent être transmis à la société bénéficiaire qu'en respectant la clause d'agrément contenue dans les statuts de cette société tierce, si toutefois cette clause ne se contente pas de s'appliquer aux seules « cessions », mais vise expressément les opérations emportant TUP. Si le transfert se réalise en violation de la clause d'agrément, la sanction ne peut être ni la nullité de la fusion ou de la scission, ni la nullité du transfert puisque l'apporteuse a disparu par l'effet de la fusion ou de la scission. La jurisprudence applique alors la procédure de rachat prévue en cas de défaut d'agrément (v. *supra*, p. 55).

§ 2 - Régime fiscal commun : régime de faveur

A. Objectifs de la loi fiscale

• La fusion ou la scission emportant dissolution de la société absorbée ou scindée et apport à titre universel des éléments composant son patrimoine au profit d'une ou plusieurs sociétés, de telles opérations devraient fiscalement être appréhendées comme une cessation d'entreprise. Mais le coût fiscal en serait considérable pour la société absorbée ou scindée, principalement du fait de l'imposition des bénéfices d'exploitation et des plus-values d'actif non encore taxées (plus-values latentes), ainsi que du boni de liquidation.

• Afin d'encourager les restructurations et rapprochements d'entreprises, le législateur a institué un dispositif fiscal particulier dérogatoire aux règles de droit commun, fondé sur le principe que la fusion est une opération dite « intercalaire » et que la société absorbante est la continuation de la société absorbée.

• Ce régime fiscal de faveur bénéficie également aux apports partiels d'actif soumis au régime des scissions, qui portent sur une branche complète d'activité susceptible de faire l'objet d'une exploitation autonome.

B. Régime de l'impôt sur les sociétés

1. Principe d'exonération

Le régime de faveur se traduit, pour la société apporteuse, par l'exonération des plus-values de fusion ainsi que des provisions qui conservent leur objet. Cette exonération concerne l'actif immobilisé, amortissable ou non, aussi bien que les autres éléments de l'actif (stocks, titres de créances négociables…).

2. Régime d'exonération

Elle n'est applicable que si la société bénéficiaire des apports s'engage, dans l'acte de fusion, à respecter certaines obligations comptables et fiscales. La société bénéficiaire des apports est soumise à diverses obligations destinées à rendre possible l'imposition ultérieure, à son nom, des plus-values et provisions exonérées lors de la fusion ou assimilée.

C. Régime de l'impôt de distribution

À la suite d'une fusion, l'attribution gratuite des titres représentatifs de l'apport aux membres de la société apporteuse n'est pas considérée comme une distribution de revenus mobiliers et elle est exonérée de l'impôt sur le revenu.

Les plus-values réalisées par les associés à l'occasion de l'échange de titres bénéficient d'un sursis d'imposition applicable quel que soit le régime fiscal des opérations, que les titres soient détenus par des particuliers ou qu'ils figurent à l'actif d'une entreprise.

Section 3 › LES NULLITÉS

§ 1 - Causes de nullité

Du fait de l'importance des opérations de fusion, scission et apport partiel d'actif, le législateur a prévu un régime restrictif pour les nullités des deux premières (C. com., art. L. 235-8), que la jurisprudence applique également à la dernière.
Les cas où la nullité est encourue sont limités à deux :
– la nullité de la délibération de l'une des assemblées qui ont décidé l'opération ;
– le défaut de dépôt de la déclaration de conformité exigée par l'art. L. 236-6, al. 3 C. com.

§ 2 - Régime de la nullité

A. Délai de prescription

L'action en nullité est enfermée dans un délai de six mois, plus court que le délai de droit commun de trois ans des nullités des actes et délibération. Ce délai court à compter de la date de la dernière inscription au RCS rendue nécessaire par l'opération (C. com., art. L. 235-9 al. 2).

B. Régularisation

S'il est possible de porter remède à l'irrégularité susceptible d'entraîner la nullité, le tribunal saisi de l'action en nullité doit accorder aux sociétés concernées un délai pour régulariser la situation (C. com., art. L. 235-8, al. 2).

C. Publicité de l'annulation

La décision judiciaire prononçant la nullité d'une opération intéressant une société commerciale à risque limité, doit, lorsqu'elle est définitive, faire l'objet d'une publicité (C. com., art. L. 235-11, al. 1er).

D. Conséquences de la nullité

La décision de nullité est sans effet sur les obligations nées à la charge ou au profit des sociétés auxquelles le ou les patrimoines sont transmis entre la date de prise d'effet de l'opération et la date de publication de la décision de nullité. En outre, la loi a mis en place une protection supplémentaire au profit des tiers en imposant la responsabilité solidaire des sociétés concernées pour l'exécution de ces mêmes obligations durant cette période.

Section 4 › OPÉRATIONS TRANSFRONTALIÈRES

§ 1 - Difficultés juridiques posées par le caractère transfrontalier de ces opérations

a) En l'absence de dispositions particulières déterminant le régime des fusions et scissions entre sociétés de nationalité différente, ces opérations soulèvent de nombreux problèmes dont la solution ne peut être trouvée qu'en recourant à la technique des conflits de lois et en déterminant, à propos de chaque aspect du régime des fusions ou scissions, quelle est la loi applicable, celle-ci pouvant être tantôt celle des sociétés apporteuses, tantôt celle des sociétés bénéficiaires, tantôt les deux (cas not. de la forme et du contenu du traité de fusion).

b) Pour qu'une opération internationale soit possible, il faut que chacune des lois des sociétés concernées connaisse de manière similaire le procédé et en admette son application internationale.

c) L'autre obstacle peut résider dans l'application à l'opération des règles organisant le transfert à l'étranger du siège social d'une société ou le changement de sa nationalité. Ainsi, en droit français, considère-t-on que l'absorption ou la scission d'une société au profit d'une société étrangère conduit au changement de nationalité de la première, lequel doit être décidé à l'unanimité des associés. L'analyse est fausse si l'on considère la personnalité morale de l'apporteuse, qui disparaît, mais vraie si l'on considère la situation des associés de l'apporteuse, pour lesquels la loi et les règles contractuelles applicables à leurs relations avec la société changent.

d) Ces difficultés juridiques ont été éliminées en droit communautaire pour les fusions (v. *infra*). Elles demeurent en revanche pour les scissions, les apports partiels d'actif intra-communautaires et pour les opérations (y compris de fusion) conclues avec une société non ressortissante d'un état membre de l'Union européenne.

§ 2 - Régime juridique spécifique des fusions intra-communautaires

a) Les fusions intra-communautaires de sociétés de capitaux (SA, SCA, SAS et SARL) ont été dotées d'un régime spécifique par une directive n° 2005/56/CE du Parlement européen et du Conseil du 26 oct. 2005, transposée par une loi du 3 juill. 2008 (C. com., art. L. 236-25 à L. 236-32), complétée par un décret du 5 janv. 2009 ainsi que par des décrets du 31 oct. 2008 relatifs à la participation des salariés.

b) Cette réglementation soumet par principe ces fusions au régime des fusions nationales (C. com., art. L. 236-25), ce qui permet de contourner l'un des obstacles principaux (v. *supra*) en le votant dans les conditions prévues pour la modification des statuts, et non à l'unanimité.

c) Elle opère une application distributive des lois de chacune des sociétés parties à la fusion, sauf pour les aspects qui impliquent une application cumulative de lois en présence. Pour ces derniers (principalement le traité de fusion), sont prévues des règles matérielles.

Chapitre 2 › RÉGIME JURIDIQUE DES FUSIONS ET SCISSIONS

> **› L'essentiel**
> *Le Code de commerce comporte, d'une part, des dispositions générales applicables à toutes les fusions et scissions, quelle que soit la forme des sociétés concernées (C. com., art. L. 236-1 à L. 236-6), et, d'autre part, des règles particulières pour les fusions et scissions entre les sociétés par actions et pour celles intervenant entre des SARL.*

Section 1 › RÈGLES COMMUNES À TOUTES LES SOCIÉTÉS

§ 1 - Réalisation de la fusion ou de la scission

A. Conditions financières de l'opération

1. Évaluation des sociétés concernées

Plusieurs méthodes d'évaluation existent, qui peuvent reposer sur la prise en compte, soit de la valeur de rendement de l'entreprise, soit de sa valeur boursière si celle-ci est cotée, soit, enfin, de sa valeur économique.

2. Détermination d'une parité d'échange

• Les associés de la société apporteuse (société absorbée ou scindée) vont devenir actionnaires de la société bénéficiaire (société absorbante ou sociétés bénéficiaires de la scission), laquelle va émettre des titres à cette fin (par augmentation de capital s'il s'agit d'une société existante).

• C'est la raison pour laquelle il convient de déterminer une parité d'échange, les associés de l'apporteuse se voyant proposer des titres de la société bénéficiaire contre leurs anciens titres.

• La valeur attribuée à chacune des sociétés va être divisée par le nombre de titres émis par chacune d'elles, de manière à établir une valeur unitaire par titre. Un rapport d'échange entre les titres des sociétés participant à l'opération peut alors être arrêté (par ex. une action nouvelle contre deux anciennes si la valeur de la société bénéficiaire est le double de la société apporteuse). Ce rapport d'échange est vérifié par le commissaire à la fusion ou à la scission (v. *infra*, p. 322).

B. Établissement d'un projet de traité de fusion ou de scission

• Projet arrêté, suivant les sociétés, par le conseil d'administration (SA moniste), le directoire (SA dualiste), le président ou un autre organe (SAS), le gérant (SARL et sociétés de personnes).

• Consultation du comité d'entreprise (s'il en existe) de chacune des sociétés concernées avant d'arrêter les termes du projet.

• Le projet doit contenir certaines indications obligatoires (motifs, conditions de l'opération, date d'arrêté des comptes, désignation et évaluation de l'actif et du passif, rapport d'échange, montant de la prime de fusion ou de scission, modalités de remise des titres, conditions d'obtention du régime fiscal de faveur).

• Le projet doit être signé par le représentant légal de chacune des sociétés participant à l'opération.

• Publicité du projet : dépôt au greffe du tribunal de commerce du lieu du siège social de chacune des sociétés concernées, avis inséré dans un journal d'annonces légales du département du siège de chacune des sociétés et avis publié au *Balo* si l'une des sociétés est cotée en bourse (C. com., art. L. 236-6 al. 2).

C. Décision des associés des sociétés concernées

• Une décision des associés est nécessaire dans chacune des sociétés **concernées, dans les conditions requises** pour décider de la modification des statuts (C. com., art. L. 236-2). Par ex. l'assemblée générale extraordinaire dans la SA.

• Lorsque les engagements des associés d'une société se trouvent augmentés du fait de la fusion ou de la scission (par ex. absorption d'une société à risque limité par une société à risque illimité), la fusion doit être approuvée dans cette société à l'unanimité.

• De même, selon la Cour de cassation (Com., 19 déc. 2006, *Bull. civ.* IV, n° 268), puisque la transformation d'une société en SAS doit être prise à l'unanimité, il doit en aller de même en cas de fusion-absorption d'une société par une société par actions simplifiée.

D. Publicité de la fusion ou de la scission

La fusion n'est opposable aux tiers qu'à compter de sa publication au RCS :
• pour la société absorbée ou scindée : application des règles de publicité relatives aux dissolutions de sociétés ;

• pour la société absorbante ou bénéficiaire de la scission : application des règles de publicité relatives aux modifications des statuts ;

• si l'une des sociétés est nouvelle : application des règles de publicité relatives aux constitutions de sociétés.

E. Déclaration de conformité

Obligation de dépôt au greffe par les sociétés participantes d'une déclaration de conformité relatant tous les actes effectués en vue de procéder aux opérations de fusion et de scission et affirmant que l'opération a été réalisée en conformité des lois et règlements. Formalité requise à peine de nullité de l'opération (C. com., art. L. 236-6, al. 3. – v. *supra*, p. 318).

§ 2 - Effets de la fusion ou de la scission

A. Date d'effet de l'opération

1. Sociétés existantes

En principe, à la date de la dernière assemblée générale ayant approuvé l'opération, sauf si le traité de fusion ou de scission prévoit un effet différé. Dans ce dernier cas, l'opération prendra alors effet à une autre date qui ne doit être ni postérieure à la date de clôture de l'exercice en cours de la société bénéficiaire, ni antérieure à la date de clôture du dernier exercice clos des sociétés transmettant leur patrimoine (C. com., art. L. 236-4).

2. Société nouvelle

Si l'une des sociétés concernées est nouvelle, la date d'effet ne peut, en tout état de cause, remonter au-delà de la date d'immatriculation au RCS de la nouvelle société.

B. Transmission universelle du patrimoine

Sur cet effet de l'opération de fusion ou scission, v. *supra*, p. 315.

C. Remise d'actions ou de parts sociales

De la société absorbante ou bénéficiaire de la scission aux associés de la société fusionnée ou scindée, dont le nombre est fonction du rapport d'échange. Remise d'espèces possible à concurrence de 10 % de la valeur nominale des parts ou actions émises.

D. Dissolution sans liquidation

De la société absorbée ou scindée, avec disparition de sa personnalité morale et radiation de ladite société du RCS.

Section 2 › RÈGLES PARTICULIÈRES À CERTAINES SOCIÉTÉS

Les règles qui suivent concernent principalement les fusions ou scissions entre sociétés par actions, mais plusieurs de ces dispositions sont également applicables aux fusions et scissions entre SARL (C. com., art. L. 236-23) :
– intervention de commissaires à la fusion
– protection des créanciers des sociétés en présence
– régime simplifié en cas d'absorption d'une filiale détenue à 100 %
– procédure d'approbation des avantages en nature, etc.

§ 1 - Désignation d'un ou plusieurs commissaires à la fusion ou à la scission

Principe : désignation d'un ou de plusieurs commissaires à la fusion ou à la scission par le président du tribunal de commerce, statuant sur requête (C. com., art. L. 236-10, I et art. L. 236-23), sauf si la société absorbée est une SA ou une SARL filiale à 100 % de la société absorbante.

Mission : les commissaires à la fusion ou à la scission établissent deux rapports devant être présentés aux actionnaires de la société absorbée ou scindée et de la société absorbante ou bénéficiaire de la scission, au moins un mois avant la date de l'assemblée appelée à se prononcer sur l'opération :

– un rapport sur les modalités de la fusion ou scission (vérification de la pertinence des valeurs des actions et du caractère équitable du rapport d'échange, C. com., art. L. 236-10, I et II) ;
– un rapport sur la valeur des apports en nature et sur les avantages particuliers (sur cette notion, v. *supra*, p. 206). En cas de non désignation d'un commissaire à la fusion, ce rapport est effectué par un CAC.

Dérogations : l'intervention d'un commissaire à la fusion ou scission n'a pas lieu :
– lorsque la scission est réalisée par création de sociétés nouvelles constituées sans autres apports que ceux de la société scindée et que les actions de chacune des sociétés nouvelles sont attribuées aux actionnaires de la société scindée proportionnellement à leurs droits dans le capital de cette dernière (C. com., art. L. 236-17) ;
– dans une fusion, l'intervention du commissaire à la fusion peut être écartée par décision unanime des associés de toutes les sociétés participant à l'opération (C. com., art. L. 236-10, II, nouveau, inséré par L. 3 juill. 2008).

§ 2 - Rapport du conseil d'administration ou du directoire

De chacune des sociétés participant à l'opération expliquant et justifiant le projet de fusion ou de scission de manière détaillée, sur le plan juridique et économique Cette obligation pourra être écartée par décision prise à l'unanimité des actionnaires de toutes les sociétés participant à l'opération (C. com., art. L. 236-9, al. 4, mod. L. 17 mai 2011).

§ 3 - Information des actionnaires

Toute société par actions participant à une opération de fusion doit mettre à la disposition de ses actionnaires au siège social, au moins un mois avant la date de l'assemblée générale extraordinaire appelée à se prononcer sur l'opération, certains documents (projet de fusion ou scission, rapport de la direction, rapport des commissaires à la fusion ou scission, etc.) (C. com., art. R. 236-3 et L. 225-147, al. 2).
Par ailleurs les dirigeants des sociétés participant à l'opération doivent informer leurs associés respectifs, avant la date de leurs assemblées générales appelées à décider l'opération, de toute modification importante de leur actif et de leur passif intervenue entre la date de l'établissement du projet de fusion et la date de la réunion des assemblées. (C. com. art. L 236-9, al. 5 et 6).

§ 4 - Droit des créanciers

A. Droit des créanciers obligataires

1. Dans la société absorbée ou scindée

2 options :
• Consultation des obligataires sur le projet de fusion ou scission. S'ils approuvent le projet, ils deviennent créanciers obligataires de la société absorbante. S'ils rejettent le projet, la société peut passer outre au refus (sauf s'il s'agit d'obligations échangeables), mais ils acquièrent un droit d'opposition exerçable dans les mêmes conditions que les créanciers non obligataires (v. *infra*).

• Absence de consultation des obligataires et remboursement à ces derniers de leurs titres, sur simple demande de leur part (C. com., art. L. 236-13 et L. 236-18).

2. Dans la société absorbante ou bénéficiaire de la scission

Le projet de fusion ou scission n'est pas soumis aux assemblées d'obligataires mais possibilité pour ceux-ci de donner mandat aux représentants de la masse de former opposition à la fusion ou à la scission, dans les mêmes conditions que les créanciers non obligataires (v. *infra*) (C. com., art. L. 236-15 et L. 236-19).

B. Droit des créanciers non obligataires

Principe : la société absorbante ou bénéficiaire de la scission est débitrice des créanciers non obligataires de la société absorbée ou scindée aux lieu et place de celle-ci (C. com., art. L. 236-14, al. 1er et art. L. 236-23). Il n'y a pas de novation à leur égard, en ce sens qu'il n'y a pas de modification de leurs droits quant aux modalités de remboursement ou aux garanties.

Droit d'opposition : En cas de scission, le droit d'opposition des créanciers non obligataires n'existe que s'il a été stipulé dans le traité de scission que les sociétés bénéficiaires ne seront tenues que du passif de la société scindée mis à la charge de chacune d'elles et sans solidarité entre elles (cas le plus fréquent) (C. com., art. L. 236-14, L. 236-21 et L. 236-23).

Titulaires : créanciers non obligataires de toutes les sociétés concernées par l'opération de fusion ou de scission dont la créance (qui doit en outre être certaine, liquide et exigible selon la Cour de cassation) est antérieure à la publicité du projet d'opération.

Exercice : devant le tribunal de commerce dans un délai de 30 jours à compter de la dernière insertion de l'avis relatif à la fusion ou à la scission, dans un journal d'annonces légales. Le tribunal peut, soit rejeter l'opposition, soit ordonner le remboursement des créanciers sous peine que la fusion leur soit inopposable, soit ordonner la constitution de garanties si la société absorbante ou bénéficiaire de la scission en offre de suffisantes.

Effet : l'opposition n'a pas pour effet d'interdire la poursuite des opérations de fusion ou de scission.

§ 5 - Sort des dirigeants

La dissolution de la société absorbée ou scindée fait automatiquement perdre leurs fonctions à ses dirigeants. Cependant, afin de faciliter ces opérations entre sociétés anonymes, la loi permet que le nombre de membres du conseil d'administration ou du conseil de surveillance puisse dépasser le nombre de dix-huit pendant un délai de trois ans à compter de la date de la fusion (sans excéder vingt-quatre). Les membres du directoire ne peuvent, en revanche, être plus de cinq (sept si la société est cotée).

§ 6 - Régime simplifié en cas de fusion-absorption d'une filiale détenue à 100 % ou à 90 % ou en cas de scission d'une filiale détenue à 100 %

A. Fusion d'une filiale à 100 %

Procédure assouplie si la société absorbante (société par actions ou SARL) détient 100 % des actions de l'absorbée : absence de consultation de l'assemblée de l'absorbée, absence d'intervention d'un commissaire à la fusion, absence de rapport du conseil d'administration. Depuis la loi du 17 mai 2011, il n'y aura pas lieu non plus à approbation de la fusion par l'AGE de la société absorbante ; toutefois, un ou plusieurs associés ou actionnaires de la société absorbante réunissant au moins 5 % du capital pourront demander en justice la désignation d'un mandataire aux fins de convoquer l'AGE de l'absorbante pour qu'elle se prononce sur l'approbation de la fusion (C. com. art. L 236-11). Cette « fusion simplifiée » ne doit pas être confondue avec la dissolution-confusion prévue par l'art. 1844-5 C. civ. (v. *supra*, p. 111).

B. Fusion d'une filiale à 90 %

La loi du 17 mai 2011 a prévu une nouvelle procédure simplifiée en cas de fusion d'une société par actions avec une filiale (égal. société par actions) détenue à 90 % (en droit de vote). Dans ce cas il n'y aura pas lieu à approbation de la fusion par l'AGE de l'absorbante (sauf demande en justice de la part de minoritaires, comme dans le cas d'une filiale à 100 %), ni à établissement des rapports du commissaire à la fusion et des dirigeants si les minoritaires de l'absorbante se voient proposer, préalablement à la fusion, le rachat de leurs actions par la société absorbante à un prix correspondant à la valeur de celles-ci (C. com. art. L 236-11-1).

C. Scission d'une filiale à 100 %

La loi de 2011 a également prévu qu'en cas de scission d'une société par actions détenue à 100 % par les sociétés bénéficiaires de la scission, il n'y aura pas lieu à intervention d'un commissaire à la scission et, sauf demande des minoritaires des sociétés bénéficiaires formée dans les mêmes conditions qu'en cas de fusion (*supra*), il n'y aura pas non plus à réunir les assemblées des sociétés participant à l'opération (C. com. art. L 236-11 sur renvoi de l'art. L. 236-16 modifié).

Chapitre 3 › RÉGIME JURIDIQUE DES APPORTS PARTIELS D'ACTIF (SOUMIS AU DROIT DES SCISSIONS)

> **› L'essentiel**
>
> *L'apport partiel d'actif est une opération d'apport comme les autres (sur les apports en nature, v.* supra, *p. 32). Mais les sociétés bénéficiaires et apporteuses (SA ou SARL) peuvent décider d'un commun accord de soumettre l'opération aux dispositions du Code de commerce relatives à la scission (C. com., art. L. 236-22 et L. 236-24), ce qui entraîne l'application du mécanisme du transfert universel du patrimoine ainsi que du régime fiscal de faveur.*
>
> *L'apport peut être réalisé au profit de sociétés anonymes préexistantes ou nouvelles. En revanche, s'agissant des SARL, la loi prévoit que le régime juridique des scissions ne s'applique qu'aux apports à des SARL.*

Section 1 › RÉALISATION DE L'APPORT PARTIEL D'ACTIF

Lorsque l'apport au profit d'une société existante est soumis au régime des scissions, sa réalisation comporte les étapes suivantes :

§ 1 - Projet de contrat d'apport partiel d'actif

- Arrêté par le conseil d'administration, le directoire ou les gérants des sociétés participantes.
- Dépôt au greffe du siège de chacune des sociétés.
- Insertion dans un journal d'annonces légales.
- Communication aux actionnaires (C. com., art. L. 236-19).
- Contient des mentions obligatoires (C. com., art. R. 236-1). Il doit décrire la branche d'activité apportée et les éléments d'actif et de passif devant être transmis.
- Doit faire l'objet d'une rédaction précise pour éviter des conflits ultérieurs relatifs aux éléments transmis.

§ 2 - Consultation du comité d'entreprise

De chacune des sociétés concernées, avant l'arrêté définitif du contrat d'apport.

§ 3 - Désignation du ou des commissaires à la scission

Dans les mêmes conditions que pour une scission, v. *supra*, p. 322.

§ 4 - Rapport écrit des dirigeants

De chacune des sociétés concernées, mis à la disposition des associés (dans les mêmes conditions que pour une scission, v. *supra*, p. 323).

§ 5 - Consultation des obligataires

C. com., art. L. 236-18 et L. 236-19. Dans les mêmes conditions que pour une scission, v. *supra*, p. 323.

§ 6 - Réunion d'une assemblée extraordinaire

Dans chacune des sociétés concernées, au cours de laquelle le ou les commissaires à la scission présentent un rapport sur la rémunération des apports.

§ 7 - Décision

Dans les conditions requises pour la modification des statuts (C. com., art. L. 236-2 et L. 237-8).

§ 8 - Droit d'opposition des créanciers non obligataires

Dans les mêmes conditions que pour une scission (C. com., art. L. 236-21 ; v. *supra*, p. 324 – seulement si la solidarité a été écartée, v. *infra*, p. 324).

§ 9 - Apport partiel d'actif simplifié

Depuis la loi du 17 mai 2011, en application de l'art. L. 236-16 sur renvoi de l'art. L. 236-22 C. com., la procédure de scission simplifiée (v. *supra*) doit également être étendue à l'apport partiel d'actif soumis au régime des scissions, lorsqu'une société apporte une partie de son actif à une autre société qui détient 100 % de son capital.

Section 2 › EFFETS DE L'APPORT PARTIEL D'ACTIF

§ 1 - Transmission universelle du patrimoine

• La Cour de cassation affirme que l'apport partiel d'actif placé sous le régime de scission emporte transmission universelle du patrimoine pour la branche d'activité faisant l'objet de l'apport (donc seulement pour les éléments actif et passif attachés à cette branche).

• Tout le régime de la transmission universelle du patrimoine s'applique alors, en ses règles et exceptions (v. *supra*, p. 315 et s.). Toutefois, le traité d'apport peut expressément exclure la transmission de certains actifs ou passifs, qui demeurent alors dans le patrimoine de l'apporteuse.

• Par ailleurs, la société apporteuse peut demeurer, dans certains cas, solidairement tenue des dettes transmises avec la société bénéficiaire (v. ci-après).

§ 2 - Absence de dissolution de la société apporteuse

À la différence des opérations de fusion ou scission, la société apporteuse n'est pas dissoute, et conserve sa personnalité morale.

§ 3 - Rémunération de l'apport par l'attribution de titres

À la différence des opérations de fusion ou scission, ce ne sont pas les associés de l'apporteuse qui perçoivent les titres représentatifs du capital de la société bénéficiaire, mais la société apporteuse elle-même. La société bénéficiaire devient de la sorte une filiale, exclusive ou commune, de la société apporteuse.

§ 4 - Solidarité des sociétés concernées

• Alors que l'art. L. 236-20 C. com. instaure, en matière de scission, une solidarité entre les sociétés bénéficiaires des apports de la société scindée, aucune disposition particulière ne prévoit l'adaptation de ces règles aux apports partiels d'actifs.
• La jurisprudence considère toutefois que, sauf dérogation prévue dans le traité d'apport, en cas d'apport partiel d'actif placé sous le régime des scissions, la société apporteuse reste solidairement obligée, avec la société bénéficiaire, au paiement des dettes transmises à cette dernière.
• En pratique, la solidarité est très fréquemment écartée. Dans ce cas, les créanciers non obligataires des sociétés concernées peuvent s'opposer à l'apport partiel d'actif dans les conditions et avec les effets prévus, en matière de fusion ou scission, par l'art. L. 236-14 (sur le droit d'opposition de ces créanciers, v. *supra*, p. 323).

Deuxième partie
LES GROUPES DE SOCIÉTÉS

Après avoir présenté, d'une manière générale, la situation et la problématique des groupes de sociétés (chapitre 1), il conviendra d'étudier successivement leurs modes de constitution (chapitre 2), les règles spéciales qui leur sont applicables (chapitre 3), les relations juridiques et financières qui peuvent se nouer entre les sociétés du groupe (chapitre 4) et, enfin, la situation des différents intérêts catégoriels concernés par l'existence du groupe (chapitre 5).

Nous terminerons en examinant les groupements d'intérêt économique, qui constituent une forme de personne morale particulière susceptible d'accueillir, de structurer et d'organiser une pluralité de sociétés et leurs relations (chapitre 6).

Chapitre 1 › VUES GÉNÉRALES SUR LES GROUPES DE SOCIÉTÉS

> **› L'essentiel**
> *On appelle « groupe de sociétés » l'ensemble constitué par plusieurs sociétés, ayant chacune une existence propre, mais unies entre elles par des liens divers en vertu desquels l'une d'elles, dite société mère, qui tient les autres sous sa dépendance, exerce un contrôle sur l'ensemble et fait prévaloir une unité de décision. Les groupes de sociétés présentent une grande diversité de situations. Il n'existe pas de réglementation d'ensemble des groupes de sociétés, de sorte que les dispositions juridiques et les solutions jurisprudentielles qui leur sont applicables sont nombreuses et hétérogènes.*

Section 1 › DIVERSITÉ DES SITUATIONS

§ 1 - Groupes reposant sur des liens contractuels

A. Existence

Les groupes de sociétés peuvent résulter de rapprochements contractuels entre différentes entreprises, indépendamment de tous liens capitalistiques.

B. Règles juridiques applicables

Les règles qui régissent ces regroupements sont tirées, non du droit des sociétés, mais du droit des contrats et des obligations. Deux ou plusieurs entreprises peuvent ainsi passer des accords pour réaliser tel ou tel objectif.

C. Intérêts de ces groupes

L'intérêt pratique de ce mode de regroupement réside notamment dans la souplesse contractuelle qui lui est attachée. La liberté contractuelle autorise une adaptation très facile aux besoins de la vie des affaires, grâce aux contrats traditionnels (mandat, louage, vente…) ou à la création de figures contractuelles spéciales (groupements momentanés d'entreprises, accords de coopération, accords de sous-traitance, accords d'approvisionnement ou de distribution, contrats de location-gérance de fonds de commerce…). L'autre avantage est la conservation de l'indépendance juridique des entreprises ainsi liées, même si des situations de dépendance économique peuvent exister.

§ 2 - Groupes reposant sur des liens capitalistiques

À côté de ces modes de regroupement, les entreprises peuvent nouer des liens financiers (ou capitalistiques) qui permettent, par des prises de participation, la constitution de groupes de sociétés, avec une société-mère (un holding), des filiales et des sous-filiales. Les groupes de sociétés ainsi constitués sont ceux qui seront examinés ci-après.

§ 3 - Typologie des groupes de sociétés

A. Typologie – économique – reposant sur les finalités poursuivies

- Concentration verticale (assurer la fabrication d'un produit depuis l'extraction des matières premières jusqu'à la vente aux consommateurs).
- Concentration horizontale (recherche d'un monopole au stade de la production).
- Conglomérats (activités diversifiées menées en parallèle, sans liens entre elles).

B. Typologie – juridique – reposant sur les structures utilisées

- Groupe de type pyramidal : une société a des participations dans un certain nombre de sociétés qui, à leur tour, en détiennent dans d'autres, et ainsi de suite.
- Groupe de type radial : une même société détient des participations dans plusieurs sociétés distinctes. Elle est en quelque sorte au centre de ces sociétés organisées autour d'elle, mais qui demeurent financièrement isolées les unes des autres.
- Groupe de type circulaire : la société A participe au capital d'une société B, qui détient une participation dans la société C, laquelle est elle-même présente dans le capital de la société A.

Section 2 › NORMES JURIDIQUES APPLICABLES

§ 1 - En droit interne

L'expression « groupe de sociétés » a une signification plus économique que juridique.

Jusqu'à ce jour, il n'y a jamais eu, en droit français, de réglementation d'ensemble des groupes de sociétés, bien que plusieurs projets en ce sens aient été développés dans le passé, sans aboutir.

Les dispositions juridiques et les solutions jurisprudentielles qui leur sont applicables sont de plus en plus nombreuses, mais restent donc hétérogènes. Ainsi, les règles juridiques applicables au groupe se situent aussi bien dans le droit des sociétés que dans le droit du travail, le droit fiscal ou celui des procédures collectives.

Ces dispositions légales éparses reposent souvent sur une sorte de définition du groupe qui leur est propre, permettant la délimitation de leur champ d'application. Cette définition n'est cependant nullement homogène, plusieurs textes différents venant ainsi définir, pour le domaine concerné, la notion de groupe et de contrôle.

§ 2 - Dans le cadre international

Les groupes de sociétés peuvent soulever des conflits de lois dans la mesure où ils ne sont pas, s'ils ont une nature internationale, soumis à une loi nationale unique. Pour qu'il en soit autrement, il faudrait que la nationalité des sociétés (sur laquelle v. *supra*, p. 41) soit déterminée au moyen du critère du contrôle : en ce cas, en effet, la nationalité de la société mère déterminerait corrélativement celle de ses différentes filiales.

Or, si ce système a pu être préconisé par certains, il est très généralement écarté au profit – comme en droit français – du critère du siège social. Dès lors, le groupe international de sociétés va mettre en présence autant de lois qu'il y a de pays accueillant les sièges sociaux, sauf les quelques hypothèses où prévaut exceptionnellement le critère subsidiaire du contrôle.

Il est possible que des difficultés surviennent dans le choix des lois compétentes pour régir une situation donnée ou dans l'articulation des lois applicables entre elles.

§ 3 - Règles de concurrence

La constitution, comme d'ailleurs la vie ultérieure, d'un groupe de sociétés est de nature à fausser éventuellement le jeu de la concurrence.

Le Code de commerce prévoit, au plan interne, un contrôle des concentrations et une réglementation des ententes et abus de position dominante.

Par ailleurs, au plan européen, un contrôle des concentrations est également opéré, permettant à la Commission d'empêcher des concentrations qui restreindraient exagérément le jeu de la concurrence au sein de l'Espace économique commun.

Section 3 › PRINCIPE FONDAMENTAL D'AUTONOMIE

Le groupe de sociétés n'est pas lui-même un sujet de droit, il n'a pas la personnalité morale. Corrélativement, chacune des sociétés qui le composent économiquement est, en droit, autonome. La jurisprudence est, à cet égard, très nette, qui affirme cette indépendance juridique, en dépit – le cas échéant – d'une identité de dirigeants ou d'une identité d'associés, de siège ou de sigle.

Toutefois, ce principe fondamental connaît de nombreuses limites. Ainsi, les juges n'hésitent pas, au gré des espèces, à les écarter, par ex. dans le cadre d'une procédure collective, d'un litige du travail ou encore d'une instance pénale.

Les juges ont également fait émerger la notion d'intérêt de groupe (notamment sur le terrain des abus de bien sociaux commis au sein du groupe). Ils ont été rejoints par la loi du 15 mai 2001 qui est venue autoriser, « *au regard de l'intérêt du groupe* », une expertise de gestion réclamée par des actionnaires de la société mère sur des opérations accomplies dans la filiale (C. com., art. L. 225-231, al. 1er).

Chapitre 2 › CONSTITUTION DES GROUPES DE SOCIÉTÉS

› L'essentiel

Les modalités de constitution d'un groupe de sociétés sont diverses. Mais on constate fréquemment l'existence d'une société dominante, que l'on peut qualifier de « société-mère », ou, selon une terminologie anglo-saxonne, de « holding ».

Section 1 › DIVERSITÉ DES MODALITÉS DE CONSTITUTION DES GROUPES

Les modalités de constitution d'un groupe de sociétés sont fort diverses. Mais, de façon générale, on peut cependant les regrouper autour de deux grandes hypothèses :

§ 1 - Prises de participations dans des sociétés existantes

Dans cette première série de cas, on peut citer :
– l'acquisition de parts sociales ou d'actions, permettant une prise de contrôle (v. *supra*, p. 55), cette acquisition pouvant se faire sur les marchés réglementés (v. *infra*, p. 368 et s.) ;
– la souscription à une augmentation de capital, à l'occasion de laquelle les actionnaires en place renoncent à l'exercice de leur droit préférentiel de souscription pour permettre l'arrivée du nouvel actionnaire ; cette augmentation de capital peut, au demeurant, s'effectuer par un apport en nature et, en particulier, par un apport partiel d'actif (v. *supra*, p. 326).

§ 2 - Création de sociétés nouvelles

La formation du groupe peut se traduire aussi par la création de nouvelles sociétés. C'est le cas dans le cadre d'une scission : la scission d'une société est souvent inspirée par la société qui la contrôlait déjà et qui, à la suite d'une opération de croissance et de réorganisation, souhaite que la société contrôlée éclate en plusieurs personnes morales indépendantes. La société dominante détient, à l'issue de l'opération, des actions des différentes sociétés résultant de la scission et peut donc les contrôler (v. *supra*, p. 313 et s.).

Section 1 › PRÉSENCE D'UN HOLDING

§ 1 - Vues générales sur les holdings

Le rôle de société dominante dans un groupe est souvent joué par une société holding, qui détient des participations dans d'autres sociétés, les contrôle et les dirige sur le plan économique, par ex. à travers des conventions d'assistance et de conseil (sur lesquelles v. *infra*, p. 351).

L'objet de cette société pourra être uniquement la prise et la gestion des participations dans d'autres sociétés. Mais elle peut avoir elle-même une activité industrielle ou commerciale propre à laquelle s'ajoute donc le contrôle du groupe.
Elle se distingue de la société de portefeuille qui n'intervient pas dans la gestion des sociétés dont elle détient des titres, se contentant d'effectuer un placement.

§ 2 - Différents types de holdings

On peut distinguer plusieurs types de holding, en fonction de leur mode de constitution ou de leur finalité :

A. Holding « par le haut »

L'objectif est de coiffer les sociétés dont on détient le contrôle par apport de leurs titres à la holding, créée *ad hoc*. Ce peut être un moyen de sécuriser un contrôle familial en interposant une société « de gestion » entre les associés et la société d'exploitation.

B. Holding « par le bas »

Une société se sépare de sa ou ses branches d'activité en en faisant apport (not. par apport partiel d'actif placé sous régime de scission, v. *supra*, p. 327) à une ou plusieurs sociétés nouvelles, qui deviennent les filiales de la société d'origine, laquelle reçoit les titres de la filiale bénéficiaire des apports et devient ainsi un holding. Si la société mère se sépare de toutes ses branches d'activité, elle sera qualifiée d'holding pur. Si elle conserve une activité (comptabilité, location d'immeubles, concession de brevet ou marque, conseil, etc.), elle sera dite holding impur.

C. Holding de rachat ou de reprise

Généralement créés *ex nihilo*, par simples apports de capitaux de la part d'investisseurs dont l'objectif est de racheter tout ou partie des titres d'une société cible. On les rencontre not. dans les opérations de *Leverage Buy Out* (LBO), qui sont des mécanismes d'acquisition d'entreprise avec effet de levier (levier financier, juridique, fiscal).

D. Holding familial

Créé par un chef d'entreprise pour organiser sa succession de façon à transmettre le contrôle de la société à tel enfant, sans pour autant nuire aux autres. Le holding familial est souvent créé « par le haut » (v. ci-dessus).

Chapitre 3 › RÈGLES SPÉCIALES APPLICABLES AUX GROUPES DE SOCIÉTÉS

› L'essentiel

Il existe tout d'abord un régime légal encadrant spécifiquement les relations capitalistiques conduisant à des liens de filialisation ou de participation. Il existe également un régime comptable propre aux groupes de sociétés, dit de « consolidation des comptes ». Enfin, le législateur a procuré aux groupes de sociétés un régime fiscal particulier.

Section 1 › RÉGIME LÉGAL DES FILIALES ET PARTICIPATIONS

§ 1 - Définitions

A. Filiales

Lorsqu'une société possède plus de la moitié du capital d'une autre société, la seconde est considérée comme filiale de la première (C. com., art. L. 233-1).

Corrélativement, une société détentrice de plus de la moitié du capital d'une autre société est considérée comme société mère de celle-ci.

B. Participations

D'une manière générale, il y a participation toutes les fois qu'une société acquiert une partie du capital d'une autre société, par achat de parts ou d'actions de cette dernière. Cependant, la loi donne à la notion de participation des contours plus précis, en fonction du pourcentage de la fraction détenue du capital d'une autre société.

Lorsqu'une société possède, dans le capital d'une autre société, une fraction comprise entre 10 % et 50 %, la première est considérée comme ayant une participation dans la seconde (C. com., art. L. 233-2).

Tous les moyens et techniques offerts par le droit des sociétés peuvent être utilisés pour réaliser des prises de participation (création d'une société nouvelle, apport partiel d'actif, souscription à une augmentation de capital, acquisition de titres de gré à gré ou en bourse).

C. Contrôle

Contrôler une société, c'est exercer une influence déterminante sur sa gestion (sur le contrôle v. égal. *supra*, p. 55).

Une définition légale du contrôle est donnée par l'art. L. 233-3 C. com. Elle ne vaut en principe que pour l'application des dispositions relatives aux notifications et informations sur les participations significatives, aux participations réciproques et à la réglementation de l'autocontrôle. Mais parfois d'autres dispositions légales y renvoient.

Par ailleurs, une autre définition du contrôle est fournie par l'art. L. 233-16 C. com. relatif aux comptes consolidés (v. *infra*, p. 344 et s.).

L'art. L. 233-3 C. com. prévoit plusieurs situations de contrôle :

1. Contrôle établi (contrôle de droit ou de fait)

L'art. L. 233-3, I, C. com. précise qu'une société est considérée comme en contrôlant une autre dans l'une des situations suivantes :
– lorsqu'elle détient, directement ou indirectement, une fraction du capital lui conférant la majorité des droits de vote dans les assemblées générales de cette société (ce contrôle de droit est la situation la plus sûre. La société dominante détient plus de 50 % des droits de vote et est donc en mesure d'imposer sa volonté à la société dominée) ;
– lorsqu'elle dispose seule de la majorité des droits de vote dans cette société en vertu d'un accord conclu avec d'autres associés ou actionnaires et qui n'est pas contraire à l'intérêt de la société (ce contrôle repose sur des accords contractuels, not. conventions de vote ou de portage, v. *supra*, p. 90) ;
– lorsqu'elle détermine en fait, par les droits de vote dont elle dispose, les décisions dans les assemblées générales de cette société, ce contrôle de fait résulte de circonstances permettant de prendre les décisions dans les assemblées sans être mathématiquement majoritaire (not. en raison d'une large diffusion des titres dans le public, comme cela est souvent le cas dans les sociétés cotées) ;
– lorsqu'elle est associée ou actionnaire de cette société et dispose du pouvoir de nommer ou de révoquer la majorité des membres des organes d'administration, de direction ou de surveillance de cette société (ajouté par L. 26 juill. 2005 pour tenir compte not. des aménagements contractuels pouvant exister dans une SAS, v. *supra*, p. 286 et s.).

2. Contrôle présumé

Une société est présumée en contrôler une autre « lorsqu'elle dispose, directement ou indirectement, d'une fraction des droits de vote supérieure à 40 % et qu'aucun autre associé ou actionnaire ne détient directement ou indirectement une fraction supérieure à la sienne » (C. com., art. L. 233-3, II). Cette présomption de contrôle est une présomption simple, susceptible d'être renversée par la preuve contraire.

3. Contrôle conjoint

La loi prévoit que « pour l'application des mêmes sections du présent chapitre, deux ou plusieurs personnes agissant de concert sont considérées comme en contrôlant conjointement une autre lorsqu'elles déterminent en fait les décisions prises en assemblée générale » (C. com., art. L. 233-3, III. – Sur l'action de concert, v. *infra*, p. 339).

4. Modalités d'appréciation du contrôle dans tous les cas

Le contrôle peut être direct ou indirect :
Toute participation, même inférieure à 10 %, détenue par une société contrôlée est considérée comme détenue indirectement par la société qui contrôle cette société (C. com., art. L. 233-4).
L'art. L. 233-3 C. com. se réfère aux droits de vote pour déterminer chaque situation de contrôle.
Les situations de contrôle ne sont pas figées. La notion de contrôle étant révisable, il doit être tenu compte :
– des modifications du capital ;
– des attributions de droits de vote double ;
– des transactions effectuées entre actionnaires.

§ 2 - Réglementation des participations réciproques et de l'autocontrôle

A. Objectif de la réglementation

• Le législateur encadre les participations réciproques parce qu'elles peuvent conduire à deux sortes d'abus :
– gonflement apparent de l'actif des sociétés en cause : une partie de l'actif de chacune est représentée par la valeur de ses propres titres. En cas de procédure collective, les valeurs d'actif de chacune des deux sociétés imbriquées n'ont de consistance que par l'existence de l'autre société et les créanciers sociaux de l'une et de l'autre voient s'évanouir totalement leurs garanties ;
– autocontrôle des sociétés : verrouillage des positions des dirigeants s'ils peuvent voter dans les assemblées de leur société avec les actions de cette société détenue par la société contrôlée.

• Champs d'application de la réglementation :
– la réglementation sur les participations réciproques ne s'applique que si au moins une société par actions est en cause et si les sociétés concernées ont leur siège social en France ;
– celle relative à l'autocontrôle ne s'applique que si la société mère est une société par actions, cotée ou non, et qu'elle a son siège sur le territoire français.

B. Réglementation des participations réciproques directes

Deux situations sont à envisager, selon que les sociétés concernées soient toutes des sociétés par actions ou l'une d'elles seulement.

1. Participations réciproques entre sociétés par actions

Principe : une société par actions dont une fraction supérieure à 10 % de son capital est détenue par une autre société par actions ne peut posséder d'actions de celle-ci (C. com., art. L. 233-29, al. 1er).

Régularisation : à défaut d'accord entre les sociétés intéressées pour régulariser leur situation, celle qui détient la fraction la plus faible du capital doit aliéner son investissement. Si les investissements sont de même importance, chacune des sociétés doit réduire le sien de telle sorte qu'il n'excède pas 10 % du capital de l'autre (C. com., art. L. 233-29). L'aliénation doit être effectuée dans le délai d'un an.

Sanctions : La société ne peut exercer le droit de vote attaché aux actions concernées durant le délai de régularisation. Les dirigeants ne mettant pas fin aux irrégularités relatives à ces participations réciproques sont passibles de sanctions pénales.

2. Participations réciproques entre une société par actions et une autre société

Principe :

• Une société autre qu'une société par actions dont une fraction supérieure à 10 % de son capital appartient à une société par actions ne peut détenir d'actions émises par cette dernière (C. com., art. L. 233-30, al. 1er). Il s'agit ici d'une interdiction pure et simple.

• Une société autre qu'une société par actions dont une fraction égale ou inférieure à 10 % de son capital appartient à une société par actions ne peut détenir une fraction supérieure à 10 % des actions émises par cette dernière (C. com., art. L. 233-30, al. 3).

Régularisation :

• Les participations interdites ou excédentaires doivent être aliénées dans le délai d'un an à compter de la date à laquelle elles sont entrées dans le patrimoine social.

• La participation réciproque née d'une fusion n'est pas illégale si elle est régularisée dans l'année. Mais, les actionnaires doivent être suffisamment informés.

Sanctions : les actions sont privées du droit de vote jusqu'à leur aliénation (C. com., art. L. 233-30 et R. 233-18). Les dirigeants ne mettant pas fin aux irrégularités relatives à ces participations réciproques sont passibles de sanctions pénales, v. ci-après.

C. Réglementation de l'autocontrôle (participations réciproques indirectes)

Définition : l'autocontrôle est le moyen, pour une société, d'assurer son propre contrôle par l'intermédiaire d'une ou de plusieurs autres sociétés dont elle détient, directement ou indirectement, en droit ou en fait, le contrôle.
Les actions ou parts détenues par les sociétés contrôlées dans la société mère sont qualifiées d'actions ou de parts d'autocontrôle.

1. Suppression des droits de vote attachés aux actions d'autocontrôle

Lorsque des actions ou des droits de vote d'une société sont possédés par une ou plusieurs sociétés dont elle détient directement ou indirectement le contrôle, les droits de vote attachés à ces actions ou ces droits de vote ne peuvent être exercés à l'assemblée générale de la société. Il n'en est pas tenu compte pour le calcul du quorum (C. com., art. L. 233-31).

2. Sanctions

a) Sanctions pénales : en ce qui concerne les participations prohibées, les infractions aux art. L. 233-29C. com., L. 233-29, L. 233-30 ou L. 233-31 C. com. commises par les organes sociaux de gestion, de direction ou d'administration, sont sanctionnées d'une amende de 18 000 € au plus (C. com., art. L. 247-3).

b) Sanctions civiles : bien que l'art. L. 233-31 C. com. ne le prévoit pas, le caractère impératif du texte implique que sa violation peut provoquer la nullité de la délibération irrégulièrement votée, mais uniquement s'il s'agit d'une décision ne modifiant pas les statuts (C. com., art. L. 235-1, al. 2). Sauf fraude.

§ 3 - Information sur les liens de filiation et les participations – déclaration de franchissement de seuils

Il existe deux sources des obligations de déclaration de franchissement de seuils. Une source légale et une source statutaire. Il existe également des obligations de notifications des participations à la charge des sociétés contrôlées elles-mêmes, ainsi que des devoirs d'information sur le même sujet au bénéfice des associés.

A. Obligation légale de déclaration de franchissement de seuils

1. Régime de l'obligation légale de déclaration

a) Déclaration à la société détenue :

• Cette réglementation ne s'applique qu'aux actions d'une société ayant son siège sur le territoire français et qui sont admises aux négociations sur un marché réglementé d'un État partie à l'accord sur l'Espace économique européen.

• Elle s'impose à toute personne physique ou morale agissant seule ou de concert qui vient à posséder un nombre d'actions représentant plus du vingtième (5 %), du dixième (10 %), des trois vingtièmes (15 %), du cinquième (20 %), du quart (25 %), des trois dixièmes (30 %), du tiers (33,3 %), de la moitié (50 %), des deux tiers (66,6 %), des dix-huit vingtièmes (90 %) ou des dix-neuf vingtièmes (95 %) du capital ou des droits de vote de cette société.

• L'obligation consiste à informer la société, au plus tard avant la clôture des négociations du 4e jour de bourse suivant le jour du franchissement de seuil, du nombre total d'actions ou de droits de vote possédés (C. com., art. L. 233-7, I).

• Les mêmes informations doivent être données lorsque la participation au capital ou en droit de vote devient inférieure à l'un de ces seuils.

• Sont assimilés aux actions ou aux droits de vote possédés par la personne tenue à l'information, divers instruments financiers (not. dérivés ou optionnels).

b) Obligation particulière de déclaration d'intention :

• À la charge de l'acquéreur de plus du dixième ou du cinquième du capital ou des droits de vote d'une société dont les actions sont admises aux négociations sur un marché réglementé.

• Celui-ci est tenu de déclarer les objectifs qu'il a l'intention de poursuivre au cours des six mois à venir (C. com., art. 233-7, VII ; par ex. arrêter les achats ou les poursuivre, acquérir ou non le contrôle de la société, demander des postes d'administrateur, de membre du directoire ou du conseil de surveillance, etc.).

• Elle est adressée à la société dont les actions ont été acquises et à l'AMF dans un délai de dix jours de bourse. Cette information est portée à la connaissance du public dans les conditions fixées par le règlement général de l'Autorité des marchés financiers.

• En cas de changement d'intention, lequel ne peut être motivé que par des modifications importantes dans l'environnement, la situation ou l'actionnariat des personnes concernées, une nouvelle déclaration doit être établie, communiquée à la société et à l'AMF et portée à la connaissance du public dans les mêmes conditions (C. com., art. L. 233-7, al. 7).

• Le Code a assorti cette obligation de déclaration d'intention de diverses sanctions civiles (v. ci-après).

• En outre, s'appliquera également à cette déclaration d'intention la sanction pénale prévue par l'art. L. 247-2, al. 1er, C. com. (v. *infra*, p. 341).

c) Prise en compte d'une action de concert :

L'art. L. 233-10, III, du Code de commerce dispose que « *les personnes agissant de concert sont tenues solidairement aux obligations qui leur sont faites par les lois ou les règlements* » soit, notamment, aux obligations de déclaration de franchissement de seuil (*cf.* C. com., art. L. 233-7) et, le cas échéant, de dépôt d'un projet d'offre publique (v. *infra*, p. 385).

• Notion d'action de concert : sont considérées comme agissant de concert les personnes qui ont conclu un accord en vue d'acquérir, de céder ou d'exercer des droits de vote, pour mettre en œuvre une politique commune vis-à-vis de la société ou pour obtenir le contrôle de cette société (C. com. art. L. 233-10, I).

• Présomptions d'action de concert : L'art. L. 233-10, II, C. com. édicte quatre cas dans lesquels un accord traduisant une action de concert est présumé exister :
– entre une société, le président de son conseil d'administration et ses directeurs généraux ou les membres de son directoire ou ses gérants ;
– entre une société et les sociétés qu'elle contrôle au sens de l'art. L. 233-3 C. com. (concert vertical) ;
– entre des sociétés contrôlées par la même ou les mêmes personnes (concert horizontal) ;
– entre les associés d'une société par actions simplifiée et des sociétés que celle-ci contrôle.
La présomption d'action de concert constitue une présomption simple susceptible d'être renversée par la preuve contraire

d) Information de l'autorité des marchés financiers :
Parallèle à l'information de la société elle-même ; l'art. L. 233-7, II, C. com. précise que la personne tenue à déclaration informe également l'AMF, dans un délai et selon des modalités fixés par son règlement général, à compter du franchissement du seuil de participation, lorsque les actions de la société sont admises aux négociations sur un marché réglementé. Cette information est portée à la connaissance du public dans les conditions fixées par le règlement général de l'AMF.

2. Sanctions de l'obligation légale de déclaration

a) Privation automatique du droit de vote :
À défaut d'avoir été régulièrement déclarées dans les conditions prévues aux I et II de l'art. L. 233-7, les actions excédant la fraction qui aurait dû être déclarée, lorsqu'elles sont admises aux négociations sur un marché réglementé d'un État partie à l'accord sur l'Espace économique européen, sont automatiquement privées de droit de vote pour toute assemblée d'actionnaires qui se tiendrait jusqu'à l'expiration d'un délai de deux ans suivant la date de régularisation de la notification (C. com., L. 233-14, al. 1er).

b) Régularisation :
La question se pose de savoir si une déclaration de franchissement d'un certain seuil peut permettre d'échapper à la sanction de la privation automatique des droits de vote en constituant la régularisation d'un franchissement antérieur de seuil qui, lui, n'avait pas été accompagné de la déclaration requise. La réponse n'est pas clairement tranchée.

c) Suspension judiciaire du droit de vote :
Le non-respect de l'obligation de déclaration d'un franchissement de seuil peut être également sanctionné par le tribunal de commerce dans le ressort duquel la société a son siège social (C. com., art. L. 233-14, al. 4).

La procédure applicable résulte d'une saisine émanant :
– du président de la société ;
– ou d'un actionnaire ;
– ou de l'AMF.

La sanction (facultative et non plus automatique) que peut prononcer le tribunal est particulièrement sévère puisqu'est encourue la suspension totale ou partielle, pour une durée ne pouvant excéder cinq ans, de l'ensemble des droits de vote (et non plus seulement la partie excédentaire à un seuil non déclaré) de l'actionnaire n'ayant pas procédé aux déclarations de franchissement de seuil dans les conditions prévues par les dispositions de l'art. L. 233-7 C. com.

d) Sort des délibérations prises en dépit de la privation automatique ou de la suspension judiciaire du droit de vote :

Ces délibérations sont en principe nulles, d'une nullité facultative (C. com., art. L. 235-2-1).

e) Sanctions pénales :

Les personnes physiques, les présidents, les administrateurs, les membres du directoire, les gérants ou les directeurs généraux des sociétés qui, sciemment, s'abstiennent de procéder aux informations prévues par l'art. L. 233-7 C. com. seront punis d'une amende de 18 000 € au plus (C. com., art. L. 247-2, I).

Pour les sociétés qui offrent leurs titres au public, les poursuites ne peuvent être intentées qu'après demande d'avis à l'AMF (C. com., art. L. 247-2, V).

B. Obligation statutaire de déclaration de franchissement de seuils

1. Principe de l'obligation d'information

Les statuts des sociétés par actions – cotées ou non – peuvent prévoir une obligation supplémentaire d'information portant sur la détention de fractions du capital ou des droits de vote inférieurs à celle du vingtième (5 %) prévue par la loi (C. com., art. L. 233-7, III).

L'obligation d'information porte en principe sur la détention de chacune de ces fractions, mais qui ne peuvent être inférieures à 0,5 % du capital ou des droits de vote (C. com., art. L. 233-7, III). Cependant, une interprétation plus large de ce texte pourrait conduire à considérer que les obligations statutaires d'information sont imposées même en deçà du seuil légal de 5 %, et pourraient aller jusqu'à 100 % du capital ou des droits de vote, chaque acquisition à déclarer ne pouvant être inférieure à 0,5 %.

En pratique, cette obligation statutaire n'a d'intérêt que pour les sociétés cotées qui souhaitent mieux se protéger contre les prises de participation hostiles (sur les défenses anti-OPA, v. *infra*, p. 397 et s.).

2. Régime de l'information

L'information prévue par les statuts est décrite dans l'art. L. 233-7 C. com. organisant l'information légale et devrait être soumise au même régime que cette dernière.

L'information supplémentaire doit, en principe, être donnée dans le même délai de quinze jours que l'information légale, sauf délai plus court prévu par les statuts. Elle doit être également fournie en cas de désinvestissement correspondant à la fraction statutaire.

3. Sanctions

L'inobservation des dispositions statutaires relatives à une obligation d'information en cas de franchissement de seuils autres que ceux fixés par la loi n'entraîne aucune sanction pénale.

En cas de non-respect de cette obligation supplémentaire, les sanctions prévues pour l'obligation légale de déclaration de franchissement de seuil par l'art. L. 233-14, al. 1er et 2, C. com. (v. *supra*, p. 338 et s.) peuvent être applicables :

– si la sanction a été prévue dans les statuts ;

– si la sanction est demandée, avec consignation dans le procès-verbal de l'assemblée générale, par un ou plusieurs actionnaires détenant une fraction du capital ou des droits de vote de la société émettrice au moins égale à la plus petite fraction du capital ou des droits de vote dont la détention doit être déclarée, ce pourcentage ne pouvant pas être supérieur à 5 % (C. com., art. L. 233-7, VI).

C. Obligation de notification des participations à la charge des sociétés contrôlées

Pour faciliter l'application des dispositions relatives à l'autocontrôle, la loi impose aux sociétés contrôlées (quelle que soit leur forme juridique), directement ou indirectement par une société par actions, de notifier à cette dernière et à chacune des sociétés participant au contrôle le montant des participations – et leur variation – qu'elle détient, directement ou indirectement, dans leur capital respectif, quel que soit leur montant, même si celui-ci est inférieur à 10 % (C. com., art. L. 233-12).

D. Informations sur les participations au bénéfice des associés

1. Informations sur les participations significatives

• Dans toutes les sociétés commerciales, quelle que soit leur forme juridique, le rapport annuel de gestion doit mentionner toute prise de participation, entraînant un franchissement de seuil, dans une société ayant son siège en France.

• Le rapport de gestion doit également mentionner la prise de contrôle, directe ou indirecte, d'une autre société, même située à l'étranger (C. com., art. L. 233-6, al. 1er).

2. Activité des filiales et des sociétés contrôlées

Dans toutes les sociétés commerciales, le rapport de gestion doit rendre compte de l'activité et des résultats de l'ensemble de la société, des filiales de la société et des sociétés qu'elle contrôle (directement ou indirectement) par branche d'activité. Si la société établit et publie des comptes consolidés, ces informations peuvent figurer dans le rapport de gestion du groupe (C. com., art. L. 233-6, al. 2).

3. Informations sur la répartition du capital

Sur la base des informations reçues en application des art. L. 233-7 et L. 233-12 C. com. (informations et notifications sur les prises de participation et sur le montant des participations, v. *supra*), les sociétés par actions doivent informer leurs actionnaires sur la répartition de leur capital (not. identité des actionnaires).

4. Informations relatives aux participations réciproques

Le rapport annuel doit informer les associés ou les actionnaires des aliénations d'actions effectuées pour régulariser les situations de participations croisées illicites (C. com., art. R. 233-19). Dans les sociétés par actions, le rapport annuel doit informer les actionnaires de l'avis d'acquisition d'une participation supérieure à 10 % du capital d'une autre société par actions.

5. Rapport des commissaires aux comptes

Le rapport général des commissaires aux comptes doit mentionner :
– les prises de participations significatives dans d'autres sociétés ou les prises de contrôle (C. com., art. L. 233-6) ;
– dans les sociétés par actions, les informations relatives à la répartition du capital et à l'autocontrôle (C. com., art. L. 233-13) ;
– les aliénations d'actions et les avis de prises de participation intervenues au cours de l'exercice écoulé (C. com., art. R. 233-19).

6. Tableau des filiales et participations

Le conseil d'administration, le directoire ou les gérants des sociétés ayant des filiales ou des participations doivent annexer au bilan un tableau faisant apparaître la situation des filiales et des participations (C. com., art. L. 233-15).

7. Sanctions

• S'exposent à un emprisonnement de deux ans au plus et à une amende maximale de 9 000 € (C. com., art. L. 247-1) les présidents, administrateurs, membres du directoire, directeurs généraux ou gérants de toute société qui :
– n'auront pas fait mention dans le rapport annuel, présenté aux associés sur les opérations de l'exercice, d'une prise de participation dans une société ayant son siège social sur le territoire de la République française représentant plus du vingtième, du dixième, du cinquième, du tiers, de la moitié ou des deux tiers du capital ou des droits de vote aux assemblées générales de cette société ou de la prise de contrôle d'une telle société ;
– n'auront pas, dans le même rapport, rendu compte de l'activité et des résultats de l'ensemble de la société, des filiales de la société et des sociétés qu'elle contrôle par branche d'activité ;
– n'auront pas annexé au bilan le tableau des filiales et participations.
Ces peines seront applicables aux commissaires aux comptes qui n'auront pas mentionné dans leur rapport les prises de participation significatives ou les prises de contrôle dans des sociétés ayant leur siège en France.

• Seront punis d'une amende de 18 000 € au plus les dirigeants d'une société par actions qui auront omis de faire mention, dans le rapport présenté aux actionnaires sur les opérations de l'exercice, de l'identité des personnes détenant des participations significatives dans cette société, des modifications intervenues au cours de l'exercice, du nom des sociétés contrôlées et de la part du capital de la société que ces sociétés détiennent, dans les conditions prévues par l'art. L. 233-13 C. com.

Les mêmes peines seront applicables, le cas échéant, aux commissaires aux comptes pour défaut de ces mentions dans leur rapport, si ces informations n'ont pas été fournies dans le rapport de gestion des dirigeants.

Section 2 › RÉGIME COMPTABLE DES GROUPES DE SOCIÉTÉ (CONSOLIDATION DES COMPTES)

Les sociétés commerciales, quelle que soit leur forme, placées à la tête d'un groupe doivent, indépendamment de leurs comptes annuels, établir et publier des comptes consolidés (C. com., art. L. 233-16 et s.).

§ 1 - Obligation de consolidation des comptes

A. Sociétés concernées

L'obligation de consolidation s'applique lorsque la société dominante exerce un des types de contrôle suivants :

1. Contrôle exclusif

Peut exister dans l'une des situations suivantes (C. com., art. L. 233-16, II) :
– détention directe ou indirecte de la majorité des droits de vote dans une autre société (contrôle exclusif de droit) ;
– désignation, pendant deux exercices successifs, de la majorité des membres des organes d'administration, de direction ou de surveillance d'une autre société. La société consolidante est présumée avoir effectué cette désignation lorsqu'elle a disposé, au cours de cette période, dans l'autre société, directement ou indirectement, d'une fraction supérieure à 40 % des droits de vote et qu'aucun autre associé ou actionnaire ne détient, directement ou indirectement, une fraction supérieure à la sienne (contrôle exclusif de fait) ;
– droit d'exercer une influence dominante sur une société en vertu d'un contrat ou de clauses statutaires, lorsque le droit applicable le permet (contrôle exclusif contractuel).

2. Contrôle conjoint

Partage du contrôle d'une société par un nombre limité d'associés ou d'actionnaires, de sorte que les décisions résultent de leur accord (C. com., art. L. 233-16, III).

3. Influence notable

L'influence notable sur la gestion et la politique financière d'une société est présumée lorsqu'une société dispose, directement ou indirectement, d'une fraction au moins égale à 20 % des droits de vote d'une autre (C. com., art. L. 233-16, IV).

B. Exemption de l'obligation de consolidation

Ces exemptions ne s'appliquent pas aux sociétés dont les actions sont admises aux négociations sur un marché réglementé.

1. Groupes déjà contrôlés (C. com., art. L. 233-17, 1°)

Les sociétés concernées (visées ci-dessus) sont elles-mêmes sous le contrôle d'une entreprise qui les inclut dans ses propres comptes consolidés, dûment publiés. Cette exemption suppose qu'un ou plusieurs actionnaires ou associés de la société contrôlée, représentant au moins 10 % de son capital social, ne s'y opposent pas.

2. Groupes de petite taille (C. com., art. L. 233-17, 2°)

L'ensemble constitué par la société mère et les sociétés qu'elle contrôle ne dépasse pas certains seuils (prévus par l'art. L. 123-16) pendant deux exercices successifs, sur la base des derniers comptes annuels arrêtés.

§ 2 - Méthode et périmètre de consolidation des comptes

A. Méthode

Trois méthodes peuvent être retenues, suivant le type de contrôle exercé par la société dominante (C. com., art. L. 233-18) :
– consolidation par intégration globale : pour les sociétés placées sous le contrôle exclusif de la société consolidante (prise en compte de tous les éléments de patrimoine et d'exploitation des sociétés contrôlées, après retraitements) ;
– consolidation par intégration proportionnelle : pour les sociétés contrôlées conjointement (prise en compte des éléments de patrimoine de chacune des sociétés participantes au prorata des intérêts détenus) ;
– consolidation par mise en équivalence : pour les sociétés sur lesquelles la société consolidante exerce une influence notable (comptabilisation à l'actif du bilan de la quote-part de capitaux propres représentée par les titres de la société sous influence, et non du coût d'acquisition de ces titres).

B. Périmètre

Principe : toutes les filiales et participations placées sous le contrôle exclusif, conjoint ou sous l'influence notable de la société dominante sont comprises dans le périmètre de consolidation.

Exceptions :

• Exceptions de droit : une filiale ou une participation doit être laissée en dehors de la consolidation lorsque des restrictions sévères et durables remettent en cause substantiellement le contrôle ou l'influence exercés par la société consolidante ou les possibilités de transfert de fonds par celles-ci (C. com., art. L. 233-19, I).

• Exceptions facultative : peuvent être laissées en dehors de la consolidation les filiales ou participations lorsque, par ex., leurs actions ou parts ne sont détenues qu'en vue de leur cession ultérieure ou qu'elles ne représentent qu'un intérêt négligeable (C. com., art. L. 233-19, II).

§ 3 - Établissement des comptes consolidés

A. Contenu des comptes consolidés

• Les comptes consolidés comprennent :
– un bilan consolidé ;

– un compte de résultat consolidé ;
– une annexe, formant un tout indissociable (C. com., art. L. 233-20, al. 1).

• Ils doivent être réguliers et sincères et donner une image fidèle du patrimoine, de la situation financière et du résultat de l'ensemble constitué par les sociétés comprises dans le périmètre de consolidation (C. com., art. L. 233-21).

• Ils sont établis selon les principes comptables et les règles d'évaluation prévus pour l'établissement des comptes annuels, sous réserve des aménagements indispensables résultant des caractéristiques propres aux comptes consolidés.

B. Modalités d'établissement

• Les comptes consolidés peuvent être établis, soit à la même date que les comptes annuels de la société consolidante, soit à une date différente, à condition d'en justifier les raisons dans l'annexe (C. com., art. L. 233-20 et L. 233-25).

• L'établissement et la publication des comptes consolidés incombent au conseil d'administration, au directoire ou aux gérants, suivant les sociétés.

• Un rapport sur la gestion du groupe consolidé doit être établi par la direction. Il expose notamment la situation du groupe son évolution prévisible (C. com., art. L. 233-26).

C. Certification des comptes consolidés par les commissaires aux comptes

• Les comptes consolidés sont certifiés par les commissaires aux comptes (C. com., art. L. 823-9).

• Dès lors qu'elle est tenue de l'obligation d'établir des comptes consolidés, une société mère, qui est constituée sous forme de société par actions, est obligée de désigner un deuxième commissaire aux comptes titulaire.

D. Approbation des comptes consolidés

• Dans les sociétés anonymes et les commandites par actions, l'assemblée annuelle ordinaire doit formellement approuver les comptes consolidés (C. com., art. L. 225-100). (Sur la communication des comptes consolidés aux associés, v. not. *supra*, p. 212).

• Dans les autres sociétés, les comptes consolidés sont communiqués aux associés mais ne font pas l'objet d'une approbation.

E. Publication des comptes consolidés

Les sociétés par actions et les SARL établissant des comptes consolidés doivent déposer au greffe du tribunal de commerce deux exemplaires desdits comptes consolidés, du rapport de gestion et du rapport des commissaires aux comptes, dans un délai d'un mois suivant l'assemblée générale ordinaire annuelle.

F. Sanctions

Les membres du directoire, du conseil d'administration ou les gérants des sociétés soumises à l'obligation de consolidation, qui n'auront pas établi et adressé aux actionnaires ou aux associés des comptes consolidés ou qui n'auront pas justifié l'exemption d'établissement (C. com., art. L. 233-19), peuvent être punis d'une peine d'amende de 9 000 € au plus (C. com., art. L. 247-1, II).

Section 3 › RÉGIME FISCAL DES GROUPES DE SOCIÉTÉ

Parmi les avantages qui s'attachent à l'existence et au fonctionnement d'un groupe de sociétés, figure en bonne place le régime fiscal spécifique des groupes. Parmi les règles principales l'on trouve deux régimes spéciaux :

§ 1 - Régime de l'intégration fiscale

Principe : ce régime spécifique est réservé aux sociétés françaises soumises à l'IS (CGI, art. art. 223 A). La société mère doit détenir dans les filiales au moins 95 % du capital, directement ou indirectement par l'intermédiaire de sociétés du groupe. L'obligation de détention doit avoir été continue au cours de l'exercice, et cela même si le capital des filiales a été modifié au cours de l'exercice.
L'application de ce régime s'effectue sur simple option de la société mère, produisant ses effets pendant cinq exercices et étant renouvelable par tacite reconduction.

Effets : l'exercice de l'option doit s'accompagner de l'accord des sociétés du groupe dont les résultats vont être intégrés à ceux de la société mère. Le résultat d'ensemble du groupe est égal à la somme des résultats, bénéficiaires et déficitaires, des sociétés membres, déterminés dans les conditions du droit commun. Lorsque cette somme fait apparaître, après imputation éventuelle du déficit d'ensemble des exercices antérieurs, un bénéfice d'ensemble, celui-ci est imposé au taux normal de l'impôt sur les sociétés. Si le résultat d'ensemble est déficitaire, la société mère peut reporter ce déficit global dans les conditions de droit commun, y compris le report en arrière des déficits.

§ 2 - Régime dit « des sociétés mères » ou « mère/fille »

Le Code général des impôts ouvre ce régime, sous certaines conditions, aux sociétés mères, dès lors qu'elles détiennent au moins 5 % du capital d'une « filiale » (CGI, art. 145). L'originalité sera ici que, sur option de la société mère, les dividendes distribués par la filiale de la société mère ne seront pas compris dans le bénéfice imposable de la société mère.

Chapitre 4 › RELATIONS JURIDIQUES ET FINANCIÈRES ENTRE LES SOCIÉTÉS DU GROUPE

› L'essentiel

Les sociétés membres d'un groupe vont fréquemment nouer entre elles des relations juridiques et financières. Des prêts et des avances en compte courant vont ainsi pouvoir être effectués, qui constituent les opérations de financement les plus fréquentes au sein d'un groupe de sociétés. Par ailleurs, des sûretés vont pouvoir être consenties entre sociétés d'un groupe, afin que l'une d'entre elles garantisse les engagements d'une autre à l'égard de certains créanciers, notamment des banques. Enfin, d'autres opérations intra-groupes sont envisageables (abandons de créances, conventions de gestion ou d'assistance…).

Section 1 › PRÊTS ET AVANCES ENTRE SOCIÉTÉS DU GROUPE – CENTRALISATION DE TRÉSORERIE

§ 1 - Modalités de l'opération

Les prêts et les avances en compte courant constituent les opérations de financement les plus fréquentes au sein d'un groupe de sociétés.
Dans les groupes, il est ainsi courant de mettre en commun la trésorerie des différentes sociétés (« *pool* de trésorerie ») afin réduire le recours aux emprunts bancaires.

A. Centralisation de trésorerie en France

Dans ce cas, tous les flux et notamment les prêts et avances intragroupe ont une source et une destination françaises. Deux modalités peuvent être utilisées :

1. Convergence des flux vers l'une des sociétés du groupe (généralement la société mère holding)

Sur la base d'une convention dite *d'omnium* par laquelle les sociétés mettent en commun leurs disponibilités financières afin de les répartir en fonction des besoins de chacune, et donnent mandat à la société mère d'encaisser les créances et de régler les dettes des autres sociétés.

2. Convergence des flux vers une société spécialement dédiée

Il s'agit ici d'une société spécialement organisée à cet effet, la société financière de groupe, qui permet des interventions plus rapides et une optimisation des flux.

B. Centralisation de trésorerie à l'étranger

La centralisation de trésorerie peut aussi s'effectuer à l'étranger, selon différentes modalités (*netting* ou compensation multilatérale, évitant les couvertures et achats en devises, ce qui limite l'assiette du risque de change ; société de refacturation ; société financière).

C. Services offerts par les banques

Les banques ont souhaité, dans le même sens, proposer de nouveaux services, plus attractifs, aux groupes de sociétés, not. :
– la centralisation automatique des comptes, par laquelle la banque effectue la remontée des soldes ou des écritures de plusieurs comptes, dits secondaires, appartenant aux sociétés d'un groupe sur un compte centralisateur unique ;
– la convention d'unité de compte, où les multiples comptes tenus au nom des différentes sociétés sont réputés constituer de simples divisions fonctionnelles d'une seule relation globale de compte entre le banquier et le groupe ;
– la convention dite de fusion d'échelle des intérêts. Les comptes demeurent ici juridiquement indépendants ; la fusion ne porte que sur les intérêts, la banque soumettant au groupe un solde global de ces intérêts, après compensation (financière et non juridique) des positions créditrices et débitrices des comptes de chaque filiale.

§ 2 - Validité et sanctions de l'opération

Les prêts et avances entre sociétés d'un même groupe soulèvent un double problème juridique : d'abord, celui de leur validité même ; ensuite, celui de leurs éventuelles sanctions.

A. Validité

Il convient de se placer successivement à un deux niveaux : réglementation bancaire et droit des sociétés.

1. Sur le plan de la réglementation bancaire

La validité des prêts intragroupe a été consacrée par la loi bancaire du 24 janv. 1984 (codifiée au C. mon. fin.). Les interdictions préservant le monopole bancaire, définies à l'art. L. 511-5 C. mon. fin., ne font pas obstacle à ce qu'une entreprise, quelle que soit sa nature, puisse procéder à des opérations de trésorerie avec des sociétés ayant avec elle, directement ou indirectement, des liens de capital conférant à l'une des entreprises liées un pouvoir de contrôle effectif sur les autres.

2. Sur le plan du droit des sociétés

Certains abus sont à craindre, raison pour laquelle ces opérations sont encadrées. L'opération :
– doit être conforme à l'objet légal (principe de spécialité) et avoir un rapport avec l'objet statutaire ;
– peut entrer dans le champ des conventions interdites (v. *supra*, p. 259). Sont nulles les conventions de crédit conclues, par personne interposée, au profit d'associés ou d'administrateurs personnes physiques (C. com., art. L. 223-21 et L. 225-43) ;
– peut entrer dans le champ des conventions réglementées, à moins de pouvoir considérer qu'il s'agit de conventions courantes conclues à des conditions normales (sur ces conventions, v. *supra*, p. 259) ;
– ne doit pas être constitutive d'un abus de majorité (sur ces abus, v. *supra*, p. 97) ;
– ne doit pas être constitutive d'un abus de biens sociaux (v. *supra*, p. 69 et *infra*, p. 356).

B. Sanctions éventuelles

• L'octroi d'un prêt intragroupe peut exposer ses auteurs à des sanctions d'ordre civil.

• La société mère peut engager sa responsabilité civile à l'égard des créanciers de la filiale si l'opération a provoqué l'insolvabilité de la filiale ou assuré la survie artificielle de filiales économiquement condamnées.

• Les dirigeants en cause peuvent également engager leur responsabilité, civile mais également pénale, notamment sur le fondement de l'abus de biens sociaux (v. *infra*, p. 356).

Section 2 › SÛRETÉS CONSENTIES ENTRE SOCIÉTÉS D'UN GROUPE

La fourniture de crédits à une filiale par un établissement bancaire est souvent subordonnée à l'octroi d'un cautionnement, personnel ou réel, ou d'une garantie, de la part de la société mère. Le cas particulier de la lettre d'intention doit être examiné.

§ 1 - Encadrement légal de l'octroi de ces sûretés

• Aucun texte particulier n'interdit qu'une sûreté soit consentie par une société mère au profit de sa filiale.

• Mais l'opération doit être conforme à l'objet légal (principe de spécialité) et avoir un rapport avec l'objet statutaire.

• La constitution de la sûreté doit encore, pour être valable, répondre à des conditions particulières d'octroi relatives aux organes sociaux compétents. Not. dans les sociétés anonymes, les art. L. 225-35 et L. 225-68 C. com. exigent une autorisation préalable du conseil d'administration ou de surveillance, sous peine d'inopposabilité de la sûreté à la société qui l'a consentie. L'octroi par le dirigeant d'une sûreté sans cette autorisation ne constitue pas pour lui une faute détachable de ses fonctions, qui engagerait sa responsabilité personnelle, mais ne permet pas non plus d'imputer cette faute à la société elle-même.

• L'opération peut entrer dans le champ des conventions réglementées (sur ces conventions, v. *supra*, p. 260).

§ 2 - Les lettres d'intention

A. Définition et textes applicables

• La lettre d'intention est l'engagement de faire ou de ne pas faire ayant pour objet le soutien apporté à un débiteur dans l'exécution de son obligation envers son créancier (C. civ., art. 2322 issu de l'ordonnance du 23 mars 2006, relative aux sûretés).

• L'art. 2287-1 C. civ. la range expressément parmi les sûretés personnelles, à côté du cautionnement et de la garantie autonome.

• Il en résulte que la lettre d'intention doit en principe respecter les règles précédemment exposées.

B. Portée juridique des lettres d'intention

Ce qui fait à la fois le succès et le danger de ces lettres d'intention, c'est que leur force et leur portée dépendent des termes qui y sont employés. Il appartient aux juges saisis en cas de litige de préciser l'exacte volonté des parties et de dire si la société mère a souscrit :

– une simple obligation de moyens (par ex. la société mère s'engage à faire « *tous les efforts* » pour que la filiale exécute ses engagements à l'égard de la banque, à « *veiller à...* », à « *s'efforcer de...* », à « *faire son possible pour...* », etc.) ;

– une obligation de résultat (« *faire tout le nécessaire pour...* » ; il faut que la lettre s'engage à procurer un résultat déterminé, dépourvu d'aléa) ;

– en réalité un cautionnement ;

– ou simplement un acte ne comportant aucune obligation de nature juridique.

Section 3 › AUTRES OPÉRATIONS INTRA-GROUPE

§ 1 - Paiements – abandons de créance

• Le paiement de la dette qu'une société a sur une autre société du même groupe est un acte normal, du moins si elle est exigible. Elle peut même s'opérer par compensation.

• L'abandon de créances est, au sens du droit civil, une remise de dette, qui obéit donc au jeu des art. 1282 à 1288 C. civ. Cette opération doit être soumise au contrôle des conventions réglementées (sur lequel, v. *supra*, p. 260). Elle ne doit constituer ni une fraude paulienne destinée à léser les créanciers, ni un abus de majorité, ni un abus de biens sociaux, ni, fiscalement, un acte anormal de gestion. Elle peut s'accompagner de la stipulation d'une clause de retour à meilleure fortune.

§ 2 - Convention d'assistance – Contrat de gestion – « *Management agreement* »

A. Opérations – Intérêts

• Il est fréquent que la société mère passe avec ses filiales des contrats par lesquels elle s'engage à leur fournir diverses prestations (détachement de personnel, location d'immeuble, licences de marque ou de brevet, conseils juridique, financier, commercial, marketing, etc.).

• Ces contrats prennent le terme de convention d'assistance, de contrats de gestion et, dans la terminologie anglo-saxonne, de « *management agreement* ».

• Cela peut permettre de partager et, ainsi, réduire les coûts et frais de structure.

B. Conditions de validité

• L'assistance doit correspondre à une réalité économique et à des prestations réelles et sérieuses, dont l'exécution doit pouvoir être justifiée par les cocontractants.

• Ces prestations sont souvent conclues moyennant des redevances « *management fees* ») généralement estimées en pourcentage du chiffre d'affaires de la filiale. Cette rémunération ne doit pas être disproportionnée par rapport au coût réel des prestations fournies et ne doit pas avoir pour but de réaliser un transfert des bénéfices des filiales à la société mère.

• Cette disproportion, si elle existait, pourrait, dans le cas fréquent, en pratique, où les sociétés ont des administrateurs communs, entraîner l'application à ces administrateurs des sanctions pénales prévues en cas d'abus des biens sociaux.

• Par ailleurs, la convention pourrait être annulée pour atteinte à l'intérêt social et abus de majorité.

• Enfin l'opération peut entrer dans le champ des conventions réglementées, à moins de pouvoir considérer qu'il s'agit de conventions courantes conclues à des conditions normales.

Chapitre 5 › SITUATION DES DIFFÉRENTS INTÉRÊTS CATÉGORIELS CONCERNÉS PAR L'EXISTENCE DU GROUPE

> **› L'essentiel**
>
> *Le phénomène de groupe de sociétés peut engendrer certains risques pour ceux qui sont susceptibles d'entrer en relation avec lui ou de subir l'emprise de son poids économique, et not. :*
>
> • ***associés minoritaires****, qui risquent de se heurter à des mesures contraires à l'intérêt de leur société mais conformes à l'intérêt du groupe (par ex., un transfert de bénéfices, un abandon de créance, la prise en charge d'un passif) ;*
>
> • ***salariés****, qui risquent de perdre le bénéfice de certaines dispositions protectrices de leurs droits (par ex., comité d'entreprise, dont la création peut être éludée par l'éclatement du groupe), de se voir employer par des filiales soumises à des conventions collectives moins avantageuses ou encore dont la carrière risque d'être rendue difficile par de fréquents détachements ou transferts d'entreprises ;*
>
> • ***créanciers****, qui peuvent se heurter à l'insuffisance d'actif d'une filiale alors qu'ils pensaient contracter avec un groupe d'une notoire solvabilité.*

Section 1 › LES ASSOCIÉS MINORITAIRES, DITS « EXTERNES »

Situation délicate des associés minoritaires (dits « externes », parce qu'extérieurs au bloc majoritaire dominant le groupe) : ils peuvent, en effet, craindre que les dirigeants et associés majoritaires de leur société conduisent avant tout une politique tournée vers l'intérêt général du groupe et sacrifient, dans tel ou tel cas, l'intérêt propre de la société considérée. Pour cette raison, la loi et la jurisprudence ont institué certaines mesures de protection.

§ 1 - Protection lors de la constitution du groupe

• La protection des associés minoritaires est organisée dans notre droit positif lorsque la société rachetée est une société cotée en bourse. La technique de l'offre publique d'achat a notamment pour objectif la protection de ces associés (v. *infra*, p. 385 et s.).

• En revanche, la loi ne prévoit pas de techniques particulières de protection dans les sociétés non cotées, telles qu'un droit de retrait qui permettrait aux minoritaires d'obtenir une indemnité correspondant à la valeur totale des parts qu'ils détiennent, ou encore une indemnité compensatrice annuelle qui leur serait versée dans le cas où ils choisiraient de rester. Des projets ont été proposés afin de développer ces techniques, mais ils n'ont jamais abouti. De son côté, la jurisprudence ne prévoit pas de protection particulière dans cette hypothèse.

§ 2 - Protection en cours de vie sociale

La question principale est de savoir si des associés minoritaires pourraient obtenir du juge l'annulation d'une délibération pour abus de majorité dans le cas où cette délibération serait contraire à l'intérêt de leur société mais conforme à celui du groupe dont elle fait partie.

Cette question n'a pas pour l'instant trouvé en jurisprudence de réponse claire, mais la solution pourrait s'inspirer de celle donnée à propos l'abus de biens sociaux (v. *infra*, p. 356).

§ 3 - Expertise de gestion

Des expertises de gestion (v. *supra*, p. 95), permettant une information des actionnaires minoritaires sur la gestion et la politique du groupe, peuvent être réclamées par des actionnaires de la société mère sur des opérations d'une filiale (C. com., art. L. 225-231). La demande doit émaner d'une association répondant aux conditions fixées à l'art. L. 225-120 C. com. ou d'un ou plusieurs actionnaires représentant au moins 5 % du capital social et doit être appréciée au regard de l'intérêt du groupe.

§ 4 - Action *ut singuli*

La jurisprudence a reconnu la possibilité pour les actionnaires minoritaires de la société mère d'exercer l'action sociale *ut singuli* (sur laquelle v. *supra*, p. 67) à l'encontre des dirigeants d'une filiale pour abus de biens sociaux.

Section 2 › LES DIRIGEANTS

La situation des dirigeants au sein des groupes relève d'abord du droit commun.

Mais, outre le fait que ces dirigeants pourront être souvent des personnes morales (par ex. administrateurs de SA), certaines particularités méritent d'être relevées.

§ 1 - Cumul du mandat social et du contrat de travail au sein du groupe

A. Situations

Il est fréquent, dans les groupes de sociétés, que la société mère recrute une personne dans le but de lui confier des fonctions de mandataire social dans une filiale. Dans cette hypothèse, l'exercice du mandat social est l'objet même du contrat de travail.

Cette situation doit être distinguée de deux autres cas :

– celui où le salarié d'une société du groupe devient mandataire social de la même société. Il s'agit du cumul classique du contrat de travail et du mandat social (v. *supra*, p. 64) ;

– celui où le salarié d'une société du groupe se voit attribuer, parallèlement au contrat de travail qui le lie à cette société, un mandat social dans une autre société du groupe. Cette seconde situation ne pose pas de difficultés particulières, le régime du cumul ne s'applique pas et les deux situations sont en principe indépendantes l'une de l'autre.

B. Conditions de validité

La Cour de cassation admet la validité du contrat de travail ayant pour objet exclusif l'exercice d'un mandat social dans la filiale, sous les conditions suivantes :

– l'existence d'un lien de subordination entre le mandataire social et la société mère (on notera que ce lien est assez contradictoire avec le principe de l'indépendance des dirigeants, et pourrait entraîner, en fonction des circonstances, certaines conséquences fâcheuses, telle que la qualification de la société mère de dirigeant de fait de la filiale par personne interposée et sa condamnation à combler le passif de celle-ci dans le cadre d'une procédure collective ouverte contre elle) ;

– le fait que l'intéressé soit rémunéré par la société mère ;

– le fait qu'il exerce effectivement les fonctions pour lesquelles il a été engagé. Ainsi il n'est pas exigé que le contrat de travail corresponde à des fonctions techniques distinctes d'un mandat social, contrairement aux règles posées dans le droit commun du cumul mandat social/contrat de travail (v. *supra*, p. 64).

C. Conséquences

Cette situation entraîne l'obligation, pour la société mère, de respecter, pour l'exécution comme pour la rupture du contrat de travail, les règles édictées par le Code du travail. La fin du mandat social n'entraîne pas *ipso jure* la rupture du contrat de travail. Il en résulte que si la société souhaite rompre les liens qui la lient au « mandataire salarié », elle devra, en principe, procéder de manière bien distincte :

– à la révocation du mandat social dans les formes et conditions prévues par le droit des sociétés ; et

– à la rupture du contrat de travail dans les formes, conditions et procédures et avec les conséquences financières prévues par le Code du travail. En particulier le licenciement de l'intéressé devra être fondé sur une cause réelle et sérieuse, personnelle ou économique (et ne pourra intervenir dans ce dernier cas qu'en cas d'impossibilité de reclassement au sein du groupe de sociétés).

Néanmoins le problème se pose de savoir si la société mère peut invoquer, à l'appui du licenciement, des faits commis par le salarié dans le cadre de son mandat ou la suppression du mandat pour une raison économique (par ex. en cas de disparition de la filiale, d'absorption ou de cession de celle-ci). Une réponse positive devrait logiquement s'imposer, mais la jurisprudence n'est pas toujours en ce sens, dans un but de protection du salarié.

§ 2 - Cumul des mandats sociaux

Les règles relatives au cumul des mandats et à la limitation du nombre de ces mandats peuvent naturellement trouver à s'appliquer dans les groupes de société (v. *supra*, p. 244). Mais l'existence du groupe permet également des dérogations aux règles de limitation de ces mandats pouvant être exercés dans les SA

§ 3 - Contrôle des conventions réglementées

Fréquemment, les sociétés mères et filiales ont des administrateurs, des directeurs généraux, des membres du directoire ou du conseil de surveillance communs.
Dans ce cas, les conventions passées entre la société mère et sa filiale ou les conventions conclues entre une société appartenant à un groupe et son dirigeant personne physique ou morale sont soumises à la procédure de contrôle des conventions réglementées (v. *supra*, p. 260).
La seule dérogation possible est celle prévue pour les conventions portant sur des opérations courantes et conclues à des conditions normales (v. *supra*, p. 259).

§ 4 - Responsabilité des dirigeants

A. Responsabilité civile

Les règles de responsabilité civile des dirigeants sont celles du droit commun (v. *supra*, p. 66).
On notera seulement qu'il est admis en jurisprudence que le dirigeant de la société dominante d'un groupe puisse déléguer ses pouvoirs, notamment en matière d'hygiène et de sécurité pour l'ensemble du groupe, à un membre d'une filiale placée sous son autorité hiérarchique (sur la délégation de pouvoir et ses effets, v. *supra*, p. 66 et s.).

B. Responsabilité pénale

• Les règles de responsabilité pénale des dirigeants personnes physiques ou morales sont celles du droit commun (v. *supra*, p. 68). Mais une particularité doit être notée :
– dans les groupes de sociétés, la principale cause de responsabilité pénale de ces dirigeants réside dans la commission de l'infraction d'abus des biens sociaux, des pouvoirs ou du crédit ;
– or, l'existence d'un groupe de sociétés peut constituer un fait justificatif permettant d'écarter la responsabilité pénale du dirigeant sur le fondement de l'abus des biens sociaux ou des pouvoirs (infractions prévues par C. com., art. L. 241-3, 4°, et L. 242-6, 3°).

• S'agissant notamment d'avances consenties par une société à une autre société du groupe, la Cour de cassation a défini les conditions requises pour que le délit d'abus de biens sociaux ne soit pas constitué, dans un arrêt de principe du 4 févr. 1985 (*Rozenblum*). Aux termes de cet arrêt, le fait justificatif invoqué par le dirigeant doit réunir trois éléments constitutifs :
– l'existence d'un groupe, c'est-à-dire d'un groupement économique fortement structuré, reposant sur des bases non artificielles, et son intérêt au cas d'espèce ;
– les sacrifices financiers imposés à une ou plusieurs sociétés ne doivent pas être consentis sans contrepartie et ne doivent pas entraîner une rupture d'équilibre entre les engagements respectifs des sociétés du groupe ;
– les sacrifices financiers ne doivent pas dépasser les possibilités financières de la société qui les supporte.

Section 3 › LES SALARIÉS

Les incidences des groupes de sociétés sur les relations de travail sont importantes. Le droit du travail tient quelquefois compte de l'existence du groupe comme d'un simple élément susceptible d'influencer le contenu ou l'application d'une règle classique mais, le plus souvent, le groupe constitue un nouveau cadre pour l'exercice d'un droit ou le fonctionnement d'une institution. Ce phénomène peut être constaté aussi bien dans le cadre des relations individuelles que dans celui des relations collectives.

§ 1 - Relations individuelles de travail

• En cas de licenciement économique, les justifications des motifs tels que les difficultés économiques ou la sauvegarde de la compétitivité doivent être appréciés au niveau du groupe.

• Par ailleurs, l'obligation préalable de reclassement conduit à étudier les possibilités offertes par les sociétés du groupe dont les activités ou l'organisation leur permettent d'effectuer la permutation de tout ou partie du personnel.

• Enfin, des dispositions particulières régissent la mobilité internationale du salarié au sein du groupe.

§ 2 - Relations collectives de travail

• Concernant les institutions représentatives du personnel, la jurisprudence considère les diverses sociétés composant un groupe comme une entreprise unique dès lors qu'il existe entre elles une unité économique et sociale caractérisée par la concentration de direction et la complémentarité des activités qui la composent.

• Ces solutions ont été consacrées par le législateur pour la mise en place du comité d'entreprise commun (C. trav., art. L. 2322-4) ou la constitution du comité de groupe (C. trav., art. L. 2331-1 à 2335-1).

Section 4 › LES CRÉANCIERS

§ 1 - Situation des créanciers hors procédure collective

Principes :

• Le principe incontestable, réaffirmé par la jurisprudence, est l'indépendance juridique de la filiale par rapport à la société mère.

• Il en résulte que la société mère ne répond pas des dettes de sa filiale. Et, plus généralement, elle n'est pas tenue de financer sa filiale pour lui permettre de remplir ses obligations.

• Cette autonomie juridique se poursuit sur le plan procédural : la société mère est irrecevable à réclamer en justice ce qui est dû à la filiale, et inversement.

• Les clauses d'arbitrage sont d'interprétation stricte et ne lient que ceux qui les ont conclues. Mais la jurisprudence déroge parfois à ce principe dans le cadre des groupes de sociétés, en considérant que la clause compromissoire acceptée, dans un contrat, par la personne morale animatrice du groupe, lie les sociétés membres du groupe, bien qu'elles n'aient pas été parties à ce contrat (sur le fondement d'une acceptation tacite de la clause ou sur celui de l'unité économique du groupe de sociétés).

Limites :

• La société mère est légalement obligée aux dettes de sa filiale si celle-ci est une société à risque illimité ou si elle-même est en situation de commandité dans une société en commandite.

• La société mère peut s'engager volontairement dans le cadre d'un contrat, tout particulièrement d'un cautionnement, ou son engagement peut être déduit par les juges des termes d'une lettre d'intention (v. *supra*, p. 350).

• La société mère répond des dettes de sa filiale lorsque celle-ci est, en fait, une société fictive et se présente en réalité comme une simple succursale de la mère.

• Les tribunaux admettent parfois que les créanciers d'une filiale puissent, même lorsque celle-ci n'est pas une société fictive, agir en paiement contre la société mère, dans trois types principaux de circonstances :

– la faute commise par la société mère ;

– la création par la société mère d'une apparence trompeuse (par ex. apparence d'avoir contracté elle-même la dette ou, tout au moins, d'avoir pris à son compte personnel l'opération de la filiale ou apparence d'unité des sociétés du même groupe) ;

– l'immixtion de la société mère, soit de façon générale, soit de façon ponctuelle, à l'occasion d'une opération déterminée, dans la gestion de sa filiale.

§ 2 - Situation des créanciers en cas de procédure collective ouverte contre une ou plusieurs sociétés du groupe

Principes :

• N'étant pas doté de la personnalité morale, le groupe ne peut pas faire l'objet d'une procédure collective.

• Par ailleurs, chacune des sociétés le composant étant juridiquement indépendante, l'éventuelle procédure collective s'ouvrant contre l'une en cessation des paiements doit rester sans influence sur la situation des autres.

• Enfin, si toutes les sociétés du groupe sont en cessation des paiements, le patrimoine autonome de chacune est le gage de ses propres créanciers et il doit donc être formé autant de masses actives et passives qu'il y a de sociétés.

Limites :

• Les tribunaux ont parfois tendance, lorsque la société mère ou l'une de ses filiales est déclarée en état de cessation des paiements, à prononcer le redressement judiciaire ou la liquidation des biens non seulement de la société concernée, mais encore d'autres, voire de toutes les autres, sociétés du groupe.

• L'extension de procédures collectives au sein du groupe peut d'abord s'effectuer sur le constat, par le juge, de la fictivité de telle ou telle société (C. com., art. L. 621-2).

• Plus fréquemment, cependant, elle va se réaliser sur le fondement d'une confusion des patrimoines (C. com., art. L. 621-2) débouchant sur le prononcé d'un redressement judiciaire commun et conduisant à une procédure unique. Mais la confusion des patrimoines doit être nettement caractérisée pour que les juges prononcent une extension de procédures collectives.

• En présence de fautes de gestion commises par la société mère dans ses filiales, lorsqu'elle est dirigeante (de fait ou de droit) de ces dernières, la société mère peut être poursuivie sur le fondement de l'action en comblement du passif (C. com., art. L. 651-2).

§ 3 - Responsabilité environnementale des sociétés-mères du fait de leurs filiales

• L'engagement de la responsabilité environnementale des sociétés-mères en cas de pollution causée par leurs filiales est un thème important et actuel. En effet, en cas de défaillance de la filiale, les créances environnementales que constituent les obligations de réparation et de remise en état de l'environnement peuvent rester inexécutées, en raison de l'irresponsabilité de la société-mère (responsable comme tout associé d'une société à risque limité, à hauteur de son simple apport). Situation particulièrement inacceptable quand la défaillance de la filiale révèle des agissements fautifs imputables à la maison-mère. L'organisation de l'insolvabilité de la filiale afin qu'elle ne puisse pas faire face à ses obligations environnementales n'est pas un cas d'école.

• Certes, en cas de fictivité ou de confusion des patrimoines, l'action en extension de la procédure collective à un tiers, notamment à la maison mère, est envisageable, mais elle ne saurait aboutir, si elle ne repose pas sur des éléments précis, ci-dessus rappelés.

• La responsabilité des sociétés-mères pour atteinte à l'environnement a été envisagée dans de nombreux textes (en dernier lieu : art. 84 du projet de loi portant engagement national pour l'environnement déposé au Sénat le 12 janv. 2009, visant à modifier l'art. L. 512-17 du Code de l'environnement relatif à la remise en état des sites en fin d'exploitation afin de permettre une mise en cause de la société-mère en cas d'agissement fautif ayant conduit à une insuffisance d'actifs empêchant la filiale de faire face à ses obligations environnementales de réhabilitation). Mais rien n'a encore abouti de manière définitive.

Chapitre 6 › LES GROUPEMENTS D'INTÉRÊT ÉCONOMIQUE

> **› L'essentiel**
>
> *Le groupement d'intérêt économique (GIE) n'est pas une société commerciale. Il dispose d'une forme juridique originale créée par une ordonnance du 23 sept. 1967, aujourd'hui codifiée sous les art. L. 251-1 à L. 251-23 C. com.*
>
> *Cette forme juridique, qui est souple et neutre, du point de vue fiscal, permet aux entreprises de se grouper tout en conservant leur individualité et leur autonomie.*
>
> *En créant un GIE, des entreprises commerciales ou industrielles peuvent mettre en commun certaines de leurs activités. La réglementation du GIE a été renforcée par deux lois, du 1er avr. 1984 et du 13 juin 1989.*
>
> *Pour sa part, la Commission de Bruxelles étudiait depuis 1973 un projet de groupement européen d'intérêt économique (GEIE), fortement inspiré du GIE français. Un règlement a été adopté le 25 juill. 1985, imposant aux États membres de prendre les mesures d'exécution nécessaires avant le 1er juill. 1989. Cela a été en France l'objet de la loi du 13 juin 1989, aujourd'hui codifiée sous les art. L. 252-1 à L. 252-13 C. com.*

Section 1 › LE GROUPEMENT D'INTÉRÊT ÉCONOMIQUE (GIE)

Définition : « Deux ou plusieurs personnes physiques ou morales peuvent constituer entre elles un groupement d'intérêt économique pour une durée déterminée. Le but du groupement est de faciliter ou de développer l'activité économique de ses membres, d'améliorer ou d'accroître les résultats de cette activité ; il n'est pas de réaliser des bénéfices pour lui-même. Son activité doit se rattacher à l'activité économique de ses membres et ne peut avoir qu'un caractère auxiliaire par rapport à celle-ci » (C. com., art. L. 251-1).

Ce groupement présente les caractéristiques fondamentales suivantes :

– il présente une grande souplesse et repose largement sur la liberté contractuelle ;

– il n'a pas nécessairement un but lucratif ;

– il jouit de la personnalité morale et de la pleine capacité juridique à partir de son immatriculation au RCS ;

– il peut être constitué sans capital. Il n'est pas une société commerciale. Il dispose d'une forme juridique originale créée par une ordonnance du 23 sept. 1967, aujourd'hui codifiée sous les art. L. 251-1 à L. 251-23 C. com.

§ 1 - La constitution du GIE

A. Conditions de fond

1. Objet du GIE

• Il doit être économique (commercial ou civil) : il s'agit de toute activité commerciale (production, distribution, service), industrielle, agricole, artisanale ainsi que toute activité relative aux professions libérales.

• Les membres doivent exercer une activité susceptible d'être développée par leur participation au GIE.

• L'objet du GIE doit présenter un certain lien avec l'activité des membres : si l'objet est de créer des activités qui n'existaient pas auparavant chez les membres, il faut constituer une société.

• De plus, le GIE ne doit pas prendre à son compte toute l'activité de ses membres, sinon il y aura création d'une société de fait.

• Le contrat constitutif doit définir l'objet du GIE de manière bien précise car son étendue va délimiter les pouvoirs de l'administrateur du GIE vis-à-vis des tiers, et donc la responsabilité du GIE et la solidarité corrélative des membres (v. *infra*).

• Exemples d'utilisation de la forme GIE : création de services communs (informatique, comptabilité, transport, assistance technique) ; actions commerciales communes (bureau d'exportation, achats groupés de matières premières, prospection de marchés, représentation sur les foires commerciales) ; travaux d'études (mise en commun des moyens humains et matériels de recherche, bureau d'étude).

2. Capital du GIE et apports

• Le GIE peut être constitué sans capital. Les membres, qui n'effectuent alors aucun apport, peuvent décider de participer aux dépenses de fonctionnement du GIE par le versement de cotisations périodiques dont le montant est fixé par le contrat constitutif, puis par l'assemblée. Chaque membre pourra déduire ses cotisations de son revenu imposable.

• Le GIE peut être constitué avec un capital. Les apports en numéraire, en nature (en propriété ou en jouissance) et en industrie sont possibles. Les règles relatives à ces apports et à leur intégration ou non dans le capital social sont celles du droit commun des sociétés.

3. Membres du GIE

• Le GIE doit comprendre au moins deux membres, sans maximum. Les membres peuvent être des personnes physiques ou morales ayant une activité économique qui trouve son prolongement dans celle du GIE.

• L'admission ou le retrait de nouveaux membres est déterminé librement par une clause de l'acte de constitution ou le consentement unanime des membres.

4. Dénomination du GIE

Une dénomination est obligatoire, mais elle est librement choisie par les membres. Elle doit figurer sur tous actes et documents et doit être suivie des mots « groupement d'intérêt économique » ou du sigle « GIE », sous peine d'amende (C. com., art. L. 251-17).

5. Durée du GIE

Le GIE doit être constitué pour une durée déterminée liée à l'objectif poursuivi. La durée peut être renouvelée par l'assemblée : le contrat constitutif doit alors être modifié et publié. Aucune durée minimum ou maximum n'est cependant prévue par la loi.

6. Siège du GIE

Le contrat constitutif fixe librement le siège social du GIE : en général, il s'agit du lieu où fonctionnent les organes de gestion du GIE.

B. Conditions de forme et de publicité du GIE

1. Contrat constitutif écrit

Le contrat constitutif doit être obligatoirement rédigé par écrit, sous seing privé ou dans un acte notarié.
L'acte sous seing privé doit être établi en autant d'exemplaires qu'il y a de signataires, plus quatre originaux supplémentaires pour les formalités d'enregistrement, de dépôt au greffe et au siège du GIE.

2. Mentions obligatoires et facultatives

Les mentions obligatoires sont :
– dénomination du GIE ;
– identification de chaque membre : nom, raison sociale, forme juridique, adresse du domicile personnel ou du siège social, numéro d'immatriculation au registre du commerce et des sociétés ou au répertoire des métiers ;
– objet et durée du GIE ;
– adresse du siège du GIE.
Le contrat peut, en outre, prévoir et préciser les points suivants (la liste ci-dessous n'est pas limitative et les membres peuvent librement ajouter d'autres clauses qu'ils jugeraient nécessaires) :
– l'administration du GIE : nomination des administrateurs avec leur pouvoir, les conditions de leur révocation (qui peut être non justifiée) ;
– l'attribution d'un nombre de voix différent pour certains membres ;
– la répartition des bénéfices et le mode de financement (cotisations ou compte courant) ;
– les conditions d'exercice du contrôle de gestion et comptable du GIE ;
– survie du GIE en cas de décès ou de dissolution d'un membre ;
– les conditions de liquidation et de répartition de l'excédent d'actif entre les membres ;
– un règlement intérieur.

C. Nullités

Causes : violation des dispositions impératives de l'ordonnance de 1967 ou existence d'une cause de nullité des contrats en général (C. com., art. L. 251-5, al. 1).

Régime :
– prescription de trois ans ;
– action éteinte si la cause de nullité a cessé d'exister le jour où le tribunal se prononce (sauf illicéité de l'objet) ;
– application des art. 1844-12 à 17 C. civ. (C. com., art. L. 251-5, al. 3) ; – extension de ce régime aux actes et délibérations postérieurs à la constitution.

§ 2 - Le fonctionnement du GIE

A. L'administration du GIE

1. Statut des administrateurs

- Le GIE est administré par une ou plusieurs personnes, membres du GIE ou non.
- Les conditions de nomination (âge, participation minimale au groupement) sont prévues librement dans le contrat constitutif ou par l'assemblée des membres. Les nominations en cours de vie du GIE doivent être publiées dans le mois (dépôt au greffe du tribunal de commerce, inscription modificative au RCS, insertion au BODACC par le greffier).
- La rémunération de l'administrateur est fixée librement par le contrat constitutif ou par l'assemblée. Les rémunérations versées aux administrateurs non membres sont soumises au régime des traitements et salaires, celles versées aux administrateurs membres s'ajoutent à leur part des bénéfices du GIE.
- L'administrateur peut cumuler son mandat avec un contrat de travail, dans la mesure où le contrat de travail correspond à un emploi effectif distinct du mandat et si l'intéressé est en situation de subordination vis-à-vis du GIE.
- La durée du mandat d'administrateur, les modalités de son renouvellement ou de sa révocation sont fixées librement dans le contrat constitutif ou par l'assemblée.
- Quelle que soit sa cause (décès, démission, révocation, expiration du mandat sans renouvellement), la cessation des fonctions de l'administrateur doit être publiée comme suit : dépôt au greffe du tribunal de commerce, inscription modificative au RCS, insertion au BODACC par le greffier.

2. Pouvoirs et responsabilités

- Les statuts ou, à défaut, l'assemblée des membres, fixent les attributions des administrateurs.
- Les administrateurs engagent le GIE pour les actes accomplis dans le cadre fixé par le GIE. Ils peuvent engager leur responsabilité à l'égard des membres s'ils dépassent les limites de leur mandat. Des limitations de pouvoir peuvent être prévues mais ne sont pas opposables aux tiers et le GIE reste engagé pour tout acte entrant dans son objet.
- À l'égard des tiers, tout administrateur agissant isolément, même en cas de pluralité d'administrateurs, a les pouvoirs les plus étendus pour engager le groupement par tout acte entrant dans l'objet social (C. com., art. L. 251-11, al. 2).
- L'administrateur est responsable, en qualité de mandataire, dans les conditions de droit commun, de la violation de la loi ou des statuts ou de ses fautes de gestion.

B. Les assemblées

1. Convocation et tenue

- L'assemblée est obligatoirement réunie à la demande d'un quart au moins du nombre des membres du GIE. Pour le reste (modalités de convocation, droit de communication, ordre du jour, procès-verbal, etc.), les fondateurs sont libres.

• Le contrat constitutif peut prévoir que toutes les décisions ou certaines d'entre elles seront prises aux conditions de quorum et de majorité qu'il fixe. Dans le silence du contrat, les décisions sont prises à l'unanimité. Sauf stipulation contractuelle contraire, chaque membre dispose d'une voix.

• Tous faits et actes modifiant l'une des mentions obligatoires de la demande d'immatriculation citées plus haut doivent être déclarés au greffe dans le mois de leur survenance, sous peine d'inopposabilité aux tiers.

2. Compétence

• Elles sont fixées librement par les fondateurs. En règle générale, l'assemblée est compétente pour toutes modifications du contrat de groupement, la désignation et la révocation des administrateurs, la fixation de leur rémunération, l'approbation des comptes de l'exercice et l'affectation des résultats, l'émission d'obligations.

• Le contrat constitutif peut librement ajouter d'autres domaines de compétences.

C. Le contrôle de la gestion et des comptes

1. Contrôle de la gestion

Il est obligatoirement exercé par des personnes physiques, membres du GIE ou non. Les contrôleurs ne doivent pas être administrateurs du GIE ni contrôleurs des comptes.

Le ou les contrôleurs sont désignés dans le contrat constitutif ou par l'assemblée. Le contrat ou l'assemblée peuvent fixer leur rémunération, leur pouvoir d'investigation, leurs attributions, la durée de leur fonction, les conditions de leur révocation.

2. Contrôle des comptes

• Dans le cas où le GIE émet des obligations ou lorsqu'il compte au moins 100 salariés à la clôture d'un exercice, le contrôle doit être exercé par un ou plusieurs commissaires aux comptes nommés par l'assemblée (leurs statuts, pouvoirs et responsabilités sont ceux des commissaires aux comptes de SA, avec les adaptations nécessaires (v. *supra*).

• En dehors de ces cas, la nomination d'un commissaire aux comptes n'est pas obligatoire mais peut être prévue dans le contrat constitutif ou par l'assemblée.

D. Les membres du GIE

1. Droit des membres du GIE

• Ces droits ne peuvent être représentés par des titres négociables et toute clause contraire est réputée non écrite (C. com., art. L. 251-3).

• Ils peuvent être représentés par des parts. Les parts sont normalement incessibles mais le contrat constitutif peut autoriser le contraire et librement prévoir les modalités et les conditions de majorité en cas de cession de ses droits par un membre, à condition de ne pas empêcher le droit de retrait qui est d'ordre public.

2. Obligations des membres du GIE

Outre les obligations des membres à l'égard du groupement (par ex. libérer les apports promis, respecter le contrat constitutif, etc.), ils ont également des obligations à l'égard des tiers :
– ils sont solidairement tenus des dettes du GIE sur leur patrimoine propre, sauf convention contraire avec le tiers cocontractant ;
– les créanciers du GIE ne peuvent poursuivre le paiement de leur dette contre un membre qu'après avoir vainement mis en demeure le GIE par acte extrajudiciaire ;
– le nouveau membre répond des dettes existant à son arrivée dans le GIE, sauf si le contrat constitutif prévoit qu'il en soit exonéré. Cette décision d'exonération doit être publiée ;
– dans le cas où l'un des membres du GIE est amené, sur la base de la solidarité passive, à régler toute la dette, il dispose d'un recours contre le GIE, débiteur définitif de la dette, mais il pourra se heurter à son insolvabilité ;
– il dispose en outre d'un recours contre chacun des membres pour leur faire supporter leur propre part dans la dette, cette part étant déterminée dans le contrat constitutif.

3. Retrait, exclusion d'un membre et admission d'un nouveau membre

• Le retrait est une prérogative d'ordre public. Le contrat constitutif fixe librement les conditions d'exercice de ce droit (ex : délai minimal de présence, préavis, accord à la majorité ou à l'unanimité).

• Les conditions et modalités d'admission d'un nouveau membre sont également fixées librement dans le contrat constitutif (agrément, exercice d'une certaine activité, droit d'entrée). Dans le silence du contrat constitutif, la règle de l'unanimité des membres s'applique.

• Le contrat constitutif peut prévoir librement les modalités d'exclusion d'un membre dans le cas d'un manquement grave à ses obligations contractuelles ou professionnelles. Le juge a un pouvoir de contrôle sur le prononcé de l'exclusion : si elle est injustifiée, le membre exclu pourra avoir droit à une indemnisation.

§ 3 - Dissolution ou transformation du GIE

A. La dissolution

1. Causes de dissolution

Les causes peuvent être diverses : arrivée du terme, réalisation ou extinction de l'objet, décision de l'assemblée ou judiciaire, décès d'une personne physique ou morale membre du GIE sauf stipulation contraire du contrat constitutif.

2. Effet de la dissolution – Liquidation

La dissolution du GIE entraîne sa liquidation mais sa personnalité juridique subsiste pour les besoins de la liquidation. Les modalités de liquidation peuvent être librement prévues dans le contrat constitutif.

B. La transformation

Elle est possible, sans dissolution ni création d'une personne morale nouvelle, dans les cas suivants :
– transformation en GIE d'une société dont l'objet correspond à la définition d'un GIE ;
– transformation d'un GIE en société en nom collectif ou en GEIE (C. com., art. L. 251-18 et L. 252-8).

§ 4 - Régime social et fiscal du GIE

A. Régime social

1. Comité d'entreprise

Pour les GIE de plus de 50 salariés, un comité d'entreprise doit être créé, que son activité soit ou non commerciale.

2. Régime de sécurité sociale

– salariés non membres du GIE : régime général ;
– administrateurs membres ou non membres : régime des travailleurs non salariés ;
– contrôleurs de gestion : régime des travailleurs non salariés ;
– membres du GIE exerçant une activité salariée effective : le régime social correspondra à l'activité principale de ce membre.

B. Régime fiscal

Le GIE n'est pas soumis à l'impôt sur les sociétés (sauf cas exceptionnel). Chaque membre est personnellement passible de l'impôt sur les revenus (personne physique) ou de l'impôt sur les sociétés (personne morale) pour la part des bénéfices correspondant à ses droits.

Section 2 › LE GROUPEMENT EUROPÉEN D'INTÉRÊT ÉCONOMIQUE (GEIE)

Un GEIE a son siège en France et est constitué par des membres d'États différents de l'Union européenne. Le régime de ce groupement résulte alors d'une combinaison entre le droit communautaire (Règl. du 25 juill. 1985) et le droit national (loi du 13 juin 1989, codifiée aux art. L. 252-1 à L. 252-13 C. com.), en application de l'art. 2, al. 1 du règlement.
Les règles du GEIE sont très proches de celles applicables au GIE. Seules les règles spécifiques au GEIE seront exposées ci-après, de manière synthétique.

§ 1 - Interdictions

- Un GEIE ne peut employer plus de 500 personnes.
- Un GEIE ne peut pas offrir ses titres au public.

§ 2 - Membres

Un GEIE peut être constitué par des sociétés et autres entités juridiques, de droit public ou privé, constituées conformément au droit d'un État membre et ayant leur siège dans l'Union européenne. Il peut également être constitué par des personnes physiques exerçant dans l'Union européenne des activités industrielles, commerciales, artisanales, agricoles, de profession libérale ou d'autres services. Un GEIE doit compter au moins deux membres relevant d'États membres différents.

§ 3 - Contrat constitutif

Le contrat de GEIE, qui doit contenir les mêmes informations que le contrat de GIE, devra être déposé auprès d'un registre à désigner par chacun des États membres (RCS en France). Cette immatriculation confère au GEIE pleine capacité juridique dans toute l'Union européenne. Un avis annonçant la création (ou la liquidation) d'un GEIE doit être publié dans le Journal officiel de l'Union européenne (séries C et S).

§ 4 - Siège social

Le siège d'un groupement doit se situer dans l'Union européenne. Il peut être transféré d'un État membre à un autre sous certaines conditions.

Troisième partie

LES OPÉRATIONS D'ACQUISITION DE SOCIÉTÉS SUR LES MARCHÉS FINANCIERS RÉGLEMENTÉS

Après avoir procédé à une présentation générale des opérations d'acquisition de sociétés sur les marchés financiers (chapitre préliminaire), seront successivement étudiées :

- les offres publiques d'achat ou d'échange – procédure normale (chapitre 1) ;
- les offres publiques d'achat ou d'échange – procédure simplifiée (chapitre 2) ;
- la procédure de garantie de cours (chapitre 3) ;
- les offres publiques de retrait et retrait obligatoire (chapitre 4).

Chapitre préliminaire › PRÉSENTATION GÉNÉRALE DES OPÉRATIONS D'ACQUISITION DE SOCIÉTÉS SUR LES MARCHÉS FINANCIERS

> › L'essentiel
>
> *La bourse désigne un ensemble de marchés, sur lesquels s'échangent les valeurs mobilières émises par certaines sociétés, qui remplissent les conditions pour que leurs titres y soient cotés. Ces marchés, dont l'organisation est complexe, jouent un rôle fondamental dans le financement de ces sociétés. Ils vont fréquemment constituer le cadre d'opérations d'acquisition des sociétés qui y sont cotées. Afin de protéger les épargnants, l'ensemble des opérateurs qui peuvent intervenir et, plus globalement, le fonctionnement de ces marchés eux-mêmes, lesdites opérations font l'objet d'une réglementation spéciale, particulièrement dense et contraignante.*

Section 1 › PRÉSENTATION DES MARCHÉS FINANCIERS

§ 1 - Organisation des marchés financiers

• Les marchés financiers se divisent en deux catégories : les marchés réglementés et les marchés non réglementés. Les premiers entraînent, pour les sociétés qui y sont cotées, l'application d'un statut très encadré et contraignant, visant à assurer une parfaite information des investisseurs et des épargnants. Les seconds imposent des contraintes moindres.

• La loi du 2 juill. 1996 a mis en place un cadre qui a permis la création des marchés réglementés.

• L'ordonnance du 1er avr. 2007 relative aux marchés d'instruments financiers, transposant la « directive MIF » du 21 avr. 2004, a défini les marchés et les entreprises de marché et fixé leurs conditions de fonctionnement (C. mon. fin., art. L. 421-1 et s.).

A. Marchés réglementés

1. Notion

• Un marché réglementé d'instruments financiers est un système multilatéral qui assure ou facilite la rencontre, en son sein et selon des règles non discrétionnaires, de multiples intérêts acheteurs et vendeurs exprimés sur des instruments financiers, d'une manière qui aboutisse à la conclusion de contrats portant sur lesdits instruments (admis à la négociation dans le cadre des règles et systèmes de ce marché), et qui fonctionne régulièrement conformément aux dispositions qui lui sont applicables (C. mon. et fin., art. L. 421-1).

• Un marché réglementé est géré par une entreprise de marché (v. ci-après) qui y effectue les actes afférents à son organisation et à son exploitation et veille à ce que celui-ci remplisse en permanence les exigences qui lui sont applicables (C. mon. et fin., art. L. 421-2). L'entreprise de marché est soumise à un contrôle important, not. de la part de l'AMF (C. mon. et fin., art. L. 421-7), du fait de son rôle fondamental dans le fonctionnement des marchés réglementés, dont elle détermine les règles, qui sont ensuite approuvées par l'AMF (C. mon. et fin., art. L. 421-10). Ces règles garantissent que les titres admis aux négociations sur un marché réglementé sont susceptibles de faire l'objet d'une négociation équitable, ordonnée et efficace et d'être négociés librement (C. mon. et fin., art. L. 421-14).

• Le marché réglementé fait l'objet d'une reconnaissance par arrêté du ministre chargé de l'économie sur proposition de l'AMF (C. mon. et fin., art. L. 421-4).

2. Effets de l'admission des titres d'une société sur un marché réglementé

• Avant l'admission de ses titres sur un marché réglementé, la société doit publier et tenir à la disposition de toute personne intéressée un document appelé « prospectus ». Celui-ci est visé par l'AMF (C. mon. et fin., art. L. 621-8) avant d'être porté à la connaissance du public. Il porte sur le contenu et les modalités de l'opération qui en fait l'objet ainsi que sur l'organisation, la situation financière et l'évolution de l'activité de l'émetteur et des garants éventuels des titres financiers concernés, dans des conditions prévues par le règlement général de l'AMF (C. mon. et fin., art. L. 412-1). Ce dernier prévoit des exceptions à cette obligation, fondées notamment sur la nature et le volume des opérations, la nature de l'émetteur ou des investisseurs visés, la nature ou la valeur des instruments financiers concernés.

• Une fois que la société est cotée sur un marché réglementé, elle se trouve soumise au contrôle constant de l'AMF. Par ailleurs, elle doit alors se soumettre à un certain nombre de règles du droit des sociétés, qui ne concernent que les sociétés cotées (par ex. transparence renforcée des rémunérations des dirigeants sociaux, contrôle de leurs indemnités de départ, obligation de notification des franchissements de seuils, etc.).

3. Marchés réglementés français

• Le marché *Eurolist by Euronext* : il s'agit d'un marché réglementé géré par Euronext Paris (filiale de Euronext NV, première bourse transnationale née en 2000 de la fusion des bourses d'Amsterdam, Bruxelles et Paris, rejointes par celle de Lisbonne.) En 2007, un rapprochement est intervenu avec le New York Stock Exchange (NYSE).

L'Eurolist comprend trois compartiments : « A », pour les grandes valeurs dont la capitalisation est supérieure à un milliard d'€ ; « B » pour les valeurs moyennes dites « *mid caps* », ayant une capitalisation comprise en 150 millions et un milliard d'€. ; « C » pour les petites valeurs dites « *small caps* » ayant une capitalisation inférieure à 150 millions d'€.

• Le Matif (Marché à terme international de France) et le Monep (Marché des options négociables de Paris) : ce sont deux marchés de produits dérivés, gérés et réglementés par Euronext Paris.

B. Marchés non réglementés

1. Notion générale

Ces marchés se définissent surtout par opposition aux marchés réglementés. Les marchés non réglementés peuvent être des marchés organisés, et se rapprocher par certains aspects des marchés réglementés, not. par leur mode de fonctionnement, lorsqu'ils reposent sur l'intervention d'une entreprise de marché. Ils ne font pas l'objet d'un arrêté de reconnaissance. La cotation sur ces marchés peut toutefois déclencher l'application d'une partie des règles relatives aux marchés réglementés. Les frontières entre marchés réglementés et marchés non réglementés tendent à s'estomper.

2. Marchés non réglementés français

• Le marché Alternext : créé par Euronext en 2005 dans le but d'attirer les PME en bourse. C'est un marché structuré et organisé mais non réglementé au sens de l'art. L. 421-4 C. mon. fin. Conditions de cotation allégée.

• Le marché libre : marché non réglementé organisé par Euronext Paris, sur lequel les valeurs se négocient au comptant. Il permet aux sociétés de petite taille de financer leur croissance en offrant leur titres au public, dans des conditions souples, mais qui offrent peu de garanties aux investisseurs.

§ 2 - Acteurs des marchés financiers

Outre les sociétés cotées elles-mêmes, les investisseurs et certaines professions dont nous ne parlerons pas ici (agences de notation, analystes financiers, chambres de compensation, etc.), les acteurs principaux des marchés financiers sont les suivants :

A. Les entreprises de marché

• Un marché réglementé est géré par une entreprise de marché (C. mon. fin., art. L. 421-1).

• Une entreprise de marché est une entreprise relevant du droit privé et ayant la forme d'une société commerciale.

• Elle dispose, sous le contrôle de l'AMF, d'un pouvoir « réglementaire », afin d'effectuer les actes afférents à l'organisation et l'exploitation de chaque marché réglementé qu'elle gère et dont elle veille à ce qu'il remplisse en permanence les exigences qui lui sont applicables.

• Lorsque l'entreprise de marché gère un marché réglementé régi par les dispositions du Code monétaire et financier, son siège social et sa direction effective sont établis sur le territoire français. L'entreprise de marché doit satisfaire à tout moment aux dispositions législatives et réglementaires qui lui sont applicables.

B. Les prestataires de services d'investissement (PSI)

• Sont les entreprises d'investissement et les établissements de crédit qui ont reçu un agrément pour fournir des services d'investissement (C. mon. fin., art. L. 531-1, al. 1).

• Lorsqu'elles ne sont pas des établissements de crédit, ce sont des personnes morales de droit privé, qui ont pour profession habituelle et principale de fournir des services d'investissement (C. mon. fin., art. L. 531-4). La profession bénéficie d'un monopole, protégé pénalement (C. mon. fin., art. L. 531-10 et L. 573-1, I, 1).

• Les obligations qui pèsent sur les prestataires de services d'investissement (normes de gestion, obligations comptables, règles de bonne conduites) sont précisées par les art. 533-1 et s. C. mon. fin.

• Les services d'investissement que peuvent fournir ces prestataires, et qui doivent être agréés, sont :
– la réception, la transmission et l'exécution d'ordres pour le compte de tiers ;
– la négociation pour compte propre (le prestataire achète ou vend des instruments financiers pour son propre compte) ;
– la gestion de portefeuille de titres financiers pour le compte de tiers ;
– la prise ferme (cette activité consiste à acquérir les instruments financiers directement à l'émission pour ensuite les placer auprès de ses clients) ;
– le placement (c'est le pendant de l'activité de prise ferme puisqu'elle consiste à rechercher, pour le compte de l'émetteur, les investisseurs finaux prêts à acquérir ses titres).

C. L'autorité des marchés financiers (AMF)

1. Nature

• Issue de la fusion par la loi du 1er août 2003, de sécurité financière, de la COB et du CMF.

• Est une autorité publique indépendante dotée de la personnalité morale.

• Elle veille à la protection de l'épargne investie dans les instruments financiers et tout autre placement donnant lieu à offre de titres financiers au public, à l'information des investisseurs et au bon fonctionnement des marchés d'instruments financiers et elle apporte son concours à la régulation de ces marchés aux échelons européen et international. La loi RBF du 22 oct. 2010 a modernisé les pouvoirs de l'AMF.

• Elle veille également à ce que les entreprises soumises à son contrôle mettent en œuvre les moyens adaptés pour se conformer aux codes de bonne conduite homologués mentionnés à l'art. L. 611-3-1 C. mon. fin. (C. mon. fin., art. L. 621-1).

2. Organisation interne

• L'AMF comprend un collège, une commission des sanctions et, le cas échéant, des commissions spécialisées et des commissions consultatives. Sauf disposition contraire, les attributions qui lui sont confiées sont exercées par le collège (C. mon. et fin., art. L. 621-2).

• Le collège comporte seize membres et son président est nommé par Décret, pour une durée de cinq ans, non renouvelable. Le président de l'AMF a qualité pour agir au nom de celle-ci devant toute juridiction.

• La commission des sanctions est chargée de prononcer les sanctions mentionnées à l'art. L. 621-15 C. mon. et fin (v. *ci-après*). Elle est constituée de douze membres :

3. Règlement général

• Aux termes de l'art. L. 621-7 du Code monétaire et financier, l'AMF adopte un règlement général qui doit déterminer de nombreuses règles énumérées dans ce texte, en particulier :
– les règles de pratique professionnelle qui s'imposent aux émetteurs offrant des titres financiers au public ainsi que les règles qui doivent être respectées dans les opérations sur des instruments financiers placés par offre au public ;
– les règles relatives aux offres publiques d'acquisition portant sur des instruments financiers émis par offre de titres financiers au public ;
– les règles de bonne conduite et les autres obligations professionnelles que doivent respecter à tout moment les personnes mentionnées au II de l'art. L. 621-9 (PSI, entreprises de marché, etc.) et qui doivent tenir compte de la compétence financière de la personne à laquelle le service est rendu ;
– les conditions d'exercice de l'activité des PSI qui fournissent, à titre exclusif ou principal, le service de gestion de portefeuille pour le compte de tiers et les conditions d'agrément des sociétés de gestion de portefeuille ;
– les principes généraux d'organisation et de fonctionnement que doivent respecter les marchés réglementés, ainsi que les règles relatives à l'exécution des transactions sur instruments financiers admis sur ces marchés.

• Aux fins de préciser l'interprétation de ce règlement général, l'AMF peut publier des instructions et des recommandations.

• L'AMF a d'abord adopté le Livre Ier de son règlement général, homologué par arrêté ministériel en 2004. Ce Livre Ier est consacré à la déontologie et à la rémunération des membres de l'AMF et des experts nommés dans les commissions consultatives de l'AMF. Puis, l'AMF a adopté les Livres II à VI, qui ont été homologués par arrêté ministériel du 12 nov. 2004. Le Livre II s'intitule « Émetteurs et information financière » ; le Livre III, « Prestataires » ; le Livre IV, « Produits d'épargne collective » ; le Livre V, « Infrastructures de marché » et le Livre VI, « Abus de marché : opérations d'initiés et manipulations de marché ». Le Livre VII, « Marchés réglementés admettant à la négociation des quotas d'émissions » a été homologué par arrêté ministériel du 22 févr. 2011.

• Des modifications sont ensuite régulièrement apportées par arrêté à ce règlement général.

4. Exercice des missions de l'AMF

a) Surveillance générale du marché

L'AMF a une obligation générale de surveillance du marché. En particulier, elle veille à la régularité des opérations effectuées sur des titres offerts au public. Elle veille également au respect des obligations professionnelles auxquelles sont astreintes diverses entités ou personnes intervenant sur les marchés financiers (PSI, OPCVM, etc.).

b) Pouvoirs d'enquête – perquisitions

Dans l'exercice de cette mission de surveillance, l'AMF dispose de larges pouvoirs d'enquête et d'investigation qui lui permettent même, pour la recherche de certaines infractions, d'effectuer des perquisitions en tous lieux et de procéder à la saisie de tous documents, sur autorisation préalable du président du tribunal de grande instance et en présence d'un officier de police judiciaire (C. mon. et fin., art. L. 621-9).

c) Vérification des informations circulant sur les marchés financiers

L'AMF vérifie les informations que fournissent aux actionnaires ou publient les sociétés cotées, avec le droit de procéder elle-même à des publications rectificatives ou de demander tous documents et informations utiles (C. mon. et fin., art. L. 621-18).

d) Traitement des réclamations – médiation

L'AMF est habilitée à recevoir de tout intéressé les réclamations qui entrent, par leur objet, dans son domaine de compétence et à décider de la suite à leur donner la suite. Elle propose, en tant que de besoin, la résolution amiable des différends portés à sa connaissance, par voie de conciliation ou de médiation (C. mon. et fin., art. L. 621-19).

e) Relations avec les autorités étrangères

L'AMF peut conduire des activités de surveillance, de contrôle et d'enquêtes à la demande d'autorités étrangères ayant des compétences analogues. Lorsque ces activités sont exercées pour le compte d'autorités d'un État non membre de la Communauté européenne ou qui n'est pas partie à l'accord sur l'Espace économique européen, elles sont exercées sous réserve de réciprocité (C. mon. fin., art. L. 632-16, al. 1er).

f) Relations avec les commissaires aux comptes des sociétés cotées sur un marché réglementé

L'art. L. 621-22 du Code monétaire et financier, issu de la loi n° 2003-706 du 1er août 2003, établit des relations juridiques entre l'AMF et les commissaires aux comptes de ces sociétés.

g) Pouvoir d'injonction

• Injonction directe : le collège peut, après avoir mis la personne concernée en mesure de présenter ses explications, ordonner qu'il soit mis fin, en France et à l'étranger, aux manquements aux obligations résultant des dispositions législatives ou réglementaires ou des règles professionnelles visant à protéger les investisseurs contre les opérations d'initiés, les manipulations de cours et la diffusion de fausses informations, ou à tout autre manquement de nature à porter atteinte à la protection des investisseurs ou au bon fonctionnement du marché. Ces décisions peuvent être rendues publiques (C. mon. et fin., art. L. 621-14, I).

• Injonction sollicitée en justice : le président de l'Autorité des marchés financiers peut demander en justice (président du TGI de Paris) qu'il soit ordonné, éventuellement sous astreinte, à la personne qui est responsable de la pratique relevée, de se conformer aux dispositions législatives ou réglementaires, de mettre fin à l'irrégularité ou d'en supprimer les effets.

5. Pouvoir de sanction de l'AMF

a) Personnes susceptibles d'être sanctionnées

L'art. L. 621-15, II, du Code monétaire et financier énumère quatre catégories de personnes à l'égard desquelles l'AMF peut prononcer une sanction :

• 1re catégorie : les personnes mentionnées aux 1° à 8° et 11° à 15° du II de l'art. L. 621-9 C. mon. et fin. et ce, au titre de tout manquement à leurs obligations professionnelles définies par les lois, règlements et règles professionnelles approuvées par l'AMF. Entrent notamment dans cette catégorie les PSI, les entreprises de marché ou les OPCVM.

• 2e catégorie : les personnes physiques placées sous l'autorité ou agissant pour le compte de l'une des personnes évoquées précédemment au titre de tout manquement à leurs obligations professionnelles définies par les lois, règlements et règles professionnelles.

• 3e et 4e catégories : toute personne qui, sur le territoire français ou à l'étranger, s'est livrée ou a tenté de se livrer à une opération d'initié ou s'est livrée à une manipulation de cours, à la diffusion d'une fausse information ou à tout autre manquement mentionné au premier al. du I de l'art. L. 621-14, dès lors que ces actes concernent les titres d'une société cotée sur un marché réglementé français ou les titres d'une société cotée sur un marché réglementé d'un autre État membre de l'Union européenne (sur ces délits, v. *infra*).

• Depuis la loi RBF du 22 oct. 2011, la compétence de l'AMF en matière de sanction est étendue aux « instruments financiers liés » à un ou plusieurs instruments financiers admis aux négociations sur un marché réglementé ou un système multilatéral de négociation organisé (not. Alternext). En raison de la crise, passent ainsi sous le pouvoir de sanction de l'AMF les instruments dérivés négociés de gré à gré, dès lors que leur « sous-jacent » est constitué d'instruments financiers cotés (C. mon. et fin., art. L. 621-15, II-c et d).

b) Sanctions professionnelles et pécuniaires (manquements administratifs)

L'art. L. 621-15, III, du Code monétaire et financier invite à distinguer, selon les personnes concernées, en fonction des catégories légales :

• Pour les personnes des 1re et 2e catégories, les sanctions applicables sont l'avertissement, le blâme, l'interdiction à titre temporaire ou définitif de l'exercice de tout ou partie des services fournis ; la commission des sanctions peut prononcer, soit à la place, soit en sus de ces sanctions, une sanction pécuniaire dont le montant ne peut être supérieur :

– à 100 millions d'€ ou au décuple du montant des profits éventuellement réalisés (personnes de la 1re catégorie),

– à 15 millions d'€ ou au décuple du montant des profits éventuellement réalisés (personnes de la 2e catégorie commettant des infractions prévues dans les 3e et 4e catégories) ;

– à 300 000 € ou au quintuple des profits éventuellement réalisés (personnes de la 2e catégorie dans les autres cas).

• Pour les personnes relevant des 3e et 4e catégories, une sanction pécuniaire est encourue, dont le montant ne peut être supérieur à 100 millions d'€ ou au décuple du montant des profits éventuellement réalisés.

S'agissant du montant de la sanction pécuniaire, l'art. L. 621-15, III, du Code monétaire et financier précise que le montant de la sanction doit être fixé en fonction de la gravité des manquements commis et en relation avec les avantages ou les profits éventuellement tirés de ces manquements.

c) Procédure de sanction – garanties processuelles

• La jurisprudence judiciaire avait, dans le passé, parfois annulé des sanctions prononcées par la COB pour irrespect des droits de la défense. C'est pourquoi la a loi pose sur ce point de nombreuses exigences.

• Le collège de l'AMF examine le rapport d'enquête ou de contrôle établi par les services de l'Autorité des marchés financiers. S'il décide l'ouverture d'une procédure de sanction, il notifie les griefs aux personnes concernées. Il transmet la notification des griefs à la commission des sanctions, qui désigne un rapporteur parmi ses membres. La commission des sanctions ne peut être saisie de faits remontant à plus de trois ans s'il n'a été fait, pendant ce délai, aucun acte tendant à leur recherche, à leur constatation ou à leur sanctionLa loi RBF du 22 oct. 2010 a amélioré la représentation du collège à l'audience devant la commission des sanctions (art. L. 621-15, I, al. 3 et 4, C. mon. et fin).• L'art. L. 621-15, II, C. mon. et fin. indique que la procédure doit être contradictoire et l'art. L. 621-15, IV, du même Code, ajoute que la commission des sanctions statue par décision motivée, hors la présence du rapporteur. Aucune sanction ne peut être prononcée sans que la personne concernée ou son représentant n'ait été entendu ou, à défaut, dûment appelé. La loi RBF a posé le principe de la publicité des audiences de la commission des sanctions (art. L. 621-15, IV bisC. mon. et fin).

• Les art. R. 621-38, R. 621-39 et R. 621-40 C. mon. et fin., précisent de manière très détaillée la procédure que l'AMF doit suivre pour prononcer une sanction.

• La publication des décisions de la commission des sanctions dans divers publications, journaux ou supports est le principe (art. L. 621-15, V). La publication peut être exceptionnellement écartée si elle risque de porter atteinte au marché ou aux parties en cause.

d) Sanctions pénales

• Si l'un des griefs notifiés par le collège est susceptible de constituer un des délits mentionnés aux art. L. 465-1 et L. 465-2 C. mon. et fin. (délit d'initié, délit de fausses informations, délit d'entrave au fonctionnement du marché, v. *infra*), le collège transmet immédiatement le rapport d'enquête ou de contrôle au procureur de la République près le tribunal de grande instance de Paris (C. mon. et fin., art. L. 621-15-1), qui décide de mettre ou non en mouvement l'action publique sur les faits objets de la transmission.

• Le tribunal de grande instance de Paris a seul compétence pour la poursuite, l'instruction et le jugement de ces délits. Cette compétence s'étend aux infractions connexes.

• Le procureur de la République peut, dans la plupart des cas, obtenir de l'AMF la communication de tous les renseignements détenus par celle-ci dans le cadre de l'exercice de ses missions, sans que puisse lui être opposée l'obligation au secret (C. mon. et fin., art. L. 621-20-1, al. 2).

• Lorsque des poursuites sont engagées en application de ces art. L. 465-1 et L. 465-2 C. mon. et fin., l'AMF peut exercer les droits de la partie civile. Toutefois, elle ne peut, à l'égard d'une même personne et s'agissant des mêmes faits, exercer concurremment les pouvoirs de sanction qu'elle tient du C. mon. et fin. et les droits de la partie civile (C. mon. et fin., art. L. 621-16-1).

• Enfin, lorsque l'AMF a prononcé une sanction pécuniaire devenue définitive avant que le juge pénal ait statué définitivement sur les mêmes faits ou des faits connexes, celui-ci peut ordonner que la sanction pécuniaire s'impute sur l'amende qu'il prononce (C. mon. et fin., art. L. 621-16) (v. *infra*).

• Le cumul des sanctions pénales et administratives et l'articulation des procédures de l'AMF et des procédures pénales suscitent certaines critiques et nécessitent des améliorations (Cf. par ex. Rapport Coulon, févr. 2008).

6. Pouvoir de composition administrative de l'AMF

La loi RBF du 22 oct. 2010 a octroyé à l'AMF un pouvoir de transaction, qui a pour but de régler plus rapidement et plus simplement les « petites » affaires. Le collège a ainsi la possibilité de proposer aux personnes poursuivies, en cours de la notification des griefs, d'entrer en voie de composition administrative ; celles-ci devront alors s'engager à verser au Trésor public une somme dont le montant maximum sera celui de la sanction pécuniaire encourue (C. mon. fin., art. L. 621-14-1). La transaction est limitée au contentieux strictement disciplinaire, et n'est pas possible en présence d'abus de marché (manquement d'initié, manipulation de cours, fausse information financière). Elle devra être homologuée par la Commission des sanctions.

7. Recours contre les décisions de l'AMF

a) Dualité des compétences juridictionnelles

• Les recours contre les décisions prises par l'AMF à l'égard des professionnels des marchés financiers visés à l'art. L. 621-9, II, du Code monétaire et financier doivent être portés devant le Conseil d'État, y compris pour les sanctions prononcées par de telles décisions. Le recours est alors de pleine juridiction en matière de sanction.

• En revanche, les recours contre les autres décisions individuelles prises par l'AMF (notamment de sanction) sont de la compétence judiciaire de la Cour d'appel de Paris (C. mon. fin., art. L. 621-30). Ces recours n'ont pas d'effet suspensif, sauf si la juridiction en décide autrement. Dans ce cas, la juridiction saisie peut ordonner qu'il soit sursis à l'exécution de la décision contestée si celle-ci est susceptible d'entraîner des conséquences manifestement excessives.

• Le président de l'AMF peut désormais, après accord du collège, former recours (principal ou incident) contre les décisions de la commission des sanctions (C. mon. fin., art. L. 621-30, al. 2).

b) Délais de recours

Le délai de recours contre les décisions prises par l'AMF est de dix jours, sauf en matière de sanctions, où il est de deux mois. Le délai court, pour les personnes qui font l'objet de la décision, à compter de sa notification et, pour les autres personnes intéressées, à compter de sa publication ; C. mon. et fin., art. R. 621-44).

§ 3 - Réglementation des abus de marché

A. Principes généraux

1. Cadre légal

Les infractions ou manquements constitutifs d'abus de marchés s'inscrivent aujourd'hui, au plan communautaire, dans le cadre de la directive n° 2003/6 du 28 janv. 2003 (dite « abus de marchés ») qui a eu le souci d'imposer un cadre répressif européen rénové, notamment contre les faits d'initié et de manipulation de cours. Les dispositions de la réglementation française de ces infractions (C. mon. et fin., art. L. 465-1 et s.) étaient déjà, pour l'essentiel, conformes aux prescriptions de cette directive lorsqu'elle est intervenue, hormis en matière d'obligation de déclaration (v. ci-après).

2. Mesures préventives – Obligation de déclaration de certaines opérations

Dans l'optique d'une plus grande transparence et, à travers elle, d'une meilleure prévention des infractions et manquements, la directive de 2003 a prévu des obligations de déclaration de certaines opérations. La loi du 20 juill. 2005 a procédé à la transposition de la directive en imposant diverses obligations :
– aux établissements de crédit, aux établissements d'investissement et aux personnes ayant une activité d'intermédiation, de déclarer à l'AMF les opérations suspectées de constituer une opération d'initié ou une manipulation de cours (C. mon. et fin., art. L. 621-17-2) ;
– aux dirigeants sociaux et aux personnes qui leur sont liées de communiquer directement à l'AMF leurs acquisitions, cessions, souscriptions ou échanges de titres d'une personne morale qui offre des titres financiers au public ainsi que leurs transactions opérées sur des instruments financiers qui leur sont liées (C. mon. et fin., art. L. 621-18-2) ;
– à tout émetteur dont les instruments financiers sont admis aux négociations sur un marché réglementé d'établir, de mettre à jour et de tenir à la disposition de l'AMF une liste des personnes travaillant en son sein et ayant accès aux informations privilégiées concernant directement ou indirectement cet émetteur. Les tiers ayant accès à ces informations dans le cadre de leurs relations professionnelles avec l'émetteur sont visés (par ex. les conseils) (C. mon. et fin., art. L. 621-18-4).
Les atteintes à la transparence des marchés peuvent être sanctionnées au travers, soit d'infractions pénales, soit de manquements administratifs.

B. Infractions pénales

• Le tribunal de grande instance de Paris a seul compétence pour la poursuite, l'instruction et le jugement des délits prévus aux art. L. 465-1 et L. 465-2 du Code monétaire et financier (C. pr. pén., art. 704-1).

• Les personnes morales peuvent être déclarées responsables pénalement, dans les conditions prévues par l'art. 121-2 du Code pénal (v. *supra*, p. 43 et s.), des infractions définies aux art. L. 465-1 et L. 465-2 du Code monétaire et financier (C. mon. et fin., art. L. 465-3). Les peines encourues par les personnes morales sont l'amende, suivant les modalités prévues par l'art. 131-38 du Code pénal (amende quintuplée) ainsi que les peines mentionnées à l'art. 131-39 du Code pénal.
Trois infractions principales sont réprimées : le délit d'initié, et ses extensions, le délit de manipulation de cours et le délit de diffusion d'informations fausses ou trompeuses.

1. Le délit d'initié (et ses extensions)

a) Initiés primaires et secondaires

Définition : est puni le fait, pour les dirigeants d'une société mentionnée à l'art. L. 225-108 C. com. (dits « initiés primaires ») et pour les personnes disposant, à l'occasion de l'exercice de leur profession ou de leurs fonctions (dits « initiés secondaires »), d'informations privilégiées sur les perspectives ou la situation d'un émetteur dont les titres sont négociés sur un marché réglementé ou sur les perspectives d'évolution d'un instrument financier admis sur un marché réglementé, de réaliser ou de permettre sciemment de réaliser, soit directement, soit par personne interposée, une ou plusieurs opérations avant que le public ait connaissance de ces informations (C. mon. et fin., art. L. 465-1 al. 1er).

Sanctions : deux ans d'emprisonnement et une amende de 1 500 000 € ou plus, jusqu'au décuple du montant du profit éventuellement réalisé, sans que l'amende puisse être inférieure à ce même profit.

Éléments :

- Élément matériel du délit – Notion d'information privilégiée : L'information, au sens de la loi, est un renseignement de caractère précis, particulier et certain.
- Élément intentionnel du délit : la jurisprudence n'exige pas une mauvaise foi particulière de l'initié, ni d'ailleurs la volonté de réaliser un profit. Elle se contente de la conscience par l'initié de détenir une information qui n'est pas dans le public et, qu'en l'exploitant, il rompt l'égalité qui doit exister entre tous les clients d'un marché boursier. Mais des considérations justificatives peuvent exceptionnellement être admises (par ex. le souci de lutter contre la menace d'une OPA), de telle sorte qu'une opération de cession peut être justifiée si le dirigeant qui y participe établit avoir agi dans l'intérêt de la société.
- Caractère international : le délit d'initié peut prendre une dimension internationale, notamment lorsqu'il concerne des ordres donnés pour des transactions sur des bourses étrangères. L'art. 113-2, al. 2 C. pén. peut fonder la compétence des juridictions pénales françaises lorsque l'un des éléments constitutifs de l'infraction aura été accompli sur notre territoire : par ex., l'ordre de vente ou d'achat des titres.
- Constitution de partie civile en cas de délit d'initié : en dépit de l'idée répandue que le délit d'initié est une infraction sans victime directe, exclusivement destinée à protéger l'ordre public et l'intérêt général attaché à l'intégrité du marché, la chambre criminelle de la Cour de cassation admet la constitution de partie civile des investisseurs, ce qui constitue un réel avantage de la procédure pénale par rapport à la procédure administrative (v. *infra*) qui, devant la Commission des sanctions de l'AMF, n'offre pas aux investisseurs cette possibilité.

b) Délit de communication d'une information privilégiée

Définition : est puni le fait, pour toute personne disposant, dans l'exercice de sa profession ou de ses fonctions, d'une information privilégiée sur les perspectives ou la situation d'un émetteur dont les titres sont négociés sur un marché réglementé ou sur les perspectives d'évolution d'un instrument financier admis sur un marché réglementé, de la communiquer à un tiers en dehors du cadre normal de sa profession ou de ses fonctions (C. mon. et fin., art. L. 465-1, al. 2).

Sanctions : un an d'emprisonnement et une amende de 150 000 €.

Élément : l'élément intentionnel est constitué par la transmission « *abusive* » de l'information par l'intéressé à un tiers, c'est à dire dès lors que la communication est transmise « *en dehors du cadre normal de la profession ou des fonctions* ». Une obligation de discrétion absolue s'impose à la personne qui dispose d'une telle information.

c) Extension de la répression pénale quant aux personnes visées

Définition : est puni le fait, pour toute personne autre que celles visées aux deux alinéas précédents (initiés primaires et secondaires et personnes communiquant une information privilégiée), possédant, en connaissance de cause, des informations privilégiées sur la situation ou les perspectives d'un émetteur dont les titres sont négociés sur un marché réglementé ou sur les perspectives d'évolution d'un instrument financier admis sur un marché réglementé, de réaliser ou de permettre de réaliser, directement ou indirectement, une opération ou de communiquer à un tiers ces informations, avant que le public en ait connaissance (C. mon. et fin., art. L. 465-1 al. 3).

Sanctions : un an d'emprisonnement et une amende de 150 000 € ou plus, jusqu'au décuple du montant du profit réalisé, sans que l'amende puisse être inférieure à ce même profit. Lorsque les informations en cause concernent la commission d'un crime ou d'un délit, les peines sont portées à sept ans d'emprisonnement et à 1 500 000 € si le montant des profits réalisés est inférieur à ce chiffre.

2. Le délit de manipulation de cours

Définition : est puni le fait, pour toute personne, d'exercer ou de tenter d'exercer, directement ou par personne interposée, une manœuvre ayant pour objet d'entraver le fonctionnement régulier d'un marché réglementé en induisant autrui en erreur (C. mon. et fin., art. L. 465-2, al. 1er). Peu importe que ces manœuvres aient eu ou non des résultats tangibles. La définition de ce délit formel (dont la tentative est cependant incriminée) doit permettre de réprimer les opérations suivantes :

– celles qui consistent à créer, par des ventes à découvert, des mouvements de baisse importants du cours des actions d'une société, non motivés par la situation de la société, suivis de rachat d'une quantité plus importante de titres à un cours trop bas, le profit étant réalisé lorsque les cours remontent à un niveau normal ;

– celles qui consistent à procéder à la même opération par la diffusion de nouvelles ou de rumeurs ou par des offres de ventes situées systématiquement très près du niveau des transactions en baisse afin d'accélérer la baisse ;

– celles qui consistent à réaliser le même type d'opération de façon à bénéficier des positions antérieurement prises sur le marché des options ;

– et celles qui consistent à faire monter, par rachat ou procédé équivalent – comme dans les deux exemples précédents – les cours d'un titre avant l'émission de titres de capital de façon à majorer le prix d'offre par rapport au prix qu'exigerait un marché normal (technique dite « de la bouilloire »).

Sanctions : sont applicables les peines prévues à l'art. L. 465-1, al. 1er C. mon. et fin. soit deux ans d'emprisonnement et une amende de 1 500 000 €, ou plus, jusqu'au décuple du montant du profit éventuellement réalisé, sans que l'amende puisse être inférieure à ce même profit.

3. Le délit de diffusion d'informations fausses ou trompeuses

Définition : est puni le fait, pour toute personne, de répandre sciemment dans le public, par des voies et moyens quelconques, des informations fausses ou trompeuses sur les perspectives ou la situation d'un émetteur dont les titres sont négociés sur un marché réglementé ou sur les perspectives d'évolution d'un instrument financier admis sur un marché réglementé, de nature à agir sur les cours (C. mon. et fin., art. L. 465-2 al. 2).

Sanctions : sont applicables les peines prévues à l'art. L. 465-1, al. 1er C. mon. et fin. soit deux ans d'emprisonnement et une amende de 1 500 000 €, ou plus, jusqu'au décuple du montant du profit éventuellement réalisé, sans que l'amende puisse être inférieure à ce même profit. Les actionnaires victimes, ainsi éventuellement que la société elle-même, peuvent demander réparation de leur préjudice en se constituant partie civile.

C. Manquements administratifs

Définition : le règlement général de l'AMF, homologué par un arrêté du 12 nov. 2004, sanctionne également les manquements administratifs constitutifs d'abus de marchés :

– s'agissant du manquement d'initié, il précise notamment la notion d'information privilégiée et les obligations d'abstention la concernant (Règl. gén. AMF, art. 621-1 à 622-2) ;

– s'agissant du manquement de manipulation de cours, il en précise la notion (Règl. gén. AMF, art. 631-1) ;

– s'agissant du manquement consistant en la communication d'informations fausses ou trompeuses, l'information donnée au public par les sociétés cotées doit être exacte, précise et sincère (Règl. gén. AMF, art. 223-1) et l'AMF peut être amenée à prononcer des sanctions administratives dans les cas où cette information est défaillante.

Sanctions : ces sanctions sont étudiées dans le cadre de l'examen des pouvoirs de l'AMF (v. *supra*, p. 372).

Attention : imputation possible de la sanction pécuniaire administrative sur l'amende prononcée par le juge pénal.

• Un même comportement peut donc constituer simultanément un délit boursier et une pratique contraire aux règlements de l'AMF, de sorte qu'un même fait peut se trouver puni deux fois. Le Conseil constitutionnel a d'ailleurs précisé à cet égard que la règle *non bis in idem*, excluant la possibilité de deux poursuites pour la même infraction, ne s'appliquait pas en cas de cumul de sanctions pénale et administrative (Cons. Const. décision du 28 juill. 1989).

• Mais, pour respecter le principe de proportionnalité, l'art. L. 621-16 C. mon. et fin. prévoit que, lorsque la Commission des sanctions de l'AMF a prononcé une sanction pécuniaire devenue définitive avant que le juge pénal ait statué définitivement sur les mêmes faits ou des faits connexes, celui-ci peut ordonner (simple faculté laissée à son appréciation) que la sanction pécuniaire, devenue définitive, s'impute sur l'amende qu'il prononce. En revanche, le juge pénal pourra toujours infliger au prévenu une peine d'emprisonnement en sus de la sanction pécuniaire prononcée par l'AMF, s'il estime que la gravité des faits le justifie.

• Le cumul des sanctions pénales et administratives et l'articulation des procédures de l'AMF et des procédures pénales suscitent certaines critiques et nécessitent des améliorations (Cf. par ex. Rapport Coulon, févr. 2008).

Section 2 › PRÉSENTATION DE LA RÉGLEMENTATION DES OPÉRATIONS D'ACQUISITION DE SOCIÉTÉS SUR LES MARCHÉS FINANCIERS

§ 1 - Textes français et communautaires applicables

Les opérations étudiées ci-après sont régies par les art. L. 433-1 à L. 433-4 du Code monétaire et financier (fortement remaniés par la loi n° 2006-387 du 31 mars 2006) et le titre III du Livre II du règlement général de l'AMF, homologué par un arrêté du ministre de l'Économie et des Finances du 18 sept. 2006.

On doit ajouter que :

– le règlement de l'AMF est un texte de nature réglementaire en raison, aussi bien, de son fondement, que de son homologation par arrêté ministériel et, qu'étant impératif, son inobservation est susceptible d'entraîner l'annulation des actes et opérations contraires ;

– les textes propres au droit boursier n'écartent pas, en principe, la loi générale sur les sociétés, dès lors qu'ils sont muets sur une question particulière ;

– les OPA ou OPE peuvent être soumises, comme toutes les autres formes de concentration, à la réglementation prévue par le Code de commerce sur le contrôle des concentrations (v. égal. *infra*, p. 392) ;

– au plan communautaire, la treizième directive adoptée en droit des sociétés, n° 2004/25 du 21 avr. 2004, relative aux offres publiques d'acquisition, a été adoptée après quinze ans de discussion. La France l'a transposée deux ans après son adoption à travers la loi du 31 mars 2006.

§ 2 - Principales innovations introduites par la loi du 31 mars 2006

L'objet premier de la loi n° 2006-387 du 31 mars 2006 a été, en transposant la 13e directive européenne sur les offres publiques d'acquisition, de préciser le régime des défenses anti-OPA, notamment en subordonnant l'action éventuelle des dirigeants de la société visée à l'approbation préalable de l'assemblée générale des actionnaires et en rendant inopposables à l'initiateur, pour les titres qui lui seraient apportés dans le cadre de son offre, les clauses statutaires prévoyant des restrictions au transfert d'actions (v. *infra*, p. 397 et s.).

Mais la loi du 31 mars 2006 comporte d'autres innovations, parmi lesquelles :

– une extension sensible de la compétence de l'AMF, y compris à l'égard des marchés non réglementés, auxquels la réglementation des offres publiques est dorénavant applicable (C. mon. fin., art. L. 433-1, IV) ;

– les procédures antérieures de recevabilité et de visa de l'offre sont fusionnées en une seule procédure de déclaration de conformité par l'AMF ;

– un expert indépendant doit être désigné par la société visée en cas de conflit d'intérêts et peut également l'être pour l'initiateur ;

– le renforcement de l'information des salariés puisque le comité d'entreprise de l'auteur de l'offre doit lui-même être informé ;

– l'instauration d'un nouveau retrait obligatoire à la suite de toute offre publique ;

Et surtout :
– l'exigence d'une déclaration d'intention auprès de l'AMF, à la charge de toute personne dont il y a des motifs raisonnables de penser qu'elle prépare une offre publique (C. mon. et fin., art. L. 433-1). Une information concernant cette déclaration est portée à la connaissance du public dans les conditions fixées par le règlement général de l'AMF, lequel détermine également les conséquences qui résultent de cette déclaration d'intention. Il précise notamment les conditions dans lesquelles le dépôt d'un projet d'offre publique par toute personne qui aurait, dans un délai fixé par le règlement général de l'AMF, démenti avoir l'intention de déposer une telle offre, peut être refusé.

§ 3 - Champ d'application territorial des textes relatifs aux acquisitions de sociétés sur les marchés financiers

Champ d'application précisé par l'art. L. 433-1 C. mon. et fin. De ce texte, il ressort que l'AMF est compétente lorsque :
– la société cible a son siège en France et les instruments financiers qu'elle a émis sont admis aux négociations sur un marché réglementé français ;
– la société cible a son siège statutaire sur le territoire d'un État membre de l'Union européenne ou partie à l'accord sur l'Espace économique européen (ce qui, en pratique, vise l'Islande, le Liechtenstein et la Norvège) autre que la France et les titres qu'elle a émis ne sont pas admis aux négociations sur un marché réglementé de cet État et ont été admis aux négociations pour la première fois en France ;
– mais aussi en cas de cotation simultanée sur plusieurs marchés réglementés européens, lorsque la société cible, qui a son siège statutaire sur le territoire d'un État membre autre que la France, a déclaré l'AMF compétente pour le contrôle de son offre ;
– et, enfin, dans le cas où la société cible a son siège statutaire hors d'un État membre de l'Union européenne ou d'un autre État partie à l'accord sur l'Espace économique européen et que les instruments financiers qu'elle a émis sont admis aux négociations sur un marché réglementé français.

§ 4 - Plan

Il ne s'agit pas de présenter ci-après toutes les opérations qui peuvent s'effectuer sur le marché boursier. On laissera de côté celles intervenant entre simples particuliers dans le cadre de transactions courantes sur valeurs mobilières ou encore celles intervenant entre une société et un banquier. Seules seront abordées celles intéressant directement le droit des sociétés. À ce titre, seront successivement envisagées :
– les offres publiques d'achat ou d'échange de titres de capital conduites selon la procédure normale ;
– les offres publiques d'achat ou d'échange de titres de capital relevant de la procédure simplifiée ;
– les offres publiques de retrait et procédures de retrait obligatoire.

En revanche, les offres de vente ne seront pas traitées, dans la mesure où, à l'inverse des OPA ou OPE, elles ne tendent pas à l'acquisition de participations mais, au contraire, le plus souvent, à l'introduction de valeurs nouvelles sur un marché réglementé.

NB. : La loi RBF du 22 oct. 2010 a supprimé la procédure de garantie de cours, qui avait finir par faire double emploi et être supplantée par la procédure d'OPA.

Chapitre 1 › OFFRES PUBLIQUES D'ACHAT OU D'ÉCHANGE – PROCÉDURE NORMALE

> **› L'essentiel**
> *Les titres cotés sur un marché réglementé sont soumis à un dispositif visant à faciliter la prise de contrôle d'une société, tout en protégeant les actionnaires, notamment minoritaires. Les procédures d'OPA et d'OPE sont complexes dans leur déclenchement et leur déroulement et peuvent parfois se heurter à des défenses dites « anti-OPA », organisées par certaines sociétés cotées pour parer à des tentatives d'acquisition « hostiles ».*

Section 1 › PRÉSENTATION GÉNÉRALE DES OPA ET OPE

§ 1 - Définition de l'OPA et de l'OPE

A. Notion d'offre publique d'achat (OPA)

La procédure d'OPA consiste, pour une personne physique ou morale (le plus souvent une société), à faire connaître publiquement aux actionnaires d'une société dont les titres sont cotés qu'elle est disposée à acheter les titres qu'ils détiennent afin de prendre le contrôle de cette dernière.

Celui qui dépose le projet d'acquisition est l'initiateur. La société dont les titres sont l'objet de l'offre est la société visée (ou la cible).

B. Notion d'offre publique d'échange (OPE)

1. Définition

Les opérations d'OPE consistent, pour la société offrante (l'initiateur), à s'engager à attribuer des titres, actions ou obligations, en contrepartie des actions qui lui seront remises.

En application de l'art. 231-8 du règlement général de l'AMF, l'offre peut consister en :

– une offre unique proposant l'achat des titres visés ou l'échange contre des titres émis ou à émettre ou un règlement en titres et en numéraire ;

– une offre alternative ;

– une offre principale assortie d'une option subsidiaire présentant le caractère d'un accessoire indissociable.

2. Enjeux

Dans l'OPE, l'initiateur choisit librement la monnaie d'échange. Toutefois, il doit tenir compte de deux considérations : celle de son propre intérêt, car la remise d'actions de l'initiateur aux actionnaires de la cible est risquée si le capital de l'initiateur est insuffisamment contrôlé. S'il souhaite éviter le fardeau financier d'une offre en numéraire, il devra alors combiner achat et échange et limiter par ex. l'échange à un pourcentage des actions ainsi proposées ; celle de l'intérêt des actionnaires de la cible, qui doivent être attirés par les termes de l'offre.

3. Titres remis en échange

Ils peuvent être très divers : actions de la société initiatrice, éventuellement détenues par un tiers (par ex. la société mère), actions d'une société contrôlée par la société initiatrice, actions et bons de souscription, obligations remboursables en actions, obligations convertibles de la société cible elle-même ou d'une filiale de la société initiatrice... Lorsque les titres offerts ne sont pas des actions, leurs caractéristiques doivent être clairement précisées dans le projet d'offre.

4. Utilisation des CVG

Fréquemment, aujourd'hui, pour convaincre les destinataires de l'OPE, l'initiateur propose un certificat de valeur garantie (CVG) qui va garantir, à une échéance donnée, un niveau de cours des titres remis en rémunération de l'OPE, avec cependant un plafonnement de cette garantie à un montant prédéterminé.

5. Parité d'échange

Le nombre de titres remis par l'initiateur aux actionnaires de la cible, ou parité d'échange, est arrêté librement par l'initiateur, et l'avis d'un expert n'est pas ici exigé comme en matière de fusion (v. *supra*, p. 320). Toutefois, l'initiateur doit, dans le dossier de présentation, indiquer les éléments qu'il a retenus pour fixer cette parité d'échange. L'échange peut se faire moyennant une soulte en espèces, mais accessoire dans son montant.

§ 2 - Esprit général de la réglementation des offres publiques

L'art. 231-3 du règlement général de l'AMF précise de façon générale qu'en vue d'un déroulement ordonné des opérations au mieux des intérêts des investisseurs et du marché, toutes les personnes concernées par une offre publique doivent respecter les principes suivants :
– libre jeu des offres et de leurs surenchères ;
– égalité de traitement et d'information des détenteurs des titres des personnes concernées ;
– transparence, intégrité du marché et loyauté dans les transactions et la compétition.

§ 3 - Distinction de l'OPA avec le « ramassage » en bourse

• Par la pratique dite du « *ramassage en bourse* », une personne achète progressivement les titres d'une société cotée en espérant, un jour, en avoir le contrôle. Elle se distingue très nettement de L'OPA par son absence d'encadrement (il n'y a aucune réglementation générale de cette pratique), d'organisation et de transparence, ainsi que par l'inégalité qu'elle peut entraîner entre les actionnaires.

• Cependant, les acquisitions de participations significatives sont soumises à déclaration (déclarations de franchissement de seuils : v. *supra*, p. 338).

• L'opération est parfois utilisée comme prélude à une OPA, soit de la part du futur initiateur lui-même, soit de celle de spéculateurs professionnels, pariant sur une prochaine augmentation des cours.

§ 4 - Intérêts et dangers des OPA

A. Intérêts

• L'OPA permet de réaliser rapidement des concentrations ou des restructurations d'entreprises. C'est le cas lorsqu'elle participe d'une logique industrielle.

• Cette procédure permet aussi d'assurer la transparence du marché puisque le prix offert est fixé à l'avance en vue du respect de l'égalité entre les actionnaires de la société visée. Elle a d'ailleurs été utilisée en pratique par certaines sociétés pour permettre la sortie des actionnaires minoritaires dans des conditions satisfaisantes avant la réalisation d'une réorganisation coûteuse.

• Indirectement, l'OPA conduit les dirigeants qui veulent la prévenir à gérer leur société de façon optimale, pour éviter que leurs actions ne soient sous-évaluées en bourse et pour fidéliser leurs actionnaires (développement de l'information, distribution régulière de dividendes, attribution d'actions gratuites) qui, bien traités, seront moins tentés de souscrire à une OPA.

• La technique de l'OPA a également été utilisée, de façon originale, pour faciliter la restructuration interne d'un groupe, en dehors de tout objectif visant la sortie des actionnaires minoritaires, ou encore pour permettre à une société de racheter ses propres actions dans le cadre d'une réduction de capital prévue par l'art. L. 225-207 C. com.

B. Dangers

L'OPA peut :
– entraîner une éventuelle déstabilisation de la société qu'elle vise si la procédure est déclenchée de façon agressive, inamicale, voire dans le but inavoué de la démanteler à terme ;
– favoriser la spéculation si elle est le fait de raiders cherchant uniquement un important bénéfice lors de la revente rapide de la participation acquise.
Pour palier ces risques, des défenses anti-OPA peuvent être constituées (v. *infra*, p. 397), notamment lorsque la société cotée est vulnérable en raison de la grande dispersion de son capital.

§ 5 - Rôle de l'AMF et des juridictions judiciaires

• L'AMF (v. *supra*, p. 372) est l'institution de contrôle des offres publiques d'achat ou d'échange.

• Toutefois, les juridictions judiciaires peuvent également être saisies à l'occasion d'un contentieux relatif à une offre publique en cours et être conduites, à cette occasion, à interpréter les termes de la réglementation, ou encore à apprécier des recommandations faites par l'AMF.

• Le juge des référés commerciaux est compétent pendant le cours d'une OPA lorsqu'il n'empiète pas sur les prérogatives que la loi a limitativement attribuées à l'AMF.

Section 2 › DÉCLENCHEMENT DES OPA ET OPE

§ 1 - Déclenchement obligatoire d'une offre publique

A. Cas de déclenchement obligatoire d'une offre publique

• En principe, le déclenchement de l'OPA ou OPE est une décision que prend librement l'initiateur. Cependant, exceptionnellement, la liberté laisse place à une obligation.

• Lorsqu'une personne physique ou morale, agissant seule ou de concert (sur le concert, v. *supra*, p. 339) :
– vient à détenir, directement ou indirectement, plus de 30 % du capital ou des droits de vote d'une société ;
– ou qui, détenant déjà directement ou indirectement entre 30 % et 50 % du capital ou des droits de vote, vient à augmenter en moins de douze mois consécutifs, sa participation d'au moins 2 % (pratique dite « d'excès de vitesse ») ;
– elle est tenue, à son initiative, d'en informer immédiatement l'AMF et de déposer un projet d'offre visant la totalité du capital et des titres donnant accès au capital ou aux droits de vote et proposant des conditions telles qu'il puisse être déclaré conforme par l'AMF (L. 433-3 C. mon. et fin.).

• À défaut d'avoir procédé à ce dépôt, les titres détenus par cette personne au-delà des trois dixièmes ou au-delà de sa détention augmentée de la fraction d'un cinquantième susmentionnée du capital ou des droits de vote sont privés du droit de vote.

• S'agissant des titres concernés, l'art. L. 433-3, I, al. 2 précise que la détention directe ou indirecte d'une fraction du capital ou des droits de vote est appréciée au regard des art. L. 233-7 et L. 233-9 C. com., relatifs au franchissement de seuils. Le règl. Gén. AMF fixe la liste des accords ou instruments financiers qui doivent être pris en compte.

• Par exception avec les règles de l'OPA volontaire (v. ci-après), le projet d'offre publique ne peut comporter ici aucune clause prévoyant la présentation nécessaire d'un nombre minimal de titres pour que l'offre ait une suite positive.

B. Dérogations à l'obligation de déclenchement d'une offre publique

• L'AMF peut accorder une dérogation à l'obligation de déposer une offre publique dans de nombreux cas (par ex. opération de fusion ou d'apport d'actifs soumise à l'approbation de l'assemblée générale des actionnaires ; opération de reclassement, entre sociétés ou personnes appartenant à un même groupe ; franchissement de seuils par une ou plusieurs personnes qui déclarent agir de concert avec des personnes qui détiennent déjà la majorité du capital ou des droits de vote de la société, etc.) (Règl. gén. AMF, art. 234-9).

• Dans le cadre d'une dérogation qui lui est demandée, l'AMF se prononce après avoir examiné les circonstances dans lesquelles le ou les seuils ont été ou seront franchis, la répartition du capital et des droits de vote et les conditions dans lesquelles, le cas échéant, l'opération a fait ou fera l'objet d'une approbation par l'assemblée générale des actionnaires de la société visée (Règl. gén. AMF, art. 234-8).

• Si l'AMF accorde la dérogation demandée ou constate qu'il n'y a pas matière à offre publique, elle publie sa décision et fait connaître, le cas échéant, les engagements souscrits par le ou les requérants.

§ 2 - Déclenchement volontaire d'une offre publique

Double démarche de l'initiateur : dans le déclenchement de son offre publique, l'initiateur doit déposer son projet et une note d'information auprès de l'AMF, qui va se prononcer sur sa recevabilité. L'AMF s'assure que les actionnaires sont informés dans des conditions satisfaisantes. Ceux-ci seront également informés par un autre document visé par l'AMF : la note d'information en réponse de la société visée par l'offre.

A. Saisine de l'AMF par l'initiateur

• Le projet d'offre publique est présenté à l'AMF par un ou plusieurs prestataires de services d'investissement (PSI), garantissant pour le compte de la ou des personnes qui prennent l'initiative de l'opération le caractère irrévocable des engagements pris (Règl. gén. AMF, art. 231-13).

• La période d'offre publique commence avec la publication de l'avis de dépôt du projet d'offre faisant connaître ses principales dispositions, notamment l'identité de l'initiateur, du ou des établissements présentateurs de l'offre et de la société visée, le nombre de titres déjà détenus par l'initiateur de l'offre, le prix ou les termes de l'échange proposés.

B. Objet de l'offre

1. La totalité des titres

• Sauf exceptions mentionnées à l'art. 233-1 (v. ci-après), l'offre doit viser la totalité des titres de capital et donnant accès au capital ou aux droits de vote de la société visée (Règl. gén. AMF, art. 231-6).

• En instituant l'obligation, pour l'initiateur, de viser la totalité des titres de la société cible, et, corrélativement, en ouvrant un droit de retrait total aux minoritaires, la règle entraîne un renchérissement du prix d'acquisition des titres de la société visée (dit « prime de contrôle).

2. Offre conditionnelle

L'initiateur peut stipuler, dans son offre, une condition d'obtention, à l'issue de celle-ci, d'un certain nombre de titres, exprimé en pourcentage du capital ou des droits de vote, en deçà duquel l'offre n'aura pas de suite positive (Règl. gén. AMF, art. 231-9).

C. Présentation du dossier de l'initiateur

L'initiateur dépose son dossier, par lettre, à l'AMF et garantit, par la signature d'au moins un des établissements présentateurs (v. ci-après), la teneur et le caractère irrévocable de ses engagements (Règl. gén. AMF, art. 231-13).

Cette lettre précise :
– les objectifs et intentions de l'initiateur ;
– le nombre et la nature des titres de la société visée qu'il détient déjà, seul ou de concert, ou peut détenir à sa seule initiative, ainsi que la date et les conditions auxquelles leur acquisition a été réalisée au cours des douze derniers mois ou peut être réalisée à l'avenir ;
– le prix ou les parités d'échange auxquels l'initiateur offre d'acquérir les titres, les éléments qu'il a retenus pour les fixer et les conditions de paiement ou d'échange prévues.

D. Intervention d'un établissement présentateur agréé

• Sauf dans le cadre d'une procédure simplifiée (v. *infra*, p. 403), seuls les prestataires de services d'investissement, agréés pour exercer l'activité de prise ferme, peuvent présenter à l'AMF un projet d'offre publique. En pratique, il s'agira généralement d'une banque.

• La nationalité de l'établissement présentateur est indifférente.

• Plusieurs établissements peuvent intervenir ensemble et agiront alors solidairement.

• L'établissement présentateur est l'interlocuteur unique de l'AMF : c'est lui qui présente le dossier, fournit les justifications et garanties complémentaires exigées par l'Autorité, dépose les surenchères. Il agit en qualité de mandataire de l'initiateur.

• À l'égard des tiers, le présentateur souscrit une garantie irrévocable, de nature autonome, des engagements pris par l'initiateur. Ainsi engage-t-il sa responsabilité si l'initiateur est incapable de faire face à ses obligations (par ex. de payer le prix) ou si ce dernier renonce à son offre en dehors des cas où ce retrait est permis.

E. Intervention d'experts indépendants – Attestation d'équité

• La réglementation prévoit la nomination d'un expert indépendant par la société visée (mais cette nomination peut également être faite par l'initiateur).

• La société visée par une OPA doit désigner un expert indépendant lorsque l'opération est susceptible de générer des conflits d'intérêts au sein de son conseil d'administration, de son conseil de surveillance ou de l'organe compétent, de nature à nuire à l'objectivité de l'avis motivé mentionné à l'art. 231-19 (v. ci-après) ou de mettre en cause l'égalité des actionnaires ou des porteurs des instruments financiers qui font l'objet de l'offre (Règl. gén. AMF, art. 261-1 qui explicite ces hypothèses).

• Cet expert indépendant établit un rapport sur les conditions financières de l'offre. L'art. 262-1 du Règlement général de l'AMF précise qu'aucune autre forme d'opinion ne peut être qualifiée d'attestation d'équité.

F. Notes d'information déposées auprès de l'AMF

Les notes d'information publiées à l'occasion d'une OPA ou OPE doivent, entre autres, contenir la mention de la vérification par les commissaires aux comptes des indications et des chiffres reproduits dans lesdites notes et relatifs à la situation financière et aux comptes de la société concernée. Ils doivent, d'ailleurs, les signer.

1. Note d'information de l'initiateur

• L'initiateur doit, par l'intermédiaire de son établissement présentateur, déposer un projet de note d'information à l'AMF la veille de la publication par celle-ci de l'avis de dépôt de l'offre publique.

• Cette note, très complète, doit fournir de nombreux renseignements prévus par l'art. 231-18 du Règl. gén. AMF (not. identité de l'initiateur ; teneur de son offre en terme de prix ; calendrier prévisionnel de l'offre ; conditions de financement de l'opération et leurs incidences sur les actifs, l'activité et les résultats des sociétés concernées ; intentions de l'initiateur pour une durée couvrant au moins les douze mois à venir relatives à la politique industrielle et financière des sociétés concernées ; orientations de l'initiateur en matière d'emploi, etc.).

• La note d'information comporte la signature de l'initiateur ou de son représentant légal attestant l'exactitude des informations qui y figurent.

• Elle comporte également une attestation des représentants légaux des établissements présentateurs sur l'exactitude des informations relatives à la présentation de l'offre et aux éléments d'appréciation du prix ou de la parité proposés.

2. Note en réponse de la société visée

• Dès que l'AMF a apposé son visa sur la note d'information établie par l'initiateur, l'établissement présentateur, agissant pour le compte de ce dernier, en remet un exemplaire à la société visée.

• Celle-ci dépose alors auprès de l'AMF un projet de note d'information, au plus tard le cinquième jour de bourse suivant celui où elle a reçu l'exemplaire précité.

• Outre une présentation de la société, cette note mentionne de nombreuses informations (Règl. gén. AMF, art. 231-19), et not. l'avis motivé du conseil d'administration ou du conseil de surveillance de la société visée sur l'intérêt de l'offre ou sur les conséquences de celle-ci pour elle, ses actionnaires et ses salariés.

• La note d'information comporte la signature du représentant légal de la société visée attestant l'exactitude des informations figurant dans la note.

G. Déclaration de conformité par l'AMF – Appréciation de l'offre et du prix

1. Conditions générales d'appréciation de l'offre

• Larecevabilité du projet d'offre et le visa de la note d'information font l'objet d'une décision unique de conformité.

• Les critères d'appréciation de la recevabilité de l'offre sont prévus par l'art. 231-21 Règl. gén. AMF.

• L'AMF dispose en principe d'un délai de dix jours de bourse à compter de la publication du projet d'offre pour apprécier la conformité de celui-ci aux dispositions législatives et réglementaires qui lui sont applicables (Règl. gén. AMF, art. 231-20, I).

• L'AMF peut refuser le dépôt d'une offre publique si l'initiateur n'offre pas de garanties à ses yeux suffisantes ou bien demander toutes justifications et garanties appropriées et requérir toute information complémentaire nécessaire à son appréciation. Dans ce cas, le délai de dix jours de bourse précité est suspendu et recommence à courir à réception des éléments requis.

• L'AMF peut aussi demander à l'initiateur de modifier son projet s'il considère qu'il peut porter atteinte aux principes d'égalité des actionnaires, de transparence et d'intégrité du marché et de loyauté dans les transactions et la compétition.

• La décision prise par l'Autorité des marchés financiers peut faire l'objet, dans les conditions habituelles, d'un recours devant la cour d'appel de Paris.

2. Appréciation du prix offert

• S'agissant du prix offert, lorsque l'offre publique est obligatoire, le prix doit être équitable, c'est-à-dire : au moins égal au prix le plus élevé payé par l'auteur de l'offre sur une période de douze mois précédant le fait générateur de l'obligation de dépôt de l'offre (C. mon. et fin., art. 433-3, I, al. 3).

• Dans les autres cas (par ex. absence de transaction de l'initiateur au cours de la période de douze mois mentionnée ci-dessus ; offre publique non obligatoire), le prix est déterminé de manière dérogatoire en fonction des critères d'évaluation objectifs usuellement retenus, des caractéristiques de la société visée et du marché de ses titres.

• L'AMF peut demander ou autoriser la modification du prix proposé dans les circonstances et selon les critères fixés dans son règlement général (art. 234-6).

H. Calendrier de l'offre

• Le calendrier de l'offre est fixé en fonction de la date de la diffusion de la note d'information commune établie par l'initiateur et la société visée ou de la note en réponse établie par la société visée (Règl. gén. AMF, art. 231-31).

• Les dates d'ouverture, de clôture et de publication des résultats de l'offre sont publiées par l'AMF.

• La durée de l'offre est de vingt-cinq jours de négociation. Cette durée est prorogée, sans pouvoir excéder trente-cinq jours de négociation, lorsque la société visée n'a pas déposé de note conjointe avec l'initiateur (Règl. gén. AMF, art. 232 al. 1er et 2).

• Ce calendrier peut être arrêté de manière différente en tenant compte du contrôle des concentrations (v. ci-après).

I. Articulation du droit boursier avec le droit de la concurrence

• La publication de l'avis d'ouverture d'une offre publique ne signifie pas accord sur l'opération au titre du droit des concentrations. Conformément aux dispositions du Code de commerce, l'initiateur de l'offre doit notifier ce projet au ministre chargé de l'Économie.

• Au plan communautaire, une OPA est susceptible de constituer un abus de position dominante interdit par l'art. 82 du Traité CE. Elle serait, de ce fait, nulle.

• Une concentration de dimension communautaire par voie d'OPA doit respecter le règlement CEE n° 139/2004 du 20 janv. 2004 de contrôle des concentrations.

• Le droit des offres publiques et les procédures, tant françaises qu'européennes, de notification et d'autorisation des concentrations s'ignorent assez largement. L'articulation du droit boursier et du droit de la concurrence peut être difficile, en raison, notamment, des délais différents d'examen, dans chacun de ces droits, de l'opération projetée (par ex. lorsqu'une décision négative sur le plan du droit de la concurrence intervient après la clôture de l'offre). Pour éviter de telles difficultés, il est permis à l'initiateur d'affecter son offre d'une condition suspensive d'obtention des autorisations requises au titre du droit de la concurrence

J. Information des actionnaires et du public

• Les notes d'information sont mises à la disposition du public sur le site Internet de l'AMF. Elles sont par ailleurs publiées dans un quotidien d'information financière de diffusion nationale au plus tard le deuxième jour de bourse suivant la délivrance de son visa par l'AMF (Règl. gén. AMF, art. 231-27).

• Les sociétés concernées, leurs dirigeants et leurs conseils doivent faire preuve d'une vigilance particulière dans leurs déclarations. Les communications à caractère promotionnel, quels que soient leur forme et leur mode de diffusion, sont communiquées à l'AMF préalablement à leur diffusion (Règl. gén. AMF, art. 231-36).

K. Information des comités d'entreprise et de groupe

• La loi n° 2001-420 du 15 mai 2001, puis la loi n° 2006-387 du 31 mars 2006 ont très sensiblement amélioré l'information et les droits du comité d'entreprise et du comité de groupe lors du déclenchement d'une OPA ou d'une OPE.

• Pour les comités d'entreprise, tant de la société cible (innovation de la loi du 15 mai 2001) que de la société initiatrice (innovation de la loi du 31 mars 2006), les textes clés sont les art. L. 2323-21 à L. 2323-24 et L. 2323-26 C. trav.

• Lors du dépôt d'une offre publique d'acquisition, l'employeur de l'entreprise sur laquelle porte l'offre et l'employeur qui est l'auteur de cette offre réunissent immédiatement leur comité d'entreprise respectif pour l'en informer.

• Au cours de la réunion du comité de l'entreprise visée, celui-ci décide s'il souhaite entendre l'auteur de l'offre et peut se prononcer sur le caractère amical ou hostile de l'offre (C. trav., art. L. 2323-21). La société ayant déposé une offre et dont l'employeur, ou le représentant qu'il désigne parmi les mandataires sociaux ou les salariés de l'entreprise, ne se rend pas à la réunion du comité d'entreprise à laquelle il a été ainsi invité, ne peut exercer les droits de vote attachés aux titres de la société faisant l'objet de l'offre qu'elle détient ou viendrait à détenir.

• Si les entreprises concernées (société initiatrice et société visée) sont dépourvues de comité d'entreprise, l'employeur en informe directement les salariés.

• L'intervention du comité de groupe est prévue par l'art. L. 2332-2 C. trav. Elle est similaire à celle du comité d'entreprise.

L. Notification des pactes conclus entre les actionnaires de la société visée

• Le rapport de gestion des sociétés cotées doit mentionner toute clause d'une convention prévoyant des conditions préférentielles de cession ou d'acquisition d'actions admises aux négociations sur un marché réglementé et portant sur au moins 0,5 % du capital ou des droits de vote de la société qui a émis ces actions (C. com., art. L. 225-100-3).

• Par ailleurs, dès le dépôt du projet d'offre, tout accord conclu par les sociétés concernées, ou leurs actionnaires, susceptible d'avoir une incidence sur l'appréciation de l'offre ou son issue, sous réserve de l'appréciation de sa validité par les tribunaux, doit être porté à la connaissance des personnes concernées, de l'AMF et du public (Règl. gén. AMF, art. 231-5).

Section 3 › DÉROULEMENT DES OPA ET OPE

§ 1 - Liberté des destinataires de l'offre

• Du dépôt du projet d'offre jusqu'à la clôture de l'offre, les sociétés concernées ne peuvent pas intervenir sur le marché des titres de capital ou donnant accès au capital de la société visée ou de celle dont les titres sont proposés en échange (Règl. gén. AMF, art. 232-18).

• De même, les destinataires de l'offre peuvent librement accepter les propositions d'achat ou d'échange qui leur sont faites. Les ordres donnés aux intermédiaires qualifiés de leur choix peuvent être révoqués jusque et y compris le jour de clôture de l'offre (Règl. gén. AMF, art. 232-2).

§ 2 - Gestion des sociétés pendant le déroulement des offres publiques

• L'assemblée des actionnaires de la société visée peut être réunie en cours d'offre. Mais elle ne peut porter atteinte au droit individuel de l'actionnaire de répondre à l'offre publique.

• En revanche, la réglementation ne fait pas obstacle aux dispositions du Code de commerce qui autorisent les dirigeants des sociétés concernées à procéder, dans certains cas, en période d'offre, sur délégation d'une assemblée générale tenue avant l'offre, à une augmentation de capital non réservée.

• Par ailleurs, les sociétés visées par une offre peuvent exécuter un programme de rachat d'actions voté avant l'offre dès lors que la résolution de l'assemblée générale qui a autorisé le programme a expressément prévu qu'il pouvait être mis en œuvre en période d'offre et que celle-ci est exclusivement en numéraire (Règl. gén. AMF, art. 232-17).

• Les actionnaires minoritaires contestent parfois par voie de justice certaines décisions de gestion prises en cours d'offre ou entendent également de cette manière en prévenir d'autres.

§ 3 - Contrôle des transactions sur le marché réglementé

• Pendant toute la durée d'une offre publique, il est souhaitable que soit assuré le fonctionnement d'un marché régulier sur les titres des sociétés concernées. C'est pourquoi celles-ci et les personnes morales ou physiques qui agissent directement ou indirectement de concert avec elles doivent s'abstenir de toute manœuvre ayant pour objet ou pour effet de bloquer les transactions et, de façon générale, de toute action abusive sur le marché.

• Les art. 232-14 et s. Règl. gén. AMF précisent les conditions des interventions sur le marché durant l'offre publique.

• Par ailleurs, les sociétés concernées, les membres de leurs organes d'administration, de surveillance ou de direction, les établissements présentateurs et les établissements-conseils, les personnes ou entités juridiques détenant, directement ou indirectement, au moins 5 % du capital ou des droits de vote aux assemblées générales et les autres personnes ou entités agissant de concert avec elles doivent déclarer chaque jour à l'AMF, après la séance de négociation, les opérations d'achat et de vente qu'ils ont effectuées sur les titres concernés par l'offre, ainsi que toute opération ayant pour effet de transférer, immédiatement ou à terme, la propriété des titres ou des droits de vote (Règl. gén. AMF, art. 231-38).

• La même obligation de déclaration s'applique aux personnes ou entités qui ont acquis, directement ou indirectement, depuis le dépôt du projet de note d'information, une quantité de titres de la société visée représentant au moins 0,5 % de son capital, tant qu'ils détiennent cette quantité de titres.

• Dans le cas d'une OPE, les déclarations s'entendent des opérations portant sur les titres de l'initiateur et ceux de la société visée.

• Sur la déclaration d'intention en cas de franchissement de seuils, v. *supra*, p. 338 (Règl. gén. AMF, art. 231-40).

§ 4 - Cotation des titres – suspension des négociations

• Dès le dépôt du projet d'offre, le président de l'AMF peut demander à l'entreprise de marché assurant le fonctionnement du marché réglementé sur lequel sont admis les titres de la société visée d'en suspendre la négociation (Règl. gén. AMF, art. 231-15).

• Une fois qu'elle a publié sa décision sur la recevabilité de l'offre publique, l'AMF fixe, le cas échéant, la date de reprise des négociations sur les titres concernés (Règl. gén. AMF, art. 231-23).

§ 5 - Offres concurrentes et surenchères

• Les art. 232-5 à 232-13 du règlement général de l'AMF précisent les conditions dans lesquelles peuvent être formulées, soit des offres concurrentes de celle lancée par l'initiateur originaire, soit des surenchères émises par ce dernier pour améliorer son offre et lui donner plus de chances d'emporter l'adhésion des actionnaires de la société cible.

• À dater de l'ouverture d'une offre, et cinq jours de bourse au plus tard avant sa date de clôture, un projet d'offre concurrente, concernant les titres de la société visée ou de l'une des sociétés visées, peut ainsi être déposé auprès de l'AMF (Règl. gén. AMF, art. 232-5).

• Pendant la durée de son offre et cinq jours de bourse au plus tard avant la clôture, l'initiateur a la faculté de surenchérir sur les termes de son offre ou de la dernière offre publique concurrente ouverte (Règl. gén. AMF, art. 232-6).

• Pour être déclarée recevable, une OPA concurrente ou une surenchère en numéraire doit être libellée à un prix supérieur d'au moins 2 % au prix stipulé dans l'OPA ou la surenchère en numéraire précédente. L'auteur d'une surenchère doit établir un document complémentaire à sa note d'information, qui précise les termes de la surenchère au regard des conditions précédentes, Règl. gén. AMF, art. 232-9.

• Si elle déclare une surenchère recevable, l'AMF apprécie s'il y a lieu de proroger la date de clôture de la ou des offres publiques et de rendre nuls et non avenus les ordres de présentation des titres en réponse à l'offre ou aux offres (Règl. gén. AMF, art. 232-8).

• L'initiateur peut renoncer à son offre publique dans le délai de cinq jours de bourse suivant la publication du calendrier d'une offre ou d'une surenchère concurrente (Règl. gén. AMF, art. 232-11).

• Afin d'accélérer l'issue des offres en présence et d'enfermer la procédure d'offre publique dans un délai raisonnable, l'AMF peut décider, lorsque plus de dix semaines se sont écoulées depuis l'ouverture d'une offre publique, de recourir à un dispositif de dernière enchère. Elle fixe alors la date à laquelle chacun des initiateurs devra lui faire connaître le maintien de son offre aux mêmes conditions ou le dépôt d'une ultime offre (Règl. gén. AMF, art. 232-13).

§ 6 - Issue de l'OPA ou de l'OPE

• La durée de l'offre est de vingt-cinq jours de négociation. Elle peut être prorogée, sans pouvoir excéder trente-cinq jours de négociation, lorsque la société visée n'a pas déposé de note conjointe avec l'initiateur (Règl. gén. AMF, art. 232-2, al. 1er).

• Une fois le délai expiré, l'entreprise de marché informe l'AMF du nombre de titres présentés en réponse, les ordres des personnes qui désirent présenter leurs titres en réponse à l'offre ne pouvant être révoqués que jusque et y compris le jour de la clôture de l'offre (Règl. gén. AMF, art. 232-2, al. 4).

• Le résultat de l'offre est publié en principe neuf jours de bourse au plus tard après la date de clôture.

• Si l'AMF constate que l'offre a une suite positive, l'entreprise de marché fait connaître les conditions de règlement et de livraison des titres acquis par l'initiateur. Si l'AMF constate que l'offre est sans suite, l'entreprise de marché fait connaître la date à laquelle les titres présentés en réponse seront restitués aux teneurs de compte déposants.

• En cas d'OPA réussie, le transfert de propriété des titres résulte de leur inscription au compte de l'acheteur, à la date et dans les conditions définies par les règles de place (C. mon. fin., art. L. 431-2).

• L. 433-4, III, C. mon. fin. prévoit un retrait obligatoire lorsque, à l'issue de l'offre, les titres non présentés par les actionnaires minoritaires ne représentent pas plus de 5 % du capital ou des droits de vote (v. *infra*, p. 405).

Section 4 › DÉFENSES ANTI-OPA

§ 1 - Nature des défenses anti-OPA

A. Vues générales

• Les principales défenses envisageables reposent, soit sur une meilleure maîtrise du capital social, soit sur un renchérissement du coût de l'opération, soit encore sur une diminution de l'intérêt pour l'initiateur de voir réussir son OPA.

• Dans tous les cas, ces défenses doivent respecter l'intérêt social. Les actes et décisions, donc les défenses, même préventives, contraires à cet intérêt, engagent la responsabilité civile, voire pénale, de leurs auteurs. Leur annulation est également possible si les conditions de l'abus de majorité sont réunies.

B. Diversité des défenses envisageables

Au titre des principales mesures de défense anti-OPA envisageables, on peut citer :

1. Dispositifs d'alerte préventive

Destinés à prévenir au plus tôt les dirigeants des menaces d'OPA. Not. la notification des franchissements de seuils, déjà organisée par la loi (C. com., art. L. 233-7 et s.), et que les statuts peuvent étendre (v. *supra*, p. 338 et s.), et les procédés d'identification des actionnaires.

2. Recours à l'autocontrôle

Qui limite la masse d'actions disponibles sur le marché. Mais ce recours est encadré et limité (v. *supra*, p. 338).

3. Conclusion d'alliances

Avec des actionnaires ou des amis sûrs (banquiers, autres sociétés), de manière à constituer un « noyau dur ». Ces alliances pourront not. prendre la forme de conventions extrastatutaires (sur lesquelles, v. *supra*, p. 90) avec, par ex., des engagements de ne pas apporter les titres détenus à certaines offres publiques. Si ces pactes s'expriment par des stipulations restreignant le transfert des titres, ils sont susceptibles de voir leurs effets paralysés dans le cadre de l'offre publique (v. *infra*).

4. Rachat par la société de ses propres titres (v. *supra*, p. 271)

5. Émission de valeurs mobilières complexes

Bons de souscriptions d'actions ou valeurs mobilières composées, donnant accès au capital (v. *supra*, p. 190), et susceptibles de déboucher sur la création d'actions et ainsi l'accroissement du capital social.

6. Paiement du dividende en actions et augmentation de capital

Dans le même esprit, décision par l'AGO de faire payer les dividendes en actions, ou par l'AGE de conférer aux dirigeants la possibilité de réaliser une augmentation de capital.

7. Octroi d'un droit de vote double

Subordonné à la détention des actions pendant une certaine durée, et dont ne pourra donc pas se prévaloir l'initiateur d'une offre hostile ; il en découle pour ce dernier l'obligation de faire un effort financier accru pour acquérir une participation suffisante en terme de vote.

8. Plafonnement statutaire des droits de vote

Que permet l'art. L. 225-125 C. com. Mais les dispositions statutaires restreignant l'exercice du droit de vote peuvent être privées d'effet dans le cadre d'une offre publique (v. *infra*).

9. Clauses de changement de contrôle dans les contrats passés par la société cible

De nombreux contrats commerciaux ou financiers prévoient qu'un contractant pourra mettre fin par anticipation au contrat si son cocontractant vient à passer sous le contrôle d'une société tierce.

10. Transformation de la cible en société en commandite par actions

Cette forme sociétaire offre, en effet, l'avantage de permettre aux associés de prévoir dans les statuts une quasi-irrévocabilité de la gérance (par ex., en subordonnant la révocation à l'unanimité des associés) (v. *supra*, p. 295 et s.). Toutefois, cette opération peut entraîner pour les majoritaires l'obligation de présenter une offre publique de retrait (v. *infra*).

11. Émission de bons d'offre (v. *infra*, p. 400)

12. Moyens de défense d'origine américaine

Pratique des *poison pills* (pilules empoisonnées pour le raider qui doit supporter un lourd endettement brutalement contracté par la société pour rendre sa victoire plus amère) et celle des « *crown jewels* », dans laquelle l'attaqué vend les « bijoux de la couronne » pendant l'offre, sur la base de promesses de vente de ses actifs les plus attrayants qu'il avait préalablement consenties à des amis, et qui ne peuvent être levées qu'en cas d'attaque. Ces techniques de défense demeurent cependant très risquées, d'une part, pour les cas où l'OPA n'aboutirait finalement pas et, d'autre part, en raison des éventuelles responsabilités civiles, voire pénales, que les dirigeants pourraient encourir pour avoir, ce faisant, commis des fautes de gestion ou même des abus de biens sociaux, autrement dit des actes contraires à l'intérêt social.

13. Clauses des statuts de la cible restreignant le transfert des titres

Moyen de défense impossible et inopérant.

§ 2 - Régime des défenses anti-OPA

A. Textes – Principes généraux

La loi du 31 mars 2006, qui a transposé en droit français la directive européenne n° 2004/25/CE du 21 avr. 2004, n'a pas interdit les défenses anti-OPA. Mais elle les a très fortement encadrées par plusieurs règles strictes :
– la compétence de principe de l'assemblée générale pour les défenses mises en œuvre en cours d'offre ;
– la suspension durant l'offre publique de toute délégation d'une mesure prise avant l'offre et qui serait susceptible de faire échouer l'offre ;
– la nécessité de confirmer ou d'approuver une décision des dirigeants prise avant la période d'offre, qui n'est pas totalement mise en œuvre, et qui est susceptible de faire échouer l'offre.
Ces règles peuvent cependant se trouver contrecarrées par une exception de réciprocité et atténuées par la possibilité reconnue, en cours d'offre, à l'AG des actionnaires d'émettre des bons d'offre (v. ci-après).

B. Compétence de principe de l'assemblée générale, pour les défenses mises en œuvre en cours d'OPA

1. Adoption de nouvelles mesures anti-OPA

Pendant la période d'offre publique visant une société dont des actions sont admises aux négociations sur un marché réglementé, le conseil d'administration, le conseil de surveillance, à l'exception de leur pouvoir de nomination, le directoire, le directeur général ou l'un des directeurs généraux délégués de la société visée doivent obtenir l'approbation préalable de l'assemblée générale pour prendre toute mesure dont la mise en œuvre est susceptible de faire échouer l'offre, hormis la recherche d'autres offres (C. com., art. L. 233-32-I).

2. Mise en œuvre de décisions défensives antérieures à l'OPA

Toute décision du conseil d'administration, du conseil de surveillance, du directoire, du directeur général ou de l'un des directeurs généraux délégués, prise avant la période d'offre, qui n'est pas totalement mise en œuvre, qui ne s'inscrit pas dans le cours normal des activités de la société et dont la mise en œuvre est susceptible de faire échouer l'offre doit faire l'objet d'une approbation ou d'une confirmation par l'assemblée générale (C. com., art. L. 233-32, III, al. 2).

C. Suspension des délégations de pouvoirs durant l'OPA

Toute délégation d'une mesure dont la mise en œuvre est susceptible de faire échouer l'offre, hormis la recherche d'autres offres, accordée par l'assemblée générale avant la période d'offres, est suspendue en période d'offre publique (C. com., art. L. 233-32, III, al. 1er).

D. Exception de réciprocité

• Utilisant la faculté prévue par l'art. 12 de la directive européenne du 21 avr. 2004, le législateur français a inséré dans le Code de commerce, par la loi du 31 mars 2006 un nouvel art. L. 233-33.

• Aux termes de ce texte, les dispositions restrictives de l'art. L. 233-32 C. com. relatives à l'approbation ou à la confirmation par l'AG des mesures de défense en cours d'offre et à la suspension des délégations octroyées avant le début de la période d'offre (v. ci-dessus), ne s'appliquent pas lorsque la société visée fait l'objet d'une ou plusieurs offres publiques engagées par des entités, agissant seules ou de concert :

– dont l'une au moins n'applique pas ces dispositions ou des mesures équivalentes ;

– ou qui sont respectivement contrôlées, au sens de l'art. L. 233-16, II ou III C. com. (relatifs au contrôle exclusif et au contrôle conjoint en matière de comptes consolidés), par des entités dont l'une au moins n'applique pas ces dispositions ou des mesures équivalentes.

E. Émission de bons d'offre (dits « bons Breton »)

1. Principe

Un temps contesté, la possibilité d'émettre des bons de souscription d'actions en cours d'offre publique est désormais reconnue par la loi (C. com. art. L. 233-32). La société visée porte à la connaissance du public, avant la clôture de l'offre, son intention d'émettre ces bons.

2. Compétence de l'AGE

De la société visée (statuant dans les conditions de quorum et de majorité prévues à l'art. L. 225-98), pour décider l'émission de bons permettant de souscrire, à des conditions préférentielles, à des actions de ladite société, et leur attribution gratuite à tous les actionnaires de cette société ayant cette qualité avant l'expiration de la période d'offre publique.

3. Délégation de compétence

L'assemblée générale peut déléguer cette compétence au conseil d'administration ou au directoire. Elle fixe le montant maximum de l'augmentation de capital pouvant résulter de l'exercice de ces bons, le nombre maximum de bons pouvant être émis, et, éventuellement, les conditions relatives à l'obligation ou à l'interdiction, pour le conseil d'administration ou le directoire, de procéder à l'émission et à l'attribution gratuite de ces bons, d'y surseoir ou d'y renoncer.

4. Conditions d'exercice des bons d'offre

Les conditions d'exercice des bons d'offre, qui doivent être relatives aux termes de l'offre ou de toute offre concurrente éventuelle, ainsi que les autres caractéristiques de ces bons, dont le prix d'exercice ou les modalités de détermination de ce prix, sont fixées par l'assemblée générale ou, sur délégation de celle-ci, par le conseil d'administration ou le directoire. Ces bons deviennent caducs de plein droit dès que l'offre ou toute offre concurrente éventuelle échouent, deviennent caduques ou sont retirées.

F. Restrictions statutaires et extrastatutaires au transfert de titres et à l'exercice des droits de vote

1. Clauses statutaires directes

• À moins qu'elles ne résultent d'une obligation législative, les clauses des statuts d'une société dont des actions sont admises à la négociation sur un marché réglementé prévoyant des restrictions statutaires au transfert d'actions de la société sont inopposables à l'auteur d'une offre publique pour les titres qui lui seraient apportés dans le cadre de son offre (C. com., art. L. 233-34).

• Sont visées toutes les restrictions possibles au transfert d'actions : clauses d'agrément, de préférence, de préemption, d'inaliénabilité temporaire, de stabilisation du capital ou encore de non-apport à une offre publique.

2. Statuts visant une convention intervenue après le 21 avr. 2004

• Les statuts d'une société dont des actions sont admises à la négociation sur un marché réglementé peuvent prévoir (ce n'est plus ici une obligation mais une simple faculté) que les effets de toute clause d'une convention conclue après le 21 avr. 2004 instituant des restrictions au transfert d'actions de la société (il s'agit des mêmes mesures restrictives au transfert d'actions qu'évoquées précédemment) sont inopposables à l'auteur de l'offre, en période d'offre publique (C. com., art. L. 233-35, mod. L. 31 mars 2006).

• Il en résulte que les pactes extrastatutaires peuvent désormais être privés d'effets en cas d'offre publique – et uniquement à l'égard de l'auteur de l'offre – mais à condition que les statuts de la société visée aient fait ce choix.

3. Restrictions à l'exercice des droits de vote

Une société dont des actions sont admises à la négociation sur un marché réglementé a la faculté de suspendre, en période d'offre publique, les effets de mesures restrictives à l'exercice des droits de vote (C. com., art. L. 233-36 à L. 233-40 nouveaux L. 31 mars 2006). Ces textes précisent en même temps les modalités de cette faculté :

a) Conventions de vote extrastatutaires

Les statuts peuvent prévoir que les effets de toute clause d'une convention conclue après le 21 avr. 2004 instituant des restrictions à l'exercice des droits de vote attachés à des actions de la société sont suspendus en période d'offre publique visant la société lors des assemblées réunies aux fins d'adopter ou d'autoriser toute mesure susceptible de faire échouer l'offre (C. com., art. L. 233-36). Sont notamment visées la renonciation à l'exercice du droit de vote pendant une période déterminée ou encore celle à un droit de vote double.

b) Restrictions statutaires à l'exercice du vote

• Les statuts peuvent prévoir que les effets des restrictions statutaires à l'exercice des droits de vote attachés à des actions de la société sont suspendus en période d'offre publique visant la société lors des assemblées réunies aux fins d'adopter ou d'autoriser toute mesure susceptible de faire échouer l'offre. Est notamment visée une limitation du nombre de voix attaché à des actions de la société (clause de plafonnement des droits de vote).

• Les effets de la limitation du nombre de voix dont chaque actionnaire dispose dans les assemblées, prévue dans les statuts d'une société qui fait l'objet d'une offre publique, sont suspendus lors de la première assemblée générale qui suit la clôture de l'offre lorsque l'auteur de l'offre, agissant seul ou de concert, vient à détenir une fraction du capital ou des droits de vote de la société cible supérieure aux deux tiers du capital ou des droits de vote (C. com., art. L. 225-125 al. 2 et Règl. gén. AMF, art. 231-43).

Chapitre 2 › OFFRES PUBLIQUES D'ACHAT OU D'ÉCHANGE – PROCÉDURE SIMPLIFIÉE

Section 1 › PRÉSENTATION

• Le recours à la procédure simplifiée n'a pas à être autorisé par l'AMF. Cette procédure peut être employée par l'initiateur dès lors que les conditions objectives posées à l'art. 233-1 du règlement général de l'AMF sont remplies.

• Sous réserve des dispositions particulières qui suivent, ces offres publiques en la procédure simplifiée obéissent aux règles générales des OPA et OPE.

Section 2 › HYPOTHÈSES VISÉES

Selon l'art. 233-1 Règl. gén. AMF, l'emploi de la procédure simplifiée d'offre publique peut intervenir notamment dans le cas :
– d'une offre émise par un actionnaire détenant déjà directement ou indirectement, seul ou de concert au sens de l'art. L. 233-10 C. com., la moitié au moins du capital et des droits de vote de la société visée ;
– d'une offre émise par un actionnaire venant à détenir directement ou indirectement, seul ou de concert au sens de l'art. L. 233-10 C. com., après acquisition, la moitié au moins du capital et des droits de vote de la société visée ;
– d'une offre limitée à une participation dans le capital de la société visée, l'initiateur de l'offre ne visant qu'une participation au plus égale à 10 % des titres de capital conférant des droits de vote ou à 10 % des droits de vote de la société visée, compte tenu des titres de même nature et des droits de vote qu'il détient déjà, directement ou indirectement ;
– d'une offre de rachat de ses actions par une société, en application de l'art. L. 225-207 C. com. ou bien de l'art. L. 225-209 C. com. ;

Section 3 › CARACTÉRISTIQUES ET PROCÉDURE DE L'OFFRE

• La procédure simplifiée donne lieu à l'établissement d'une note d'information soumise à l'AMF, contenant les mêmes informations et publiée dans les mêmes conditions que dans le cadre d'une procédure normale.

• L'offre simplifiée est réalisée par achats sur le marché, aux conditions fixées par l'avis d'ouverture de l'AMF. Elle est centralisée par l'entreprise de marché ou, sous son contrôle, par l'établissement présentateur (Règl. gén. AMF, art. 233-2).

• La durée d'une offre simplifiée est en principe réduite à 10 jours de bourse en cas d'offre d'achat et à 15 jours dans les autres cas.

• Des règles précises encadrent l'évaluation du prix de l'offre (Règl. gén. AMF, art. 233-3).

Chapitre 3 › OFFRES PUBLIQUES DE RETRAIT ET RETRAIT OBLIGATOIRE

› L'essentiel

***Principe :** Règles applicables aux offres publiques de retrait : le Règl. gén. AMF fixe les conditions applicables aux procédures d'offre et de demande de retrait (C. mon. fin., art. L. 433-4).*

• Le Règl. gén. AMF prévoit divers cas dans lesquels une offre publique de retrait doit ou peut être mise en œuvre. Ces cas obéissent, chacun, à quelques règles qui leur sont propres et qui seront exposées séparément ci-après (Règl. gén. AMF. Art. 236-1 à 236-7).

• Mais, tous ces cas ont en commun que l'offre publique y est réalisée par achats sur le marché au prix de l'offre, pendant une période de dix jours de bourse au moins, ou si les circonstances et les modalités de l'opération le justifient, par centralisation des ordres de vente ou d'échange auprès de l'entreprise de marché ou, sous son contrôle, par l'établissement présentateur (Règl. gén. AMF, art. 236-7).

• Certaines des procédures qui suivent peuvent être applicables aux instruments financiers négociés sur un marché d'instruments financiers ne constituant pas un marché réglementé (par ex. Alternext ; C. mon. fin., art. L. 433-4, V).

Section 1 › OFFRE PUBLIQUE DE RETRAIT (OPR – PROVOQUÉE PAR LES MINORITAIRES)

• Lorsque l'actionnaire majoritaire, ou les actionnaires majoritaires en situation de concert, détiennent au moins 95 % des droits de vote d'une société cotée, le détenteur de titres conférant des droits de vote n'appartenant pas au groupe majoritaire peut demander à l'AMF de requérir du ou des actionnaires majoritaires le dépôt d'un projet d'offre publique de retrait (Règl. gén. AMF, art. 236-1).

• Après avoir procédé aux vérifications nécessaires, l'AMF se prononce sur la demande qui lui est présentée au vu, notamment, des conditions prévalant sur le marché des titres concernés et des éléments d'information apportés par le demandeur.

• Si elle déclare la demande recevable, l'AMF la notifie à l'actionnaire ou aux actionnaires majoritaires alors tenus de déposer, dans un délai fixé par l'AMF, un projet d'offre publique de retrait libellé à des conditions qui puissent être jugées conformes.

SECTION 2 › RETRAIT OBLIGATOIRE DES MINORITAIRES (DÉCLENCHÉ PAR LES MAJORITAIRES), PROCÉDURE DITE DE « SQUEEZE OUT »

• L'actionnaire majoritaire, ou les actionnaires majoritaires en situation de concert, qui détiennent au moins 95 % des droits de vote d'une société cotée, peuvent déposer auprès de l'AMF un projet d'offre publique de retrait visant les titres de capital ou de droits de vote ou donnant accès au capital non détenus par eux (Règl. gén. AMF, art. 236-3).

• Bien que l'opération ressemble à une expropriation des minoritaires pour cause d'intérêt privé, pour la Cour de cassation (Com., 17 juill. 2001, *Bull. civ.* IV, n° 137, *D.* 2001, p. 2749, obs. Boizard), l'obligation ainsi faite aux minoritaires de céder leurs actions à l'initiateur de l'OPR découle de la législation régissant les marchés financiers. Ainsi, le transfert de propriété, opéré moyennant une indemnisation juste et équitable du retrayant par l'initiateur de l'offre, sous le contrôle de l'autorité de marché (un recours étant, par ailleurs, ouvert aux minoritaires), satisfait à l'intérêt général du bon fonctionnement du marché, sans qu'il y ait, au cas par cas, à justifier « *in concreto* » de l'utilité publique de l'opération.

SECTION 3 › OFFRES DE RETRAIT RÉSULTANT DE CERTAINES CIRCONSTANCES PARTICULIÈRES

§ 1 - Offre à l'occasion d'une transformation d'une SA cotée en SCA

Lorsqu'une SA cotée est transformée en SCA, la ou les personnes qui contrôlaient la société avant sa transformation ou le ou les associés commandités sont tenus, dès l'adoption par l'assemblée générale des actionnaires de la résolution tendant à la transformation de la société, de déposer un projet d'offre publique de retrait ne comportant aucune condition minimale et libellé à des conditions qui puissent être jugées recevables (Règl. gén. AMF, art. 236-5).

§ 2 - Offre à l'occasion d'autres modifications statutaires ou de certaines décisions importantes

• Selon l'art. 236-6 Règl. gén. AMF, la ou les personnes physiques ou morales qui contrôlent une société informent l'AMF :

– lorsqu'elles se proposent de soumettre à l'approbation d'une assemblée générale extraordinaire une ou plusieurs modifications significatives des dispositions statutaires, notamment celles relatives à la forme de la société, aux conditions de cession et de transmission des titres de capital ainsi qu'aux droits qui y sont attachés ;

– lorsqu'elles décident le principe de la fusion-absorption de cette société par la société qui en détient le contrôle, de la cession ou de l'apport à une autre société de la totalité ou du principal des actifs, de la réorientation de l'activité sociale ou de la suppression, pendant plusieurs exercices, de toute rémunération de titres de capital.

- L'AMF apprécie les conséquences de l'opération prévue au regard des droits et des intérêts des détenteurs de titres de capital ou des détenteurs de droits de vote de la société et décide s'il y a lieu à mise en œuvre d'une offre publique de retrait.

Section 4 › RETRAIT OBLIGATOIRE CONSÉCUTIF À UNE OFFRE PUBLIQUE

À côté de procédures d'offre publique de retrait, déclenchées par des minoritaires, des majoritaires, ou encore à l'occasion d'événements sociétaires importants, la loi a prévu deux cas de retrait obligatoire, sur la conformité desquels L'AMF se prononce dans les conditions des art. 231-21 et 231-22 Règl. gén. AMF.

§ 1 - Retrait obligatoire consécutif à une OPR

- Procédure visée aux art. 237-1 à 237-13 Règl. gén. AMF.
- À l'issue d'une OPR réalisée en application des art. 236-1, 236-2 Règl. gén. AMF, l'actionnaire ou le groupe majoritaire peut se voir transférer les titres non présentés par les actionnaires minoritaires, dès lors qu'ils ne représentent pas plus de 5 % du capital ou des droits de vote, moyennant indemnisation de ces derniers (Règl. gén. AMF, art. 237-1). La même procédure peut s'appliquer aux titres pouvant donner accès au capital.
- Lors du dépôt du projet de l'offre, l'initiateur fait connaître à l'AMF s'il se réserve la faculté de demander la mise en œuvre du retrait obligatoire, une fois l'offre terminée, automatiquement ou en fonction de son résultat.

§ 2 - Retrait obligatoire à l'issue de toute offre publique

La loi du 31 mars 2006 a ajouté un nouveau cas de retrait obligatoire en prévoyant à l'art. L. 433-4 III et IV C. mon. et fin. les conditions dans lesquelles, à l'issue de toute offre publique et dans un délai de trois mois après sa clôture, les titres non présentés par les actionnaires minoritaires, dès lors qu'ils ne représentent pas plus de 5 % du capital ou des droits de vote, sont transférés aux actionnaires majoritaires à leur demande, et les détenteurs indemnisés. La même procédure peut s'appliquer aux titres pouvant donner accès au capital (Règl. gén. AMF, art. 237-14 et s.).

INDEX ALPHABÉTIQUE

A – B

C

D

E – F

G – H

I – J

L

M

N

O

P

Q – R

S

T – V

TABLE DES MATIÈRES

MÉMENTOS DALLOZ

Série droit privé

Criminologie et science pénitentiaire, J. Larguier

Droit des assurances, H. Groutel, C. J. Berr

Droit bancaire, F. Dekeuwer-Défossez

Droit civil général, P. Bihr

Droit civil. Les biens, P. Courbe

Droit civil. Les contrats spéciaux, B. Bourdelois

Droit civil. Les obligations, G. Légier, L. Tranchant

Droit civil. Les personnes, la famille, les incapacités, P. Courbe

Droit civil. Régimes matrimoniaux, libéralités, successions, F. Lucet, B. Vareille

Droit civil. Sûretés, publicité foncière, V. Brémond, M.-N. Jobard-Bachellier

Droit commercial. Notions générales, J.-P. Le Gall, C. Ruellan

Droit du commerce international, H. Kenfack

Droit de la construction, R. Saint-Alary, C. Saint-Alary-Houin

Droit des entreprises en difficulté, P.-M. Le Corre

Droit fiscal des entreprises commerciales, J.-P. Le Gall

Droit international privé, J. Derruppé, J.-P. Laborde

Droit pénal des affaires, G. Giudicelli-Delage

Droit pénal général, J. Larguier, P. Conte, P. Maistre du Chambon

Droit pénal spécial, J. Larguier, P. Conte, A.-M. Larguier

Droit de la propriété industrielle, J. Schmidt-Szalewski

Droit rural, J. Audier

Droit de la sécurité sociale, J.-J. Dupeyroux, X. Prétot

Droit des sociétés, A. Constantin

Droit du travail. Volume I. Rapports collectifs, J.-M. Verdier, A. Cœuret, M.-A. Souriac

Droit du travail. Volume II. Rapports individuels, J.-M. Verdier, A. Cœuret, M.-A. Souriac

Grands systèmes de droit étrangers, M. Fromont

Institutions juridictionnelles, J.-J. Taisne

Introduction générale au droit, P. Courbe, J.-S. Bergé

Procédure civile. Droit judiciaire privé, J. Larguier, P. Conte, C. Blanchard

Procédure pénale, J. Larguier, P. Conte

Propriété littéraire et artistique, P. Sirinelli

Série droit public - science politique

Administration de l'État, F. Chauvin

Administration régionale, départementale et municipale, J. Moreau

Contentieux administratif, G. Peiser

Droit administratif des biens, G. Peiser

Droit administratif général, G. Peiser

Droit constitutionnel et institutions politiques, J. P. Jacqué

Droit des contrats publics, F. Lichère

Droit européen, J.-C. Gautron

Droit fiscal, C. de Lauzainghein, M.-H. Stauble-de Lauzainghein

Droit de la fonction publique, G. Peiser

Droit international public, D. Ruzié, G. Teboul

Droit public, L. Dubouis, G. Peiser

Droit public économique, D. Linotte, A. Graboy-Grobesco

Droit de la santé publique, D. Truchet

Droit de l'Union européenne et politiques communes, P. Le Mire

Droit de l'urbanisme, J. Morand-Deviller

Finances locales, R. Muzellec, M. Conan

Finances publiques, J. Buisson

Histoire du droit, J. Hilaire

Histoire des idées politiques de l'Antiquité à la fin du XVIIIe siècle, D. G. Lavroff

Histoire des idées politiques depuis le XIXe siècle, D. G. Lavroff

Histoire des institutions publiques de la France, P. Villard

Institutions internationales, J. Charpentier

Introduction à la science politique, J. Baudouin

Libertés publiques et droits de l'homme, A. Pouille

Relations internationales, M. Gounelle

711369 - (I) - (3,2) - OSB-Pr 60 g - NC (HCH)

Achevé d'imprimer sur les presses de
Snel
Z.I. des Hauts-Sarts - Zone 3
Rue Fond des Fourches 21 – B-4041 Vottem (Herstal)
Tél +32(0)4 344 65 60 - Fax +32(0)4 286 99 61
Janvier 2012 – 56469

Dépôt légal : février 2012

Imprimé en Belgique

